文明三部曲 3

产业与文明

复杂社会的兴衰

张笑宇 著

GUANGXI NORMAL UNIVERSITY PRESS
广西师范大学出版社
·桂林·

图书在版编目(CIP)数据

产业与文明：复杂社会的兴衰 / 张笑宇著. -- 桂林：广西师范大学出版社, 2023.8（2025.8重印）
（文明三部曲；3）
ISBN 978-7-5598-5983-9

Ⅰ. ①产… Ⅱ. ①张… Ⅲ. ①产业革命 – 工业史 – 关系 – 文化史 – 研究 – 世界 Ⅳ. ①F119②K103

中国国家版本馆CIP数据核字(2023)第063029号

CHANYE YU WENMING
产业与文明：复杂社会的兴衰

作　　者：张笑宇
责任编辑：谭宇墨凡
书籍设计：韩湛宁 + asiatondesign
内文制作：燕　红

广西师范大学出版社出版发行
广西桂林市五里店路 9 号　邮政编码：541004
网址：www.bbtpress.com
出 版 人：黄轩庄
全国新华书店经销
发行热线：010-64284815
北京华联印刷有限公司印刷
开本：635mm × 965mm　1/16
印张：37.5　　字数：460千
2023年8月第1版　2025年8月第6次印刷
定价：108.00元

各方赞誉

从可资利用的技术、能量与资源看，工业革命之后的人类社会，可谓进入了全新的阶段；但这新阶段，到底是旧阶段的延续，还是一种全新的文明形态？这个问题此前并没有得到圆满的回答。在我看来，张笑宇的《产业与文明》给出了一个充满惊喜的答案，其资料的丰富、视角的新颖，以及理论的简洁与创造性，更是为我们理解当下纷繁复杂的社会和世界提供了重要借鉴。

——俞敏洪　新东方创始人

技术创新常常是个体智慧的迸发，产业的发展则是人类群体的奇迹。这个奇迹的代言人可能是瓦特、爱迪生之类的传奇人物，但其背后则是自然、法律、经济、文化等各种齿轮环环相扣的咬合。张笑宇的《产业与文明》延续了其《技术与文明》《商贸与文明》的宏大视野，同时又充满了生动有趣的人物和故事，向读者展示产业革命的背后不仅仅是技术创新，而且是制度创新、金融创新、观念创新等力量的汇流。

——刘瑜　清华大学政治学系副教授

面对工业革命以来产业跨国网络的兴起与扩展，作者敏锐地发现边缘地带的突变引发全局性震荡的多发现象，试图破解复杂社会中的技术、产业与地缘政治的交互作用及其演化规律，为此建构了漏斗-喇叭模型、三流循环与产缘政治的三重逻辑框架，以新颖而简洁的模型提出了富有解释力的理论和阐述。本书作为“文明三部曲”的终篇，再次展现了张笑宇丰富的学识、开阔的眼界以及值得重视的原创性。

——刘擎　华东师范大学政治学系教授

采用两分法，直白说，古典社会是简单社会，现（当）代社会则是复杂社会。这是本书论证的出发点和落脚点，也是重点。但本书更重的重点是，作者用“产缘”——物质的生产和组织 - 投送能力，替代大家熟悉的“地缘”——政治共同体的地望决定其生存样式选择，用于分析当代世界格局。“产缘政治”替代“地缘政治”，是人类知识，以及全球观一次非同小可的跃升。以此透视现实，读者至少可得出两个重要结论：原本各人群所属地望，优势可能变为劣势，反之亦然；由于产缘的独占、链接和环环相扣特征，复杂社会的崩溃将是最大的“超级事件”。目前世界格局演变的轨迹，越来越朝着发生“超级事件”方向发展。本书诞生此时，不啻平地惊雷，因而怎样高估它都不为过，怕的是低估。

——刘苏里　万圣书园创办人

笑宇的历史书写大胆，而且面对常见的习说毫不客气。然而，喷薄的才气又何须为自己的耀目而道歉呢？是书读者当能看到那轻易穿越学科界线，在理论与现实之间自由往来的不凡能量；以及在扎实的学术基础上，构造一般读者可以理解的宏大叙述的精彩文笔。

——梁文道　文艺评论家

这不是一部“正宗”的产业史——（通过产业与权力关系的探寻）本书揭示的是人自身不同的存在方式。

——王人博　中国政法大学法学院教授

技术是主引擎，商贸是黏合剂，产业是硬实力，终造成现代文明的宏伟大厦，张笑宇也完成了他的三部曲。其思想和叙述引人入胜，与赫拉利的《人类简史》比较亦有不遑多让之处。但我们的确还是会问：在今天这个物质丰厚的世界上，人们更平安幸福了吗？

——何怀宏　北京大学哲学系教授

在文明三部曲的第三部，作者推出了一个核心概念：产缘政治。工业革命之后的漫长演化和全球化时代，整个世界形成了一个环环相扣的复杂社会。它是强大的，比地缘政治、意识形态和制度形态更有利益驱动力；又是脆弱的，某个环节发生问题，会放大为全球震荡。本书告诉我们，以产缘政治为底盘的全球化，唯其复杂，才如此脆弱。

——许纪霖　华东师范大学历史学系教授

献给我的妻子李清扬

目 录

第二部分　三流循环

第三部分　产缘政治

引言　如何理解复杂社会

有人曾经问我："作为历史写作者，你最感惋惜的是哪段历史？"

我回答说："最惋惜的不是哪段历史，而是每一段历史。"

历史，其实是一门漏斗式的学问。这个世界每时每刻发生那么多事，但只有极少数会被极少数有心之人记下来，并以此抵抗人类健忘的记性。不信的话，我们每天刷那么多条短视频，看那么多篇公众号文章，但要叫我们回想起去年看过的内容，怕也困难，更不用说五年或十年前的了。

然而，即便是这样，什么样的事情被记下来，什么样的事情没被记下来，也经常是被记录者自己的认知与好恶决定的。有些人爱去跟踪特朗普或普京这样的政治人物，却不免忽略了身边的小事。其实，谁上台做美国总统，不见得比谁发明了健康码更能改变我们的生活。不幸的是，人们总是愿意记住聚光灯下的前者，而忽略了隐在角落的后者。这就是为什么大多数人不那么容易真正理解改变世界的力量是什么了。

更不幸的是，这些有心之人记下来的，还只是历史材料。从材料到历史著作，其间要再经过几层的筛选，而筛选的人又恰恰是一些闷坐书斋中的历史学家。倘若这些历史学家再因为自己的认知与好恶筛掉大量的材料，仅仅留下他认为重要的少数内容，那么，我们读到的历史恐怕就更加狭隘和偏颇了。

被筛选的历史

这里谨举两个例子来概述一下我的感慨和惋惜吧。

第一个来自纪晓岚的《阅微草堂笔记》，在其卷十七“姑妄听之三”中，有这样一个故事：

> 胶州法南墅，尝偕一友登日观。先有一道士倚石坐，傲不为礼。二人亦弗与言。俄丹曦欲吐，海天滉耀，千汇万状，不可端倪。南墅吟元人诗曰：“‘万古齐州烟九点，五更沧海日三竿’，不信然乎！”道士忽哂曰：“昌谷用作梦天诗，故为奇语。用之泰山，不太假借乎？”南墅回顾，道士即不再言。
>
> 既而踆乌涌上，南墅谓其友曰：“太阳真火，故入水不濡也。”道士又哂曰：“公谓日自海出乎？此由不知天形，故不知地形；不知地形，故不知水形也。盖天椭圆如鸡卵，地浑圆如弹丸，水则附地而流，如核桃之皴皱。椭圆者，东西远而上下近，凡有九重。最上曰宗动，元气之表，无象可窥；次为恒星，高不可测；次七重，则日月五星各占一重，随大气旋转，去地且二百余万里，无论海也。浑圆者，地无正顶，身所立处皆为顶；地无正平，目所见处皆为平。至广漠之野，四望天地相接处，其圆中规，中高而四隤之证也，是为地平。圆规以外，目所不见者，则地平下矣。湖海之中，四望天水相合处，亦圆中规，是又水随地形，中高四隤之证也。然江河之水狭且浅，夹以两岸，行于地中，故日出地上，始受日光。惟海至广至深，附于地面，无所障蔽，故中高四隤之处，如

水晶球之半。日未至地平，倒影上射，则初见如一线；日将近地平，则斜影横穿，未明先睹。今所见者，是日之影，非日之形；是天上之日影隔水而映，非海中之日影浴水而出也。至日出地平，则影斜落海底，转不能见矣。儒家盖尝见此景，故以为天包水、水浮地、日出入于水中，而不知日自附天、水自附地。佛家未见此景，故以须弥山四面为四州，日环绕此山，南昼则北夜，东暮则西朝，是日常旋转，平行竟不入地。证以今日所见，其谬更无庸辩矣。”

南墅惊其博辩，欲与再言。道士笑曰：“更竟其说。子不知九万里之围圆，以渐而迤，以渐而转，渐迤渐转，遂至周环，必以为人能正立，不能倒立，拾杨光先之说，苦相诘难。老夫慵惰，不能与子到大郎山上看南斗（大郎山在亚禄国，与中国上下反对，其地南极出地三十五度，北极入地三十五度），不如其已也。”振衣径去，竟莫测其何许人。

记得第一次读到这段，正在上高中，那种震撼让我久久不能忘怀。这段说的是，胶州有个叫法南墅的人，跟朋友一起登泰山日观峰，谓其友曰：“太阳真火，故入水不濡也。”结果，他被一位道士用“地圆说”理论给怼了。

“地圆说”本身倒并不稀奇，早在公元前五六百年，东西方就各有人提出不同类型的地圆说。公元前 4 世纪的法家代表人物慎到就认为，“天形如弹丸，半覆地上，半隐地下”。东汉天文学家张衡也说，“天如鸡子，地如鸡中黄”。只不过这些不是主流观点而已。如果道士的“地圆说”是继承以上学说而来，那倒也没什么稀奇，真正稀奇或者震撼我的，是这位道士的说法并不来自中国古典时代的地圆说，而是来自托勒密的“地心说”。

道士说的宇宙模型是“九重天”，最上层是元气之表的“宗动”，其次是高不可测的“恒星”，再其次才是“七重”，日月金木水火土各占一重。这个“九重天”并不是《吕氏春秋》中的“九野”[1],也不是道教传统中“三十六重天”里的“九重天”[2],而是来自欧洲的托勒密—地心说模型。但丁《神曲》中最后的天堂部分，就是按这个模型来写的，除上帝所在的“至高天”外，其下有九重，最上面两重正是“原动天（水晶天)”和“恒星天”，往下按顺序是土木火日金水月，与道士所说基本一致。

让我震撼的并不仅仅是这个。道士跟法南墅说，“如果你觉得我讲的‘地圆说’怪异，也许你会拿杨光先[3]的理论反驳我说，既然大地是球形，下半面的人为什么不会掉下去。但老夫慵懒，不能跟你去大郎山看南斗”。在这里，纪晓岚自己加了个注，说“大郎山在亚禄国，与中国上下反对，其地南极出地三十五度，北极入地三十五度”。换句话说，道士不仅知道南半球的存在，更知道在大郎山看得见南极星，但看不见北极星，因而可以向法南墅证明“地圆说”的正确。纪晓岚则更知道大郎山“南极出地三十五度，北极入地三十五度”,也就是说,大郎山的地理位置在南纬三十五度附近。

那么，道士口中的大郎山究竟在哪里呢？因为好奇心驱使，我查过这个大郎山,结果发现它是道教传统中的一座仙山。俗话说“天不满西北，地不满东南”，西北支撑天的台柱是昆仑山，东南支撑天的台柱是大郎山。但道教文献还是没有回答它究竟在哪里。

我最后之所以解开这个谜，是因为偶然间看到了明末由传教士利玛窦与李之藻合绘的《坤舆万国全图》。这是中国知识精英，尤其是皇室知识精英，第一次看到的完整绘制了北美洲、南美洲和非洲的世界地图。其中，非洲的最南端赫然标注着一座山，名为“大浪山”，因风大浪急而得名。在欧洲人那里，它有一个寓意更吉祥的名字——“好望角”(Cape of Good Hope)。好望角的纬度正是南纬 34°21′！正与《阅微草堂笔记》里那个神秘道士所说的相吻合。

很可能,因为缺乏地理知识,纪晓岚错以为道士口中的“大浪山”

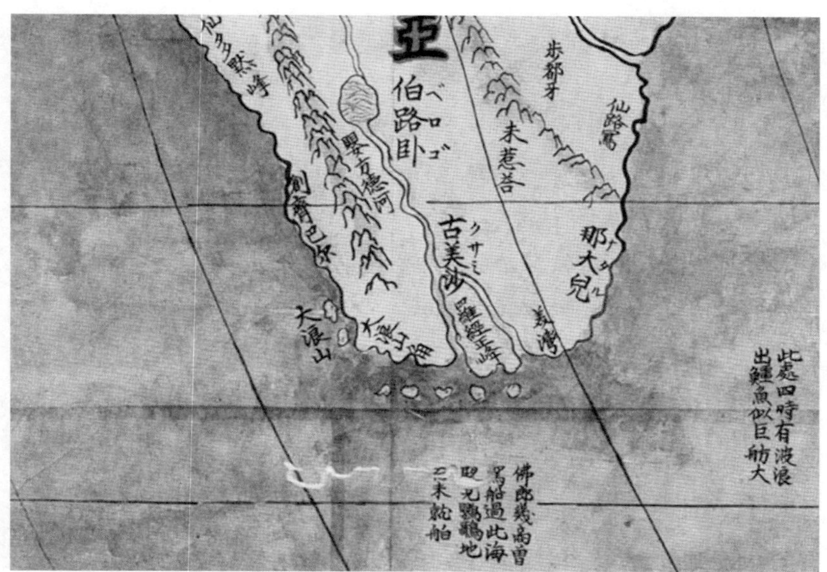

《坤舆万国全图》中的“大浪山”，即好望角
来自日本东北大学附属图书馆狩野文库摹本

就是道教传说中更有名的“大郎山”，从而记在了笔记里。

换句话说，这位与纪晓岚同时代的道士，不仅有来自托勒密的宇宙观，更有可能（看他的语气）到过好望角。

不过，在那个时代，这位道士可能有这么神奇的经历吗？

托勒密体系曾是被天主教会奉为圭臬的正统学说，影响了欧洲1400多年，直到1543年才被尼古拉·哥白尼的“日心说”驳倒。在西方正典教育传统中，天文学乃是“自由七艺”之一。因此，来华传教士在传教之余教授托勒密体系也是很自然的事情。

早在元代，方济各会教士就已经来到北京传教，还于1307年设立了中国最早的天主教会管区汗八里总教区，统理中国及远东教务。明嘉靖三十六年（1557），葡萄牙租借澳门后，珠三角一时成为西班牙人、葡萄牙人与荷兰人汇聚之地。[4] 大名鼎鼎的利玛窦也是先由澳门进入中国，再一路北上传教。住进北京城后，他与李之藻合绘的《坤舆万国全图》也确确实实绘制了托勒密地心说的九重天模型。因此，当时中国民间有人相信托勒密体系的宇宙观，并不奇怪。

但是，知道托勒密的九重天体系是一回事，去过好望角就是另一回事了。这有可能吗？

好望角的第一批欧洲殖民者是荷兰人。1596 年，荷兰船队抵达爪哇岛的万丹（Banten）。1652 年，为荷兰东印度公司服务的荷兰船长扬·范·里贝克（Jan van Riebeeck）在开普敦建立了一个中途站，目的是为远航亚洲的船只提供补给。1654 年，巴达维亚（今雅加达，荷兰殖民者于 1621 年把“雅加达”改为荷兰名字“巴达维亚”）法院放逐了一批来自新加坡、马来西亚和印尼的亚洲人到开普敦，让他们在农场里充当奴工。

自宋代以降，华人数下南洋，遍布东南亚各地。既然东南亚人在 1654 年被放逐到好望角附近，而这里又是荷兰船只通往东南亚的必经之地，那么华人经由与东南亚的联系而得知好望角的存在，并不是不可能之事。

当然，为求严谨，我该这样声明：我并不是说《阅微草堂笔记》里的这位道士一定就懂得托勒密的地心说体系，也不是说他就一定去过好望角；我只是说，与纪晓岚同时代，“有一位懂得托勒密地心说体系的华人曾去过好望角”这件事是完全有可能的。即便这个人是虚构的，同时代出现类似的华人也并不稀奇。而且，既然这个人可以被纪晓岚记录下来，那么我们可以合理推断：尽管就社会整体而言，当时有类似经历的人尚属稀少，但绝对数量可能并不在少数。

由此延伸的进一步想象是，假设这位道士的确去过好望角，那他的人生一定十分传奇。他大概率亲身游历过这条航线，甚至在荷兰东印度公司的某条船上当过船员。如此，他对于托勒密体系宇宙论的熟悉程度就很好解释了——对经历过远洋航行的人来说，天文学的重要性是不言而喻的。

在他反驳法南墅的话里，就有不少引用了中国古代“浑天说”的说法，那他是不是阅读比较过中外文献，然后根据自身经历采信了他认为最可靠的理论？而且，他还对只埋首旧经诗句的儒生嗤之以鼻，那是不是因为他见识过了更大的世界？

很可惜，我们对这一切都不得而知。这是些像法南墅和纪晓岚这样的儒生不会关心的问题。当然，他们也有足够的理由不关心，因为这一切与儒生该关心的家国天下无关。然而，后来大清的国运走向告诉我们，在恢宏的大航海时代扬帆起航的历史时刻，关心天文与航海技艺的民族，会把只关心传统经史和礼仪的民族打得满地找牙。

再继续往深里想一下，那是不是在与纪晓岚同时代，其实已经有很多普通人与荷兰商船接触过？他们是不是也清楚在勃泥（中国史籍又称为婆利、佛泥、婆罗）、巴达维亚或澳门发生的事情？是不是也见识过燧发枪和盖伦帆船，用过西班牙银圆，读过兰学书籍？甚至，他们是不是也曾深入思考过这个世界发生了怎样的变化？

然而，他们不是历史的筛选者，所以他们的所思所想并没有被纪晓岚这样的儒生记录下来，我们也因而常用“落后守旧”这顶大帽子，混沌地、粗糙地扣在当时所有中国人的头上，进而自我反省我们这个民族的文化本身是落伍的、经验是错误的，从而也就忽略了这样一个简单的事实：我们以为是中国传统文化的东西，只不过是掌权的儒家知识分子筛选出的中国传统文化而已。那么，是不是历史上生活在这片土地、使用汉字交流、学习汉语经典的那群人，所见所知的其实比我们以为的多得多？

再来看第二个例子，来自19世纪的传教士丁韪良。

他是第一个把国际法著作翻译成中文的人，此举对清政府的外交官员尽可能地维护中国利益大有帮助。此外，他也是京师大学堂的首任西学总教习。

然而，要论他对中国的首要贡献，我认为还不是这些，反而是下面这件小事：

> 他初到宁波时学习宁波话非常艰难，因为当时并不存在任何英汉字典，所以需要老师每教一个词，指一件东西。教狗指狗还好办，教火轮车时，老师便不得不来回奔跑，一边喘气一边鸣叫，学火车发出的声音。
>
> 丁韪良于是以德语中的元音为基础，再加上其他一些变音符号，创出了一套音标。这一下子能够使他和老师之间无碍对话。最后，宁波当地人对他的这套拼音系统十分惊奇，因为传统上要经过数年的悬梁苦读才能教会孩子读汉语经典，但是采用拼音，连 70 岁的老婆婆和不识字的工人都可以顺利读经。丁韪良的试验，为后来汉语拼音方案的出现奠定了基础，也树立了信心。[5]

这又是一件对我们影响甚巨，而许多历史学家囿于对大问题的关切而不屑记录的小事。仔细想想，从孔子时代就讲“有教无类”的中国，历经两千年的努力，到清代，识字率大约也只是 10%。考虑到这些人里还有不少只是会写自己的名字、算简单的账，真正的普遍文化水平恐怕还要更低。然而，仅仅是拼音这样一个发明就非常顺利地改变了这一切，再辅以近代以来的小学教育，一个十数亿人规模的古老民族真正做到人人识字、人人知书。那我们是不是可以说，对国民教育而言，拼音的重要性要胜过自孔子到戴震以来的所有大学问家呢？

这还并不是丁韪良的回忆录中最震撼我的故事；真正震撼我的，

是他记录的两类中国人对电报这个新鲜事物的反应。

第一类是我们传统印象中的精英。这事发生在他担任京师同文馆教习期间。除了教英语，他还教学生们如何使用和管理电报。在上课之前，恭亲王奕䜣派了四位帮助丁韪良修订《万国公法》的中国人来，其中一位还是翰林。这位翰林轻蔑地表示，中国虽然四千年以来并未有过电报，但仍是泱泱大国。

第二类则是在我们传统印象中跟精英完全不沾边的人。丁韪良写到，几年以后，他曾跟北京西山上的一位满手老茧、正在一块多岩石的田里耕种的农夫有过一次聊天。

> "你们洋人为何不灭掉清国呢？"他问道。"你觉得我们能灭得掉吗？"我反问道。"当然啦，"他一边说一边指着山下面的一根电线，"发明那电线的人就能推翻清国。"
>
> 他的脑子还没有被中国的典籍搞糊涂。这样的人在中国很多，可惜的是他们处于社会的底层，被士大夫们踩在脚下。[6]

这又是一段很让人震撼的历史细节。读过这一段后，我们再去看下面的两种理论或者宏大叙事。

一种是说中国自古奉行科举制，因而是精英治国。科举是一种选拔机制不假，但科举的选拔标准和导向并不一定真能治国。

按丁韪良自己的记录，这些翰林对电报嗤之以鼻，但对利用电磁效应制作的钓鱼玩具惊奇不已。他的说法是，这群人的心智在文学上是成人，在科学上却是孩童。其实，现实中我们也能看到很多这样的例子：很多人在某一个专业领域造诣精深，但在另外的专业领域无知懵懂得像个幼童。当然，这也并不妨碍他们取得世俗意义上的成功。然而，他们未必就是能在数千年未有之大变局之际力挽狂澜、真正于国于民有所裨益的精英。

另一种是说中国社会传统封闭，人民落后无知，老百姓的心态大抵都像义和团，十分守旧排外。但其实仔细去看历史细节，我们就可以发现，义和团并不能够真正代表当时民众的认知，反倒是更代表着很多知识精英的认知水平。传播用“厌胜之术”克制拳法仙术，抑或煽动义和团实现自己政治目的的，恰恰是所谓的知识精英与地方官员。[7]

丁韪良遇上的这位北京西山老农，就是对这种宏大叙事最好的驳斥。霍布斯说，上帝造人，令智力水平分配得其实比较公平，每个人并不觉得其他人比自己聪明，佐证我们绝不愿意把捍卫自己利益的决定交到其他人手里。[8]约翰·密尔说，一个民主社会不必要每个人都高度智慧，只要每个人有基本的智力水平，能够辨清自己的利益在哪里就够了。[9]这位北京西山老农所代表的中国老百姓，完全配得上这种社会，而扼杀他们的常识和洞见的，正是上层知识精英。

我不知道这样说，有没有表达清楚我对历史研究的感慨与惋惜。惋惜之处在于，那么多具体的历史细节，那么多鲜活的丰富资料摆在那里，在图书馆里，在互联网上，然而绝大多数人都不愿意去看一眼，反而更愿意去读所谓有思想性的作品，也就是被思想家筛选和咀嚼过后，再吐出来的似是而非的点评与总结。

在其中，古人变成了一种幼稚可笑的、智力劣于我们的人种。大清的皇帝似乎真的愚昧到不知英吉利在哪里，民众似乎真的愚昧到逢铁道电线杆必反。[10]尤其我们还有这样一个冠冕堂皇的借口：古人中的大多数并未经过启蒙，因此看上去愚昧可笑。其实，未经启蒙的古人，其思维与今人的差异主要在于价值观，而非智商。但在很多满是宏大叙事的历史著作中，好像古人的一切“失败”都是因为智商出了问题。

对历史的不负责任，就是对当下的不负责任。跳过那些丰富而鲜活的历史细节，直接使用宏大叙事的传统去思考文化与文明层面的理论问题，很容易陷入像李约瑟问题、中国历史三峡论、文化决定论等一系列伪问题的争论中。把未经启蒙的古人理解为智商更低的物种，就像儿女容易凭少年意气挥斥方遒地指责父辈，但其实，他们的成就我们未必能达到，他们的问题我们也未必能避免。

抛弃“顺从”，捡回“常识”

以上这些故事，看似离题万里，与本书主题毫不相干，却切实地道出了我写作这本书的最大关切。

我并不是反对一切理论框架与宏大叙事，它们也是必要的，否则，我们会容易陷入浩如烟海的史料中，与各种细枝末节缠斗良久而不能脱身。但是，如果这些理论框架与宏大叙事，本身就是被极少数封坐在书房里不谙世事的知识分子，因为自己的狭隘视野筛拣出来的，那就真有可能对我们造成巨大的误导。我向来以为不要道德化“坐冷板凳”这件事，因为不在行内的人很容易低估知识分子关起门来在 A4 纸上雕花造车的能力。

那么，该如何打破这种粗疏而偏狭严重的理论框架与宏大叙事？就我粗浅的经验而言，有两句俗话可能最为好用：一是“一具体，就深入”，一是“他山之石，可以攻玉”。

“一具体，就深入”指的是，要从历史细节里想象那个被学者们筛选之前的世界有多鲜活、多丰富，想象清代中国有多少人像那位泰山顶的道士，懂得地圆说，去过好望角；想象有多少人像那位北京西山老农，平生都在耕地，却清楚地知道发明电线的人可以亡掉大清国，以及，想象他们的知识框架从何而来，他们的认知比起传统意义上的知识精英有多正确，然而，他们对时势却完全无能为力。

“他山之石，可以攻玉”指的是，要有跨学科的思维与视野。尽管我们需要对许多宏大叙事保持警醒，但也不太可能不通过宏大叙事来理解历史。历史学的进步，常常不是因为新的史料和地下发现，却常常可能源于看待旧史料的眼光发生变化。因而，退而求其次，我们需要用另外一种不同的眼光（及叙事）冲击脑海中惯存的那种。比如，通过生态学中的物质循环看待传统农业的必然不可持续，通过财政学中的资产负债表看待传统帝国的必然不可持续，通过信息论看待传统学术中大量A4纸雕花造车的成分，通过蒙古帝国主义看待大清与沙俄，通过伊斯兰的眼光看待欧洲的进步主义，如此等等。

绝大多数时候，人们对历史认知的模糊不清虽然让人惋惜，却并不致命。其实，我们许多人对世界的认识就是模糊不清，甚至错误百出的。但世界自有其运行轨迹。即便我们认识不清这个世界，但只要错得不离谱，跟着大家的节奏亦步亦趋，也并不妨碍我们取得世俗意义的成功。就像很多人都有过的体验：几年前经济形势好的时候，做某个行当的生意，躺着都可以挣钱。

然而，到世界真出问题的时候，我们曾自以为是的种种认知，一瞬间就会烟消云散。在《商贸与文明》的开篇，我将其称之为“超级事实”爆发的时刻。比如，新冠疫情就是一种“超级事实”爆发的起点。如今世界回到正轨了吗？不仅没有，疫情之前就已积蓄的中美冲突，2022年爆发的俄乌战争，诸如此类的事件接踵而至，纠缠在一起愈演愈烈，明白地向我们宣示：在接下来的历史周期里，很可能会有越来越大的“超级事实”的爆发。

我这里不打算对此展开详细的说明。对我来说，更有价值的问题是，当“超级事实”发生的时候，最需要的是什么？我的看法是，最需要的是跳出我们熟悉的一切权威体系，无论什么主义、理论或流派，在这一刻都灰飞烟灭，不要再唯从高中到大学到工作后所顺从的一切是从，而要从凡是有正常思维水平就能接受的共识出发，以其为根基，重新构建对这个世界的解释框架。

就我自己的浅见，这二百多年的历史演进以及我们的基本理解，依然未能弥合艾瑞克·霍布斯鲍姆（Eric Hobsbawm）所谓“双元革命”（dual revolution）中两条线索的割裂。

霍布斯鲍姆在《革命的年代：1789—1848》中提出，19世纪的世界史是被两场革命驱动的，一是英国工业革命，一是法国大革命。前者关联我们认为极其重要的一系列概念，比如科技、创新、工业化、生产力、管理和经济增长；后者也关联我们认为极其重要的一系列概念，比如自由、民主、共和、平等、立宪、革命党、人民主权、民粹主义和极权主义。这两条线索分别主导一脉巨大的驱动力量，所以叫“双元革命”。

我们今天的历史观，在很大程度上就是被这两场革命塑造的。它们各自的影响力实在巨大，使得历史上种种的理论、主义、学说、思想和叙事，因其在这两场革命中的表现而被我们打上进步或落伍的标签，构成我们的历史的宏大叙事。

比如，古希腊哲学中的理性思辨为什么好？因为其中蕴含着科学的源头。哥白尼、伽利略和牛顿为什么是进步的？因为他们为近代科学奠定了基础。为什么雅典民主在之前二千年的叙事中都是坏制度，今天却成了好制度？因为法国大革命。

理论界同样也有成王败寇，只不过这成败俱以百年长周期而论，仿佛人世间一时的成败并不那么重要罢了。但是，就这二百多年的现代社会的历史叙事而言，还有一个更致命的问题没有解决：这两场革命之间到底有什么关系？

仔细想来，导向法国大革命的主义或理论是延续启蒙运动而一脉相承下来的，但工业革命却实实在在是人类文明的巨大变迁。洛克、伏尔泰、卢梭抑或孟德斯鸠，并没有见识过蒸汽机释放的巨大产能，没有见识过可以同时教化成百上千万人的大众传媒，没有见识过催生数以亿计生命的化肥，没有见识过夺走数以亿计生命的现代战争。那么，这些19世纪之前的政治理论真的能够指导19世纪之后的人类实践吗？

再比如，自由民主真的一定对科技创新有促进作用吗？英国最早爆发工业革命，但在工业革命已经如火如荼的1830年代，英国社会拥有投票权的人却只占总人口的4%；相对的，法国在1848年革命后就实现了普选权。然而，普选权不仅帮助拿破仑三世从总统变为皇帝，而且还使法国在第二次工业革命中被未经历民主革命的德意志帝国后来居上。所以我认为，即便是今天，关于科技革命与民主革命间的关系到底是什么，人们大概也还是只能坦诚地回答一句：还搞不清楚。

迄今，对现代社会的主流理解框架依然建立在极其脆弱的基础之上，然而，技术已令人类有了接近于神的力量，但我们的头脑并未得到相匹配的锻炼。

这个感受和判断有另一种佐证。但凡对今天的学术界或者说知识共同体有些许了解，恐怕都会同意这样一种看法：人文学科与自然科学、工程学乃至社会科学从业者之间，有着深深的隔阂。绝大多数时候，即便坐在一起，他们也不知道彼此究竟在做些什么，更不用说相互认可了。为此，托马斯·索维尔（Thomas Sowell）专门写了《知识分子与社会》（*Intellectuals and Society*）讲述这种隔阂背后的可笑之处。然而，可笑之余，这实在是一件很严肃的事情：如果现代世界就是被“双元革命”塑造的，但这两条革命脉络中的专业人士，诸如人文学科知识分子、科学家、工程师、企业家、银行家以及经济学者等，却又彼此隔阂撕裂得如此厉害，这又是怎么回事呢？难道我们的现代社会本身就撕裂得如此严重吗？

我倒认为，其中的关键乃是理解这样一个事实：所有专业性的知识共同体，本质上跟我们开篇讲的历史学一样，都是一个巨大的漏斗；而经这个漏斗筛选出来的人经常具备的特质之一，就是顺从。

对每一个从研究生阶段开始学术生涯的人来说，这几乎是不言自明的常识：听说过几个对导师的研究和方向高度不认可，反而能顺利写出论文毕业的？无论人文社会科学，还是理学工科，大都如此。其实，顺从本身并不是什么错，但经知识共同体如此数代的筛选的最终结果，便是问题意识与观察视角的高度一致性。

这也在很大程度上解释了为什么一大批拿了海内外名校博士学位的文科生，虽然论文做的是关于女权、边缘群体或社会正义的，但其实在具体生活中，他们对自己的幼稚和不谙世事也心知肚明，只是闭眼在学术圈发论文而已，并不奢望自己的研究对改变这些现状有什么真正的帮助。同样，这也是为什么一大批优秀的理工科学生，读书时可以在实验室朝九晚五地泡一天，却依然要在毕业后找一份与自己的价值根本不匹配的工作。

因为，他们顺从的是知识共同体内部的逻辑，而不是这个世界的真实逻辑，自然找不到真实世界的解决方案。

现在，就让我们努力把这些从顺从中学到的东西抛到脑后，捡回生活教会我们的常识，重新构建一种理解这个世界的新框架。

餐桌背后的学问

如果让我们想一件不管什么主义、流派或者意识形态都能达成共识的社会事实，第一个想到的会是什么？

我不知道你会怎么想，我脑海中最先闪过的，是吃饭的重要性。民以食为天，实在很难有哪个民族，不管说什么语言、信奉哪一个宗教、实行怎样的社会制度，能够挑战这个认知的正确性。

现在，就让我们想象一下吃饭这件事。

假设面前摆着一块红烧肉、一盘西红柿炒蛋和一碗米饭，那么，让我们试想一下，它们的背后都是什么。

先从红烧肉开始说起。

尽管猪肉是很多人非常熟悉且喜爱的一种消费肉种，但今天的猪与古代已经有了极大差别。猪八戒的形象变迁就明显折射了这一点。20 世纪中叶，传统戏曲表演中的猪八戒还是黑色的，但到了风靡全国的《西游记》的拍摄年代，猪八戒已经成了一头白猪。这是因为，古代中国的本土猪种多为黑猪[11]，比如东北民猪、汉江黑猪、福州黑猪、二花脸猪等，但许多本土猪种在今天已经濒临灭绝，人们常见的其实是 1964 年引进的长白猪（Landrace，原产丹麦）。这是历经多代培育、专为产肉而生的猪种。2010 年以来，国内高水平猪场的长白猪仅需生长 140 多天就可以达到 200 斤，是名副其实的造肉机器。

长白猪的普遍扩散背后，是巨大的肉食消费需求。根据国家统计局数据，2021 年中国猪肉产量为 5296 万吨，占全球比例为 44.09%，居全球第一；猪肉消费量约占世界猪肉消费量的 46%，人均猪肉消费量约为世界人均水平的 2 倍。如此庞大的需求早已不是传统农业手段能够满足的。现代化的养猪场与其说是农业，不如说是工业。

工业养猪场的特点首先是规模化，猪多半是在密集化的猪舍中被饲养长大的。一个猪舍内可能容纳数百乃至上千头猪，但只需要几个工人管理。它们从生下来就被喂养含有激素和各种药物甚至化肥的饲料，且要定期打针以防止和治疗各种疾病。一个在德国拿到生物学博士学位的朋友曾发给我一张养猪场招聘兽医的广告，月薪足有 3 万。

尽管中国 90% 以上的生猪消费是由本土供应的，但这并不意味着没有别的国家参与其中。养猪使用的饲料中大概有六分之一是豆粕，而中国80%以上的大豆都需要进口，比如，2020年中国的大豆进口量约为1亿吨，主要进口国包括巴西、美国和阿根廷。换句话说，太平洋东岸的大陆也在为太平洋西岸的餐桌能有廉价的猪肉而奋力地生产大豆。

再来说说西红柿炒蛋。

跟养猪类似，每一枚鸡蛋的背后也是一整个“造鸡产业”。这并不是开玩笑，养殖场的鸡虽然是一种动物，但它被工业化塑造的程度已经不亚于大多数工业品。

十余年前，中文互联网曾盛传，肯德基使用基因改造技术饲养出了一种长着六只翅膀、四条腿的鸡。这当然不是真的。肯德基使用的速成肉鸡品种，名为“白羽肉鸡”，是一个叫唐纳德·谢瓦（Donald McQueen Shaver）的加拿大养鸡场场主利用遗传学和育种技术培育的。谢瓦公司如今控制着全世界20%的蛋种鸡市场，谢瓦本人也一直在资助康奈尔大学与加拿大农业部的研究机构。

谢瓦培育的这种白羽肉鸡，如今再经过数代的改良，大概6—7周就可以成熟，14周后就会衰老死亡。换言之，这是一种完全为了给人类提供肉食而培育的专门物种，它的一生都仅为这一个目的。

肉鸡如此，蛋鸡亦然。如果有人看过蛋鸡养殖场的一些视频，大概率会有一种不适感。

在蛋鸡养殖场，鸡是从出生之前就被工业化塑造的。鸡蛋在人工控温的灯箱房中被孵化，两周后，小鸡出壳，迎来“鸡生”的第一次残酷筛选：公鸡出生后不久就会被投入研磨机碾碎，就像是被投入垃圾处理器的剩饭剩菜，唯一的区别是，这些“剩饭剩菜”会叽叽喳喳地叫着，不知道自己马上将面临的命运。但是，你很难说那些幸存下来的母鸡就更幸运，因为它们将会过上终生被囚禁的生活。

在英语中，养鸡的专用笼子被称为“电池笼”（battery cage）[12]，在汉语中则被称为“层叠笼”。之所以这样命名，都是因为它的狭小。按照欧美国家的标准，笼中必须为鸡留出转身的空间，但在绝大多数不实行此类标准的国家，铁笼内的状况就是鸡挤鸡、鸡叠鸡、鸡踩鸡，以至于很多鸡会因为缺乏自由运动而患上抑郁症和骨质疏松。这些鸡存在的唯一目的，就是为人类提供它们的未受精卵。它们是被机器制造出来的“下蛋机器”。

聊完鸡蛋，再来聊聊米饭。

水稻是人类最早驯化的主粮作物之一。在亚洲农业中，水稻有着极其重要的地位，这从它的亚种命名就可以看出。现存的水稻亚种，分别叫作印度型（籼稻）、中华型（粳稻，亦有人称为日本型）和爪哇型（热带粳稻），原产地都是世界上人口分布最密集的地区。

水稻既是供养这些地区密集人口的功臣，又是造成这些地区人口密集的原因：这是一种非常需要持续投入劳动力的作物，几乎可以无穷无尽地吸纳农民的劳作，以至于从爪哇岛的水稻种植业研究中产生了一个在今日中国社会流传甚广的词——内卷。[13]

在世界主要粮食作物中，水稻的种植可能是机械化程度并不很高的一种。这部分是因为长期种植水稻的主要地区（东亚和东南亚）的水田支离破碎，不便大规模机械化操作，再加上农民金融状况不佳，难以获得购买农机的贷款，机械化成本相比于人力构不成优势。但是，如果考虑到水稻下游产业链，我们又会惊异地发现，水稻实在是一种高度专业化的作物。

当前国际市场上贸易额度高的稻米，一般有四种：籼米、粳米、香米和糯米。这四种米在食品产业中各有各的用途，彼此不能替代。例如，籼米的一般用途是制备零食及速食品（例如米线或雪饼），而粳米的用途则是供给餐饮和批发市场；香米是一种高端的日常消费主食，糯米则多用于制作东亚及东南亚各国传统的糕点食品，例如中国的粽子、汤圆和八宝饭，孟加拉国的皮塔，柬埔寨的糯米饺子，日本的红豆饭，以及印尼、马来西亚和菲律宾的各种甜粿等。这些稻米的用途完全是专业化的，而且在国际市场上的价格也是完全分开的，经常出现一种大米价格上涨，另外一种大米价格下跌的情况。

在想象农产品的产业链时，也许很多人会觉得把它们推回作物从土壤中发芽成长就已经是足够的"初始状态"了。但其实从农业生产本身来看，除了气候和土壤这些基本不可改变的自然条件以外，农民至少还需要三种生产资料：农用机械、种子和化肥。历史经验一再证明，这三种生产资料有着秘密控制我们餐桌上的米饭的能力。

就拿 2022 年俄乌战争引发的东欧粮食与能源供给危机来说，在人们的印象中，俄罗斯是一个大国，粮食与能源并不短缺。但事实上，控制着俄罗斯农用机械供给的，其实是东欧。

有一桩发生在俄罗斯的政治丑闻就是关于这件事的。2014 年以后，俄罗斯因为遭到西方制裁，普京遂下令启动"进口替代"战略，也就是用"俄罗斯产"代替"西方产"。2017 年，弗拉基米尔州州长斯维特拉娜·奥尔洛娃（Svetlana Orlova）宣布：经过科学家和工程师两年多的不懈努力，弗拉基米尔州的工厂现在已经可以设计和生产新型拖拉机，在"进口替代"上取得了巨大成功。这种新式拖拉机叫 AHT 4135F，还登上了俄罗斯的许多领奖台。但事后调查发现，这台拖拉机的真正生产厂家其实是捷克的，原始型号叫 Zetor Forterra 135，弗拉基米尔的工厂只是在捷克购买零部件，然后在当地组装并假装是俄罗斯国内生产的。这就是一个经历三十年"休克疗法"后，几乎被"去工业化"的国家的下场：连拖拉机的制造都要受制于人。

种子是另外一种借由控制对方的餐桌，进而控制对方所处的社会与政治结构的产品。[14] 数千年以来，人类食用的绝大多数小麦是高秆小麦，一旦施用化肥，反而会因为麦穗过重而倒下。1870 年，

弗拉基米尔州宣传的自产拖拉机 AHT4135F

美国农学家霍勒斯·卡普伦（Horace Capron）在访日之行中发现，一种北海道农民普遍种植的矮秆小麦，施加氮肥之后，不仅产量增多，而且还不会出现倒伏。就这样，卡普伦的发现促成了后来美国农业部成功将来自日本的“农林 10 号”的矮秆基因用于小麦育种，育成了高产、抗病、适应性强的矮秆小麦。“农林 10 号”是我们今天高产小麦品种的鼻祖。

1943 年，美国利用高产作物的育种技术，以墨西哥为样本搞了一场“农作物操纵政治”的试验。这个试验背后的逻辑是，美国认为，为了抑制墨西哥日益活跃的左翼革命运动，应该先消灭“革命的土壤”，也就是饥荒和社会不公。对付饥荒最重要的技术手段之一，就是新型育种技术：只要农民能吃饱饭，他们就没有那么充足的动力去造反，反而可能倾向离开土地，进城打工。很显然，这有利于培育支持墨西哥威权政府的亲美中产阶级。于是，应时任墨西哥总统卡马乔的请求，洛克菲勒基金会派出五名农学家，并捐助 100 万美元在墨西哥城成立了研究中心。结果效果非常显著：1943 年，墨西哥还需要进口一半以上的小麦，但是到 1963 年，墨西哥已经成为小麦净出口国，人口增长近三倍，预期寿命也从 39 岁增加到 60 岁。与此同时，1946 年起，墨西哥左翼政党始终无法招募足够多的会员（合法资格需要 3 万名以上注册会员），到 1960 年代，其会员人数也只能维系在 5 万人左右，这使得其被迫一直采取和平选举的路线，直至 1981 年合并消亡。

最后一个关键因素是化肥。化肥会补充生物体内的氮元素，而氮是蛋白质重组所必需的物质。在古代社会，氮的来源十分单一，主要靠豆科植物的根瘤菌将空气中的氮气转化为含氮化合物，也就是生物固氮。但在弗里茨·哈伯（Fritz Haber）发明人工制氮法之后，人类就可以通过化学反应制备氮，从而批量生产化肥了。[15]

然而，尽管化学工业让人类摆脱了生物固氮的限制，但氮也不是无中生有地被制造出来的。当代化肥的必要原材料之一是尿素。商业上生产尿素的方式是令氨与二氧化碳进行反应，而其主要原料则来自煤和天然气。2021 年，中国的天然气产量是 2053 亿立方米，进口量大概是 1675 亿立方米，两者比例差不多是 5∶4。就是说，在中国为养活 14 亿人而以天然气为原材料生产的化肥中，大概九分之四依赖从全球进口天然气。

化肥中有一类重要的肥料是钾肥。钾是一种在地球表面分布高度不均的矿产。全球只有 14 个国家生产钾肥，其中，七大钾肥生产企业的产能占比高达 83%，加拿大、俄罗斯和白俄罗斯的产量加起来可以占到全球的 67%。这里要插一句，受俄乌战争影响，全球钾肥价格正在突破十年来的历史高位。[16] 很多人也许没有意识到，这场战争与我们的餐桌息息相关。

说起石油和天然气，还有另外一种跟全球供应链密切相关的食品与之息息相关，这就是糖。

日常生活中随处可见的糖，在很多国家其实是战略物资：糖能快速补充热量，也是制作罐头等储存食物的重要原料，可以在战时发挥重要作用。它还是重要工业原料，除食品工业外，还可以应用在造纸、化工、建材等诸多领域。

很多人可能不会想到，制糖还是一种高耗能产业。制糖原料主要是甘蔗和甜菜，无论甘蔗还是甜菜，在作物成熟并收割后，都要先经压榨和澄清，再经熬煮、助晶和分蜜才能成为“糖”这种产品，在这个过程中要消耗大量的能源。

1973 年的石油危机后，西方各国被迫对石油施行配给制，结果刚上任的西德经济部长就闹了个笑话。因为对制糖工业的无知，他没有给制糖企业预留足够的石油配额，而当时正值甜菜收割季节，恰恰是制糖业的旺季，如果没有燃油供应，机器开不起来，生产作业就要全部停止，其结果便是食糖得在各种管道里晶化，数以万计的食品工厂就要停产，西德人民就要饿肚子。最后，这位经济部长不得不重新批示，优先给制糖业分配充足的燃油。

除了蔗糖和甜菜糖，还有一种糖类产品的制备离不开石油，这便是“糖精”（Saccharin）。1879 年，俄裔化学家康斯坦丁 · 法赫伯格（Constantine Fahlberg）最先在实验室成功合成糖精，甜度是蔗糖的 300—500 倍。在自产食糖不足的时代，中国曾大量使用糖精代替蔗糖长达半个多世纪。糖精的主要生产原料是作为石油化工业基本产品之一的甲苯。这也是现代食品添加剂中甜味的主要来源。换句话说，当看到关于石油和天然气涨价的新闻时，我们恐怕很难想到，除了汽车燃油之外，我们日常餐桌上常见的各种甜味来源和零食，也有很大可能会受到这些能源价格上涨的巨大影响。

到现在为止，我们只是讨论了有限的几道菜及其背后复杂的产业链关系，还没有分析稍微复杂一些的菜肴，更没有分析今天高度发达的食品冷链物流和外卖行业。没有冷链，我们的餐桌就很难摆上新鲜的鱼虾、阿拉斯加的帝王蟹、智利的车厘子或马来西亚的猫山王榴梿。没有外卖，那些大城市里因习惯“996”而厨房很少开火的新一代白领就会饿肚子。

你看，仅仅是吃饭这件事，只要稍微盘点一下，就会整理出一张把五洲四海都联系在一起的巨大网络。食品行业还只是诸多产业中供应链关系相对简单的一个。如果你觉得这个网络有点复杂，不妨再想想我们的智能手机、电脑、电视机、电冰箱和汽车……

简而言之，如果不了解关联我们每天衣食住行的复杂网络发生了什么，我们真的能够理解当下这个现代社会吗？

复杂社会的崩溃

我们日常生活中随处可见的产品和消费品，其实都处在一张由各式各样的供应链相互连接而成的、纷繁芜杂的网络之中。套用物理学和信息论中经常出现的一个概念，可以将其称为“复杂系统”（complex system）。[17]

那么，复杂系统的特征是什么？

一个社会是由功能完全不同的部门组成的，而每个部门的从业人员的生活与工作方式、思维习惯以及看待世界的角度也都是不一样的，这可以称之为“独特社会人格”。约瑟夫 · 泰恩特（Joseph Tainter）在其《复杂社会的崩溃》（*The Collapse of Complex Societies*）中说，原始狩猎社会只包含几十种独特的社会人格，近代欧洲社会大概可以确认一两万种，而工业社会则可能会包含一百多万种。[18]

从这个角度看，我们所熟悉的过往的经典人文理论，可能很多都有“观察颗粒度太粗”的缺陷。卢梭在《社会契约论》中说，构成国家的是人，养活人的是土地，因此伟大的国家必须使土地足以供养其居民。这样说大略上当然没错，但也基本等于把全国居民均质化成了一种职业角色——农民。然而，即便都是农民，拥有大片土地的农场主和农场里耕作的农民还是不一样的。马克思进一步用阶级来分层社会，但即便同属“被剥削阶级”，富贵人家的奴仆也是瞧不起地主家的佃农的，因为前者离权力中心近一些，后者离权力中心远一些。自耕农则又同时瞧不起这两种人，虽然他的生活水平未必比得上前者，却不必如前者一样受主子的气。所谓“千样米养千样人”，每行每业的人的所思所想有很多不同，彼此之间既不熟悉也不理解，如果把他们拉到一张桌子上，很可能每个人都会十分讶异：哇，你居然是这么看问题的！但是，我们的生活又必须借由他们的共同配合才能顺利运行，否则，红烧肉和西红柿炒蛋不会如此顺利地出现在我们的餐桌上。

这就是复杂社会。

这样的复杂社会令我们的生活水平快速提升，但也带来一个巨大的危险：不同领域中的人对其他领域不理解，而某一领域中的人自然会按照自己熟悉的逻辑办事，并且想象其他领域的人也会配合自己的逻辑，但这恰恰可能导致社会系统间犬牙交错的齿轮的脱轨，进而导致复杂系统的紊乱乃至崩溃。

这其中，政客是最容易导致此种局面发生的。这里刚好有一个不算近但也不算远的例子，这就是第一次世界大战。这是一场在工业化体系下发生的巨大规模战争，也是人类此前从来没有尝试过的动员战争。西欧上一次发生大规模战争还要追溯到拿破仑时代，但拿破仑的动员数量级别也不过是在1805—1815年的十年间大约动员了150万人次。然而，“一战”中，仅仅是凡尔登战役，双方就各自出动100万人以上，而各大国的动员数量均已达到几百万甚至上千万的级别：德国1,300多万，俄国1,200多万，法国860多万，奥匈帝国 780 多万，即便最少的英国，也有接近 600 万。

这就对交战各方提出了一个挑战：这样千万级别的士兵上到战场，需要一个怎样的复杂系统去供应他们的吃喝拉撒。这是像亚历山大、恺撒和拿破仑之类的名将都没有尝试过的。在和平年代，这个复杂系统是由市场交换自然完成的。1910 年代的西欧已经是一个工业化社会，粮食安全依赖于市场自由交换形成的复杂物流系统：海运、河流、公路和铁路运输形成复杂的网络，网络与网络间有专门的物流商人和分销商分工合作。各国经由这样的网络，并在各自经济利益的指导下相互配合，来完成供给全社会食品的任务。然而，一打仗，这个复杂社会的运行就要听一个思维简单的指挥棒来转了。

这个指挥棒，名字叫“官僚系统”。历史已经证明，没有任何官僚系统可以在短时间内接管经由市场自由竞争而形成的如此复杂的供应链网络，哪怕这个供应链网络只为解决我们日常生活中自以为最平凡不过的小事。

那些在供给千万士兵吃喝拉撒上做得成功的，主要是国际贸易网络足够发达的国家，比如英国和法国这两个拥有巨量海外殖民地的国家，他们的供应商可以从那些没有受到战争直接影响的地方进口食品，以此确保供应链的安全。

相反，德国和奥匈帝国则缺乏外部资源，粮食形势恶化得更快。如果只看纸面数字，看军备力量，那么动员了 1300 多万士兵的德意志帝国自然是最强大的国家。然而，它在 1915 年就已经实行全面配给制。1916 年冬天，德国几乎对所有的食品、煤炭和燃料实施配给，老百姓餐桌上的蔬菜就只剩下了萝卜，因此这一年的冬天也被称为“萝卜冬天”。[19]

这也是一件非常嘲讽的事：德意志帝国参与世界大战的重要动机之一，就是争夺海外殖民地，但因为缺乏海外殖民地而比自己的对手提前崩溃。

教训最为惨痛的是俄国。开战前，俄国对自己的粮食供应非常乐观，当时俄国是欧洲第一粮食出口国，俄国的谷物装满了英国和德国的粮仓，而且根据当时决策层计算，1901 年，俄罗斯村庄的剩余劳动力约占农村劳动力的 51%。如果开战，俄国即便动员 50% 的农村劳动力去当兵，也不至于造成粮食生产的崩溃。换句话说，俄国是卡住西欧粮食供给脖子的那一方。

但事实是，俄国的官员对农民日常的吃喝拉撒、粮食蔬菜、劳作和积蓄这些具体的小事完全不了解。结果一打仗，俄罗斯的农业生产就急剧下降，1914—1916 年的数据很明显地说明，征兵越多的地方，粮食种植面积下降越快。

出现这种现象的第一个原因在于，官员们没有关注农场所有权问题。俄国当时有两种农场：传统由乡间公社掌管的集体农场和市场化的私营农场。集体农场劳动力过剩，剩余劳动力很多；私营农场效率高，劳动力都是有活干的，并不摸鱼。征兵开始以后，私营农场受到的打击比集体农场大得多，生产效率下降的幅度也大得多，所以人手一减少，粮食就大幅减产。

第二个原因则是俄国的穷苦农民被欺负怕了。俄国农村的自由化是从 1906 年日俄战争失败以后开始的，在此之前，农民被束缚在集体农庄或国营农庄里，真实地位相当于国家的农奴，好似白居易笔下的“卖炭翁”，种出的大量粮食会无偿地或者以极低的价格被政府征走。自由化改革以后，私营农庄有了自主议价权，他们的经验是，比起卖给俄国的采购商，把粮食卖给英法等国的国际收购商，条件要好得多。如果没有后者收购，他们宁可把粮食储存起来，也不愿意卖出。这就更加恶化了前线军队的粮食供给。到 1917 年，由于国家粮食采购系统事实上的全面崩溃，俄国主要大中城市也开始缺粮了。这也是二月革命爆发的原因之一，更是列宁能够取得最后胜利的深层原因：他以集体农庄为手段，从农民那里继续获得粮食来供养城市居民。[20]

在我看来，俄国的这个例子就很好地说明了，一旦不能理解复杂社会的运行规律，反而强要以思维简单的指挥棒来指令它运转，收获的结果就只能是“复杂社会的崩溃”。

* * *

在所有的“超级事实”中，“复杂社会的崩溃”是最令人震撼也最引发深思的一种。君士坦丁堡曾是那样的雄伟壮观，却突然就被第四次十字军东征给烧杀抢掠了。开元盛世那样强大的唐帝国，却突然就因安史之乱而一蹶不振了。它们整体上还处于古代社会，或许用简单逻辑还可以大致理解，但像第一次世界大战这样的事件，理解起来就没有那么容易了。

那么，我们该如何理解复杂社会呢？

我们不可能仅仅用“复杂”这两个字来描述它的，这等于什么也没有说。我们必须有能力把握复杂社会的底层运行规律，从中提炼出相对简明的模型和框架，以此理解人类在工业化时代以后进入的，供应链纷繁芜杂的，全世界连为一体、牵一动万的，各民族彼此影响的这个巨大的命运共同体。

工业革命以前和以后的人类文明，几乎可以说是性质完全不同的两种文明，复杂程度完全不可同日而语。但是，遗憾的是，面对当下这个超复杂世界，我们迄今主要使用的还依然是理解和阐释简单社会的模型和框架。比如，我们今天日常讨论的，无论左和右，还是民主与独裁、帝制与共和、法治与人治，还都是工业革命诞生之前的概念。相对于工业化之后的复杂社会，我个人认为，这些概念和框架已经出现了不同程度的失效，无助于避免“复杂社会崩溃”

的危险。

为此，在本书中，我会挑战很多人在理解复杂工业社会时的三种惯常认知。

先说第一种，与技术进步有关。

今天几乎所有人都承认“科技是第一生产力”，认同技术进步是驱动社会演化的关键力量，尤其在工业革命之后，甚至是决定性力量。但是，很多人往往会把它误解成“让科学家在那里研发，技术就会进步”或者“从技术标准上讲越进步的,就是越好的”。其实，这都是用简单思维理解复杂工业社会的结果。

我常常举的一个例子是，打仗时，对伤员进行及时救治非常重要，因此确保战地用血供给非常关键。“冷战”后，美军采购了很多先进的血液保存机器，全金属架构，自带发电机制冷，看起来很高大上，但是在演习中却发现，很可能还是“二战”以来美军通用的泡沫塑料箱加冰块更好用。这是因为，战场上情况太过复杂，金属架构重量大，发电机容易损坏，先进技术很可能还不如落后技术来得适合。[21]

为此，我将用“漏斗—喇叭”模型来解释复杂工业社会的技术进步逻辑。简单说来，**我们不能仅从科学家的视角或技术的视角看待一项技术进步与否，还必须得观察它在社会经济中的实际应用情况**。换句话说，任何新的科技发明，都需要经过“商业化／产业化应用”这个漏斗的检验；一旦通过检验，它将释放出不容易想象的巨大力量，即“喇叭”效应。在后文，我会花费很多章节说明这个模型在复杂工业社会的普遍性。

第二种与社会结构有关，或者说，涉及我们如何把握复杂工业社会的结构。

自轴心时代以来，人类就开始有意识地思考自身的社会结构。许多思想家把社会分层为不同的阶层或利益集团，借此分析人们的政治经济地位与社会变化趋势。工业革命以来，我们当然也继续借用了这些分析方法。但是，很多人没有意识到的是，旧的阶级分析法或社会结构分层法是基于古代静态的、封闭的生产关系与社会形态产生的，有时决定这种社会分层的甚至不是产业，而是暴力。既然如此，将它们用于工业革命后的社会分析，局限性是很大的。

比如，早在古希腊时代，当时的政治分析家就注意到雅典民主社会的支柱乃是出身平民的水手，这是由雅典赖以生存的航海贸易与海军决定的。以之类比其他城邦，可能就会出现问题。古罗马社会的阶级分层也是由这些阶级在军事集团中扮演的角色决定的，而军事集团是断不可能像今日的跨国资产阶级那样效忠于普世主义，而非本土意识形态与爱国主义的。因此，用古代贵族的意识形态对比理解全球化时代的上层阶级，难免缘木求鱼。

故而，我打算运用一种新的模型分析工业时代的社会结构。既然复杂工业社会的根本基础是产业关系，而产业关系的基础是物质与信息，那么，我们为什么不直接用物质和信息在人类社会中的对应结构分析复杂工业社会的真正结构呢？

为此，我把错综复杂的产业社会供应链抽象成三种基本的流，即能量流、产品流和资本流，把由它们构成的运行关系称之为“**三流循环**”。我认为，若以“三流循环”的模型理解复杂工业社会的经济周期与政治博弈，许多以前掩盖在所谓阶级斗争、利益集团、意识形态和社会制度争辩之下的真相就会浮出水面。

第三种则关涉国家与社会之间的关系。

这也是轴心时代以来关系人类自身理解的重大问题。就社会思想与意识形态而言，不少人对古代社会的刻板印象是，古代社会着重于强调个体对君王或国家的责任，“社会”是一个不言自明的概念。然而，就实质的政治治理和政府权力机构而言，现代国家对社会的全面渗透与控制水平，是中世纪的国家政府完全无法比拟的。

那么，**现代化进程到底是一个强国家化还是强社会化过程？国家、社会与工业化之间的关系又是怎样的？**历史学家、政治学家和社会学家们依旧在为这些重大问题争吵不休。我希望跳出这些争论，换一种全新的视角看待这些问题。在我看来，理解主权国家政府在工业时代为什么能够获得超出以往的权力，关键要看它在产业时代做对了哪些事情，以及如何利用产业和技术实现自己的独立目的与社会功能。

为此，我仿照“地缘政治”(Geopolitics)，创造了一个名为“**产缘政治**”（Induspolitics）的新词。如果说古代政府证明自己存在必要性的主要途径是“地缘政治”，也就是对一片特定地理空间（山川、河流、平原、半岛或海洋）的合法主导权（因征服或维护这片土地而产生的权利与权力），那么，现代主权国家政府证明自己存在必要性的主要途径就变成了“产缘政治”，也就是对一系列关键技术、产业链和产业人口的合法主导权。更进一步，我们甚至可以说，理解国家力量的源泉和博弈方向的重点，不应该再像农业时代那样放在地缘，而应该放在产缘的得失上。得产缘才能得地缘，失产缘必将失地缘。

当然，我也并不认为，这三组概念或模型就一定是理解工业化时代复杂社会的真理。一个人的力量总是微小的，每个人所能看到的，也是有相当局限的世界。但这是试图看清复杂社会的第一步，我诚恳地希望，本书能够成为一块叩开理解现代历史的砖，引出更多的有识者之玉，借我慧眼，把这个世界看得更加明白和真切。

希望你读得开心。

注释

1　参见《吕氏春秋·有始》所谓“天有九野”，即中央曰钧天，东方曰苍天，东北曰变天。北方曰玄天，西北曰幽天，西方曰颢天，西南曰朱天，南方曰炎天，东南曰阳天。

2　参见《无上秘要》卷五：“假令七月生则十月胎受波梨答惒天之炁，十一月生则受梵摩迦夷天之炁，十二月生则受梵宝天之炁，正月生则受化应声天之炁，二月生则受不骄乐天之炁，三月生则受寂然天之炁，四月生则受须延天之炁，五月生则受上上禅善无量寿天之炁，六月生则受郁单无量天之炁。凡人从十月结胎至于六月，则受九天之炁，已满至七月，合十月则天地炁盈，受太阳之运而生。”

3　清康熙年间任钦天监监正的杨光先在《不得已》中这样反驳地圆说：“果大地如圆球，则四旁与在下国土洼处之海水，不知何故得以不倾？试问若望，彼教好奇，曾见有圆水壁立之水，浮于上而不下滴之水否？……苟有四旁与在下之国，居于平水之中，则西洋皆为鱼鳖，而若望不得为人矣。”

4　郑成功的父亲郑芝龙在少年时代就跟随舅舅到广州经商，为了与洋人往来方便，不仅学会了三门西方语言，还皈依了天主教。

5　丁韪良，《花甲忆记》，沈弘、恽文婕、郝田虎译，广西师范大学出版社，2004 年，第 27—29 页。

6　丁韪良，同前，第 203 页。

7　义和拳前身为山东一带流行之八卦教，癸酉之变中攻入紫禁城的天理教即其分支之一。嘉庆年间，擅长道家学说、通医术，曾为道家兵法《握奇经》注解的张琦担任山东陶县知县，章太炎认为他以此类学说改造当地民风，八卦教因此兴起，后来也才有了义和团。参见章太炎《检论 · 清儒》。又，1860 年代威县为对付捻军，组建三支团练，其中就有一支叫“义和团”。后来毓贤任山东巡抚后招纳拳民以攻教民，亦是此中一脉。

8　参见霍布斯《利维坦》第十三章，黎思复、黎廷弼译，商务印书馆，1985 年。

9　参见 J.S. 密尔，《代议制政府》第三章，汪瑄译，商务印书馆，1982 年。

10　参见《义和团揭帖》:“神助拳、义和团，只因鬼子闹中原。劝奉教、自信天，不信神，忘祖先。男无伦、女行奸，鬼孩俱是子母产。如不信、仔细观，鬼子眼珠俱发蓝。天无雨、地焦旱，全是教堂止住天。神发怒、仙发怨，一同下山把道传。非是邪、非白莲，念咒语，法真言。升黄表、敬香烟，请下各洞诸神仙。仙出洞、神下山，附着人体把拳传。兵法艺、都学全，要平鬼子不费难。拆铁道、拔线杆，紧急毁坏火轮船。大法国、心胆寒，英美德俄尽消然。洋鬼子、尽除完，大清一统靖江山。”

11　黑猪在中国已有近 5000 年驯养史。2000 年，有些黑猪品种已被列入《国家级畜禽遗传资源保护名录》，并从 2006 年起禁止出口。

12　我本人高度怀疑《黑客帝国》中的“人力电池”设想借鉴的就是这个词语。

13　“内卷”本是一个学术名词，学术文献中常用作“内卷化”。美国人类学家克利福德·格尔茨（Clifford Geertz）1963 年发表《农业内卷化：印度尼西亚的生态变化过程》（*Agricultural Involution:The Processes of Ecological Change In Indonesia*）。他在印度尼西亚调查时发现，爪哇岛资本缺乏、土地数量有限，加之行政性障碍等，无法将农业向外扩展，致使增加的劳动力不断填充到有限的水稻生产中，农业内部变得更精细、更复杂，从而形成“没有发展的增长”，这便是格尔茨所谓的“农业内卷化”。

14 关于种子的相关内容，参见张笑宇《技术与文明》，广西师范大学出版社，第296—304页。

15 关于化肥的故事，参见张笑宇，同前，第289—296页。

16 参见国信证券2022年研究报告《钾肥行业分析框架》。

17 https://en.wikipedia.org/wiki/Complex_system.

18 约瑟夫·泰恩特，《复杂社会的崩溃》，邵旭东译，海南出版社，2010年，第38—39页。

19 https://encyclopedia.1914-1918-online.net/article/food_and_nutrition.

20 以上可参阅 Stephen Broadberry, Mark Harrison (eds), *The Economics of World War I*, Cambridge University Press, 2005。

21 https://apps.dtic.mil/sti/pdfs/ADA480272.pdf.

第一部分

“漏斗—喇叭”模型

第一章　技术如何改变社会

很多读者知道我是从拙作《技术与文明》开始的。对我来说，那样的写作是一段很愉悦的体验，我喜欢那种在大历史中发现不为人知的细节的感觉。

但是，我也经常感到一种身为“考古学家”的悲壮。写作过程中，我总会接触大量已被遗忘的历史边角料，也会不自觉地发出这样的感叹：原来这样的东西这么早就被发明了！原来这个人的想法这么巧夺天工！原来这样的机械是后来我们某个重大发明的历史源头！

研读技术史到一定程度，你一定会对许多发明者心生同情，他们的天才头脑、实干精神以及曾经达到的高度，与他们在历史上为世人所知的程度是完全不相匹配的。

不为人知的天才发明家

我经常举的例子是罗马帝国早期的发明家亚历山大港的希罗（Hero of Alexandria）。他是亚历山大图书馆的馆长，发明的“汽转球”（aeolipile）被技术史家公认为蒸汽机的雏形。但他的发明创造并不是只有“汽转球”这么简单。

1851 年版希罗《气动力学》中开启神庙大门的装置

他发明过“自动门”，基本原理是依靠点燃神庙门口的火炬，使密封容器内的空气受热膨胀，推动机关使门自动打开。甚至，你还可以给机械结构配重，当火把熄灭、空气受冷收缩无法维持压力时，神庙大门会缓缓自动关闭。

他发明过机械式的“自动售货机”，一台丢入硬币，然后会有水流出来的祭祀容器。这种装置的主要使用场景也是在神庙中，祭司告诉人们，要奉献硬币，神才会赐予“圣水”。

他还发明过各种复杂的“自动机”(Automaton，一种经由预先设定好的机械控制程序自动操作的机器)，比如一旦有人捡起地上的苹果就会自动向龙射箭的赫拉克勒斯雕像、流水驱动的自鸣鸟、自动演奏喇叭的小人、风车驱动的自动风琴等等。

这些发明都有详细的图纸解说流传至今，希腊如今也有博物馆

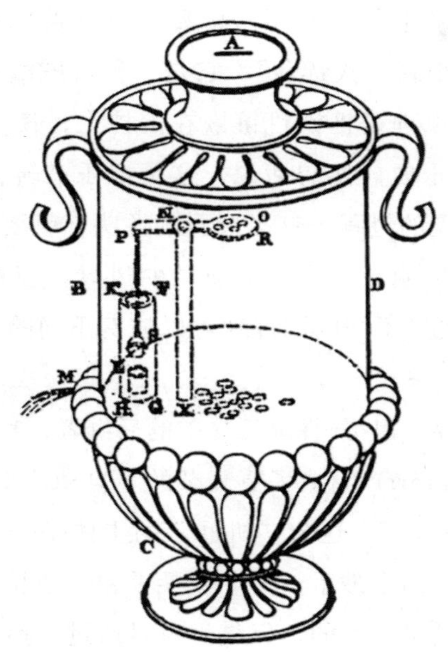

希罗的“自动售货机”示意图

复原希罗的这些创造发明。中国典籍《列子·汤问》记载，周穆王时代有个叫偃师的著名工匠，他制作的木偶，“领其颅，则歌合律；捧其手，则舞应节。千变万化，惟意所适”。如果希罗生活在中国，应该也会被传颂为与偃师、鲁班齐名的能工巧匠。

希罗并不是古代社会唯一超前于时代的发明家。公元9世纪，阿拉伯帝国巴格达城生活着著名的巴努·穆萨三兄弟（Banū Mūsā brothers），在巴格达的天文台和“智慧之家”（当时巴格达的图书馆）工作，擅长占星术、工程学和数学。他们还将许多古希腊文献翻译成阿拉伯语保留了下来，其中也包括希罗的著作。当然，他们也在先贤的基础上取得了许多进步。

巴努·穆萨三兄弟是设计自动喷泉和自动演奏乐器的大师。自动演奏乐器听起来十分高大上，其实就是类似八音盒的东西。不过，我们也不要小瞧“八音盒”，它是一种机械编程思维的具象化展现。八音盒的原理是把铁钉镶嵌在圆柱上，使之拨动簧片发出不同的声音组成乐曲，换句话说，这是把乐谱转化成“机械编程语言”再予以实现的过程。这类装置的源头，就要追溯到巴努·穆萨三兄弟。他们发明了一种水力驱动的风琴，与八音盒一样拥有圆柱拨击装置，更换不同的圆柱就可以演奏不同的乐曲。这是“机械编程”的始祖。

在伊斯兰世界，巴努·穆萨三兄弟的后继者，12 世纪的阿尔·加扎利（Ismail al-Jazari）制造了更复杂的“自动演奏乐器”，一台机械驱动的“四人乐队”。这台“机器”的主体是一条船，船上装设四个自动机械人，两个鼓手、一个竖琴手和一个长笛手。竖琴手和长笛手吹奏的乐谱是固定的，但鼓手可以通过更换圆柱和铁钉演奏不同的曲子。换句话说，这是一台“可编程”的机械乐队。

加扎利最为人熟知的发明是他的“大象钟”。从计时原理上来说，这台大象钟是一台“水钟”，但它的机械运动比“铜壶滴漏”复杂得多。大象钟的肚子里装有水槽，水槽中浮着一个底部有孔的深碗，每半小时就会沉入水中。碗一旦沉没，就会拉动一根绳子，驱动钟顶部的凤凰转动。转动的凤凰会释放一个小球落进两条中国龙的嘴里，龙嘴下沉，把球送往铜壶中，同时把沉没的碗拉出水面。绳索系统还会拉动大象背上的驯象师击一下鼓，代表半小时过去。如此周而复始。[1]

在伊斯兰世界，加扎利的大象钟还有一定的政治意义。伊斯兰社会位于欧亚大陆中部地带，东接印度与中国，西临地中海周边，通往欧洲和北非，自古以来就是连接文明的桥梁。中古伊斯兰帝国也有相当多元的文化因素，这些都反映在加扎利的大象钟里。他自己曾说过，钟表底部的大象代表印度文化，两条龙代表中国文化，

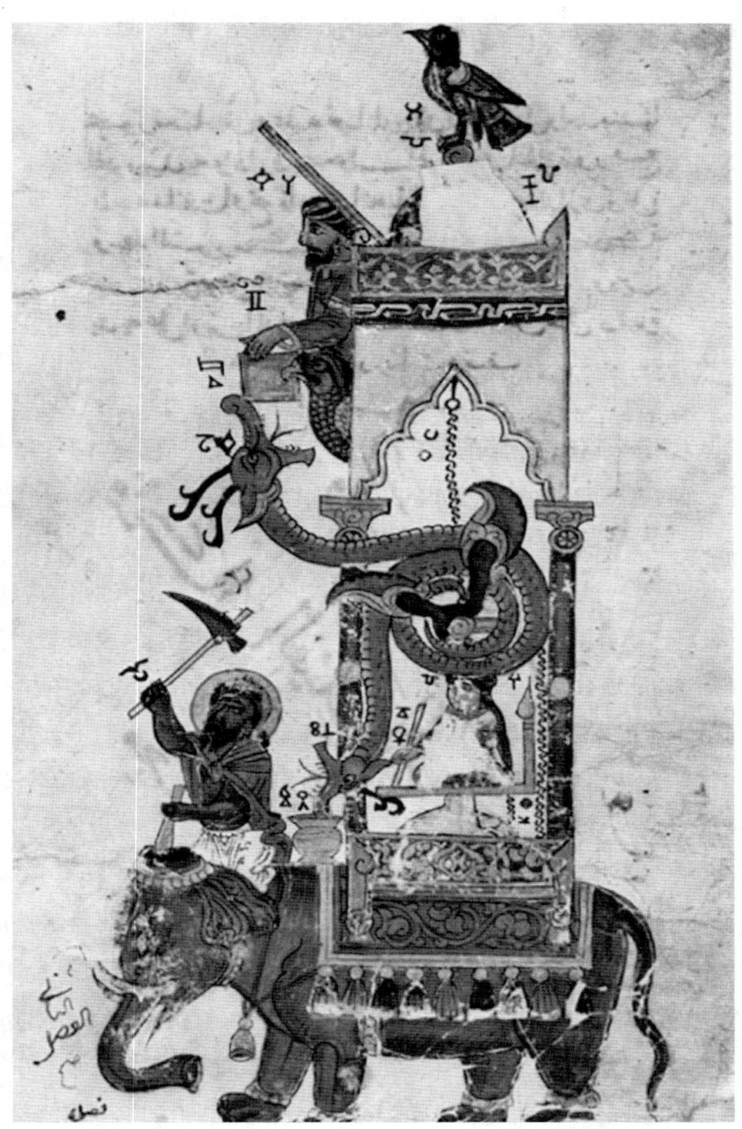

加扎利的大象钟

顶部的凤凰代表波斯文化，水钟是希腊文化的代表，头巾则象征着伊斯兰文化。这是他献给哺育自己的一切优秀文化的谢礼。

为什么技术发明会被遗忘

在搜集技术史资料的过程中，我遇到过许许多多像亚历山大港的希罗、巴努·穆萨三兄弟和阿尔·加扎利这样的天才发明家，他们不仅有着天马行空的奇思妙想，还有丰富的工程学知识将它们变成现实。他们制造的很多装置成为后来机械工程学科常见的基础发明，从杠杆、阀门到自动反馈装置，无不凝聚着他们智慧的结晶。那么，问题来了，为什么他们中有那么多人被我们遗忘在历史的长河之中？

像巴努·穆萨三兄弟和加扎利这些工程师，还有海什木（Al Hazen）和伊本·西纳（ibn-Sīna）这些数学家，他们的成果对达·芬奇及后来的欧洲发明家都产生过重大影响。然而，今天知道达·芬奇同时也是发明家的，已经算得上学识渊博了，所以我们不难想象，影响过达·芬奇的人尚且如此，肯定还有更多难以计数的无名英雄被永远湮没在了历史的尘埃之中。

为什么会这样？不少人下意识的想法是，因为古代社会并不重视技术发明。比如，在古希腊，普鲁塔克就评价阿基米德制造的、用于抵抗罗马人入侵的机器主要是几何学的副产品（意思是说工程学在纯粹的科学之下）。普鲁塔克还称："工具制作和大体有实用价值的行业，都是低微的、卑贱的。"[2] 无独有偶，宋应星在《天工开物》的序言里也说，"丐大业文人，弃掷案头！此书于功名进取毫不相关也！"意思是说，要是想做有大志向的文人，把这本书扔掉就好了。

这类证据很广泛，但这种解释并不让我满意。**观念主要是社会**

实践的结果，而非原因。如果一个社会中绝大多数人都认为技术行当不够高贵，那直观原因恐怕不是他们的观念有问题，而是这个行当在实践上没有办法给他们带来好的收入和社会地位。这就像是几十年前的中国，一面有“科学技术是第一生产力”的口号，一面也有“造导弹不如卖茶叶蛋”的俗语。直到科学家和工程师成为资本的宠儿，人们对科技才真正有了尊崇之情。因此，技术发明家究竟是被社会尊崇还是被社会遗忘，恐怕并不是由观念决定的，恰恰相反，观念是经济结构和社会实践的产物。

带着这样的基本判断走进以上发明家的生活，我们可以得到更为精确的答案。比如，希罗的大量发明实际上是为神庙服务的，设计精巧的自动门为祭司说服人们捐赠创造了条件，自动售货机也是一台方便售卖圣水的机器，更不用说他的自动神像和演奏乐队了。把这些发明放在一起，那就是以奥林匹克诸神为主题的迪士尼乐园。巴努·穆萨三兄弟和加扎利的职业生涯也是类似的，他们最大的甲方都是宗教机构。

这背后反映的一个基本事实是，古代社会的资源高度掌握在神职人员和暴力集团手中，像发明家这样依靠脑力吃饭的，必须依附这两个阶级才能够获得好的社会地位和经济回报。这会大大限制技术的应用方式。

希罗的蒸汽动力机械本可以发挥动力源的作用，但古罗马暴力集团的四处征服带来了大量奴隶，而奴隶的劳动足够廉价，“企业家”根本不需要购置昂贵的机器就可以组织大规模生产。伊斯兰社会也是类似：古代穆斯林群体常把战败的异教徒变成合法的奴隶，让他们做战场上的炮灰、种植园中的苦力，甚至性工具。

因此，发明家的机器在社会生产上毫无用武之地，只能沦为贵族的玩具或神庙招揽信徒的手段。这正应了乾隆皇帝“奇技淫巧”的评价。这位帝王的直觉是对的，在他统治的那个以暴力为中心的社会，技术就是奇技淫巧之学。

所以，尽管从宏观角度，技术的确是驱动社会演化的底层力量，科技的确是“第一生产力”，但从微观层面观察技术及其发明者的命运，我们会发现一个普遍存在的规律：技术本身的先进与否并不能完全决定其应用水平和影响力。

它是否得到普遍传播，归根结底是要通过一个“漏斗”的检验，这个“漏斗”的名字叫商业化或者产业化。也就是说，技术要在合适的商业环境中转化成为具体的产品，且卖得出去（使用者的生活发生变化，发明者可以挣到钱），这项技术才会在人类历史上留下广泛记载。否则，它只有被遗忘在实验室或专利局的角落的命运。

一旦通过“漏斗”的检验，它又足以改变人类活动的基本属性，比如改变我们的移动速度、运输物质的能力、做功效率、信息传递效率、生殖模式、生产卡路里的效率或杀戮效率等，其引发的效果会超出当时绝大多数观察家的预期。

这就是我所说的“漏斗—喇叭”模型。

正增长社会的“知识炼金术”

在漫长的古代社会，通过“漏斗—喇叭”效应检验的技术少之又少。归根结底，这是因为古代社会的资源普遍掌握在暴力集团或暴力集团的同盟（例如神职人员集团）手中，而绝大多数普通人的生活是贫穷、悲惨和充满混乱的，根本没有足够的消费能力支撑技术产品的市场。基于同样的缘故，古代社会的劳动力市场价格普遍极其低廉，技术产品很难在替代劳动力上有足够的价格优势，许多重要的科技发明也就没有办法在生产领域得到大规模应用。

这是技术革命迟迟不能发生的一个重要原因。

英国瓷窑

中国瓷窑

有一个行当很好地说明了社会经济结构对科技进步的塑造作用，这就是陶瓷业。

工业革命前夕，陶瓷在欧亚大陆许多国家广受欢迎。大陆东端的中国和西端的海外岛屿英格兰，都有生产陶瓷的瓷窑分布。但是，细究起来，这两个国家的瓷窑设计却有很大差异。

这两张图展示的是中英两国的瓷窑设计，可以很直观地看到，英国瓷窑是垂直向上排气的，结构很简单，但是热量损失很大；中国瓷窑则是向斜上方排气的，一个瓷窑的热量可以传导到另一个瓷窑，有助于提高热量的利用效率。

但是，对瓷窑工人而言，中国式瓷窑的工作环境却远不如英国式瓷窑。为了保证烧制瓷器的热度，你不能停止给炉膛添加燃料，工人必须得在高温环境里不间断地工作。很明显，中国式瓷窑的设计思路是节省燃料，基本不考虑工人的福利和环境，这一定意味着，工人的工资成本在整个烧制生产流程中足够低，不值得考虑他们的需求。再说得直白点，在中国式瓷窑的设计思路中，煤值钱，人不值钱，所以倾向于用多耗人的办法来少耗煤。[3]

然而，后来的历史证明，整个工业革命的进步思路就是以多耗煤的办法来少耗人：蒸汽机等动力机械的大规模应用，归根结底是为替代劳动力生产，解放普通人的聪明才智，使其集中于对自然科学和工程技术的研究与改进，创造出更多的新技术，从而推动文明整体向前。

在古代社会，普通人劳动力价值的低廉（进一步关联到尊严和生命的低廉）是一种普遍现象，反倒是劳动力价格高企才是罕见。那么，人类文明是如何从前一种状况过渡到后一种状况的？个中原因，我们在《商贸与文明》中已经有所揭示。简单说来，就是一个小规模的社会必须先经由商贸活动实现普遍的正增长，抬高整体工资水平，令生产者有动力去应用可能还不成熟的机器，使制造、维护和改进这类机器的工程师（比如纽卡门或詹姆斯·瓦特这类人）持续地实现盈利，并在不断的微创新和微改进中慢慢发展，直到某种机器的性能具备大规模提升产能或降低成本的能力，工业革命才会普遍开展。

借用17世纪英国学者萨缪尔·哈特利伯（Samuel Hartlib）的说法，我们可以把这种新发展模式称为“知识炼金术”。简言之，在古代社会的零增长思维中，人类的聪明才智过多地被消耗在了暴力纷争的零和博弈上，但是在持续商贸繁荣的正增长思维中，如果信用体系可以建立，国家制度可以有效约束暴力集团的肆意妄为，那么人类从观念上就可以渐渐拥抱一个不断前进的世界。新的世界观会认为，人的目的就是无止境地探索自然、社会和人类文明无限发展的新道路。

英国哲学家弗朗西斯·培根有句传世名言，“知识就是力量”。这句话其实是从炼金术（Alchemy）中来的。在当时，炼金术是很多知识分子研究化学的主要途径之一。培根也相信炼金术中隐藏着世界本源的真相，为此进行了多次尝试，但都失败了。萨缪尔·哈特利伯则认为，尽管炼金术在具体的物质变化方面失败了，但在人类虚构出来的观念中，在人类社会生活中，却可以有一种神奇的“知识炼金术”，它可以无中生有，带来社会、政治和经济的根本性变革。[4]

尤其是16—17世纪以来，英格兰银行的设立和英国长期国债的发行，促成了商贸秩序与英格兰政府的联合，进而在高级金融业务创造的大规模国债与炙手可热的股票市场上，人们亲眼看到了正增长社会的巨大能量，并为之震撼，开始思考一个永远处在增长进步中的世界模型，而它的根基，就是自由贸易。

是自由贸易使一切地区的人互通有无，创造足够高的利润，从而驱使人类实现分工。分工使得人类这种智力和体力彼此相差不大的动物各司其职，穷尽一生探索不同的技术领域，创造无穷无尽的神奇造物。这正是工业革命的开端。

技术 & 社会演化机制

前文讲希罗、巴努·穆萨三兄弟和加扎利等发明家的故事，其实是想说，许多关于技术推进社会演化机制的想象，常常会犯把复杂社会简单化的错误，认为技术创新一定能推动社会进步。

然而，在复杂的社会机制中，技术创新领域的从业者所能想象的，只是从自己专业视角出发的结果。他未必真正理解自己的技术是否能够满足社会的广泛需求。举例来说，从科技的角度来讲，起重机当然要比人力先进得多，但在古罗马帝国时期，因为对外战争俘虏了大量奴隶，人力供应十分充足，起重机的应用范围反倒收缩了。再比如，直接利用菌群培养人工蛋白质（所谓“人造肉”）的技术当然十分先进，但是比起廉价的养殖业和豆制品，这种技术究竟有多大市场，实在是值得反思的问题。

这些都说明，对许多科学家和工程师而言，从专业角度判断是更先进的技术，却未必总能大规模地应用和改善人们的生活。

由此衍生的一个问题是，我们容易因过分强调技术对社会的促进作用，从而产生一种迈克尔·欧克肖特（Michael Oakeshott）所谓的“理性主义的自负”[5]，迷信技术为人类社会绘制蓝图的力量。其实，人类历史上因为迷信技术的力量而大规模开展错误的社会蓝图计划的实践并不罕见。

比如，19 世纪晚期，奥地利生物学家格雷戈尔·孟德尔（Gregor Johann Mendel）发现遗传定律后，一些学者据此提出了“优生学”（eugenics）理论，结果后来成为纳粹论证种族优势、优生理论和对所谓“低等种族”绝育的科学依据。

再比如，20 世纪中叶电子计算机出现以后，苏联科学院院士维克多·格鲁什科夫（Victor Glushkov）基于相关编程理论和人工智能技术，建议创建国家计算和信息处理自动化系统（OGAS），用以实现一种更高形态的社会主义计划经济。这个理念看起来很先进、很技术主义，但它终究失败。OGAS 在 1970 年代就无疾而终，苏联的计算机技术也始终没能赶上西方。[6]虽然计算机科学的进步是所谓“第三次科技革命”的主要部分，但即便如此，技术革命也不一定按照设计者想象的那个方式去实现。

那么，我们应该怎么理解技术在复杂社会中作用机制的方式呢？

我的答案是，“漏斗—喇叭”模型。

古往今来，被人遗忘的技术实在太多太多，它们或者停留在书斋，或者被遗忘在专利局的角落。它们被发明出来，可能连发明家的命运也没有改变，更不用说整个社会的命运。决定一项新技术是否为人所知，以及是否为社会普遍应用的因素，不只是这项发明有多么厉害，更是社会究竟有多么需要它。也就是说，所有发明必须经由一个漏斗的筛选或者考验，才会被大家真正记住。这个“漏斗”的名字，就叫“商业化”，或者“产业化”。

这个模型的“漏斗”一面告诉我们，技术背后真正的关键变量，其实是产业。

天才般的科学家或工程师的诞生，对任何社会来说都是运气。如何才能不辜负这样的运气？答案是我们必须创造良好的产业环境，让他们更容易通过“漏斗”的检验。讲到这里，我也想起郑渊洁先生的一篇童话，大意是说上帝赐给一个孩子天赋，让他为人类攻克癌症，结果孩子的父母却逼着他学钢琴，进补习班。于是上帝动用种种手段破坏孩子的钢琴，望子成龙的父母哪怕是卖血也要支持孩子学钢琴，而不让他去学生物。最后上帝没有办法，只能把人类攻克癌症的时间再延后一百年。

其实，从长历史周期看，站在科技革命起点的人，就像是这个孩子的父母一样，根本不知道这项技术的前景，就像我们根本不知道这个孩子的未来会怎样。让孩子发现自己天赋的最好方式，是任他自由探索。同样的道理，让技术最完整展现其前景和应用的方式，就是把它交给市场。

面对超级复杂社会，我们没有办法事先预知种种因素之间可能产生的不同反应，以及它们最终会怎样改变这一技术的发展路径。我们唯一能做的，就是增加漏斗的宽度，也就是创造一个障碍尽可能少、环境尽可能友好的市场，让那些羽翼未满的新技术，持续地完善自己，最终改变世界。

以下，我们将纵览三次科技革命直至当代，用一系列技术进步的细节展现“漏斗—喇叭”模型的解释力。

注释

1 关于希罗、巴努·穆萨三兄弟和加扎利的相关发明，可参见张笑宇《技术与文明》第二章。

2 转引自查尔斯·辛格，《技术史》，第 II 卷，王前、孙希忠译，上海科技教育出版社，2004 年，第 430 页。

3 罗伯特·艾伦：《近代英国工业革命揭秘：放眼全球的深度透视》，毛立坤译，浙江大学出版社，2012 年，第 218—220 页。

4 关于“知识炼金术”，可参见张笑宇《商贸与文明》，第 370—378 页。

5 关于“理性主义的自负”，可参见迈克尔·欧克肖特《政治中的理性主义》，张汝伦译，上海译文出版社，2004 年。

6 Benjamin Peters, *How Not to Network a Nation: The Uneasy History of the Soviet Internet*, The MIT Press, 2016.

第二章　蒸汽机革命如何可能

复杂社会的一项重要特征，就是站在一场波澜壮阔的革命的最初阶段，你基本分辨不清真正重要的力量是什么，也看不透最终赢得胜利的那股势力将从何处冒头。

工业革命彻底地影响了整个世界，改变了每个人的生活，然而，退回工业革命爆发之前，我们能够知晓它将如何发生，又会以怎样的方式进行吗？我们看得清楚有哪些企业会赢得先机，成为工业革命时代的英雄吗？如果穿越回那个时代，我们能够买对企业的股票，跟对创始人，实现阶级逆袭吗？

家居升级与燃料革命

我喜欢研究具体历史中人的真实生活，琢磨他们的吃穿用度，想象他们的喜怒哀乐。我也愿意计算古代社会的农民一年到头的真实收入，以及商人跋涉千里能够挣回的卖命钱，计算后勤的里程、国库的进出……我相信，历史规律往往就隐藏在这些细节里。

至少，蒸汽机革命如何发生这段历史，还真就隐藏在一些非常具体的生活细节里面。比如，16 世纪英国伦敦燃料的成本。

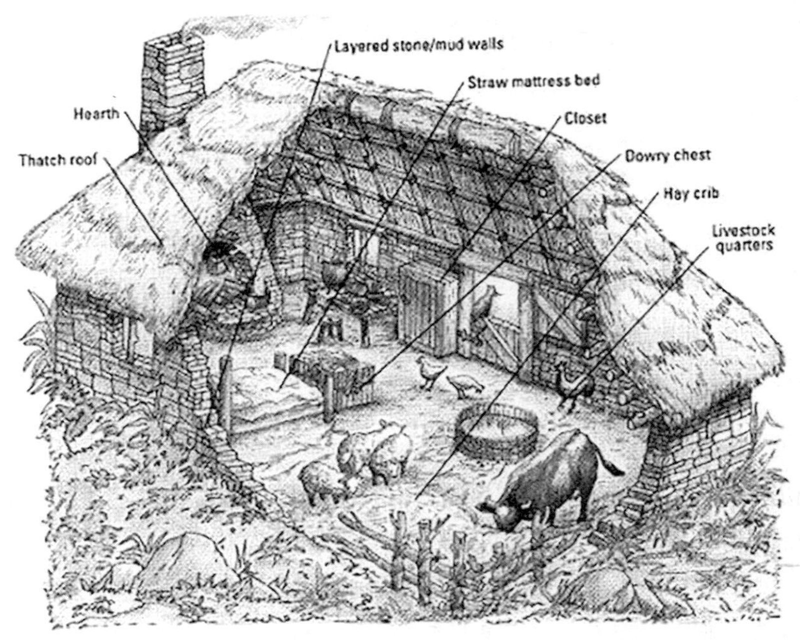

中世纪常见的农民住宅

现代社会的人对燃料维系基本生活有多么重要已经没有太大的感觉。人是一种恒温动物，随着不断的进化失掉了披满全身的长毛，因而在寒冷的夜晚，保暖就是特别重要的。在原始人的穴居生活中，火种之所以是最核心的物质资料之一，社交生活也往往围绕火堆展开，就是因为火能够补充人体因为抵御寒冷而失掉的热量。

《水浒传》里描写好汉最落魄的情节，是“林教头风雪山神庙”。林冲在草料场的安身之处，因被大雪侵凌，打翻了“火盆”，无法再落脚，只得另寻住处。10 世纪左右，欧洲农民的住房也只是一座简单的大屋，床、火源和部分畜禽都在这一间屋里挤着，有时候人还得跟牲畜一起睡觉，依靠彼此的体温取暖。这是燃料不足的古代生活的常态。

但是，对于16世纪的英国人来说，情况发生了些许变化。

发生这些许变化的前提，是“正增长秩序”的扩张。从16世纪，英格兰和荷兰附近地区工人的工资水平，就开始与其他地方分化了。

这些分化在当时和稍晚的学者那里是有明确记录的。比如，稍晚一点的亚当·斯密认为，荷兰劳动力的工资水平高于英格兰，英格兰高于苏格兰，苏格兰高于法国，欧洲又整体高于亚洲。

马尔萨斯也赞同亚当·斯密的看法，并对亚洲的低工资水平给出了一个解释。他认为，亚洲控制人口的习惯（例如溺婴），比欧洲控制人口的习惯（晚婚或不婚）要极端得多，这说明亚洲“人多粮少”的矛盾比欧洲严峻，劳动力“内卷”过分严重，自然会导致低工资。[1]

这些古典学者的描述，也得到了当下很多经济史量化研究的验证。罗伯特·艾伦（Robert C. Allen）统计了14—19世纪全球较大城市建筑工人的工资水平波动，结果发现，16世纪以后，英国伦敦和荷兰阿姆斯特丹的工资水平，显著高于维也纳、佛罗伦萨、德里和北京。由于当时已经有了全球白银循环，所以横向比较的数据更为准确，也很能说明问题。

艾伦认为，当时的英格兰已经进入“高工资”经济模式，亦即：(1)按当时汇率水平计算，英格兰工人的工资位居世界最高等级；(2)英格兰工人工资的购买力很强，能买到的商品更多；(3)在英格兰，劳动力在各生产要素成本中所占比例比其他国家更大；(4)英格兰劳动力工资水平与能源（尤其是煤炭）的价格比值也是最大。[2]

英国（尤其是伦敦）的高速增长与商业繁荣带来的直接结果，就是人口的增加、城市化规模的扩大和燃料需求的激增。

1500年以后，伦敦的人口经历了一个快速增长期。1520年，伦敦城大概只有55,000名居民，数量并不算多。到1603年，人口暴增到20万，接近原来的4倍。人多了这么多，都要生火做饭，

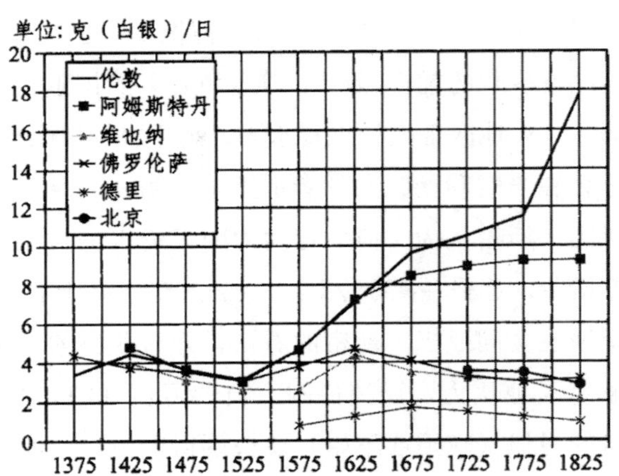

世界各地工人工资水平波动趋势图（1375—1825）
来自《近代英国工业革命揭秘：放眼全球的深度透视》

自然会有激增的燃料需求。

很多人可能从未想过，从中世纪开始，英国人已经把燃料需求看作社会治理的一部分。

想象你是当时一个普通的伦敦居民，那么你家里用的木柴大概率来自一个叫“森林牧场”的机构。这是一片由政府监管的“人造林”，主要树种是一类专门的矮树丛，长得很快，每十五年就能长成新的一茬，专供烧火使用。甚至，中世纪伦敦还要派专门官员关注燃料供应链的问题。[3]

乍看起来，对政府而言，烧火做饭好像只是小事，但在人民眼中，有没有饭吃实在是最大的事。政府不解决这些小事，人民就会给政府制造大事。

之所以要特别点出这个细节，是想说，在当时，英国社会解决燃料问题的制度已经相当先进。即便是这样，当时伦敦城也已经到了燃料需求无法满足的地步。

城市人口激增，自然就需要大量木材。然而，城市毕竟不是农村，可以跑去村落边缘的林地砍柴。城市边缘没有那么多林地，市民也有各自的工作，他们只能去市场买柴。面对如此巨大的燃料需求，当时的木柴供应商首先遇上的问题是运力的瓶颈。

这是个非常直白的生活常识：木柴是要占据运输空间的，而且还很大。但可能就是因为它太直白了，太细节了，反而被不少学者忽略了。

当时向城内运输燃料的主要渠道是泰晤士河。不管是把木柴运到手推车上走陆路，还是装到船上走泰晤士河的水路，木柴占据的空间都是固定的。多供应木柴就需要多占用车辆和船只，燃料价格的成本自然也会上扬。这些具体的细节，被当时很多木柴商人记录了下来。

一句话，因为燃料的匮乏导致需求激增，而需求的激增又引发运输成本的上涨，结果有很长一段时间，木柴一直供不应求。

16 世纪伦敦的燃料短缺造就了一个奇观：正常情况下，木柴不需要长途供应（城市边上哪有不长树的地方？），但是，燃料的奇缺就是可以让木柴跨越 12 英里进到城内还依然赚钱，而且，如果把木柴烧成木炭再运过来卖，盈利距离还可以扩展到 26 英里。[4]

古代城市的面积很小。伦敦城的核心区大概只有 1.12 平方英里，也就是方圆一英里多点的地方，但很少有人能想到，为了满足这样一片区域的燃料需求，竟然要消耗 12 英里以外的木柴。这已经很令人瞠目结舌了。

但是，煤炭的情况就完全不一样了。同样的燃烧效率，煤炭的运输成本比木柴要低得多。这是由物理属性决定的：煤炭是动植物尸体的精华，能量密度比木柴和木炭都高得多。按今天的标准，燃烧一吨煤产生的热量，约等于燃烧三吨木柴。当然，中世纪晚期的煤炭提纯技术没有现在好，可能会差一点，但也不会差太多。

所以，在占据车船空间方面，煤炭比木柴有至少三倍的优势，

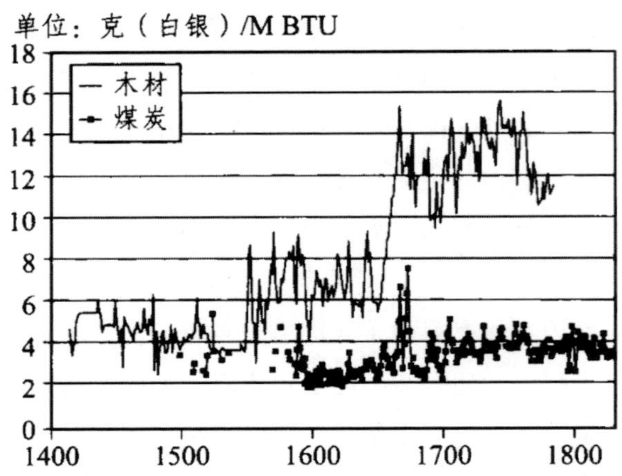

伦敦木材和煤炭价格波动示意图（1400—1800）
来自《近代英国工业革命揭秘：放眼全球的深度透视》

从而，木柴受运力限制造成的抬价越高，煤炭的价格优势就越明显。

因此，商业的繁荣、生活燃料需求的激增，以及木柴和煤炭之间的价格变化对比，在16世纪中期引发了奇妙的反应：对老百姓来说，日常家用，烧煤反而比烧木柴更省钱。甚至1550年以后，连木炭的价格都比煤炭高出了两倍。

这从另外一项变化中也看得出来，那就是伦敦城的风貌。

英国历史学家露丝·古德曼（Ruth Goodman）就讲过这样一个故事：工业革命的起点是普通人家庭里的壁炉。这又是一个隐藏在复杂社会之下，因而很容易被忽略的细节。

你想从烧木柴变成烧煤，可以，但你有没有想过，煤这个东西烧起来让人很难受？烧惯了天然气的现代人可能已经没有这种生活体验，但在古代，用煤生火做饭或取暖要面临一个很严重的问题，那就是煤的含硫量太高，烧出来的烟实在太臭。

古代社会常见的炭有三种，泥炭、木炭和煤炭。这其中，煤炭

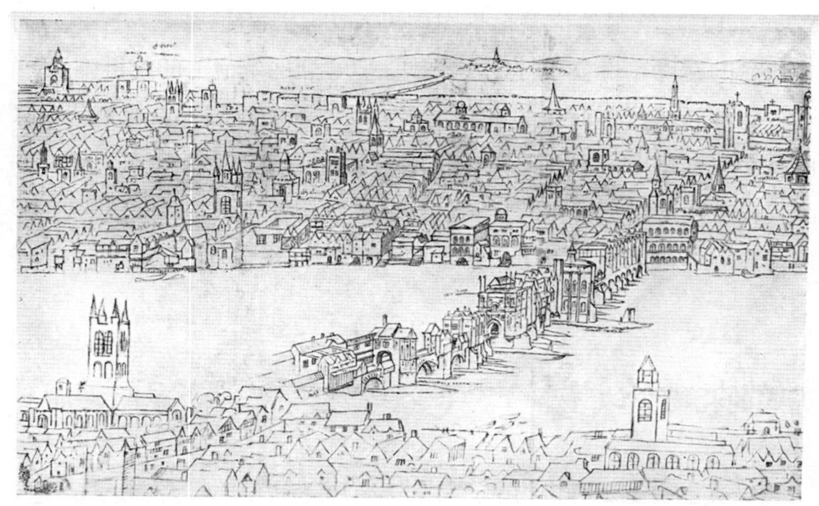

温加尔德绘制的伦敦桥草图，下方烟囱清晰可见

烧出的烟是最难忍受的。在家里烧煤煮开水，就当时的技术条件看，约等于制造一场小型酸雨。[5]

所以，要想烧煤，就得先想办法把煤和烟装在一个封闭空间里然后排出去。这个封闭空间叫壁炉，它的上半部分叫烟囱。

烟囱在中世纪可是个奢侈品。当时不管在欧洲还是中国，砖石制的房子都很昂贵，大多数普通百姓还只住得起木房子。木房子当然也可以修一个砖石烟囱，但这种营造方法在中世纪比较奢侈，更常见的是干脆不修烟囱，而是在需要生火时直接铺一堆木柴。在中古欧洲，只有城邦和贵族的别墅才修烟囱，那是身份的象征。

但我们前面说过，16 世纪以后，英格兰工人也开始有钱了。有钱就可以升级消费，对当时的老百姓来说，就是盖砖石房子。盖砖石房子，当然要修烟囱。

15 世纪晚期，伦敦民房就渐渐转向砖石结构，开始修筑烟囱。到 16 世纪中叶，从安东 · 范 · 登 · 温加尔德（Anton van den

Wyngaerde）绘制的伦敦全景图中可看出，烟囱已经很常见了。用古德曼的话说，伦敦当时处在现代住房“烟囱革命”的前沿阵地。[6]

因此，从具体而微的日常生活出发，我们看到，商业繁荣带来的一个生活细节的变化是燃料需求增加，促使伦敦人转向用煤。并且，伦敦人这时也修得起烟囱。这些都是相辅相成的。[7]

这就让煤老板们发了大财。

天赐的礼物

煤炭本质上是有机物的尸体。

所有化石能源都是这样。煤炭、石油抑或天然气，都是死去数百万年乃至数亿年的动植物化石：当死去的动植物被地层掩埋后，其体内的有机物质在高温和高压的环境下发生化学变化，转化为碳氢化合物。

换句话说，人类把这些碳氢化合物开掘出来，燃烧释放能量，实际上是在燃烧过去动植物沉积压缩的尸体。这也是为什么煤炭、石油和天然气的燃烧效率比木柴高得多，因为燃烧的都是精华。

尽管动植物化石深埋地下，但经历新的地质运动，比如，山河变形，峰谷移位，就可能裸露出地表，为人类所认知。其实，人类认识煤炭的历史相当早，大约可以追溯到 5000 年前。

在公元前 3000—前 2000 年，英国的原始部落就已经用煤为逝者举行火葬。公元前 1000 年，中国的抚顺地区也已经开始用煤炼铜。公元前 4 世纪，古希腊的泰奥弗拉斯托斯记载了奥利匹亚附近人们用煤冶金的活动。公元 2—4 世纪，罗马人已经开发了英格兰和威尔士的主要煤田。

以上有两个地理位置很突出，一个是不列颠岛，一个是中国的东北。从世界范围内的文字记载来看，这两个地区的煤炭应用历史很早，资料也很丰富。原因也简单，这两个地方都有丰富的近地表煤层，煤炭是直接裸露在地面上的。

除这两个地区以外，从埃及、北非、巴尔干、小亚细亚、美索不达米亚一直到印度，都不曾发现丰富的近地表煤层。换句话说，工业革命以前，这些地区的煤都不适合开采。

因此，先是伦敦人的商业需求产生，不列颠岛上正好又有丰富的、在中世纪技术条件下易于开采的近地表煤层，两个因素叠加，促成了煤炭产业在 16 世纪下半叶的蓬勃兴起。

在这一点上，我们得承认彭慕兰（Kenneth Pomeranz）所提观点的正确性：产业革命在英国率先诞生，的确有运气的一面。如果不是有丰富的近地表煤层，即便有了需求，也缺乏供给的来源。

让我们暂且把视线从伦敦转开，移到英格兰的东北。

那里有一条河流，叫泰恩河。泰恩河入海口附近有一座美丽的城镇，名为纽卡斯尔（Newcastle）。

因为占了河流入海的便利，此地很快繁荣了起来。从 11—12 世纪，英格兰国王就开始在这里修建城堡，抵御苏格兰人的袭击。在这座城堡的庇护下，商人云集于此，将其发展成一个繁荣的商贸集市。1400 年，经亨利四世批准，该地有了自己的宪章，可以选举自己的官员。

在当时，这样的商贸城镇虽然丰饶富足，但在欧洲也并不少见。那么，比起其他地方，纽卡斯尔有什么独特之处吗？

答案大概就是那种遍地都是的黑色石头吧。

从古罗马时代，纽卡斯尔拥有的丰富煤炭就裸露在地表之上，甚至还有些黑煤从海底延伸到沿海，成为礁石。这也为煤炭赢得了一个别名——“海油”。

纽卡斯尔的露天煤层

或许其他地区的居民初次见到燃烧的“海油”会觉得相当神奇，但对纽卡斯尔人来说，这种黑褐色石头除了像木柴一样能够烧火做饭外（只要你能忍受它的异味），似乎也没有什么神奇之处。

然而，从 16 世纪开始，伦敦城日益增高的木柴价格，改变了这座小城的命运。

前面讲过，伦敦城的燃料供应链事关国计民生。而且，在 16 世纪的这个节骨眼上，这个问题重要到了要女王亲自关心的地步。

按照法律，纽卡斯尔的“海油”开采权为当地贵族专属。为了解决煤炭供给问题，英国女王玛丽一世一纸诏书取消了贵族的垄断特权。于是，资本纷纷涌入这座城市，投入煤炭开采事业。

1500 年，纽卡斯尔的煤炭产量约为 15,000 吨。1565 年，增加到 35,000 吨。1625 年，则增加到 400,000 吨。也就是说，半个多世纪里增长了十倍。

结果，好挣的钱很快就被挣完了，接下来就是不那么好挣的钱了：纽卡斯尔原先的露天煤层很快被开采完，接下来，煤矿主们必须啃“地下矿床”这块硬骨头了。

虽然人类从很早就开采地下矿井，但规模一直不大。原因很简单：地下矿井实在太危险了。英国人有个玩笑，说地下矿井的风险集齐了地风火水四种元素。“地”说的是塌方，“风”说的是缺氧、有毒气体和易燃沼气，“火”说的是地下煤矿里经常可能爆发的火灾。

历史上，这些灾难比比皆是，甚至还留下一些习惯性的说法。比如，英语中有个短语 canary in a coal mine，直译是“矿井中的金丝雀”，实际就来自地下采煤。因为矿工下井前经常带一只金丝雀，一旦井下气体有毒，金丝雀会比人先被毒死，这时候，矿工就要撤离。

这也说明，中世纪的矿工对这些灾难还是有一定的预防能力。但是，唯一完全无法预防的威胁就是“水”。

这里的“水”，说的是矿井透水。英国文献曾记录了这么一起事故：两个人正在苏格兰的一条河边钓鱼，他们先是困惑地看到水中有“轻微的泉涌”，随后是一连串咕嘟咕嘟声。他们推测河水可能渗进了地下的煤矿，于是跑去警告矿工。结果，就在矿工刚从矿井撤退后，整条河的水——连同一条船——都奔涌进了矿井，河床瞬间干涸，只剩下鱼在泥泞中扑腾。[8]

这起事故恰恰说明，矿井透水实在太可怕了。倘若不是这两个钓鱼的人发出警告，矿工是几乎不可能注意这起水灾的。他们会被瞬间淹没，或者被困在黑暗的矿洞里因饥渴而死。

这就是纽卡斯尔煤老板们最难挣的钱。

1610 年，纽卡斯尔最大的矿山经营者之一沮丧地向议会报告说，由于排水问题，纽卡斯尔的煤矿可能再过二十一年就会枯竭。

伦敦如临大敌，因为整座城的燃料供应大部分都依赖纽卡斯尔的煤矿。

怎么办呢？一开始想到的是传统采矿业的常用手段：在矿山周围修建排水渠，把水排向附近的山谷。

但是，这种方法本来就有相当的危险性，而且随着矿井的进一步深入开采，排水渠也无能为力了。

直到后来，终于有一个新兴组织加入了进来并提议尝试使用科技手段解决这个问题。这个组织就是1660年由查理二世创立的英国皇家学会（The Royal Society）。

当时，这个机构的宗旨是鼓励科学理论的实践应用，成员包括艾萨克·牛顿、戈特弗里德·莱布尼茨、罗伯特·波义耳等。他们开始对普通人日常生火做饭不可或缺的燃料产生了兴趣，决心好好研究一下。

生活在现代社会的我们读到这里，也许会觉得安心，认为“啊，这下可以解决了”。毕竟，“科技是第一生产力”嘛。

但是，事情的发展并不是这样的。虽然皇家学会提出的路径是正确的，但在具体落地上，实在是有些拉胯。比如，皇家学会成员罗伯特·波义耳（化学科学的开山祖师），他对解决煤矿问题很热诚，也很有勇气，但他曾经在一次会议上鼓励他的同事们要有探索真理的精神，科学地调查矿工是否“真的会遇到地下恶魔”。[9]

这还能说什么呢？

我之所以要不厌其烦地强调不能迷信“大词儿”，强调“一具体，就深入”，就是因为人类历史上充斥着这样的故事。你觉得他说的对，知识训练对，甚至也在对的职位上，但就是不理解为什么到最后他还是做错了。直到某个细节向你透露，啊，这个人原来根本就没有实际做过这件事情。[10]

是的，基础科学研究当然为处理人类事务做出了无比巨大的贡献，但问题是，科学能解决问题，不代表科学家能解决问题。谁要想真正解决问题，既要能够坐在实验室里分析算式，也得能撸起袖子下到矿井里，把手弄脏，把脸弄黑，才能真正弄明白到底发生了什么。从微观层面讲，这就是科技通过漏斗检验的方式。

皇家学会并没有解决这个问题；相反，讽刺的是，皇家学会后来还集中攻击和诋毁那个真正解决了问题的人。这个人就是托马斯·纽卡门，职业是牧师兼铁匠。也许，他的确熟读过皇家学会部分精英对大气压力的讨论[11]，但他最核心的设想，用蒸汽机的力量把煤矿中的水抽走，却肯定是原创的。

长话短说。1712年，托马斯·纽卡门设计了纽卡门蒸汽机。这台机器将烧水产生的蒸汽送入气缸，在蒸汽和外界大气压力的反复作用下，气缸中的活塞可以往复运动，从而完成抽水的工序。[12]

下页图里画的就是近代蒸汽机最早的样子。它一开始根本不是一台发动机，而只是一台抽水机。它根本连转都不会转，只会运行活塞运动。它跟后来我们熟悉的蒸汽机的区别，比今天一台抽干鱼塘的抽水机跟汽车发动机的区别还要大得多。

当然，我们也不要因为它看起来笨重简陋就小瞧了它，放在18世纪初期，它就是高精尖科技。

为了造出这台机器并实际应用，纽卡门要解决种种机械设计难题，比如，如何对高温水蒸气降温，如何配平蒸汽机的活塞和抽水机的重量，如何设计阀门让它自动控制喷水。

为此，托马斯·纽卡门花了足足十年，投入一大笔钱，这才研发出一台可以实际运行的机器。然而，皇家学会的成员却诋毁他，比如有历史学家说，他们不相信，这么一个人居然胜过英国科技界绝对的中心和精英中的精英。

处在社会边缘地带的纽卡门是无法通过这项发明得到上流社会的认可的，他唯一能做的就是依靠它变现。

很幸运，他成功了。

纽卡门蒸汽机

让优秀的人才赚到钱

我们这里先暂停一下，总结一下我们从中受到的教益。

我们已经反复强调，一套秩序总要有人维护，现代社会需要人维护立宪法治，产业社会自然也需要有人研发技术、解决问题。

从事的角度看，我们面对的世界确实很复杂。拿一台蒸汽机来说，原材料用怎样的铸铁，零部件怎样制造，燃煤效率如何提升，稳定性如何增强，故障如何排除，这些事情都很复杂。但如果从人的角度看，上述这些问题都可以简化成一件事：怎么找到人解决这些问题？

答案很简单：靠钱。

国王的命令不会产生纽卡门，教皇的权威和《圣经》的词句也不会产生纽卡门。想在千万人中找到纽卡门，那就“徙木立信”，“千金市骨”。**金钱是替你筛选天才的那个最简单的办法**。

蒸汽机是18世纪的尖端科技产品。要理解、修理和维护它，你需要雇佣最优秀的工程师。所以，你首先得给这批人开得出高工资。纽卡门能够开出高工资的前提是他的客户，也就是纽卡斯尔的煤老板们愿意付出足够的钱。幸运的是，当时蒸汽机厂商的一系列商业模式决定了，改良蒸汽机的运作效率和降低维护成本是可以赚取很大利润的。

假如穿越回18世纪从事蒸汽机生意，你并不是光挣一份制造机器的钱。你要把机器原材料造价、工人工资、配套设施的成本都加总，除以机器的功率，得到机器以1马力运算的成本，再乘以年利息率与折旧率，最后加上煤炭成本，算出年度运转成本，然后以此为依据向客户收一笔长期费用。[13]

这种收费方式，大致相当于今天的设备供应商卖给工厂一套流水线的价格，除了机器本身的造价，还包含了后续维护、修理和运营的费用。你的额外利润，就从这里产生。[14]

在当时放眼全世界，也只有纽卡斯尔才有这么得天独厚的经营条件。

首先，英国煤炭企业位于全世界的产业中心。1700年，英国煤炭产量占到欧洲总产量的80%，而之前的欧洲煤炭产销中心德意志地区，则仅占到欧洲总产量的4%。[15]如此巨大的市场优势，意味着煤炭企业有足够的资金投入新技术应用。

其次，纽卡门蒸汽机虽是耗煤大户，但这对煤矿来说完全不是问题。对煤老板来说，煤约等于免费，如果你能够用烧煤的方式把煤矿里的水排出来，这对他们来说简直是天大的好事。

最后，正如前文所述，伦敦工人的工资水平是很高的，煤矿主动用劳动力解决地下水的成本越来越高，他们当然也会倾向于用投资新技术的方式解决问题。这个效应当然也会传导到英格兰其他地区。

讲完了道理，让我们看一些枯燥的数据吧。

1733 年，英国大概有 100 台左右标压蒸汽机实现了商业化运营。到 1800 年，英国境内的蒸汽机数量已增至 2500 台，其中 60%—70% 为纽卡门蒸汽机。

相比之下，1800 年前后，欧洲大陆煤炭工业规模排名第一的比利时只有 100 台左右的蒸汽机，排名第二的法国更是只有 70 台。仅从市场容量的角度看，英国是蒸汽机最好的市场。

事实也的确如此，纽卡门靠着蒸汽机专利挣了大钱。所以，我常常相信，很多看似很宏大的问题其实往往有一个简单之极的答案。我们什么时候能有那么几十上百个诺奖得主？什么时候有乔布斯这样的天才？什么时候有苹果这样的企业？答案很简单：给钱。不怕千金市骨，何惜上市股权。

任何新兴技术总难免要经历一个“尴尬期”，但一旦渡过“尴尬期”，它就有可能给社会带来翻天覆地的变化。如何渡过这一“尴尬期”？意志坚定地给钱。

多少划时代的技术的背后，是无数的工程师日复一日地对细小的钢材、螺纹、齿轮组、传感器或其他各种各样的琐碎零部件进行调试、改造。最后，在某个与平日无异的上午，这一技术突然运行成功，从而诞生改变历史的产品。

蒸汽机的“尴尬期”从 1712 年纽卡门蒸汽机的诞生一直持续到 1784 年詹姆斯 · 瓦特向外界展示新型实用蒸汽机：在开头，蒸汽机根本就不是一台动力机械，而只是一台抽水机。然而，在结尾，它已经成为能够全面改变人类社会的强大动力机械。

在这个过程中，有无数不为人所知的工程师投身于蒸汽机的改良。德萨居里耶（Desaguliers）和贝顿（Beighton）曾把纽卡门早期原型机的设计图纸和详尽技术数据结集出版，方便工程师学习借鉴、取长补短。1769 年，工程师约翰·斯米顿（John Smeaton）发现，纽卡斯尔的 15 台标压蒸汽机的性能居然如此不同：同样以 1 马力的功率连续运转 1 小时，效率最高的蒸汽机耗煤量仅为 22 磅，最低的则高达 47 磅。这说明什么？一定有大量的无名英雄参与了对蒸汽机的自发改良。当然，斯米顿也为之做出了贡献，1772 年，他将蒸汽机以 1 马力运转 1 小时的耗煤量降低到了 17.6 磅。这让他声名远扬，接到了更多的顾问业务。[16]

他们的名字如今已鲜有人知晓，因为历史让詹姆斯·瓦特的光芒盖过了他们。但这并不代表他们的贡献毫无价值。所以还是要再说一遍：回报这些无名英雄的最好方式，就是历史上英国的煤老板们已经做过的，给钱。

厨房引发的材料革命

上面讲述的是蒸汽机革命中第一个“漏斗”的故事。现在，让我们看看第二个“漏斗”。

如果说第一个“漏斗”的使用场景还比较好理解，那么，第二个“漏斗”的使用场景，估计对绝大多数读者来说，就不大好猜了。

这个使用场景就是“烹饪”。烹饪为什么跟蒸汽机革命有关系呢？这要从制造蒸汽机的必需原材料开始说起。

跟煤炭一样，钢铁也是人类的老朋友了。早在公元前 3000 年，人类就已经开始冶炼铁，只不过人类当时还没有掌握从铁矿中炼铁的能力。在早期铁器中，铁的来源都是陨铁。公元前 2000 年以后，随着冶炼和淬火技术的进步，冶铁技术才能够普及。

钢则是含有一定量碳的铁，含碳量增加会使钢的强度和抗断裂性得到提升。这些优秀的钢铁往往被用于锻造武器。

古代世界最为驰名的钢是印度生产的乌兹钢（Wootz）。这是一种坩埚钢，也就是在坩埚里用铁和助熔剂冶炼而成的高碳钢。用这种钢打造的武器，抛光后会呈现复杂优美的图案，是顶级兵器的象征。中国人称之为“雪花镔铁”，西方人则称之为“大马士革钢”。《水浒传》中的行者武松有一对雪花镔铁刀，《贝奥武夫》（*Beowulf*）的主角骑士贝奥武夫有一柄大马士革剑，这些都是乌兹钢。在这一点上，中国人和西方人的意见是一致的：宝剑赠烈士，红粉饰佳人。

但是，如果把这些刀剑所用的坩埚钢排除在外，古代的人所能利用的钢铁的平均质量其实并不怎么样。在古代世界，冶铁算得上高技术行业，成为一名好铁匠的门槛是很高的。假如你学的是冶炼大马士革钢，挣的却是打铁锹的钱，你肯定不干。换句话说，收入跟回报成正比才对。

所以，当时只有少部分极为优秀的铁匠可以在军工领域得到可观的回报，其他大部分人能够修补下农具和工具就不错了。

真正改变这个状况的，还是工业革命。工业革命之后，人类生产的钢铁的质量是以前完全无法匹敌的。

但如果问为什么工业革命能够造成这么大的影响，很多人可能会下意识地说，这是因为发明了蒸汽机，而蒸汽机的各个零部件，以及锅炉、冷凝器、齿轮和传动装置等，都需要更好的材料，所以这些需求倒逼着人们冶炼出更好的钢铁。

然而，真正的历史其实是人类先对钢铁产生大规模需求，冶铁技术的成本才下降；而正是因为冶铁成本的下降和材料水平的提升，工程师才能制造出更适应于蒸汽机改进的零部件。

为钢铁创造大规模需求的这个使用场景，就是烹饪。

16 世纪的英国，煤炭代替木柴和木炭成为伦敦居民最主要的燃料。这就引发了一个结果：你得换锅。

因为煤炭作为燃料，跟木柴有三个不同：

一、木柴烧出来的火苗，体积很大，像个巨大的金字塔，所以锅要离火源远一些，加热效果才会好；而煤炭烧出来的，则是沿着煤的表面燃起的一些小小的、发蓝的火苗，所以锅要离火源近一些。

二、煤炭的火力比木柴强，对锅的耐久性的要求更高。

三、做饭时，不同的菜需要用不同的火，比如，有的大火猛炒，有的小火慢煮。如果你用的是木柴，那最简单的方法其实是换火不换锅，也就是换个地方再生一堆火。但烧煤就不行了，因为煤是要装在用铁框编成的很笨重的炉排里燃烧的，所以你只能换锅不换火，也就是说，对同一个炉灶来说，做好一份菜后，换个锅，调整火力，再烧另一份菜。[17]

所以，煤炭的普及，导致当时伦敦的家庭必须换锅具，而且锅具要耐久性更好、更轻薄、更便利。

这样，英国家庭就把 13 世纪以来一直习惯使用的黄铜锅，换成了我们后来常见的铸铁锅，而铸铁锅的普及大大提升了对铁的需求。

当时有个叫亚伯拉罕 · 达比（Abraham Darby）的商人，就敏锐地抓住了这一次“消费升级”的趋势。

达比早年在一家磨坊厂做学徒，正好赶上当时的磨坊用铁辊磨机代替传统的石磨，所以这让达比碰巧既熟悉了食品行业，又熟悉了冶铁行业。

出师后，达比开了一家铜器作坊，靠着给磨坊制造设备赚到了第一桶金。但他身在铜营心在铁。作为一名处在行业前沿的年轻从

文艺复兴时期燃烧煤炭的炉灶

业者，达比很早就有判断：铸铁用品才是未来的方向。

1707 年，在他的学徒约翰·托马斯（John Thomas）的帮助下，达比取得了一项专利，一种用焦炭取代木炭做燃料在高炉（一种用鼓风设备向炉膛内供给超过大气压的气流的冶铁设备）里制造生铁的方法。这样铸造出来的“灰铸铁”比传统的“白铸铁”更轻，也更坚固。[18]

注意，用这种方法冶炼灰铸铁，需要使用焦炭这种燃料。焦炭是对煤进行干馏后获得的产品，燃烧效率比煤还高。但是，要生产焦炭，需要供给大量的煤。于是，达比把目光投向了一条河，这就是塞文河（River Severn）。

塞文河在什罗普郡（Shropshire）的群山乱石之间冲刷出了一条美丽的峡谷，河流切割峡谷时，地层中蕴藏的大量的煤、铁、石灰石和耐火黏土就暴露在地表上，于是有了丰富的矿藏。

1709 年，达比把公司搬到了塞文河峡谷一座名叫科尔布鲁克代尔（Coalbrookdale）的村落，并把公司改名为科尔布鲁克代尔，专门用来生产新式铸铁锅。

市场很快证明，达比的判断是正确的，他的新式铸铁锅大受欢迎。很自然，他的公司也就成了英格兰和威尔士地区的炊具垄断商，名副其实的“铸铁锅大王”。

后来，人类在工业革命中铺设铁路、修建摩天大楼或制造轮船大炮，其实都是以钢铁为主要内容的材料革命为前提的，而这一切的起点，就是达比生产出来的这种黑不溜秋的铸铁锅。

所以，不要小瞧衣食住行中的细节，不要小瞧老百姓的厨房灶台，再小的刚需也是刚需，满足了千万人的刚需，你就能改变时代。

达比用焦炭加热高炉，用高炉产出的铸铁造锅，其引发的经济结果，就是焦炭和钢铁成了最日常化的大宗商品，因而它的价格也就可以降到足够低，变成真正的“白菜价”。

这直接引发了材料革命。

材料革命之所以出现，不是因为某项材料最为先进、尖端、精密，而是某项在物理属性上相比旧技术有优势的材料变成了“白菜价”。

比起中世纪人们普遍使用的木材，铁这种材料有一些不可替代的优点：铁的硬度远强于木头，耐用性极强；铁还可以随意改变形状，而木材不能。从钉子、铁丝、铰链、马蹄铁、轮毂等五金制品，到钢筋、钢桥等建筑材料，到机床、车床、精密仪器等制造工具，到车厢、铁轨、车辆外壳等交通工具，再到机枪、火炮、轮船等战争武器，想想看，铁到底在多大程度上改造了我们的生活？

从铸铁锅到上面的这一切，很显然又是一段完整的“漏斗—喇叭”历程：技术带来的巨大变革往往是由需求启动的，而不是由技术本身启动的；只是因为需求往往太普遍、太常见而容易被忽略。

1717 年，亚伯拉罕 · 达比去世。接下来的一百年里，他的家族一直在科尔布鲁克代尔这座村落深耕，连续出了四代亚伯拉罕 · 达比（每一代后辈中都有人以他的名字取名），从事的都是铸铁生意。

亚伯拉罕·达比最早生产的铁锅

亚伯拉罕·达比二世期间，公司生产的生铁为詹姆斯·瓦特改造纽卡门蒸汽机汽缸提供了原材料。没有这一材料改进，瓦特就无法完成蒸汽机的改造，产业革命也就无法真正铺开。

亚伯拉罕·达比三世期间，公司承建了一座著名的桥，就修在塞文河峡谷之上。这是人类第一次用自己冶炼的钢铁取代大自然提供的石块和木料修筑桥梁，象征着钢铁开始成为人类世界的普遍材料。此后，塞文河峡谷就被人称为“铁桥峡谷”，而它本来的名字已经无人记得了。这是属于人类钢铁时代的骄傲。

亚伯拉罕·达比四世期间，公司承建了理查德·特莱维西克（Richard Trevethick）的第一辆铁路机车。遗憾的是，建造期间，一名工人因引擎故障而死亡，结果这台机车就流产了。不过，它的零部件被用在了特莱维西克后来正式运行的机车上。而且，达比家族并没有错过铁路时代，后来成功开展铁路运营的乔治·史蒂芬森（George Stephenson）也找了科尔布鲁克代尔承建自己的铁路。

亚伯拉罕·达比一家四代的传奇，是产业革命时代钢铁材料大众化的一个缩影。伴随着能量流革命的冶炼技术的突破，最终使铁这种材料遍布我们的生活：经过聚合、锻造、熔铸、冶炼、冲压、切割变形的钢铁，包裹在木材外，支撑在建筑中，填满在雕像里，充斥于车间内，组成埃菲尔铁塔、自由女神像、亚历山大三世桥、水晶宫和帝国大厦。

一句话，它就是一切，从工具盒到城市天际线，给文明的外表带来巨大的转变。

从纽卡门到瓦特

无论是地下矿井抽水，还是烹饪需求对钢铁铸造技术的改良，综合这一切细节得不能再细节的偶然因素之后，我们终于迎来蒸汽机革命中最关键的一位人物：詹姆斯·瓦特。

关于瓦特的故事，我们经常听到的是这样描述的：瓦特小的时候就发现水壶烧水时壶盖会被顶起，受此启发，他决心发明一台用蒸汽举起重物的机器。这个故事有一定的来历，它是由瓦特的儿子收集材料撰写的一则趣闻，而瓦特也的确在自己的实验里思考过这个问题，甚至还在手稿里画了一只可爱的简易水壶。不过，瓦特观察水壶，并没有总结水蒸气做功的规律，而是由此发现了水蒸气冷凝过程中的“潜热”效应。

詹姆斯·瓦特，1736 年出生于苏格兰格拉斯哥附近的小镇格林诺克，父亲是造船工人，还是小镇的官员，母亲则出身贵族家庭并受过良好教育。由于体弱多病，他多数时间只能在家接受教育，17 岁后在伦敦一家钟表店当学徒工。从伦敦回到格拉斯哥后，瓦特生活拮据，所幸格拉斯哥大学的教授允许他在大学里开修理店，他才得以谋生。趁此机会，他还与格拉斯哥大学教授、热力学的开创者之一约瑟夫·布莱克（Joseph Black）建立起深厚的关系，并向他学习“潜热”理论。

1763—1764 年，瓦特受格拉斯哥大学委托，修复一台蒸汽机模型。在修复过程中，他发现纽卡门蒸汽机没有把气缸和冷凝过程分开，重新注入气缸的水蒸气还需要再次加热刚刚被冷却的气缸，而这会造成很多热量损失。

于是，瓦特根据“潜热”理论发明了分离式冷凝器，这样，用来冷凝的蒸汽就始终是冷的，而用来工作的气缸就始终是热的，避免了热量流失。这项发明一下子把当时最先进的纽卡门蒸汽机的耗煤量降低了 50%，比纽卡门蒸汽机刚发明出来时降低了 80%。

瓦特发明分离式冷凝器的一个关键技术前提，正是我们前文讲过的亚伯拉罕·达比发明的新式铸铁技术。只有新式铸铁技术锻造的材料，才能铸造耐足够高温的冷凝器，进而使蒸汽机实现巨大的效率提升。

对使用蒸汽机的厂家来说，原来光是煤炭成本就占据企业总经营成本的 45%，所以这项技术的经济前景十分广阔，大大拓展了蒸汽机的用武之地，除了煤矿业外，还被广泛应用于类似铜矿和锡矿的抽水作业。

这才是瓦特这项创新的真正意义。

大多数人听到的叙述还只是在最粗浅的层面上理解蒸汽做功的科学原理，实际上，真正重要的，是技术革新如何具体地改善我们的现实生活。

瓦特改良的蒸汽机终于摆脱了煤炭的能耗限制，被运用于更多的场景。但是如何才能让它像过去的水车和风车一样带动更多制造机器呢？

1780 年，詹姆斯·皮卡德（James Pickard）提出了解决方案，

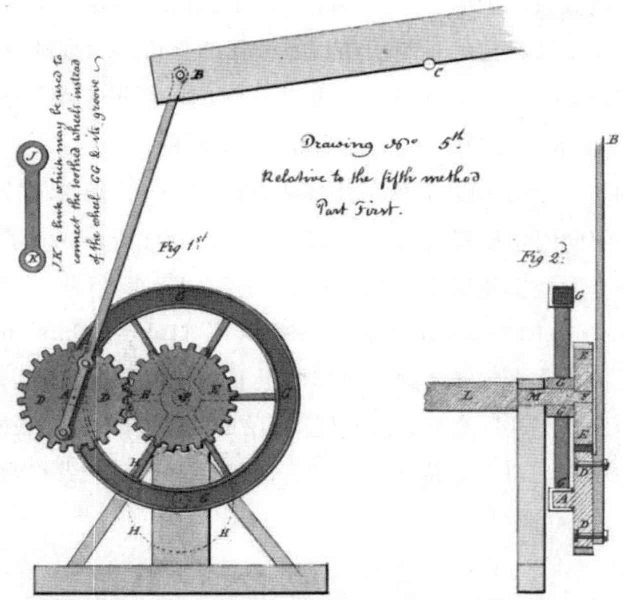

瓦特手稿中的“行星齿轮”系统

ROLL OF HONOUR.

GEORGE ROBINSON & CO.

(109 Princess Street, MANCHESTER)

1914 年曼彻斯特颁给鲁滨孙棉纺公司的荣誉证书

他在纽卡门蒸汽机上装了一个飞轮和一个曲柄。但是，皮卡德的发明的运转还不够稳定，直到次年瓦特公司的苏格兰工程师威廉·默多克（William Murdoch）发明了更为先进的“行星齿轮”（sun and planet gear）传动系统，才真正解决了这个问题。[19]

1784年，为了向外界展示新式蒸汽机的优异性能，瓦特和他的合伙人共同向阿尔比恩磨坊厂（Albion Mills）注资，成立了人类历史上第一个大规模使用蒸汽动力的制造业企业。1785年，乔治·鲁滨孙（George Robinson）和约翰·鲁滨孙（John Robinson）兄弟率先将瓦特式蒸汽机安装到一家棉纺织工厂带动纺纱机旋转。

在经历“漏斗”之后，蒸汽机革命的“喇叭”效应，慢慢显现。这之后的精彩故事，留待我们在“三流循环”和“产缘政治”部分再行详表。

注释

1 罗伯特·艾伦，《近代英国工业革命揭秘：放眼全球的深度透视》，毛立坤译，浙江大学出版社，2012年，第39—41页。
2 罗伯特·艾伦，同前，第51页。
3 Ruth Goodman，*The Domestic Revolution*，Michael O’Mara，2020，pp.157-158.
4 Ruth Goodman，p.157.
5 Ruth Goodman，pp.151-152.
6 Ruth Goodman，p.170.
7 以上数据及图表引自罗伯特·艾伦，同前，第131—132页。
8 Barbara Freese, *Coal: A Human History*, Basic Books, 2016, p.52.
9 Barbara Freese，p.57.
10 公允地说，波义耳对蒸汽机的发明确实是有贡献的。德尼·帕潘（Denis Papin）启发了纽卡门的那个装置可能就是与波义耳共同工作时想到的。但这并不影响我们下结论说，两位杰出科学家的研究离改变实践仍有相当大的距离。
11 例如，德尼·帕潘在1690年于莱比锡学报上发表的论文《以低成本获得可观能量的新方法》（Nouvelle méthode pour obtenir à bas prix des force considérables）。纽卡门后来设计的蒸汽机使用了帕潘设计过的装置。

12 关于这部分内容的详细展开，可参阅张笑宇《技术与文明》第七章。

13 罗伯特 · 艾伦，同前，第 266 页。

14 詹姆斯·瓦特后来和合伙人马修·博尔顿（Matthew Boulton）开办博尔顿–瓦特公司时，一部分资金就来自改进蒸汽机节省下来的燃料费。参见 https://en.wikipedia.org/wiki/Thomas_Newcomen。

15 罗伯特 · 艾伦，同前，第 246 页。

16 罗伯特 · 艾伦，同前，第 252—253 页。

17 以上参见 Ruth Goodman，ch.5-ch.6。

18 Ruth Goodman，pp.239-240.

19 关于瓦特发明蒸汽机的过程，可详阅张笑宇《技术与文明》，第 195—201 页。

第三章　铁路如何渡过“尴尬期”

上一章是关于蒸汽机的第一个“漏斗–喇叭”模型案例，接下来，我们沿着技术革命的路线，再来看第二个案例。

这个案例大家也很熟悉，它的主题，就是蒸汽机车与铁路的出现。

今天说起“火车”这个词，指的是两样技术的加总：蒸汽机车和铁路。但其实，蒸汽机车是蒸汽机车，铁路是铁路。在铁路上跑的蒸汽机车，演化成了今天的“火车”，没在铁路上跑的蒸汽机车，演化成了今天的“汽车”。

那么，火车这项技术是怎么诞生的呢？

让蒸汽机上路的方法

人类发明蒸汽机后，想到把它装在车子上，是一件很自然的事情。历史上有记载的第一个动这个念头的，是一位法国发明家，名字叫尼古拉斯·屈尼奥（Nicolas-Joseph Cugnot）。

屈尼奥长期为法国军方服务。1770 年，军方给他发包了一个课题，让他研制一种可以牵引大炮的动力车辆。屈尼奥就把蒸汽机装

第一台蒸汽三轮车

在了一辆三轮板车上，想试试能不能驱动车辆。但因为是战时运输，当然不可能事先铺铁路，所以屈尼奥的这台蒸汽机车与其说是“火车”，不如说是“汽车”的前身。

屈尼奥设计的这辆蒸汽三轮车，正前部有一个硕大的锅炉，热气通过两个气缸扑哧扑哧地做功推动前轮转动，驾驶员用一对别扭的手柄控制方向，车速为 3.5—3.9 公里 / 小时，但每 15 分钟需要停下来，往锅炉里加水烧蒸汽。

很不幸，屈尼奥的实验品重量分布不均衡，行驶起来很不稳定，再加上路面崎岖会对蒸汽机的运行造成影响，效果很不好。据说，这台车在 1771 年还撞倒了巴黎的一堵墙，制造了人类历史上的第一起机动车车祸。[1]

军方认为这个实验不太靠谱，就停止了经费资助。屈尼奥也因此与蒸汽机车的发明人失之交臂。

让我们暂时抑制为他的失败扼腕叹息的冲动，转而思考一个实际问题：如果换作是我们，会用什么方案解决屈尼奥面对的这些问题？比如，把机器造得更坚固？提升零件的加工水平来排除故障？提升蒸汽机的动力效率来克服路面阻力？

这些方向都对，当时的工程师也都按照这些想法去努力了。但是，在亚伯拉罕·达比已经造出大量廉价铁的前提下，有一种更快捷的办法：直接把路换成铁的。看上去很粗暴，但如果路面崎岖，就用这个办法让路面变得平整好了。

站在当时人的角度，这样的想法是很大胆，也是突破常规的，有那么点儿“降维打击”的味道。当然，如果见闻足够渊博的话，这个想法也不是那么难以产生，因为人类很早就学会了通过铺设轨道运输货物了。

希腊半岛有个极窄的“脚脖子”，名叫科林斯地峡，只有不到7公里宽。地峡的一边是爱奥尼亚海，另一边是爱琴海。2600年前，当地人就用石灰石铺了一条轨道，用来把一边的船拖上陆地运到另一边。[2]这便是人类历史上最早的“轨道交通”。当然，它跟近代轨道交通还是有很大差别的：对车轮子没有特别的要求，行驶摩擦力比较大；也不能叫“铁路”，因为还不是用铁铺的。

到中世纪，则出现了轨道跟车轮相匹配的轨道交通，这就跟近代轨道交通有点像了。比如，奥地利萨尔茨堡（Salzburg）一座美丽的要塞就有一条上下山的轨道，修建于15世纪，用于城堡物资的运输。这座要塞曾在《音乐之声》中作为背景出现。16世纪，英国卡德贝克（Caldbeck）的德意志矿井（Germany mines）铺设了一条用来运矿石的轨道。17世纪，英国的东米德兰（East Midlands）也有一条用于货运的轨道。[3]

只不过，以上还跟我们后来熟悉的铁轨不一样：在工业革命之前，这些轨道都是用木头制成的。但亚伯拉罕·达比开启的钢铁材料革命为切换为铁轨创造了条件：亚伯拉罕·达比三世掌管科尔布鲁克代尔期间，他们把铸铁板固定在木轨上面，等于给木轨道包了

萨尔茨堡要塞的轨道交通

一层铁皮，以此来提升轨道交通的耐久性和承重能力。之后只要再把铁轨和蒸汽机车加起来，就可以带来整套技术变革。

最早这么做的，是英国工程师理查德·特莱维西克。特莱维西克研发蒸汽机车是受到瓦特公司的员工威廉·默多克的启发。威廉·默多克对蒸汽机很着迷，制造了一台蒸汽机车原型，但很不幸，他的老板兼当时蒸汽机行业首席大权威詹姆斯·瓦特认为这是个错误的创业方向：高压蒸汽机非常危险，不太可能投入实用，而且，蒸汽机车没办法制造足够的动力沿着光滑的轨道牵引货物。故而威廉·默多克没能申请到足够的经费继续研发蒸汽机。可见，行业权威也不一定就能指出行业发展方向。

特莱维西克是默多克的邻居，他不信瓦特的邪，先是自己发明了一台高压蒸汽机，然后又于1804年制造了一台蒸汽机车上路运输。上路当天，人们为特莱维西克的蒸汽机车打了个赌，赌这台笨重的庞然大物到底是能成功牵引货物，还是会在铁轨上打滑甚至脱轨。

后来的事大家就都知道了，特莱维西克的机车成功地跑了起来，虽然时速只有3.9公里，还没有人走得快，但它确实在4小时5分钟里用5辆货车把10吨铁和70名士兵运送了15.7公里。[4]支持特莱维西克的人赢得了赌注。

我之所以对此印象深刻，是因为亲历过另外一场见证技术史的赌注，这便是2016年AlphaGo大战李世石的那场比赛。我的朋友中，懂围棋的人认为AlphaGo不可能赢，懂AI的人却认为赢定了。双方也打了个赌，结局我们都知道了。但我这里想说的，其实倒不是打赌本身，而是打赌之后发生的事情。或者准确地说，是打赌之后什么也没发生。

从AlphaGo大战李世石到我写作这本书已经过去了五年，这期间许多人对“人工智能”的期待已经从热情高涨降到不怎么在乎了。太多人以为AI的进步会带来“黑客帝国”或“终结者”的时代，但现实更常见的是对你说“很抱歉，我没听明白”的智能客服或者电商购物平台里的各种垃圾广告。这会让人觉得，这些应用不仅很烦，而且所谓的人工智能就像人工智障，让人嗤之以鼻，就这？也没有反对，就是不在乎了。其实，不在乎反倒比反对更可怕。

我这里讲这个例子，是想说：当年的特莱维西克，遭遇一模一样。

特莱维西克本来认为，蒸汽机车会改变人类的旅行，让更多人以更快捷、更廉价的方式见识我们的世界。但公众的反应却是觉得乘坐这么一个慢吞吞的东西旅行实在有点儿傻。他的巡游无人问津。最后，特莱维西克十分失望，不再设计蒸汽机车。1805年以后，他转去设计了一系列隧道、蒸汽机、鼓风机和武器，还去过南美开采银矿。他挣过钱，也破过产。最后，1833 年，这位成功驱动人类第一台蒸汽机车的人身无分文地死在了达特福特，没有亲戚朋友在场，只有一些同事见证了他的葬礼。

铁路的正确打开方式

创新总是艰难的。作为事后诸葛亮，我们当然知道蒸汽机车是一项有前景的技术，但是在它诞生之初总有一个漫长的尴尬期。在尴尬期中，这项新技术有许多问题：速度太慢，效率太低，没有竞争力，等等。如何渡过这一尴尬期，让技术慢慢改良，直到对旧技术形成高度碾压之势？答案依然是，你要找到那个正确的应用场景，让新技术赚到钱。

在 1800 年这个关节点前后，用蒸汽机车运人注定是赚不到钱的。那么，它真正的应用场景在哪里呢？

1827 年，特莱维西克前往哥斯达黎加考察采矿业。这趟旅途惊险万分，他有三次差点丧命：第一次，溺水；第二次，差点被鳄鱼吃掉；第三次，遭遇当地土著的袭击。等到达终点卡塔赫纳（Cartagena）的时候，他已经身无分文。幸好他这时遇上了一个叫罗伯特·史蒂芬森（Robert Stephenson）的年轻人，给了他 50 英镑，才买了张船票回国。巧合的是，罗伯特·史蒂芬森的父亲乔治·史蒂芬森，就是那个真正发现了蒸汽机车应用场景的人。

这事说来很令人唏嘘。没有特莱维西克的技术，史蒂芬森就不会踏入蒸汽机车这个领域，但最后挣到钱的并非特莱维西克，而是史蒂芬森。也正因如此，他的儿子才有机会接济特莱维西克。上升和下降的人生曲线偶尔相交的结果，就是这么奇妙。

说回真正的问题：蒸汽机车的应用场景。其实，这个应用场景说来也简单，那就是被轨道交通已经验证了数百年的领域——矿井运输。

乔治·史蒂芬森的老家就在纽卡斯尔，从还是小孩子的时候，他就在矿井下面工作。当1804年特莱维西克造出蒸汽机车时，史蒂芬森虽然才二十三岁，但因为井下工作经历，一得知这个发明，他就判断煤矿运输才是它大显身手的地方。

1814年，史蒂芬森在自己家附近的凯林沃斯（Killingworth）煤矿制造了大概16台机车，其中多数毁于轨道损坏或者蒸汽故障，但他并没有气馁，而是从中一点一点积累着改造机车与铁轨的经验。

1820年，史蒂芬森受雇为赫顿煤矿修建一条运输煤炭的铁路。煤老板本来想按照传统修一条用马车和人力驱动的铁路，但在史蒂芬森的说服下，改为用蒸汽机车驱动。然而，蒸汽机车比普通马车或人力机车要重得多，因此需要用更好的铸铁材料，还要把路线设计得更长、更平坦。这当然要多花很多钱，但对煤矿企业来说是值得的，道理跟蒸汽机早期的商业化一样：蒸汽机车不领工资也不吃饭，只吃煤，对煤矿来说，这几乎不是成本。

而且，在煤矿的应用场景中，从矿坑到仓库的运输路线是固定不变的，因此轨道交通天生就是一个合理的解决方案。最后，19世纪的钢铁材料革命，恰恰又能帮助早期蒸汽机车解决最大的痛点：过于笨重的车身和无法忍受道路颠簸的脆弱蒸汽机。

铁路，是人类用钢铁产物大规模改造地表的壮举；而这一壮举的起点，就是煤矿矿坑。

在赫顿煤矿铁路成功运营后的第二年，史蒂芬森又成功说服另外一个老板修建一条从斯多克顿（Stockton）到奥克兰主教区（Bishop Auckland）附近煤矿的蒸汽机车铁路。

后来，这位老板投资了史蒂芬森，与他合伙成立了一家新的公司，专门生产蒸汽机车。其时，距特莱维西克跟人打赌已经过去十六年，当时的蒸汽机车跑得比人还慢，现在的已经可以跑出 39 公里的时速。

在通车仪式上，这台机车还搭载了一节专门载客的车厢，成功完成了第一次客运。

十六年的技术“尴尬期”在人类历史中不过短暂一瞬，然而对一个人的一生来讲，已经足够漫长。特莱维西克没找到赚钱的门路坚持下来，史蒂芬森找到了，人生就此变得不同。

“路演”结束，史蒂芬森又承接了从利物浦到曼彻斯特的铁路建设。

这条铁路于 1830 年通车，通车仪式上，当时的英国首相威灵顿公爵，就是那个在滑铁卢击败了拿破仑的威灵顿，还专程道贺。他一生目睹了两件令大英帝国登上世界霸权之巅的重大事件：第一件是拿破仑的失败，而史蒂芬森的铁路通车是第二件。

这里还有一个插曲很值得一说，就是在这次通车仪式上还发生了一起事故：利物浦议员威廉 · 赫斯基森（William Huskisson）想找个机会跟首相握手，却因此分心，没有注意到相邻轨道上有另外一辆火车开过来，结果被撞受伤，当晚殒命。

他的死也以一种意想不到的方式，给史蒂芬森的发明打了广告：公众猛然惊觉，当年还没有人走得快的火车，现在居然已经快到可以撞死人了。铁路运输和它的发明者史蒂芬森因此声名鹊起，走向世界。[5]

这里我们岔开一下，说点儿八卦。1820 年，二十九岁的史蒂芬森迎娶了贝蒂 · 欣德玛什，他当年喜欢过的姑娘。两人早年曾在贝蒂家的果园里幽会，但当史蒂芬森前去提亲时，女孩的父亲嫌弃他是个穷矿工，拒绝了他。如今，史蒂芬森功成名就，两人终成眷属。在我看来，这是对产业家最好的激励。

特莱维西克是个伟大的创新者，不盲从于詹姆斯 · 瓦特的权威，

利物浦—曼彻斯特铁路线的开通仪式

证明了自己路线的可能性。但是，发明了好的技术仅仅是第一步。新技术永远是粗糙的、有问题的、脆弱的、容易夭折的，结果就是技术发明人的命运往往坎坷，成功者只是少数。这也不断警醒着所有想要用创新技术改变世界的人们：如果连自己的幸福都实现不了，又何谈用这项技术为更多人带来幸福？

史蒂芬森则是个伟大的产业家。创新者是把自己头脑中的奇思妙想变成现实的人，产业家则是寻找合适工具解决现实中的问题并以此为生的人。当他需要创新的时候，一切权威意见和主流观点都拦不住他；但如果创新本身并不能解决现实问题，他也会毫不犹豫地抛弃花里胡哨的新概念和新发明，转而采用看起来土、笨、傻，却能够实际解决问题的办法。

这非但没有妨碍，反而“挽救”了技术的进步。在蒸汽机刚刚诞生，相比马车还没有什么优势的时间点上，一味强调它有巨大潜力，说它是未来的希望、能够改变社会，这并没有什么帮助。脚踏实地找到适合它发挥作用的场景，最终才能让这项技术大放异彩。

或者也可以这么说，特莱维西克的失落不无伟大之处，但史蒂芬森的幸福也是应得的。我们纪念前者的同时，也不应该对后者的重要性缄默不语，似乎悲情英雄因其失败就该得到历史的铭记，而成功者因其世俗意义上的回报就让故事变得平庸。

产业家找到正确的赚钱方向，让创新者赚得盆满钵满，让追求爱情者得偿所愿，这有什么不好？只有一个社会的商业生态能创造更多的产业家，才会有更多的人加入创新的队伍。

这是我想分享的关于铁路的第一个故事。第二个故事，其实我们前面已经讲过了，它事关政府在一项技术发展过程中的作用。

最早试图推动蒸汽机应用于运输产业的，正是来自官方的力量——资助屈尼奥的法国军方。有很多人认为，政府擅长集中力量办大事，因而在科技研发中扮演着更为重要的角色。但是，屈尼奥的故事告诉我们，事实恰恰相反。相对于单个企业，政府当然往往是更强大的一方。但是，相对于千千万万的民间企业，政府反倒是更弱的一方。道理并不复杂：政府主要依赖税收生存，作为回报，它也要向社会提供公共物品。简单说，**它干的就是个第三产业，创造税收的才是它的衣食父母**。所以，它怎么可能比自己的衣食父母还要强大呢？人类科技最前沿的创新，显然要依赖更强大的一方。

创新，从某个角度看就是犯错。政府的钱本质上都是老百姓的，它当然不能随意地拿这些钱去犯错，这样也会违背公共财政的基本原则，任何民选议会都不会接受这种事情的发生。因此，创新最好还是交给市场上千千万万的企业，让企业在现金流充足的基础上，在一旦创新成功即可获得超额收益的激励下去犯错。

这正是“漏斗—喇叭”模型的基本运作方式。

注释

1 Gianpiero Mastinu, Manfred Ploechl, eds, *Road and Off-Road Vehicle System Dynamics Handbook*, CRC Press, 2014, p.1584.

2 https://en.wikipedia.org/wiki/Diolkos.

3 https://en.wikipedia.org/wiki/History_of_rail_transport.

4 https://en.wikipedia.org/wiki/Richard_Trevithick.

5 以上参见 Hunter Davies, *George Stephenson: The Remarkable Life of the Founder of the Railways*, Sutton Publishing Ltd, 1980。

第四章　为什么是织布机开启第二次工业革命?

尽管第一次工业革命还有许多有意思的故事，也与本书的主题颇相关，但是囿于篇幅，这里就不详细展开了。好在我们已经基本覆盖第一次工业革命中最重要的一些基础部门，而且在这些最重要的工业部门中，处处可见“漏斗—喇叭”模型的应用。

接下来的故事，涉及的是第一次工业革命到第二次工业革命的转变。

一般而言，历史学家会把第一次工业革命描述为蒸汽机、钢铁和铁路起主导作用的革命，而把第二次工业革命描述为化工、电气化和内燃机等技术产业起主导作用的革命。

然而，如果我们观察历史的颗粒度足够细的话，就会发现，第二次工业革命最重要的基础科学革命，也就是化学与化工产业的革命，它的起点恰恰是在第一次工业革命中看似普通、简单，以至于几乎被遗忘的一个产业。这就是纺织业。

我们创造了化学

跟第一次工业革命中的很多产业一样，纺织业应用的都不是什么新技术。因为在进入工业革命之前，人类社会长期处于“零增长秩序”，暴力和贫穷普遍存在，已经停滞很多年。

人类是好不容易才在英国这片小地方建立起保护商贸的正增长秩序的。但只要有这么一片小天地，人类就有可能开动聪明才智，把之前数千年的技术积累拿来一朝变现。

第一次工业革命期间，纺织业是对人类日常生活改变最大的“新”产业之一，而且在瓦特改良蒸汽机之前，这个行业已经迎来机械化的突破。

推动纺织业机械化的第一个重要发明，是飞梭。

飞梭是由英国人约翰·凯伊（John Kay）于1733年发明的。这虽然只是一个小零件，但意义却很重大。织布就是让线按照经纬纵横的方式紧密排列在一起，组成布面。纺织工在织布时，会固定经线[1]，按照奇数列和偶数列上下分开，引导纬线在经线中穿梭，织出布料。飞梭的作用就是让纬线可以在纺织机上左右滑动。这样，纺织基本上就变成了一个半自动化的流程。

第二个重要发明，是纺纱机的改进。

纺纱是把大量短纤维聚合成松散的线，然后把松散的线一点点抽出来，捻搓后制成细密的、足够长的、可用于编织的线。1764年，英国布莱克本纺织工詹姆斯·哈格里夫斯（James Hargreaves）发明了锭子竖放联排的纺纱机，即“珍妮纺纱机”。珍妮纺纱机的优点是可以带动8—12个锭子，令纺织工作的效率大大提高。

第三个重要发明，是动力源的改进。

这里我说的动力源改进，其实还不是蒸汽机，而是水车。1765年，理查德·阿克莱特（Richard Arkwright）发明了一台水力纺纱机，当时水车的输出功率已可以达到数十马力，因此这台机器的效率和质量明显高于人力纺纱机。但是，阿克莱特和哈格里夫斯当时还不知道彼此的发明，所以阿克莱特的机器并没有应用珍妮纺纱机的联排竖锭技术。

约翰·凯伊于 1733 年申请专利的飞梭织布机

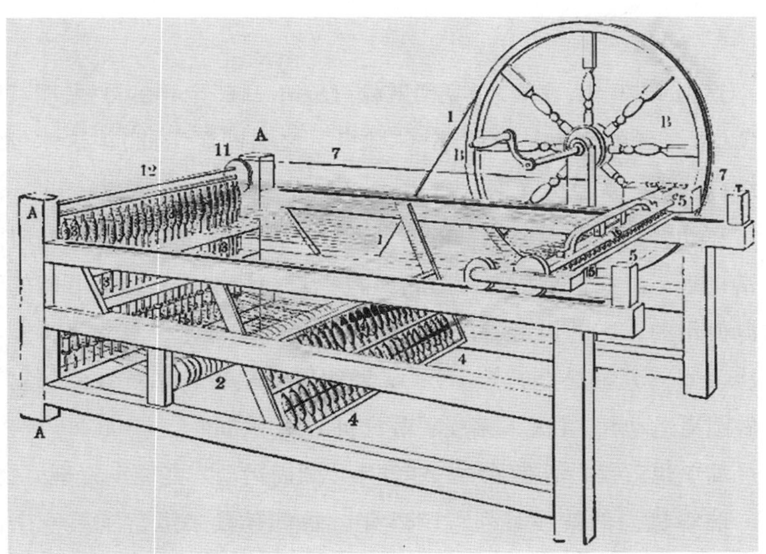

珍妮纺纱机模型
来自德国伍珀塔尔早期工业化博物馆

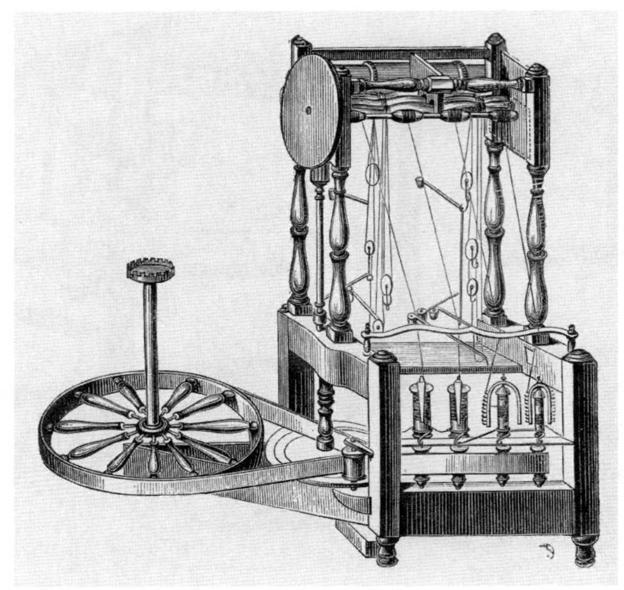

阿克莱特水力纺纱机

直到 1779 年，塞缪尔·克朗普顿（Samuel Crompton）发明“骡机”，把二者的优点结合起来（“骡机”之名即源于此），这才带来了纺织业的一次重大革新。

克朗普顿发明“骡机”的时间，已经跟瓦特改良蒸汽机的时间非常接近了。我们前面介绍过，蒸汽机最初根本不是作为万能的动力源使用的，它的用途非常单一，就是给煤矿抽水。直到瓦特发明了冷凝器（大幅提高其效率），又发明了行星齿轮系统（使得它可以做圆周运动），才大大拓展了蒸汽机的使用范围。

简单说就是，活塞运动只能抽水，圆周运动才能驱动万事万物。

纺纱机当然就在其列。1785 年，鲁滨孙兄弟运营了第一个由蒸汽机驱动的棉纺织工厂。1830 年，理查德·罗伯茨（Richard Roberts）制造了一台由蒸汽机驱动的、纯机械化的自动骡机，被称

骡机

为“罗伯茨纺织机”。

于是，在这些大规模扩张产力的新式织布机推动之下，又有一条细微的，但最终引发一个全新行业和一代全新技术革命的线索浮出了水面。

这条线索的名字叫“染料”。

随着人类纺织棉布的数量级得到前所未有的提升，棉纺织业飞速发展，规模不断扩大，这就自然引发了一个问题：如何给这些新造出来的棉布染色。毕竟人人都穿白棉布，好像也不太喜庆。

衣服不是第一天发明出来的，染料自然也不是第一天才发明出来。在工业革命之前，人类给衣服上色的主要方式，是矿物染料和植物染料。

比如，古代中国少女们爱涂的胭脂，就提取自一种菊科红花属的植物红蓝，传说匈奴焉支山（今甘肃省永昌县、山丹县之间）盛产这种植物，故而霍去病攻略焉支山之后，匈奴人悲歌曰：“失我焉

蒸汽机驱动的纺纱机器

支山，使我妇女无颜色。”

比如，生活在中国大理的白族少女喜欢穿扎染的靛蓝色长裙，这种颜色来自十字花科植物菘蓝的根部，它有一个我们更为熟悉的名字，板蓝根。

罗马帝国以紫色为尊。紫色在自然界中十分稀少，只有生活在地中海地区的一种名为骨螺的贝类分泌紫色黏液。3700 年前，腓尼基人就用骨螺将羊毛染紫，售予地中海沿岸的达官贵人。这种紫色在中文中被称为“骨螺紫”，在西语中则以其最大产地被命名为“提尔紫”（Tyrian purple）。

中世纪欧洲最尊贵的颜色是猩红。[2] 这种红色非常浓郁，像鲜血的颜色，教宗和国王加冕时常常选用这种颜色。

猩红色的来源比较特殊，既不是来自植物，也不是来自矿物，而是来自一种昆虫。这种昆虫体内能够产生一种红色的酸，以阻止其他昆虫的捕食，又因为它们作为染料的功用，所以被称为“胭脂虫”。只是胭脂虫们大概也没想到，自己分泌的这种酸为自己带来

西西里的罗杰二世加冕时所使用的猩红色披风

了被驯养，最后被碾碎制成染料的命运。

以上这些染料，都是古代社会所使用的天然染料。在人类还用手工纺布的时候，用花朵、板蓝根、矿石和昆虫染色还能满足需求，但是当机器把棉布的产量翻了上千上万倍，又该怎么办呢？

已经在工业革命中发挥重大作用的化学家们，给出了另外一个称得上“降维打击”的答案：直接用人工化学手段合成。

染料是一种内含某些色素，能够附着在纤维上，不易脱落变色的物质。当然，最好还能易溶于水，这样更方便上色。如果不能溶于水，则还需要有媒染剂的共同作用。色素是能够反射或吸收某些波长的可见光的物质。不管是骨螺还是胭脂虫，它们分泌的物质无非就是天然含有了这些色素而已。

既然天然的可以，那么人工的为什么就不行？这时，工业革命又为从物理学的底层实现这些想法提供了原材料：早期制造这些染料的原料，基本是煤炭工业（生产焦炭和煤气）的副产品，比如焦油，它有一个亲戚很常见，这便是修路时铺的沥青。

焦油大概含有 10000 多种化学物质，按化学性质可分为中性的烃类、酸性的酚类和碱性的吡啶、喹啉类化合物，人类直到今天大概也只鉴定出其中的一半。1819 年，英国人加登（Garden）和布兰德（Brand）在煤焦油中发现了萘，这是在焦油中发现的第一个化合物。以后主要是英国和德国的科学家又相继发现了蒽、酚、苯胺、喹啉、吡啶、芘和䓛等。

一句话，都是化学原料，反应出啥来都有可能。

利用现代化学手段制备染料的方案是被一个十八岁的名叫威廉·珀金（William Perkin）的大学生偶然发现的。那年，他正在还隶属于英国矿业学院的皇家化学学院念大三。

珀金的导师是德国化学家奥古斯特·霍夫曼（August Hofmann），大三那年的复活节，霍夫曼给了珀金一个课题，让他研究怎么从焦油里合成奎宁（金鸡纳霜，一种治疗疟疾的有效药物）。珀金是个特别听话的好学生，虽然复活节有长假期，但他并没有出去玩耍，而是在自己家的实验室做实验。就是在这个过程中，他偶然发现，用酒精提取焦油中的苯胺时，会产生一种深紫色物质。

恰巧珀金又是个美术爱好者，他瞬间就明白了这个发现的意义，从此抛弃了学术道路——不做研究生了，要去挣钱！接下来，他瞒着导师，跟自己的兄弟和好友反复地试验了几次，把样品寄到染料厂，获得了老板的肯定答复。然后，这位珀金申请了专利，请他父亲出资建了厂。这样，一毕业，珀金就投入到了热火朝天的创业中。

实践马上证明，他不仅是个好学生，还是个天生的产业家。从实验室里的一个点子到一间真正能运营的工厂，这中间其实有天壤之别。比如，怎样筹集资金，怎样降低制造成本，怎样用媒染剂把这种不易于附着在纤维上的物质变成染料，以及怎样应对同行的竞争……这些都是问题，但珀金一步步都解决了。

接着，曾经被罗马贵族崇奉的、视为帝王象征的紫色染料，现在可以用科技的手段，廉价地、大规模地生产出来了。

当时的欧洲，大国的王室都很注重支持双创事业。珀金的导师霍夫曼就是维多利亚女王的老公阿尔伯特亲王亲自从德国请来的。霍夫曼的学生做出了事业，王室也很高兴，维多利亚女王还穿着用珀金法生产的紫色染料染成的衬裙出席各种场合，一时引领风尚。拿破仑三世的妻子欧仁妮皇后自然也不甘人后，很快，欧洲贵族纷纷效仿。

有这样的“模特”打广告，珀金很快就取得巨大的商业成功，成为创业人士的励志典范。受此成功案例启迪，包括珀金在内，许多化学家马上投身于发明新的苯胺染料，结果便是，生产这些染料的工厂迅速在欧洲大地上被建造了出来。

但也许会令维多利亚女王有些沮丧的是，英国虽然是这场革命的开端，却不是发展最快的国家。

1863 年，一位三十八岁的德意志贸易商人在乌珀塔尔（Wuppertal）成立了一家小型染料制造厂。这位商人早年是个丝织工，二十三岁时成立了一家染料贸易公司，很快就把生意做到了伦敦、布鲁塞尔、圣彼得堡和纽约。作为行业领袖，他当然注意到了化学染料给整个行当带来的巨大变化，所以从 1861 年起就跟他的合伙人一起开始试验如何用焦油生产蓝色和品红色（Magenta）染料。实验很快获得成功，然后他们就开起了厂子，专门从事染料生产和销售。

这位商人的名字叫弗里德里希 · 拜耳（Friedrich Bayer），他成立的这家小染料工厂，就是当今世界最大的制药公司之一拜耳集团的前身（Bayer AG）。凡对化学产业稍有了解的朋友，都不可能没有听说过这个名字。不严格地说来，它有两个产品可以说家喻户晓，甚至塑造了历史，一个是阿司匹林，一个是海洛因。在 2016 年，它还增添了一家举世闻名的子公司——孟山都。

几乎与拜耳同一时间，另外一个德意志商人也发现了用苯胺合成染料的方法，甚至连合成染料的种类也是一致的，都是品红色。他的名字叫弗里德里希 · 恩格尔霍恩（Friedrich Engelhorn），早年是个金匠，后来改行做煤气生意，因此也很早就接触到了焦油类产业。1865 年，他在巴登州曼海姆附近的路德维希港（Ludwigshafen）买了一块土地，开了个工厂，起名叫“巴登苯胺和苏打工厂”（Badische Anilin-und SodaFabrik）。日后，它将以其首字母缩写而闻名天下，即“巴斯夫”（BASF）。

今天，巴斯夫是世界上最大的化工生产商，在八十多个国家拥有子公司和合资企业。其最著名的产品是化肥，技术来自弗里茨·哈伯研发成功的人工合成氨，1909 年，巴斯夫购买了这个专利，成为最大的氨工厂。

1863 年，三个德意志商人，卡尔·迈斯特（Carl Friedrich Wilhelm Meister）、尤根·卢修斯（Eugen Lucius）和路德维希·缪勒（Ludwig August Müller），在美茵河畔法兰克福的小镇赫希斯特（Hoechst）创办“迈斯特和卢修斯焦油染料厂”（Theerfarbenfabrik Meister, Lucius & Co.），后来因其地点而闻名，被称为赫希斯特集团（Hoechst AG），曾经是世界上销售额最大的制药公司。1999 年，它被合并重组为安万特（Aventis）。

拜耳、巴斯夫和赫希斯特是 19 世纪下半叶欧洲著名的化工三巨头。巴斯夫有一句非常知名的 slogan，叫“我们创造了化学”（We created chemistry）。其实，这句话拿来描述三巨头的任何一家都是成立的。

许多人对化学的印象是白大褂、量杯、试管和各种神奇的药品，但从工业的角度说，化学的诞生地是美茵河或路德维希港河畔臭气冲天的染料作坊。[3] 换句话说，这个行业是染料商人筚路蓝缕、一点一滴地创造出来的。

谁能想到，这些脏乱臭的染料工厂竟是掀起下一次科技革命的起点。从“给人们穿的衣服染色”这个小小的需求中，竟然能够走出无数的科学家、发明人和诺奖得主，使得人类可以在分子层面主

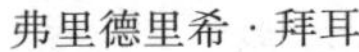

弗里德里希·拜耳

弗里德里希·恩格尔霍恩

动地重组我们可用的物质，从而创造新的材料、新的药品和新的可能性。

从煤气到石油

就在早期化学工业从染料坊里蓬勃成长的时刻，这个行当也孕育着新时代的潜能。

这是煤炭革命带来的一个没人意料到的副效应：对人类生活节奏的改变。由此，也引发了一个无人料到的产业——照明。

我们先来详细解释一下这个过程。

开采煤炭的过程中会产生一种副产品——煤气。煤气的生产过程跟焦油差不多。把煤放在焦炉里烧，把得到的废气收集起来再清洗一下，就是煤气。

煤气本来是纯粹的工业废料。但是，有人偶然发现，这个废料竟也能满足人们亘古以来的一个需求：照明。很多人未必知道，其实自人类诞生以来，95% 以上的时间里，就一直缺乏一种稳定的照明光源。

在我小的时候，城市还经常停电，蜡烛是家家必备的应急物品。很多个夜晚，我都曾呆呆地盯着蜡烛流下的眼泪等待来电，并在这个过程中睡着。那时，我对蜡烛的印象就是廉价而可靠；直到长大后读了一些书才知道，蜡烛在中世纪其实是奢侈品。中国有一个成语，叫“凿壁偷光”，主人公是匡衡，西汉人，这本身就证明在夜晚享受光照曾是专属于有钱人的特权。

最早的蜡烛，是用牛脂和羊脂制成的，成本极其高昂。甚至西晋年间，王恺和石崇斗富时，王恺用糖来擦锅，石崇就用蜡烛当柴烧。当代人对这个故事可能已经没有什么感觉，毕竟糖和蜡烛已经在工业化后变成廉价产品。如果换种说法，王恺用巧克力擦锅，石崇用牛胸口油当柴烧，虽然听上去有点奇怪，但大概还是能还原出古人对这个故事的感受。

南唐以后，中国人开始用乌桕种子外面的蜡层取代动物油脂制作蜡烛，成本才开始下降。近代欧洲使用的照明燃料则是鲸油，这一产业需求甚至导致 19 世纪以来鲸鱼物种的大灭绝。

所幸，到 19 世纪中叶，人们发现了不那么残忍的替代品——煤气。

人类社会大规模需求煤气的前提是煤气灯的发明。发明煤气灯的，是我们已经介绍过的那个曾经想开发火车，但遭到瓦特反对的威廉·默多克。1792 年，默多克在康沃尔锡矿做蒸汽机运维时发现，煤在焦炉中高温碳化后产生的废气可以用作燃料，而且这种气体点燃后发出的灯光，明亮且柔和。

1812 年，伦敦开始改用煤气灯。1820 年，巴黎开始改用煤气灯。自此之后，城市的大街小巷、千家万户开始充满这种温暖的灯光。

光明和温暖是谁都会喜欢的，但如果以为温暖的灯光带来的就是进步，那可能就高兴得太早了。煤气灯不仅延长了人类获得光明的时间，更是马上就被功利性地利用了：它所产生的最大的社会效益，其实是延长了人类的工作时长。换句话说，没有煤气灯带来的夜间照明，就不会有两个为现代人深恶痛绝的发明——家庭作业和“996”。

这不完全是开玩笑。产业革命的迅速铺开，首先就要求工人提升自己的文化水平。19 世纪以后，大部分工厂都要求工人具备基本的识字能力，这样，工人才有可能按照指导手册或说明书操作机器。但是，许多从农村来到城市打工的工人，既无钱也无暇再去念一遍小学，况且，当时也不是所有国家都会设立服务大众的公立学校。于是，依托工厂和制造车间的夜校和补习班就应运而生。

请仔细想想，“夜校”这个名字是怎么来的？白天上班，晚上上学，还不耽误挣钱——就是这么来的。让“夜校”成为可能的很重要的一点就是煤气灯的普及。

因此，说煤气灯带来了“家庭作业”，是有一定依据的。同样的道理，煤气灯也让加班和倒班成为可能。

这一点在蒸汽机时代很重要。早期蒸汽机是无法自己发动自己的，还需要给它一个起始动力——在农村见过手摇拖拉机的朋友，可能更会明白这点。不仅如此，蒸汽机还需要工作一段时间，锅炉才会升到足够高的温度，只有这样，机器才能积累足够的压力，达到设计的能量输出水平。也就是说，如果蒸汽机每一次发动的成本足够高，也就意味着一旦停止运转，蒸汽机的总成本占比会更高。

怎么办？既然技术上一时无法克服，那就用堆人力的方式解决。既然开机和关机成本都很高，那就干脆不关了，让机器一直开着，

1908 年在印第安纳州一家玻璃厂上夜班的童工们

工人三班倒，配合机器。

因此，促生“夜班”和“倒班”的是工业革命，而让它们成为可能的则是煤气灯。

其实，夜班和倒班的出现，一开始也不是完全没有积极意义。夜晚的光亮也使另外一种工作变得普遍，那就是处理文字、管理员工和统计财务等文职工作。

在中古时代，一个小老板往往在结束一天的工作后，会就着昏黄的灯光对账。在工厂时代开启后，文书、管理和财务工作大大增加，但许多工作还是需要当天处理当天完成，比如日结工资。所以，煤气灯给工厂大规模招聘这些人才处理文职工作创造了条件。这也在无意中推动了女性的解放——相对而言，这些岗位对体力的要求较少，女性更容易发挥自己的优势。

一句话，通过改变生产形态，创造新的岗位，煤气灯彻底改变了人类这个物种的作息习惯。

很多朋友今天可能已经不知道，古代人经常是睡两觉的。人体内会分泌一种叫褪黑素的、有助于我们入睡的物质，但是强光照射会抑制它的分泌。这正是我们的祖先“日出而作，日落而息”的化学基础：太阳落山后，我们的祖先会因为褪黑素的分泌而很快困倦，早早入睡；但是，如果这一天没有那么劳累的话，他们有很大概率会在半夜醒来。

这是弱肉强食的自然界竞争在我们的基因里种下的习惯：许多夜间动物（如蛇）可能入侵人类的领地，而这种睡眠习惯可以让我们的祖先在半夜检查领地的安全，随后再度入眠，直到天亮。

进入农业社会后，人类的这种作息时间也并未改变。古人就经常在半夜因为足睡而醒来，所以“一觉到天明”才会成为各个民族的文学形容睡了个好觉的通用手法。睡不着的人也许会借着烛光吃点东西、祈祷或者做家务，[4] 抑或写下“明月何皎皎，照我罗床帏。忧愁不能寐，揽衣起徘徊”这样的诗句，排解情绪，然后再度入眠。

这样一种数万年来传承的睡眠模式，却在煤气灯发明后被完全改变了。煤气灯的亮度堪比日光，可以有效抑制褪黑素的分泌，人也就被迫变成了一种熬夜动物。

扯得有点远了，还是回到煤气灯的故事上：为什么说它孕育了新时代的可能呢？

因为，它帮助人类发现了下一个时代的能量流源泉——石油。

1854 年，耶鲁大学化学教授本杰明 · 西利曼（Benjamin Silliman,Jr）接受一群美国企业家和商人的委托，承接了一项研究项目。缘起是一个叫乔治 · 比斯尔（George Bissell）的商人在宾夕法尼亚旅行期间，偶然看到当地印第安人采集地底下冒出来的一种黏糊糊的黑色液体（“石头油”）来治病。他知道这种油是可以点燃

乔治 · 比斯尔

本杰明 · 西利曼

的，便猜想是不是可以用它取代煤油照明，从而赚一大笔钱。随后，他拉来几个朋友合伙，再找到西利曼，希望用他的研究报告为这个商业计划背书。

西利曼虽说是耶鲁大学的教授，但是在精明上一点也不弱于生意人。他完成了研究，并在报告书中说，这种原材料“经过简单和成本低廉的加工程序就能制造出很有价值的产品”。[5]但是，他没有把报告直接交给对方，而是寄存在一个朋友那里，然后给委托他的商人开了一个高价，要求先支付给他 526.08 美元的研究费用。这笔钱可不是一个小数目：在 1860 年的明尼苏达，买一座 80 英亩的农场大概也只需要 805 美元。[6]

乔治 · 比斯尔和他的朋友已经成立“宾夕法尼亚石油公司”（美国乃至世界第一家石油公司），先期砸下去的投资必须见到水花，无奈之下，他们只能东筹西凑付了这笔钱。西利曼的报告虽然令人兴奋，对公司的信誉有所提升，但是绝大多数商人还是持观望态度。又经历一年半的惨淡经营，宾夕法尼亚石油公司才拿到进一步的投资。

这就是日后在人类生活中扮演枢纽性角色的石油产业的起源。

1859年，比斯尔找到了一个名叫埃德温·德雷克（Edwin Laurentine Drake）的“技术合伙人”，三十八岁，以前的职业是列车员，后来失业在家。比斯尔要求这个“技术合伙人”贡献的技术，就是想个办法把地底下的油挖出来。

其实，德雷克之前也从没掌握过什么技术，他之所以能够胜任这个职位，说白了，就是他足够“不要脸”。

在当时，一个正常人是不太可能想象能从地底下冒出来油，而且还能燃烧照明的。但是，德雷克已经无职失业，正适合赌一把，用中国的老话说，这叫“破釜沉舟”。他到处去寻找钻过盐井的工人，工人没找到，投资款反倒快花完了。失去耐心的投资人给他寄去最后一笔钱后，告诉他付清账单就关张了事。

只是投资人不知道的是，就在汇款寄到的前一个星期，德雷克和他好不容易找到的工人威廉·史密斯（William A.Smith，人称“比利大叔”）却突然钻出了石油。面对涌出来的石油，他们一时不知道该怎么办，只能从附近酒馆里买来装威士忌的空桶装石油。

德雷克就此发了大财，但他冒险精神有余，商业头脑不足，结果晚年穷困潦倒。垂暮之际，他始终坚称，是他打出了美国第一口油井。

这就是日后掌控全球石油霸权的美国的第一口油井的故事。

宾夕法尼亚钻出石油的新闻，很快就引发类似“淘金潮”的狂热。千千万万像德雷克一样的冒险家涌入油产区，买卖土地，租赁设备，钻井探油。1860年，宾州的油产量是45万桶，到1862年已是300万桶。

过热的石油产业催生了泡沫，石油价格很快下跌，许多人被迫关闭工厂。1865年，俄亥俄一家炼油厂的两位合伙人对企业前途产生分歧，争执不下，最后决定用拍卖的方式决定公司的所有权，输

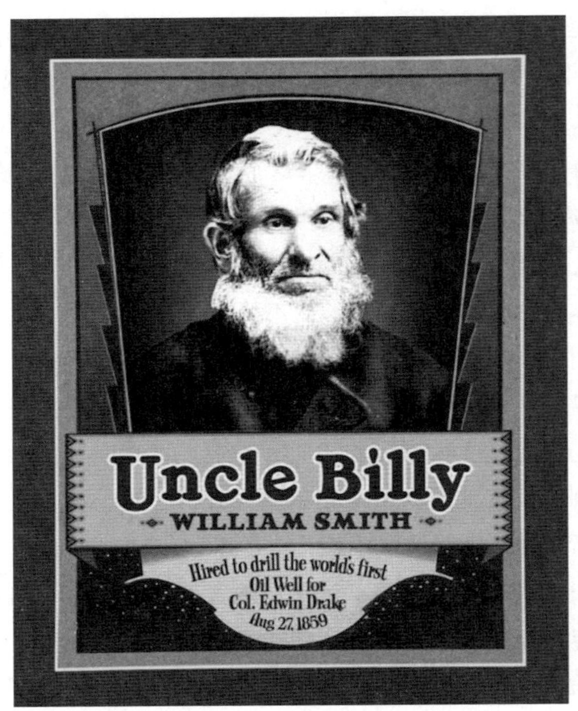

为德雷克钻出第一口油井的“比利大叔”

掉的人拿钱走人。

提出这个意见的合伙人叫莫里斯 · 克拉克 (Maurice B. Clark)，他最后出价 72,000 美元，但他的合伙人又加了 500 美元，莫里斯·克拉克一摊手，表示认输：“我不再加码了，约翰，公司是你的了。”

他的这位合伙人，就是后来闻名于世的约翰 · 洛克菲勒。后来在接受采访时，洛克菲勒说：“我一直把那一天作为我一生事业成就的开始。”

这就是美国石油产业巨头洛克菲勒集团的起源。

以上就是石油产业还在襁褓时代的三则短短的故事。

很激动人心吗？很意气风发吗？不，恰恰相反，这些都是随处可见的小故事。普通的利益纠纷，普通的失意者冒险，普通的生意故事。不是英雄史诗，不是“伟大的故事看起来总有一个平淡的开端”，不是“扮猪吃老虎逆袭成功”的爽文。这些故事就是很稀松平常，就是很琐碎，在这个世界每天都会发生。

如果西利曼出具的不是石油报告，如果德雷克钻的不是油井，如果洛克菲勒买下的不是炼油厂，他们的名字大概会湮没在历史的故纸堆中，被人遗忘。

成就他们的是石油。

这种事在历史和现实生活里并不罕见：成功往往是 99% 的努力加上 1% 的选择，但在某种意义上，那 1% 的选择比 99% 的努力还要重要。问题在于，在 1855—1865 年，谁能知道自己选对了呢？

人类第一台内燃机汽车是 1885 年由卡尔 · 本茨（Karl Friedrich Benz，奔驰汽车的创始人）发明的，比西利曼的石油开采报告晚了二十年。在此之前，无论是比斯尔开启的“淘石油潮”，还是洛克菲勒用 72,500 美元买下的炼油厂，他们的收入无一例外都来自照明市场。

用今天的现实打比方就是，特斯拉在 2008 年成功试跑了第一台电动汽车，而你加入电池生产行业的时间是 1988 年。作为对比，2022 年全球电动车第一大锂电池供应商宁德时代，则创建于 2011 年。

我不相信有人能提前二十年准确地预知内燃机汽车的发明。就算有，猜测的成分也大于根据科技和产业发展规律的预测。就算有，如果早期炼油厂要等到数十年后汽车流行起来才能盈利，那这个行业也早就不存在了。

继续拿今天的例子做对比。宁德时代的创始人曾毓群曾经是香港新科实业的工程总监，1999 年，与新科实业的 CEO 梁少康联合成立新能源科技有限公司（ATL），主要业务方向是为手机、笔记本电脑等消费电子产品生产锂电池。

在今天，石油产业是旧产能的代名词，电动车产业则是新能源时代的后起之秀。但若仔细透视这两个产业的发展史，我们会发现，一百五十年前的产业和一百五十年后的产业，在如何崛起的本质规律上并没有发生多大变化。

这背后的道理不难解释：技术固然在进步，但使技术得以进步的，是发生于人头脑中的创新；使进步的技术得以转化为工业产品的，是人的分工协作。既然创新者需要饭吃，需要回报，那么那句老话就依然成立：没人知道新技术在度过“尴尬期”的过程中，新技术的从业者到底靠什么吃饭，就像没人知道未来控制全球动力命脉的石油，当年也不过只是一种简陋的照明材料而已。

我们唯一能做的，是为还处在“尴尬期”的早期新技术，创造足够好的生存条件。

注释

1 “经”因其固定不动，所以也就具备了“经典”的含义，即“经史子集”“经书”“圣经”等词的词源。由此亦可见纺织技术的古老以及对人类文明的巨大影响。

2 “猩红”的英文 kermes 可能源自梵文，染成布后则被称为 scarlet。

3 拜耳工厂在开业后不久，因为制造出来的严重臭气，遭当地政府取缔，不得不转移到埃尔伯菲尔德（Elberfeld）。

4 参见艾妮莎 · 拉米雷斯《神奇的材料：8 种对人类社会至关重要的材料》第五章，任烨译，中信出版社，2021。

5 丹尼尔 · 耶金：《石油风云》，政协上海市委员会翻译组译，上海译文出版社，1992 年，第 13 页。

6 乔纳森 · 休斯、路易斯 · P. 凯恩：《美国经济史（第 7 版）》，邸晓燕、邢露等译，北京大学出版社，2011 年，第 191 页。

第五章　电气时代怎样降临

早在化工产业把人类带入夜生活和城市照明的年代，人类就已经看到第二次工业革命中电力应用的曙光。

不过，在这之前，我们还是先从科技创新本身的逻辑出发，稍微梳理一下电力科学与化工产业之间关系的来龙去脉。

从化学到电力

谈到电力，可能大家最熟悉的一个人就是美国的富兰克林，他在雷雨中放风筝的故事人尽皆知。但是，从人类利用电力的角度来说，这件事的主要意义，还在于证明了宙斯发怒掷出的雷电跟人类脱毛衣摩擦生出的电是同一种物理现象。

人类该如何利用这种伟大的力量？当时的人并没有头绪。科学家对电的现象的探讨，与其说是因为看到了实际意义，不如说是在彰显一种人类追索自然界奥秘的雄心壮志——倘若能够充分利用自己的理性，我们可以凡人之躯，比肩神明。

在人类利用这种伟大力量的历史上，值得铭记的第一个名字是亚历山德罗·伏特（Alessandro Volta），也是今天电势单位名称的来源。伏特是一名意大利化学家，他发明了最早的化学电池——伏打堆，也就是用铜（或银）盘堆叠起来作为一个电极，用锌盘堆叠起来作为另一个电极，再用浸有盐水（电解液）的布或纸板隔开，就可以产生电流。

伏特发明的伏打堆，本来是用以电解出不同化学物质的，但谁也没有想到，未来改变人类社会的电流，就从这不起眼的化学实验中诞生了。

伏特发明伏打堆以后，这个新奇的工具马上吸引了一位英国化学家的注意，这便是汉弗莱·戴维（Humphry Davy）。他利用伏打堆分解化合物制备新元素，其中最重要的就是经由电解氢氧化钾（KOH）提取钾和经由电熔氢氧化钠提取钠。在此之前，人类一直以为钾和钠是一种东西。

戴维是当时科学界的学术明星。他长相英俊，谈吐风雅，到处做公开演讲、对谈和接受访问，有时还现场演示化学反应。他还很有文青风范，常在讲座中加入诗歌和宗教的内容，站在女权主义的一边吸引女性听众，提议女性应该被允许参加皇家学会的活动。如果穿越回那个时代，很多人大概会觉得，他就是那个将要开启电气时代的学者。

然而，没有多少人想到，为人类电学知识做出更重大贡献的，却是他身边一个不起眼的助手。此人正是迈克尔·法拉第（Michael Faraday）。

迈克尔·法拉第基本没有接受正规教育，却成了历史上最有影响力的科学家之一。有趣的是，尽管他的名字与电磁感应结缘，但他的科学研究生涯是从化学开始的。这也足见说化学研究是电力革命的起点，并不是开玩笑。

法拉第1791年出生于英国一个名叫纽因顿巴茨（Newington Butts）的小镇，童年家庭并不富裕。他的父亲早年是个村庄铁匠铺的学徒，没什么钱供孩子上学，法拉第只能自学。他特别爱好读书，十四岁时，就给当时镇上的一个书商当学徒。也就是在这段学徒生涯，他读了简·马赛（Jane Marcet）的《化学对话录》（*Conversations on Chemistry*），对化学研究产生了浓厚的兴趣。

1812年，法拉第在朋友的帮助下获得了前往皇家科学院听讲座的门票。就是在那里，他接触到了汉弗莱·戴维，听了他很多讲座。他为这些讲座做了300页的笔记。戴维看到后，很是惊讶于他的好学，于是当因眼部受损想要聘请一个助手时，他就找来了法拉第。

在汉弗莱·戴维的门下，法拉第最初从事的是关于氯的研究。但是在1820年，远在千里之外的丹麦化学家汉斯·奥斯特（Hans Christian Ørsted）的一个偶然发现，改变了他的命运。

1820年，奥斯特在一次讲座上偶然发现通电的导线让旁边的小磁针偏转了一下，虽然这个微小的现象并没有引起听众的注意，但是奥斯特对此十分重视。经过三个月的研究，他发现电流可以产生磁效应。

奥斯特的发现让整个物理学界十分兴奋。奥斯特正式发表自己的发现三个月后，毕奥（Jean-Baptiste Biot）和萨伐尔（Félix Savart）发现电流在空间中产生磁场大小的定量规律，也就是著名的“毕奥–萨伐尔定律”（Biot-Savart Law）。又过了两个月，安培（André-Marie Ampère）发现了一个更实用、更简单的计算电流周围磁场的方式，即安培环路定理（Ampere circuital theorem）。

这一连串的发现不禁使人浮想联翩：既然电能够产生磁，那么磁有没有可能产生电？

这个遐想引发了许多人去探索，但最终摘得皇冠上明珠的是法拉第。这期间他也面临颇多坎坷。奥斯特发现电磁感应现象之后，汉弗莱·戴维和威廉·沃拉斯顿（William Hyde Wollaston）曾讨论利用这一原理制造电动机，但没有成功。在与他们两个讨论之后，法拉第成功发明了一台能够产生电磁转动的装置（今天称为“单极马达”）。但是法拉第可能不熟悉学术界的惯例，在没有通知戴维和沃拉斯顿的情况下就发表了研究成果。对此，戴维非常恼怒，便安排他去做关于光学玻璃的实验，结果足足搞了六年都没有什么结果。

1829 年，戴维去世，法拉第这才终于从这个课题中解脱出来，回归到原先的电磁感应研究方向，终于在 1831 年发现，磁确实也能产生电。这里的关键在于，静止的磁不能产生电，一定要变化的磁才能产生电。

这就是法拉第电磁感应定律的发现，也是发电机和电动机这两项电气产业最重要的发明的开端。

法拉第在 1820 年代造出电动机，在 1831 年又造出发电机，电力时代由此展开。如果本书是那种介绍科技史进步的书籍，那么故事讲到这里就可以告一段落了，完美结束。然而，现实不是童话故事，发明家发明了机器，那要用在什么地方呢？换句话说就是，在一个电线还没有铺开的年代，发电机要给谁供电呢？

就像几乎每一种后来被证明拥有广阔前景的技术，在它的开端都有一个默默无闻的应用领域一样，属于电气化的这个默默无闻的开端，来自奢侈工艺品的电镀工艺。

电镀指的是利用电解的原理，在导电的物体表面铺上一层金属。1840 年，英国医生约翰 · 莱特（John Wright）发现，氰化钾能够应用于金银电镀工艺，从而可以为珠宝镀金和抛光。随后，伯明翰的埃尔金顿家族（Elkington family）购买了莱特的专利，将之应用于镀金和镀银，生产漂亮的珠宝与餐具。他们的工厂也是第一个把电动机应用于工业生产的工厂。

发电机诞生之后，很快大显身手的第二个领域就比较容易猜到了，那就是电报。

其实，电报系统的发明反倒比发电机还要早一些。法拉第发现

埃尔金顿运用电镀技术生产的墨水瓶支架

电磁感应现象之后，英国企业家威廉·福瑟吉尔·库克（William Fothergill Cooke）就意识到这个原理可以应用在通信上：由于电流在电线中的传播速度实在太快了，那么只要建立起一个磁和电的转化装置，让发送信息的人把磁转化为电，经电线传输后，接收方再把电信号转化为磁，就可以实现远距离通信。这也就是电报的原理。

1837 年，库克与科学家查尔斯·惠斯通（Charles Wheatstone）合作发明了库克–惠斯通电报。惠斯通在清末被翻译成韦斯登，所以这种电报系统在中文中又被称为韦氏电报系统，被应用于早期的铁路通信。

电报系统在 1840 年代就有了市场应用，但当时它的耗电量并不大，主要还是靠化学电池供电。虽然惠斯通在 1837 年就发明了电报，但直到 1867 年他才申请了发电机专利。也就是说，电力这样一种伟大的能量，从早期被应用于电镀这样的细分领域，到被世人接受为未来的趋势因而需要大规模制造和生产发电机，中间经历了接近三十年。待到它全面铺开为一种大规模基础设施，更是要等到半个世纪以后。

电气化应用的第三个方向，也是最终让千家万户都接受它的最重要的方向，是照明。这个故事的主角我们也非常熟悉，对现代工业社会影响最大的发明家之一，托马斯·爱迪生。也可以这样说，他本人的发明经历，就是电气化如何渗透进每一个产业领域的历史缩影。

1847年，爱迪生出生于美国俄亥俄州米兰村，是家里的老七。由于家里孩子太多，父母缺钱，他只上了几个月就被迫辍学。好在他的母亲是一名教师，在家里把他教大。爱迪生的多数知识都来自阅读，而且从小就痴迷实验。

十三岁起，爱迪生靠在火车上卖报纸、糖果和蔬菜挣钱，每周大概能赚50美元。根据购买力计算，当时的1美元大约相当于今天的30多美元。也就是说，放在今天，爱迪生靠在火车上卖货，一周就能赚1,500美元（足见19世纪美国社会的消费力有多强悍），并且把挣来的钱大都用于购买电气和化学实验设备。

1862年，十五岁的爱迪生在工作过程中偶然从火车轮下救下一个三岁的孩子，而孩子的父亲恰好是密歇根州芒特克莱门斯（Mount Clemens）火车站的站长。站长非常感激爱迪生，把他培养成了一名电报员。随后，爱迪生创办了《大干线先驱报》（*Grand Trunk Herald*），沿火车线路销售。创刊号是在列车上印刷的，爱迪生既是社长、记者、发行人，也是印刷工人和报童。

爱迪生一生大概成立了十四家公司，其中包括后来通用电气的先驱。我们惯常总是把他当作发明家看待，其实放在今天，他更像是史蒂夫·乔布斯，而不是史蒂芬·霍金。这也再度佐证，对于科技创新而言，如何商业化可能是更为重要的问题。

1869年，爱迪生与富兰克林·波普（Franklin L.Pope）联合创办"波普–爱迪生"公司，投身于电气工程这个前途远大的方向。他的第一个成功应用的发明是四重电报机。这项发明卖出了10,000

美元的高价。就是靠这笔钱，爱迪生得以创建著名的门罗公园实验室，即后来的“爱迪生实验研究所”。这个实验室后来成为包括电话、留声机、电气化铁路和电灯以及一系列重要发明专利的诞生地。

前面介绍过，1820 年代，随着城市化的展开，照明成为人类生活的一项刚需。到 1870—1880 年代，石油这种新的化石燃料又取代煤气，成为照明市场的新宠。1870 年，洛克菲勒成立标准石油公司，只用 9 年就控制了全美 90% 的炼油产业，成为富可敌国的新兴寡头。模范在前，无数人不禁跃跃欲试，想要利用新兴能源在照明市场搏出一片天地。

爱迪生并不是第一个发明白炽灯泡的人。法拉第的老板汉弗莱 · 戴维早在 1802 年就做过实验，用伏打堆的电流加热铂金条使其发光发亮。自那以后一直到 1870 年代，有无数人尝试过利用铂丝、碳丝和钨丝等众多材料制作白炽灯。

1835 年，詹姆斯·林赛 (James Lindsay) 在苏格兰邓迪 (Dundee) 的一次公开会议上展示他发明的电灯。这台灯可以允许人们“在一英尺半的距离内阅读一本书”。但是他没有继续考虑商业化问题。

1838 年，比利时印刷工马赛林 · 乔巴德（Marcellin Jobard）使用碳丝发明真空气氛的白炽灯泡。

1840 年，英国科学家沃伦 · 德拉鲁（Warren De la Rue）将盘绕的铂丝装入真空管中，并让电流通过。但是，铂金的成本太高了，没有办法商业化。

1845 年，美国人约翰 · 斯达（John W.Starr）获得使用碳丝的白炽灯泡的专利。他的发明从未规模化生产过。

1851 年，让 · 欧仁 · 罗伯特 · 乌丹（Jean Eugène Robert-Houdin）在他位于法国布卢瓦的庄园公开展示白炽灯泡。

1872 年，俄国人亚历山大 · 洛迪金（Alexander Lodygin）发明白炽灯泡，1874 年获得俄国专利。他后来还申请并取得铬、铱、铑、钌、锇、钼、钨灯丝的白炽灯专利。

以上这一长串的发明家的姓名都没有被历史广泛记录下来，也就因此消失在大众的视野。归根结底，还是因为他们都不是那个把电灯商业化的英雄。

发明家与企业家是两种类型的英雄。像汉弗莱·戴维这样的，属于孤胆英雄，他的主要乐趣很可能是享受突破某个问题那一瞬间的快感，但在那以后的事情对他来说可能就索然无味了。或者说，后续那些琐碎、繁复和细腻的改进工作，更适合交给企业家。有的时候，企业家更像是打扫房间的仆人而不是房间的设计师。他需要默默地拂拭灰尘、清扫角落、储备洗涤剂，才能让人们在房间里长久地生活。或许他的快感主要不在于灵感的突然迸发和从零到一的突破，而在于将发明家的天才妙想一点点零敲碎打地改进，令其润物细无声地进入千家万户，改变数以亿计普通人的生活。

人类之所以幸运有爱迪生，是因为他一人身兼两者之长，既有能力做出留声机这种全然突破性的创新发明，也有能力组织许多工程师默默实验上千种材料，最终使得白炽灯的照明时间延续超过1200小时，从而成功商业化。此外，跟投资人打交道的丰富经验，也是他相对于别的发明家的一个重大优势。1878年，他与J.P.摩根、斯宾塞·特拉斯克（Spencer Trask）和范德比尔特家族（Vandbilt family）合伙成立爱迪生电灯公司——后来通用电气的前身。

1879年，在门罗公园的白炽灯泡发布会上，爱迪生发出这样的豪言壮语："我们将使得电力变得如此便宜，以至于只有富人才会点蜡烛。"

电气化是人类工业史上第二重大的能量革命。在前工业社会，每个家庭中最常使用的能量来源只有木材；在第一次工业革命时代，蒸汽机这种能源机械庞大、笨重，因此工业生产只有在中心化空间才有可能。就像我们之前讲过的纺织业，当时标准的工厂是这样布

由“天轴”带动的纺织机

置的：中心区是一台或一组庞大的蒸汽机，蒸汽机转动产生的动力通过高悬在屋顶上的轴轮带动皮带和齿轮，传导到每一个工人面前的工位上。这种高悬屋顶的轴轮被称为“天轴”。但在家居生活中，蒸汽机很难得到应用。

相比于蒸汽机，电力很明显是一种更加“民主化”的能量。爱迪生发明电灯后，大量资本涌入铺设电力系统的基础设施建设，高压电线、变电器和插座将电力输送到千家万户，人人家中可以点亮电灯，使用电磁炉或者收音机，催动洗衣机、电视、冰箱、电话等大量所谓“白家电”设施，我们的生活方式这才发生最直观的、翻天覆地的变化。

电气化与流水线

我们描述了从法拉第到爱迪生的电力革命，但是，这也可能容易让人陷入一个误区，以为电力革命的最大特征便是改变了我们的日常生活。

其实，我想说的是，从“漏斗–喇叭”模型来看，最大规模商业化的技术才是最能通过“漏斗”检验的技术。但这绝不意味着，这种技术的意义仅仅是大规模改变日常生活。

这是以简单思维理解复杂社会的常见误区：用我们日常的感性认知理解某项元素对社会的改变和塑造。然而，像电力这样划时代的能源，它绝不仅仅是改变我们的日常生活这么简单。真相是，**它隐性地改变了我们的组织结构甚至权力关系，几乎可以说是重塑了我们的社会。**

在机械时代，工厂动力是从蒸汽机这个唯一的能源中心生产的，它通过传送带、齿轮和各种机械装置带动机器，工人才能工作。就像是我们举过的例子，骡机带动上千个锭子旋转，工人再配合锭子工作。

别的应用领域也是一样。俗话说，火车跑得快，全靠车头带，这正是动力源集中化的体现。

有一种幻想世界的设计主题叫“蒸汽朋克”，它设想的就是这样一种动力源集中的架空世界：人类科技没有走上电气化的道路，而是把蒸汽机继续发扬光大，用蒸汽动力做主要动力，并依此发明各种科技产品。

在“蒸汽朋克”风格的幻想世界中，不管人类的房间还是交通工具，总会充斥着机械、铆钉、扭杆、机械桁架、齿轮链接、刚性悬挂和最原始最直观的蒸汽动力。它背后既有美学设计的成分，也有人类对这个世界的直观理解。虽然蒸汽时代的机器看起来庞大、

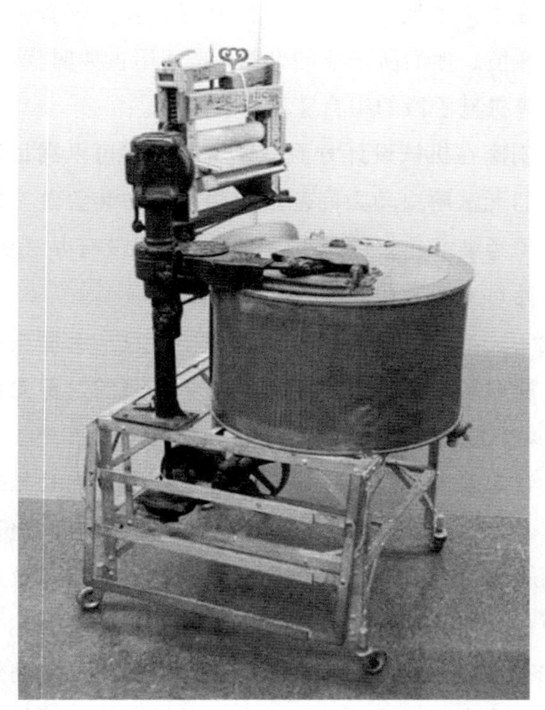

机械时代的洗衣机

原始，但也有明确的功能分化。齿轮就是齿轮，扭杆就是扭杆。一看这个部件，我们就知道它是干什么用的。

但是，当代真实生活中的机器给人的感觉完全相反。

不管家用电器，还是车间工厂内的机械手或光刻机，它们并不给人笨重之感。相反，它们往往拥有简洁的设计、流水般光滑的外壳、明确的几何形状。似乎一个个箱子里蕴含着魔法般的神秘力量，把你想要加工的“原材料”放进去，等一会再打开，食物会煮熟，衣服会清洁，碗筷会干净。

这种便捷的力量就是电力。

其实，在电力发明之前，就已经有许多发明家着手设计、改善我们的家居环境。他们所采取的办法，是运用古典时代以来的杠杆、齿轮、滑轮等机械手段的组合实现种种功能。

这些发明家在机械设计方面的成就，确实可以满足许多生活需求，但是他们无法解决动力问题。因为在家中装置蒸汽机，煤燃烧产生的恶臭和污染实在太过严重。但是，如果没有办法获得动力源，那么机械设计对人类生活的改善终究有限。

电力就不一样了。只要线路铺设完毕，只一个插头就可以解决许多问题。所以很自然，要让电力传遍千家万户，首先需要解决铺设电路，也就是搭建电网的问题。

所幸，自煤炭时代以来，煤油灯已经催生室内和室外照明这个巨大的需求，所有公司都可以理解这个巨大需求的商业价值。因此，剩下来的问题就是计算先期铺设电网投入的成本，以及是否能够获得足够的商业回报。只要计算合适，买卖就可以做。

爱迪生在发明电灯后面临的就是这个商业问题。商业模型是很好计算的，问题在于铺设电路的方案是采用直流电还是交流电。这个故事有很多人已经听说过了：爱迪生认为交流电不够安全，不可行，所以坚持直流电。这还涉及他与尼古拉·特斯拉（Nikola Tesla）的恩怨。但是，爱迪生的直流电电压不够，电流衰减太厉害，在当时的技术条件下，他的电厂连向一英里以外的客户供电都十分困难，这自然会让他面临商业劣势。

另一方面，特斯拉的专利的确卖给了爱迪生的对手西屋电气，但这项专利本身与爱迪生的直流电供电系统关系不大。西屋电气关键的交流电系统和变压器是其创始人乔治·威斯汀豪斯（George Westinghouse）、法国发明家路森·格拉尔（Lucien Gaulard）和英国发明家约翰·吉布斯（John Gibbs）发明的。

总之，电网的铺设为全方位改造人类的生活创造了巨大空间。

有了这种随处可得的能源，电话、唱片、录音机、电视机、电冰箱和微波炉等前所未有的家用消费电器就可以存在了。在传统社会，贵族家庭用奴仆或佣工解决家务劳动，但在现代社会，只要使用上述家电产品，任何中产家庭都可以达到古代贵族的生活水平。

但它改变更大的，还是生产方式和组织方式。其中最重要的，就是使大规模流水线生产（Assembly line）成为可能。

其实，流水线生产这种方式诞生于工业革命之前。

12 世纪的威尼斯兵工厂（Arsenal）就用字面意义上的“流水线”来生产船只：他们把光秃秃的船体放在运河的一端，运河沿途的左右则分布着各种工坊，船体每走到一家，工人就在上面追加部件，走完运河，船只也就制造完毕。

蒸汽机发明后，一些特定的领域也被流水线化了。比如，奥利弗·埃文斯（Oliver Evans）在 1785 年建立了一家自动化面粉厂。当然，这也是因为面粉的加工比较简单，用蒸汽机时代的机器就可以处理。

但是，对绝大多数领域来说，当时的主流生产方式还是手工生产。即便是已经应用“流水线”生产方式的，也实现不了机械化——流水线两边的工人还是靠手工处理大部分生产流程。

19 世纪初，美国企业家又创立了一种新的生产方式：可互换零部件。这是现代流水线生产的又一个重要组成部分。这个概念很好理解，用现在的话来说就是，我用的 iPhone 的每一个零件都是可以跟其他 iPhone 互换的。这就让生产和维修都变得十分简单。

其实，可互换零部件的出现很早。比如，中国战国时代秦国军队使用的弩，就是使用“可互换零部件”的。但是，在漫长的历史长河里，这些生产方式并没有得到稳定的传承，只是零星出现，然后消失。

19 世纪初的螺纹车床

可互换零部件最早出现于 18 世纪晚期，也就是美国独立战争结束后。当时，美国企业家伊莱 · 惠特尼（Eli Whitney）受美国政府委托，为美军生产供应 10,000—15,000 支步枪，就是在这个过程中，他按照枪支零件的尺寸设计了专门器械和流程，只要按此流程操作，普通工人即可分工生产不同的零件（任何零件皆适用于任意同型号的步枪），然后再把相关零件组装起来，一支完整的步枪即生产完毕。

这种生产方式得以出现，还有一个技术上的前提，就是各种现代加工工具的出现，比如，螺纹车床、金属刨床和铣床，以及可以控制车刀路径的夹具等。现代机械相比诸如古代的弩等要复杂得多、精密得多，而且可互换零部件的体积也要小得多，只有实现一定的加工精度，才能真正实现“可互换”。

最后，到19世纪下半叶，由于电力的发明，机床和夹具这些工具也开始实现电力化、自动化和小型化。于是，现代流水线生产方式也就真正出现了。

最早使用电动流水线的是食品生产领域。1885年，美国的一家罐头工厂最早采用电气化的传送带生产肉罐头。之后，这种生产方式如雨后春笋般出现在当时的许多工厂中。

流水线生产可能是对当代人类的塑造产生最大影响的生产模式之一。

汉娜·阿伦特把人类的生产活动分为三种：劳作（Labour）、制作（Work）和行动（Action）。这三种活动是按照蕴含在其中的自由精神的多寡划分的。简单说，人类的“行动”是最自主、最自由、最富创造力的活动；“劳作”是最不自由的活动，是纯粹的生物性动作，是在完成任务和机械重复；而“制作”则介于两者之间。[1]

用这样的视角，古代工匠的活动大概处在“行动”和“制作”之间。有些工匠别出心裁，设计出从来没有过的花纹或样式，那么他的作品就是艺术品。绝大多数工匠，则是凭手艺做一个东西出来，尽管没有什么原创性和艺术性，但他做的每件东西也是完全不一样的。

然而，现代流水线上的工人，却只是在单纯地“劳作”。他们只是在按照“线长”发布的命令和操作指南，一遍一遍地完成机械的动作，消耗能量，然后进食、休息，如此周而复始，维系生存。就像打工诗人许立志写的：

几经波折，你进了这家世界头号代工厂
从此站立，打螺丝，加班，熬夜
烤漆，成型，打磨，抛光

包装机台，搬运成品
每天一千多次地弯腰直腰
拉着山一般的货物满车间跑
病根悄然种下而你一无所知
直到身体的疼痛拉着你奔向医院
你才第一次听到了
“腰椎间盘突出”这个新鲜的词组

流水线生产对现代工人的塑造，是通过“泰勒式管理”或“科学管理”完成的。

弗雷德里克·泰勒（Frederick W.Taylor），19 世纪美国的一名工程师和管理顾问，十八岁考进哈佛，本打算当一名律师，却因为严重的视力退化，不得不放弃读书，转去打工。

在工厂的实践使泰勒意识到，当时的工人其实并没有努力生产，而这显然会增加公司的人力成本。于是，他开始用他能考上哈佛大学的聪明脑子，仔细分析人和机器配合生产的过程。这套理论，最后集中体现在《科学管理原理》（*the principles of scientific management*）这本书中。

泰勒的方法，是将生产过程数字化，精确计算每个流程应该需要多少步骤，需要工人用怎样的体力、姿势和流程完成，然后设计一套方案，再用相对的高薪激励工人执行这套操作。执行这套方法的公司的生产效率可以大幅提升，而从多赚的钱中拿出一部分给工人多发工资还是划算的。

在《科学管理原理》里，泰勒用一个特别生动的例子说明这套方法。他虚构了一个叫“施密特”的工人（真实身份是伯利恒钢铁公司的员工亨利·诺尔），然后解释自己如何让施密特的工作效率和工资大幅提升：

第一步是科学地挑选工人。科学管理制度下，在与工人交流时有一个硬性规定：一次只与一个工人交谈，因为每个工人都有其特长和不足。我们要打交道的不是群体，目的在于尽可能把每个人的劳动生产率提高到最大限度，并为其带来最大的财富。开始之前，需选择合适的工人。我们对 75 个工人进行了三四天的观察。最后，我们选择了其中的 4 名工人。从体力上，他们每人每天足以搬运 47 长吨生铁。之后，我们又仔细分析了他们中的每个工人，查阅了他们尽可能远的历史，详细询问了每个人的性格、习惯和志向。最后，我们选择了一位最合适的人选。他是一位身材矮小的宾夕法尼亚的荷兰籍人，人们注意到他每天晚上干完活后快速步行一英里左右赶回家。下班时，几乎像他早上快步走来上班时一样，精神抖擞。我们还发现，在一天 1.15 美元的工资水平下，他已成功地购买了一小块土地，正在上面砌墙，准备盖一栋小房子。这些工作都是在清早上工前和晚上收工后进行的。他以“吝啬”出名，爱财如命。我们访谈过的一个人这样评价他：“一个小钱在他看来就像车轮那么大。”我们称呼他施密特。

这样，我们的任务就具体到：让施密特以非常乐意的态度，每天搬运 47 长吨生铁。具体方法如下：我们把施密特从生铁搬运小组中叫出来，并对他这样说：

施密特，你是一个有价值的人吗？

什么？我不懂你在说什么。

不，你懂。我们想知道，你是不是一个有价值的人？

不，我仍然不懂你是什么意思。

噢，好吧，你来回答我的问题。我想知道的是，你是一个有价值的人呢，还是这里没什么价值的伙计中的一员。具体点儿说，我想知道你是想一天挣 1.85 美元呢，还是像那些没什么价值的伙计一样，一天只挣 1.15 美元。

我想一天挣 1.85 美元吗？那就是一个有价值的人吗？是的，那我是一个有价值的人。

噢，你真让我生气。你当然一天挣 1.85 美元——谁不想！看来使你成为一个有价值的人并不是什么难事。看在老天的面上，别再浪费我的时间了。到这儿来，看到那一堆生铁了吗？

看到啦。

看到那个车厢了吗？

看到啦。

好了，如果你是一个有价值的人，明天你就把那些生铁装到车厢里。这样，你就能挣到 1.85 美元。好，打起精神来，回到我的问题。告诉我，你是不是一个有价值的人。

噢，明天我把这堆生铁装到车厢里就能挣到 1.85 美元吗？

是的，确实这样。一年到头，每天把这么多的生铁装完，你都能挣到 1.85 美元。那正是有价值的人要做的事情，其中的道理你和我一样清楚。

好的，为了这 1.85 美元，明天我就把这堆生铁装上车厢。而且天天都能这样，真能吗？

当然，你能。

咦，我这就成了一个有价值的人了。

好，等一等。你应该和我一样明白，作为一个有价值的人，从早到晚都应听从这个人的吩咐。你们先前见过面吗？

没有，我从未见过他。

好了，你如果想要成为一个有价值的人，从明天起，就应该完全按照这个人的吩咐行事。从早到晚都应如此。当他告诉你搬起生铁并移动时，你就搬起生铁并移动。当他告诉你坐下休息时，你就坐下休息。你整天就这么做。对了，不能顶嘴。有价值的人就是这样，让你怎么做，你就怎么做，而且不顶嘴。你明白这些吗？当这个人让你移动时，你就移动；当他让你坐下时，你就坐下，并且从不顶嘴。就这些，明天一早来这里干活儿，晚上收工前我就会知道你到底是不是一个有价值的人。

这种谈话看来有点粗鲁，如果用在有教养的技工甚至一个聪明的工人身上，的确如此。可是，对待像施密特这样反应迟钝的人，则恰到好处，而且不乏友善。他把注意力集中在他想得到的高工资上面，所以，这种方式是有效的。如果太过温和，他就会觉得这是一件无法完成的苦差事。那么，在（庸俗的）“积极性加激励”管理方式下，又该以什么方式开始这种交谈呢？设想一下，应该是这样：

噢，施密特，你是最优秀的生铁搬运工，熟悉你的工作。目前，你每天的搬运量都是12.5长吨。我已就搬运生铁做了大量研究，确信你每天能够比现在搬运更多的生铁。你难道不想真正尝试一下，你每天能搬运47长吨，而不是现在的12.5长吨吗？

你认为施密特会怎样回答这一问题呢？

施密特开始工作了，一整天都是按照规定的间歇。一个人拿着秒表，站在他面前，告诉他，“现在搬起生铁，移动。现在坐下，休息”之类。让他干活，他就干活；让他休息，他就休息。到下午5∶30，他已把47.5长吨的生铁搬上了车厢。我在伯利恒的三年中，他都是按照这一速度完成规定的任务的。其间，他平均每天挣1.85美元多一点儿，而之前，他每天最多只能挣到1.15美元。而1.15美元是当时伯利恒每天的法定工资水平。这就是说，比起没有按照计件工资制工作的工人，他多挣60%的工资。一个接一个的工人被挑选出来，加以培训，按照每天47.5长吨的速度搬运生铁，直到全部工人的生铁装运速度都达到每天47.5长吨。而这些工人就比周围别的工人多得了60%的工资。[2]

泰勒的方法尽管是在手工工人身上试验的，但很明显，这种管理方式可以在流水线时代发挥更大的作用。它用科学计算的方式严格要求工人的每一个动作，大大提升工作效率，也让工人被驯化成一台机器。可想而知，左派学者对此会有十分激烈的批评。葛兰西就批评说，泰勒式生产将人的智识因素全部掏空了，以至于生产过程可以用“聪明的大猩猩来完成”。

有趣的是，电气化工具催生的大规模流水线生产促发了人类社会的另外一场能量革命。这场能量革命的主角，恰恰是被电力夺走主要照明市场的石油。从某种角度讲，**石油的命运连续被电力重塑两次**：第一次是石油灯被爱迪生发明的电灯代替，第二次则是电气化的大规模流水线推动的内燃机汽车的普及。

这真可谓是败也电力，成也电力。复杂社会中的“漏斗—喇叭”风云变幻，就是这么奇妙。

注释

1 参见汉娜·阿伦特《人的境况》，王寅丽译，上海译文出版社，2009 年。

2 弗雷德里克·泰勒：《科学管理原理》，马风才译，机械工业出版社，2007 年，第 32—36 页。

第六章　流水线与内燃机汽车的普及

这话要从 20 世纪初期的汽车产业说起。

尽管第二次产业革命期间，层出不穷的新产品、新发明百花齐放，丰富多彩，但要是说哪一个工业产品影响最大，还要数汽车。

汽车发动机涉及的技术相当复杂，而且与多数军用车辆相通；汽车的供应链非常长和庞大，可以提供数之不尽的工作岗位；汽车大约是被个人消费的所有工业产品中，技术最先进、价格也最昂贵的一种。也因此，它在人类的工业体系中一直占据核心地位，直到最近数十年才被个人电脑和智能手机超越。

不过，20 世纪初的汽车，与今天我们熟悉的汽车有很大差别。今天我们说起汽车，不会把它的动力源搞混。我们会默认，用蒸汽机驱动的是火车，而“汽车”则是燃油汽车，也就是由内燃机驱动，靠燃烧石油供给能源。当然，以电动汽车为代表的新能源汽车正在崛起，已经成为不可忽视的新兴力量。

但是，倒退到 1900 年前后，并不是这样。当时，实际上同时存在着蒸汽机汽车、内燃机汽车和电动汽车三股力量。

汽车动力的“三足鼎立”

蒸汽机汽车的出现是最早的。屈尼奥在1770年前后造出的第一台汽车就是蒸汽机汽车，只是当时蒸汽机技术不够成熟，还不能上路。

蒸汽机变得足够轻，技术足够成熟和稳定，是在1880年前后。到1880年代晚期，蒸汽机汽车已经开始实现商业化。当时的制造商有美国的奥兹（Olds），以及法国的赛博莱特（Serpollet）和一直活到现在的标志（Peugeot）。

我们现在主流使用的内燃机汽车则诞生于1885年，发明人是卡尔·本茨（Carl Friedrich Benz），著名的奔驰公司的创始人。

本茨的父亲是名火车司机，没什么钱，在他两岁的时候就去世了。母亲把他抚养长大，供他上了理工学院。之后，本茨抓住第二次工业革命的机遇，彻底实现了阶级跃迁。

本茨二十七岁开始创业，但第一次就被合伙人坑了，是他的未婚妻用嫁妆帮他渡过了难关。1879年，卡尔·本茨发明二冲程发动机，以及今天汽车需要使用的一系列系统，包括变速器、火花塞、化油器、离合器等。1885年，本茨造出第一台燃油汽车，也就是奔驰历史上的第一台汽车，被命名为“奔驰专利电机车1号”。

电动车的历史开始得虽然晚一些，但也没有比内燃机汽车晚太多。

第一台真正上路的电动汽车是德国安德烈斯·弗洛肯（Andreas Flocken）发明的。这辆车其实本身是一驾马车，但是配备了电动机，时速大概可以达到每小时15公里。

在当时，电动车也有一些实际的商业化。1897年，英国和美国首次试验用电动车作为出租车使用，其商业化路径跟今天的一些电动车品牌基本是一样的。所以，新能源汽车本身并不“新”，它也是一种古老的汽车设计方案。

标志历史上生产的前三款汽车，均为蒸汽机汽车

奔驰专利电机车 1 号

弗洛肯电动汽车

站在1900年前后，这三种汽车可以说各自有各自的优缺点。

蒸汽机汽车的最大问题是，它用的是外燃机，需要有个额外的锅炉，这就要比内燃机笨重，启动速度慢。但是，蒸汽机汽车通过一系列改进减少了自己的劣势，比如研发闪蒸锅炉，缩短预热时间，如此等等。

早期的内燃机汽车也有个很大的技术劣势，它要靠转手柄发动。有在农村生活过的朋友可能知道，早年的拖拉机就是手摇发动，跟一百年前内燃机车发动的方式基本一样。

此消彼长，早期内燃机汽车的商品化其实要比蒸汽机汽车还差一些。比如，1899年，Gardner-Serpollet蒸汽机车厂设计了装备闪蒸锅炉的汽车，大受欢迎，随后的1903年款成为销售爆款。[1] 再比如，1902年，蒸汽机汽车创造了120公里/小时的记录，比内燃机汽车要快得多。其实，直到1960年代，蒸汽机汽车也没有完全退出历史舞台。

当时的电动车跟今天的电动车一样，优点是很舒适，提速快，不用换挡，缺点则是行驶里程短，充电时间长。所以，它在城市内部作为代步车可以，但是不擅长长途旅行。

总之，如果站在 1900 年前后，我们看到的是蒸汽机汽车、内燃机汽车和电动车的“三足鼎立”，而不是内燃机汽车的一家独大。

那么，内燃机汽车是怎么崛起的呢？

这就要从亨利 · 福特（Henry Ford）这个人说起。

重塑汽车供应链

亨利·福特，福特汽车的创始人。他的父亲从爱尔兰移民到美国，开了一个农场，但是福特对农活不感兴趣，而是去底特律当了机械师学徒，后来迷上了汽车。

1891 年，福特加入底特律爱迪生照明公司，主要工作是研究电力照明，业余时间进行汽油发动机的开发。他很快就晋升为总工程师，这样就有了更多的钱和时间来做实验。

1892 年，福特造出他的第一辆汽车，由两缸四马力发动机驱动，时速大概是 10—20 英里。

1896 年，福特参加了爱迪生公司的高管会议，就是在这次会上，爱迪生认识了这个三十三岁的年轻人，并肯定了他的研发方向，鼓励他继续搞下去。

1898 年，福特造出他的第二辆汽车。这次他找到了天使投资人，然后于 1899 年从爱迪生的公司离职，成立底特律汽车公司。不过，这次创业最终失败，公司于 1901 年 1 月解散。

1901 年 10 月，福特又造出另一辆 26 马力的汽车，并再次拉到一笔投资，成立亨利福特公司。1902 年，他的合伙人请来另一位工程天才亨利·利兰（Henry Leland）担任顾问。但是，两人意见不合，利兰的想法是制造上档次的豪华汽车，而福特的想法是制造每个人都买得起的大众型汽车。最后的结果是，利兰把福特开除了。福特走后，利兰把公司改名为今天闻名遐迩的凯迪拉克。福特则发下这样的誓言：要像造别针一样造汽车。

1903年，福特说服道奇兄弟投资入股，重新组建福特汽车公司。

福特汽车的传奇是从福特T型车开始的。这个车型就是福特发誓说的要像造别针一样造的汽车。他设想的是，生产能满足一家人出门旅行的汽车（空间要能容纳5个人），降低发动机的功率和制造成本，汽车的重量还要足够轻。

为此，他从材料阶段就开始认真对待自己的想法，并发明了一种冶炼钒钢的方法，以获得制造车体的材料，大大降低了成本。

但是，对降低福特T型车成本最重要的贡献，还是大规模流水线。有人说，福特的这个想法是学习泰勒的，但也有人说是对照美国肉类联合加工中心芝加哥的肉牛屠宰线首创的，并将其称之为“福特流水线”。

1913年，福特公司一名叫威廉·柯兰的工长参观完芝加哥的牲畜屠宰场后，开始琢磨如何用流水线的方式改进汽车生产。回来后，柯兰仔细观察了一名工人制造磁电机的过程，发现他坐在长凳上，不停地在箱子里翻找零件。第二天，柯兰把工作分解开来，让工人们站在一条传送带旁边，每名工人在传送带上面只需要做出29个不同手工操作动作中的一两个，这样就可以装配好一台磁电机。

福特立刻把这种生产方式推广到T型车的其他1500个零部件上，比如变速器、后轴、散热器和底盘等。这样，放上螺栓的人不用在上面装上螺帽，装上螺帽的人不用去拧紧它。最后，福特的工程师想办法实现了底盘和引擎生产的流水线化：进一步分解工作，让巨大的底盘动起来，让一辆辆车经过站在原地不动的工人的手边。当然，如果没有便捷的电气化工具，这也是不可能的。

不管怎么说，无论福特是学习泰勒还是首创，他的生产管理精髓跟泰勒的科学管理确实是一致的。这些生产方式的改进效果是，装配底盘的平均耗时从最初的 12.5 小时，降低到了 93 分钟。而且，在这个过程中，工人不需要搬运和装卸任何东西，不需要从事重体力劳动。福特说：

> 车间里的每一个零件都在移动着，它被挂在钩子上或空中的链条上……它可以在移动的平台上移动，或者靠重力移动，但关键是没有了搬运和装卸……没有一个工人的工作是去搬运任何东西……让 12 万名工人每天省掉 10 步路，就会节约相当于走 50 英里浪费的能量。[2]

福特的流水线式生产，带来的最直接效果就是福特汽车售价的下降。

1903 年，福特卖最早的 A 型车时，售价是 850 美元。当时蒸汽机汽车的平均售价是 1500 美元左右。运用大规模流水线生产的 T 型车，售价则低到 440 美元，比 A 型车还便宜了一半。

蒸汽机汽车在价格上瞬间丧失了竞争优势。有趣的是，这成为内燃机汽车最终击败蒸汽机汽车的根本原因：蒸汽机汽车不是因为本身的技术指标差劲，而是因为在商业上没能跟上大规模流水线生产的潮流才落伍的。

当然，有人也许会说，蒸汽机汽车为什么就不能采取大规模流水线生产呢？

这里我们只能说，不是谁都能成为福特。

在福特开始研造内燃机汽车时，本 · 卡茨才成功了五年。福特虽然不是第一个发明人，但的确是当时最早介入这个领域的工程师之一。换句话说，他是毫无疑问的、位于世界前列的顶尖工程师。

不仅如此，这样一名顶尖工程师，同时还是将泰勒式科学管理的精髓发挥到极致的顶尖企业家。

一个人在某一个领域成为顶尖就已经很难得了，更不要说同时成为两个领域的顶尖人才。因此，蒸汽机汽车领域没有出现福特是正常现象，倒是出现这样的天才才是不寻常。

结果就是，**福特对大规模流水线的利用，反过来又改变了能量流的历史，进而改变了整个20世纪的历史。**

内燃机汽车生产成本的大规模降低和生产规模的大幅提升，本身就会对内燃机汽车的供应链产生深远影响。熟悉供应链领域的朋友可能听过“长鞭效应”，它说的是在工业产品的生产链中，越远离终端客户的、越靠近上游供应商的企业，其成本收益受市场销售情况影响的波动就越大。

简单说来就是，在一般商业活动中，客户的需求总是不稳定的，企业总是要“猜”客户的需求，然后优化自己的库存与采购。因此，企业在运营中常常会保留一些额外的安全库存。当然，这其中产生的成本只能靠企业自己承担：倘若你猜客户需求很少，但实际需求很大，客户就会转向别的供应商；倘若你猜客户需求很大，但实际需求很少，就要承担采购和库存的成本。

在一条复杂的生产链中，越靠近终端产品的企业“猜”得就越准，比如，给汽车供货的发动机生产商比较容易判断汽车的销售情况，从而预留库存。但是，给发动机供货的生产商就只能通过发动机生产商的库存判断市场状况，因而它必须在满足客户的基础上预留额外的库存。以此类推，越是上游的生产商，受到市场变化影响的波动就越大。

把这种信息扭曲的效应图形化，它看起来就好像一条甩起的长鞭：最下游的客户端相当于鞭子的根部，而最上游的供应商端就相当于鞭子的末梢。谁稍微一抖鞭子的根，鞭梢就会激烈地摆动，所

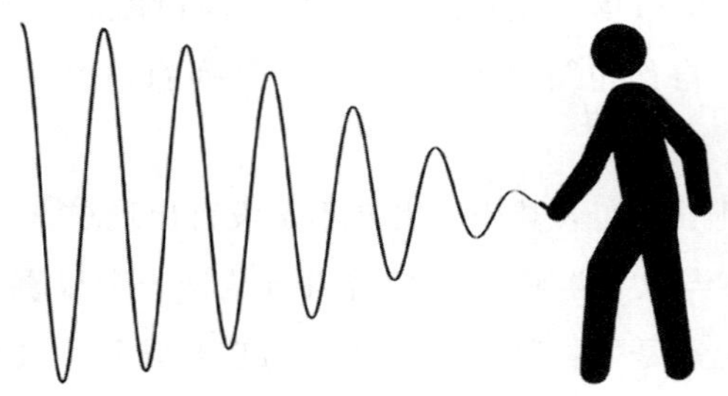

长鞭效应

以称之为“长鞭效应”。

讲到这里，福特汽车对汽车供应链产生的巨大影响就很直观了。道理很简单：对冲“长鞭效应”最好的方式，就是规模效应。

用白话说就是，如果终端产品只会卖出 10 万件，而你作为上游供应商储存了 15 万件，那么作为“误差”的 50% 就很可能会让你破产；但如果终端产品可以卖出 1000 万件，而你只储存了 15 万件，当然就没什么压力了。尤其是，如果终端产品没有被一家企业垄断，多余的产品自然还可以卖给其他客户。

福特汽车巨大的生产规模，自然会对自己的上游供应商产生这种安全保障效应。试想：一家蒸汽机供应商和一家内燃机供应商，面对的终端市场规模完全不同，哪一个更容易生存下来？当然是内燃机供应商。由此，跟内燃机相关的技术和人才也就会得到更好的积累和传承，进一步放大相对于蒸汽机供应商的优势。

假以时日，蒸汽机供应链本身就会因为成本劣势而被淘汰。这又一次印证了“漏斗—喇叭”模型揭示的那个朴素的道理：需求决定技术进步，而不是技术进步反过来决定需求。

如前文所述，在洛克菲勒时代，石油的主要用途依然是照明，但是，爱迪生发明电灯后，电力照明就取代燃油照明而迅速扩散开来。但是，如果市场上没有出现新的对石油的需求，这种能源很可能就会萎缩，自然也就没有 20 世纪一系列隐秘而惊心动魄的石油政治博弈了。

类似的例子，在人类历史上并不是没有出现过。

在《技术与文明》中，我们曾讲过这样一个故事：19 世纪，化学家发现氮元素是生物新陈代谢所需的必要成分，只要给植物施加氮肥就可以让作物成倍增长，而当时氮肥的主要来源是天然硝酸盐（如硝酸钾和硝酸钠），这些硝酸盐矿石又是因为鸟粪的积累形成的，因此，它成为一种战略物资。为此，智利、玻利维亚和秘鲁还打过一场战争。但是，到 20 世纪初，化学家弗里茨·哈伯发明了人工制氮法，也就不必再去开采鸟粪矿石了。这片矿藏因此又沉寂了下来，当年打过的战争也如过眼云烟，很快被人遗忘。[3]

同样地，如果没有内燃机汽车的大量需求，或许石油也会重复鸟粪矿石的命运，只是作为一种合成塑料等用品的化工原料供人使用。这当然也仍具有一定的重要性，但肯定没有办法与真实历史中的重要性相提并论。

因此，历史未必是线性发展的，石油在上一个时代的辉煌，未必能延续到下一个时代。这其中的技术与产业转化瞬息万变，实在很难把握。然而，如果一定要在沧海横流中总结一些规律，那么我们只能说，“漏斗—喇叭”模型的解释力始终没有令我们失望。

余波：新能源汽车

既然讲到这里，我想接着这个话题，聊一聊今天很时髦的新能源汽车。

有趣的是，新能源汽车本身的进化史，又是一个验证“漏斗—

喇叭”模型有效性的典型案例。

1880 年代，人类就已经发明电动汽车。在 1890—1900 年这十年里，电动车已经实现商用，而且优缺点跟今天的电动车都是相似的：优点在于安静、速度快、不用换挡，缺点则在于续航短。电动汽车与蒸汽机汽车一起被内燃机汽车淘汰，是亨利·福特使用流水线生产大规模制造汽车之后的事情。

电动汽车在 1990 年代以后的复兴，跟电池技术的进步有关。

电池是一种通过化学反应存储和释放电荷的容器，它的电力必将会因化学反应而耗尽。早期电池技术经历铅酸电池、锰极电池、锌碳电池和镍铁电池等几代技术的演进，直到锂离子电池出现，才取得产业化的巨大突破。

1960 年代，罗伯特·哈金斯和卡尔·瓦格纳（Carl Wagner）关于嵌入化合物的基础研究，启发了锂离子电池的研究：如果把锂离子嵌入石墨作为阳极，把锂离子嵌入阴极氧化物作为阴极，则可以作为电池使用。

1970 和 1980 年代，宾夕法尼亚、贝尔实验室和斯坦福大学的研究团队先后提出各种锂离子电池的技术原型。最后，日本的索尼和旭化成（AsahiKASEI）合作，在 1991 年成功实现锂离子电池的商业化。索尼在“二战”后创立，专门生产录音机、收音机、录像机和播放器等电子产品，因为受益于 1970 年代兴起的数字革命，很快崛起为消费级电子产品巨头。所以，由它来思考和探索下一代电池储能技术是一件很自然的事情。

这也是索尼与化工行业巨头旭化成合作的商业动机，而这场合作又带来了影响至今的锂电池革命。

电池是便携式电器的主要能量来源，从早年的收音机、随身听、MP3 播放器，到后来的笔记本电脑和手机，人们要求的显示功能越强、运算力越高、内存越大，就都意味着对电池的需求越大。锂离子电池相比前代电池技术，优点就在于它具有更高的能量密度。也就是说，它作为电池的效能更高、寿命更长、充电速度更快。

20世纪下半叶的日本是便携式电子产品的生产大国。尽管芯片、半导体和计算机软硬件的龙头公司（如Intel、AMD、Nvidia、高通、微软等）集中在美国，但是收音机、随身听和笔记本电脑的生产中心却无疑是日本。这也是电池技术最先在日本实现产业化的原因。

便携式电子产品所使用的锂电池技术，又进一步刺激电动车技术的发展。特斯拉创立之前，其早期的联合创始人马丁·爱伯哈德（Martin Eberhard）是NuvoMedia的创始人。NuvoMedia的主要产品是“火箭牌”电子书，一款1998年推出的使用液晶屏显示器的电子书产品。我们可以把它看作Kindle的原始版本。

马丁·爱伯哈德研发“火箭牌”电子书的经验使他相信，完全可以把现代锂离子电池技术应用在汽车上，制造出不需要依靠能源补贴和政策优势，也能在市场竞争中战胜内燃机汽车的产品。这就是他与马克·塔彭宁（Marc Tarpenning）于2003年共同创立特斯拉的初衷，埃隆·马斯克（Elon Musk）是2004年2月加入的风险投资人和第四名员工，特斯拉最初的五名创始人之一。2004年，特斯拉开始开发它的第一台产品Roadster。这是第一款使用锂离子电池的量产电动跑车，也是首款续航里程达到320公里的纯电动车。

特斯拉有松下、LG化学和宁德时代三大电池供应商。松下本身就是消费级电子产品的另外一个巨头式存在，在锂电池方面掌握先进优势并不奇怪。LG化学是韩国首个锂离子电池生产商。宁德时代（CATL）的前身新能源科技有限公司（ATL），由日本TDK集团下属企业香港新科实业有限公司（SAE）的执行总裁梁少康投资建设，而宁德时代创办人曾毓群先生当时正是SAE的大陆总监。如今，宁德时代生产了全球超过三分之一的电动车电池。总的来说，松下、LG化学和宁德时代这三家电动车电池供应商，实际上是日

马丁·爱伯哈德与“火箭牌”电子书

本消费电子产品供应链分布群的延伸。

也许当年研发锂离子电池的人并没有想到，他们本来为收音机和录像机研发的电池，最后会被运用到汽车上。但这符合“漏斗—喇叭”模型的一般规律：技术进步路径本身是不可计算的，只有让它在商业化的“漏斗”中演化，我们才能知道最终开启下一个时代的钥匙究竟在哪里。

注释

1 Ralph C. Epstein, *Automobile Industry:It's Economic and Commercial Development*, A. W. Shaw Co., 1928.

2 哈罗德 · 埃文斯、盖尔 · 巴克兰、戴维 · 列菲：《美国创新史：从蒸汽机到搜索引擎，美国两个世纪历史上最著名的53位革新者》，倪波、蒲定东、高华斌、玉书译，中信出版社，2011年，第233页。

3 参见张笑宇《技术与文明》，第292—296页。

第七章　从化工业到半导体

以上的故事都还离我们有一段距离，接下来，我们将把“漏斗—喇叭”模型继续运用到离当下更近的领域，那就是所谓“第三次科技革命”的重要驱动力量：半导体产业。

在一般人的印象中，半导体行业是最高大上、最先进、最代表前沿技术创新的领域。化工产业往往与有毒气体、瓶瓶罐罐和“天坑”专业联系在一起，为许多年轻科研工作者所嫌弃。然而许多人可能想不到，这两个行业之间实在有着千丝万缕的联系。

创新的“瀑布效应”

在正式讲述这段故事之前，我们先从技术史的角度为化学产业正个名。

实际上，是**化学产业彻底改变了企业的科研工作模式**。今天许多高科技企业动辄投入多少百分比的利润到研发工作中，而这种经营模式最早正是由化工企业开辟的。从这个意义上讲，化工企业是人类社会中第一批真正的高科技企业。

在第一次工业革命时代，像亚伯拉罕 · 达力或者詹姆斯 · 瓦特这样的技术专业人才创办的企业，从经营模式上看，其实是制造业。换言之，尽管他们的技术很先进，但他们挣钱的方式跟手工作坊区别不大，都是靠造东西，然后卖掉赚钱。只不过，为了更好地把蒸汽机卖掉，工程师需要修理、维护和改进作为商品的蒸汽机，使之更满足消费者的需求或者更适用于某个市场。

到了 1880 年代，化工企业采取了与之完全不同的经营策略。

这是由近代化学研究的状况决定的。18 世纪之前，人类当然也以炼金术、魔法、草药和丹药的方式进行传统的化学研究。但是到 18 世纪，安托万–洛朗 · 拉瓦锡提出“元素”的定义，制定了第一个现代化学元素列表，验证了质量守恒定律，近代化学也由此开始。

19 世纪初，约翰 · 道尔顿（John Dalton）更是提出原子论思想，认为所有化学元素均由不可再分的微粒（原子）组成，原子的质量和性质决定元素的同异，不同元素的化合实质上就是这些元素的原子按照简单整数比结合成为化合物的过程。原子论模型一经提出，就令化学研究拥有了简洁有力的普世理性模型。随后，门捷列夫又制定了元素周期表，并根据原子量的规律预言了新的化学元素。

这些化学家的努力，就好比为自然世界中庞杂无序的噪声制定了字母表，自此之后，人类就可以把这些自然现象理性归类为具有科学规律的语言，并产生其他成果。

从这个层面上，我们可以说，**19 世纪的化学研究是对人类历史上认知过的种种化合物反应的一次巨大整合**。从消化和燃烧这些自然现象，到电解这种新工艺的诞生，19 世纪的化学对人类以往的知识来了一次大盘点和大变现。

19 世纪化学研究的巨大爆发，反映到产业上就是化工创新的连锁反应效应。翻译成白话就是，你事先并没有办法设想某种化学反应居然能够产生某种物质，然后还在某个领域起到颠覆性的应用效果。其实，有关化工的故事一路讲下来，我们已经看过很多例子，比如，珀金本来是为研究合成奎宁的，结果阴差阳错地发明了染料；威廉·默多克本来是研究煤炭的，却偶然发现煤气是很好的照明用燃料；北美土著最早是用石油治病的，后来却开采石油用于照明。

除了这些例子，还有大量的化学研究发现的新物质，竟然能够对人类自古以来漫长历史中的许多问题，提供前所未有的解决方案。

比如，索尔维制碱法（Solvay Ammonia Soda Process Method）从盐卤和石灰石中生产苏打（用于制造肥皂、玻璃、纸张、水软化和食品添加剂）；佩尔蒂埃（Pelletier）和卡旺图（Caventou）从金鸡纳树树皮中萃取奎宁（用于治疗疟疾，欧洲人因此可以深入非洲疟疾盛行的黄金海岸、尼日利亚和西非地区）；弗里茨·哈伯和卡尔·博施（Carl Bosch）采取化学工艺制氮（用于化肥，自哈伯制氮法发明之后，全球人口在一百年中爆炸式增长了4倍）；查尔斯·格哈特（Charles Gerhardt）从柳树树皮中萃取乙酰水杨酸（即阿司匹林，广泛用于止痛和消炎）；查尔斯·古德伊尔（Charles Goodyear）发现橡胶硫化法（使橡胶保持坚硬，因而可用于轮胎、鞋底、皮管、玩具、橡皮擦、减震器等方面的制造）……

短短一百多年里，数十种新的化学元素被发现，由此又刺激了成千上万种全新化工制品的出现，横跨染料、医药、制药、火药和材料等多个应用领域。这种大爆发现象在人类整个技术史上也是罕见的。然而，促成这些新发现的因素又十分简单：它们都来自化学家在实验室里的各种实验，有时甚至仅仅是实验故障。

如果你是开化工企业的，你会怎么想？科学家只是在实验室里做些化学实验，就有可能产生全新的物质，拓展出前所未有的市场，你应该怎么利用这个巨大的机遇？

——烧钱！陪他们玩！

这正是19世纪下半叶，在染料市场赚了第一桶金的化工公司切身体会到的科技研发给自身带来的最直观好处。既然科研成果有很大概率可以转化成巨大的商业利益，科技研发本身自然也就成为可投资的对象。为此，化工公司要么直接聘请化工科学家组建工业研究实验室，要么支持科学家在大学里设立复杂的实验室。比如我们前面介绍过的德国化工产业三巨头，就是世界上首批大规模工业实验室的创立者，它们全都迅速与以研究为导向的大学机构建立紧密的关系。此外，它们还为自己企业的每一个职能部门招募专业的管理人才，建立一个由权威化学专家领导的总参谋班子，以协助高层执行官理解产业前沿，控制企业的经营活动。

从 1880 年代，拜耳、巴斯夫和赫切斯特就最先采用相同的煤焦油原材料、中间产品以及在染料生产中所获得的技术知识，开发多种多样的以煤焦油为基础原料的药品，包括镇静剂、止痛剂、血清制品、疫苗和退烧药等。到 1890 年代，化工公司又开始进军摄影行业，生产用来洗胶片的化学品。20 世纪初，巴斯夫公司还支持弗里茨 · 哈伯和卡尔 · 博施研究硝酸钾，这种产品后来成为肥料和炸药的基本成分。

因为一间实验室的突破所创造的新化学品有可能在多个完全不相干的领域发挥极其重大的作用，所以这种现象在产业史上有个响亮的名字：创新的“瀑布效应”。简单说，就是某个领域的关键创新能够引发接踵而来的如瀑布般倾泻的一系列巨大创新。这便是化工产业赠送给人类的礼物。

到 1930 年代，因为研究领域的扩展和费用的增加，德国化学企业开始合并为法本集团（I.G.Farben AG），即“染料工业利益集团”。基本上，它相当于一个化工企业组成的联邦。这个庞大的化工集团有条不紊地安排着复杂的研究协作机制，以“运营社区”（operating community）方式组织研究工作。拿拜耳主导的莱茵河下游社区来说，它开设有染色实验室、杀虫实验室和橡胶实验室等。由赫切斯特主导的中游社区的研究重点是开发乙炔类产品，巴斯夫主导的上游社区则集中于开发树脂类产品、苯乙烯和高压合成技术。企业组织的研究力量，丝毫不弱于高校。[1]

很显然，正是化工企业率先开辟了投入大量资金进行研发试错的经营模式和大规模组建企业内部研究实验室的管理模式。这种模式又差不多在 1930 和 1940 年代催化了开启下一次科技革命的奇妙“化学反应”。

从真空管到半导体

这段故事，又要从跟今天的计算机和芯片没有多大关系的一种古旧设备说起。

这种设备，就是收音机。

19 世纪，自詹姆斯 · 麦克斯韦提出电磁学理论，人们就设想用无线电磁波传输信息的可能性。

1886—1888 年间，海因里希 · 赫兹发表电磁波可以在空气中传播的实验结果，证明了麦克斯韦的电磁理论。赫兹也因此赢得为无线电磁波频率名称命名的殊荣。

1895 年，意大利化学家伽利尔摩 · 马可尼在赫兹理论的基础上发明第一台能够传输无线电波的实用设备。1912 年，马可尼无线电报系统因为拯救泰坦尼克号海难幸存的 700 人而声名鹊起。

无线电既然已经诞生，那么作为接受无线电信号的收音机，自然也会随之出现。

收音机的原理是捕捉空气中传播的电磁波，并将它转化为音频信号。电磁波无色无形，能够区分它们的只有波长，也即频率。不同的信号沿着不同的频率在空气里传播。用来捕捉这些信号的仪器叫检波器，最早的检波器是用矿物晶体制造的，常用的材料是方铅矿。因此，第一代收音机也被称为矿石收音机。我们今天在老电影里看到间谍调试电台捕捉信号，其实用的就是这种矿石收音机。直到今天，无线电爱好者的入门检验，依然是自己组装一台矿石收音机。

矿石收音机捕捉无线电信号的能力相当弱，直到 1905 年另外一种设备被发明，这个问题才得到解决。这种设备就是真空管，或者叫电子管。真空管的原理是把电极封装在一个真空容器里控制电子流动。它可以用作信号放大器，让信号捕捉一下子变得容易，因而很好地解决了收音机捕捉信号的问题。但是，真空管十分脆弱，耗电量又大，成本十分高昂。

当然，真空管因其能控制电子流动的效果，不仅用于无线电广播，几乎在所有电子器材内部都有使用。它在一个特定领域的应用，无心插柳地催生了一个新的产业，这便是测试酸碱度的 PH 计。

20 世纪上半叶，化工产业仍在飞速发展。工业应用上为了严密地控制酸碱度，工程师需要非常精密的酸碱度测试仪器。第一台电子 PH 计的发明者叫阿诺德 · 贝克曼（Arnold Beckman），他为了使自己的电子 PH 计坚固耐用，选择使用真空管这种刚发明的装置，结果取得巨大的商业成功。他最初为西部电气工作，后来创立了自己的公司，名为贝克曼仪器，主要产品就是 PH 计。

也是因为涉足这一领域，贝克曼对真空管相关的研究非常关注。

真空管能够控制电子的流动，也就是让电子只沿一个方向流动，而不会回流。真空管本身是以电子元器件的方式实现这种功效的，但其实还存在另外一种实现同等功效的路径。有一种材料会随温度的变化实现电导率的变化，物理性质介于绝缘体和导体之间，所以得名为“半导体”。

用半导体制造的类似真空管的电子元器件，被称为“晶体管”。虽然贝克曼自己没有把研究重心放在晶体管上，但他发掘了一个更有才华的年轻人从事这方面的研究。贝克曼当时拿到了一份军事研

硅谷纪念肖克利实验室的牌匾

发合同，认为这位年轻人的成果有可能帮助自己巩固订单，于是为他创建了一个实验室，专门研究半导体。

在当时，科研界大都认为锗是最适合开发半导体的材料。但是这位年轻人的看法与众不同，他认为，硅才是制造晶体管的最佳材料。

这位年轻人的名字叫威廉·肖克利（William Shockley），贝克曼为他开创的“肖克利实验室”，正是后来举世闻名的“硅谷”奠基处。

接下来的故事，许多熟悉硅谷创业史的朋友就知道了。肖克利把全部希望寄托在他要发明的新型二极管上，因此变得极其偏执，认为竞争对手在策划针对他的阴谋，还要求公司每个人都要接受测谎仪的测试。1957 年，肖克利实验室的八名员工因为无法忍受他的粗暴管理，决定离职，并成立一家新公司，名为仙童（Fairchild）半导体。这八人在半导体产业史上赫赫有名，被称为“肖克利八叛将”。他们仅用一年，就成功研发 2N697 晶体管，供 IBM 为 B-70 轰炸机制造计算机以及为民兵弹道导弹制造制导系统。1960 年，仙童半导体从 12 人迅速扩张到 12,000 人，年收入达 1.3 亿美元，成为硅谷第一家崛起的领军企业。

肖克利八叛将中最为人熟知的，应该是戈登·摩尔（Gordon Moore），也就是摩尔定律的提出者。1968年，他与八叛将中的另一位罗伯特·诺伊斯（Robert Norton Noyce）离开仙童半导体，成立NM电气公司。后来，这家公司改了一个更响亮的名字：英特尔。

英特尔对芯片、处理器和个人计算机的重大贡献，我们这里就不再赘述，毕竟英雄们已经因为众所周知的功业而成为英雄。我这里想讲的，是英雄成名前那段不为人知的隐秘岁月。当没有人知道未来的道路会怎样展开的时候，任何细小的希望都不能放过。谁能料想，是收音机这种器件催生了对真空管的要求，是贝克曼这位生产PH计的发明家给肖克利研发硅晶体管提供了资金，然而最后的成功者又不是肖克利，而是八叛将呢？

复杂社会从来不会许诺确定的结果，每一个在历史上留下姓名的重要人物，他们都曾七歪八扭地走过名为“偶然性”的道路。

注释

1 小艾尔弗雷德·钱德勒：《塑造工业时代：现代化学工业和制药工业的非凡历程》，罗仲伟译，华夏出版社，2006，第142—147页。

第八章　从游戏到人工智能

“漏斗—喇叭”模型贯穿于整个工业革命时代，直到今天也还是如此。

就在我写作这一段的时候，由 OpenAI 研发的 ChatGPT 正在引发新一轮关注热潮。ChatGPT 是一个自然语言生成式 AI，也就是说，它的主要设计目的是解读、处理和理解人类语言。

据说，ChatGPT 已经通过图灵测试，实际使用体验也着实令人印象深刻。它是 2017 年以来谷歌提出注意力算法之后的产物，其性能远超之前的 AI 算法。从目前的表现来看，它有可能掀起新一轮通用人工智能革命。

我个人相信这项技术已经通过了“漏斗”检验，即将发挥其“喇叭”效应，也就是对我们的社会产生翻天覆地的影响。我们在这里要简单回顾一下人工智能，尤其是自然语言处理（NLP）AI 的历史。这段历史要追溯到 1950 年代。

1954 年，乔治城大学和 IBM 联合实验，运用计算机将 60 多个俄语句子翻译成英文。这一实验本质上是一场科学研究的公关活动，实验中要翻译的句子都经过精心挑选，也不需要对句法结构进行语义分析。实验的结果自然相当圆满，成功吸引美国政府加大了对计算语言学领域的资金投入。但是，政府发现真相后，就缩减了支出。

从 1950 年代到 1970 年代，人工智能在处理自然语言上的主流模型，都可以被归为“符号主义”。“符号主义”模型有着深刻的语言学理论基础。19 世纪的语言学基本脱胎于哲学，但到 20 世纪初，以索绪尔（Saussure）和胡塞尔（Husserl）为代表开启的哲学的“语言学转向”时代，反而使语言成为学者思考人类智识结构和思维运作方式的切入路径。这其中，尤以索绪尔的符号学分析为代表。

符号学是以标记（sign）和符号（symbol）为基本概念，研究语言如何表达意义的学说。索绪尔把符号分为互为表里的“能指”（signifier）和“所指”（signified），并以之解释人类之间的沟通过程。[1]“能指”指的是一个标记的物质层面，也就是你能看到、听到、摸到、闻到、尝到的部分，比如汽笛鸣响的声音、一个单词的拼写、一个指示灯的亮起。“所指”指的则是这个标记指向的概念，比如汽笛鸣响代表火车出站，rose 这个单词令人联想到爱情，红色信号灯表示危险。“能指”与“所指”的联结是任意、人为、武断的，只要两者之间的结合为社会广泛认可，就可以联结为一个标记。

符号学的这种研究进路，其实是提示学者要去思考这样一个问题：人类语言背后是不是存在一个“语言结构”。如果真的存在，那么机器掌握了语言结构，是否就意味着机器能够像人类一样使用语言，进而通过“图灵测试”呢？

20 世纪的许多语言学家和人工智能学者还真就是这么想的。前者的典型代表如乔姆斯基（Chomsky），后者的典型代表如赫伯特·西蒙（Herbert Simon），他们都曾沿着这个方向做过关于机器翻译和人工智能的研究，也取得了一定成果。然而，到 1980 年代，这条道路遇到了瓶颈，科学家们普遍认为，人文学者发展出来的语言学基础理论，离寻找到人类的“语言结构”还差得太远，没有办法为机器翻译提供一个指导模型。

与此同时，也有其他科学家沿着不同的道路推进人工智能，他们选择的方法是“机器学习”。也就是说，如果我们能够定义算法的“进步”标准，让计算机沿着这个标准去自我学习，那么计算机就有可能以自己的方式演化出类似于人类的智能。

“机器学习”起源于对神经网络的模仿。1940年代，多纳德·赫布（Donald Hebb）提出了“赫布理论”，说的是如果两个神经元系统总是同时被激发，那么它们就会形成一种组合，你激发了一个，就会激发另一个。如果一个神经元总是激活另一个神经元，那么前者的轴突就会生长出突触小体连接后者的胞体。这个理论本来是解释生物为什么能够有记忆，并且从经验中学习的，但它给了人工智能学者这么一个启发：如果我用计算机模型模仿生物的神经网络，当这种模型复杂到一定程度的时候，那么它是不是有可能“进化”为一个大脑呢？

由这种理论出发，最后就发展出了被称为“深度学习”的计算机模型。“深度学习”指的是以人工神经网络为架构，在多个层次上对观测对象进行抽象，再从低层次概念中学习更高层次，从而实现机器学习的算法。

那么，既然1940年代就已出现人工神经网络理论，那么为什么建立在其基础上的“深度学习”算法直到2010年前后才突然火爆起来呢？

一个简单的答案就是：硬件基础不行。

深度学习是一种高度耗费算力的算法。据ChatGPT的发明者OpenAI估计，从2012年的AlexNet进化到2017年的AlphaZero，五年内所需的计算量翻了30万倍。[2]在20世纪的绝大多数时间里，计算机根本不具备提供这种算力的硬件能力。

直到人们开始热衷电脑游戏。

并没有开玩笑。2006—2008年，有一批科学家发现，新式的图像处理单元（GPU）的算力足够运行复杂的深度学习算法。库玛·切拉皮拉（Kumar Chellapilla）是第一个用 GPU 实现卷积神经网络的。紧随其后的是吴恩达（Andrew Ng），2008—2009 年他在斯坦福大学组建团队，运用 GPU 架构大型分布式计算中心运行深度学习算法,结果发现 GPU 的使用能够令算法的效率提升 70 倍。[3] 由此，人工智能产业才如火如荼地开展起来。

图像处理单元又是怎么发明出来的呢？这一点，喜欢玩电脑游戏的朋友自然是最为熟悉的了。1990 年代，实时 3D 图像在电脑游戏和主机游戏中开始广为运用。索尼在设计 PS 游戏主机时，将东芝设计的专门用于处理图像表现的硬件组件称为“图像处理单元”，即 GPU。1993 年,著名的 3D 第一人称射击游戏《毁灭战士》(*Doom*)发售，引发 3D 游戏狂潮，两年内就获得一千万下载量，安装量超过当时微软的新操作系统 Windows95。

同年，黄仁勋（Jensen Huang)、克里斯 · 马拉乔斯基（Chris Malachowsky）和库提斯 · 普里姆（Curtis Priem）共同创立英伟达公司（Nvidia),其业务主营方向就是图像计算硬件。他们共同认为，视频游戏未来会主导电子世界的商业内容，销量会非常高，这会刺激游戏公司为更好的图像表现投入大量研发资金。

今天，英伟达已经成为 GPU 领域绝对的王者。但是，1993 年的他们哪怕再有前瞻性，也不可能知道后来的英伟达会因为 GPU 在深度学习领域的出色表现，而成为人工智能硬件领域的头部公司(大约 40% 的营收来自于此)。

这种天翻地覆的变化，没有人能事先想象得到。换句话说，你不知道哪个角落里会冒出未来最具前途的技术。如果没有游戏市场对 GPU 硬件进步的哺育，使得它在 2006 年前后可以承载深度学习算法所需的巨额算力，也许根本就不会有今天的“人工智能”热潮。

这是一个与技术史上抽水养活蒸汽机技术、铁锅孕育铸钢技术、染料催生钢铁技术和照明哺育石油技术性质完全相同的“漏斗—喇

叭”模型案例。

作为资深游戏玩家，我对此有很多感慨。我在本书中无数次重复过，复杂社会的一大特征，就是你站在某个时间节点上，根本无从知晓未来会成为真正方向的前沿技术到底是什么，它会在哪个领域生存下去，又会以怎样的方式实现商业化。区别只在于，以上诸多案例都是从历史中得来的，唯有关于电脑游戏和人工智能的关系，我们是作为亲历者看着它演变过来的。

1993 年，我还只是个六岁的孩子，根本无从想象电脑屏幕上的 3D 游戏未来会与人工智能产生怎样的关系。然而，仅仅是出于人类热爱游玩的本能，也还是能感受游戏背后那虚拟世界带来的疯狂、刺激与隐然昭示的未来趋势。

然而，孩子们出于天性的热爱，被大人们当头的冷水浇灭。1999 年，英伟达推出划时代的 GeForce256，可以给当年的热门射击游戏《雷神之锤 3》提供最佳支持。然而，当时的中国大众对电子游戏的评价还比较负面。

我们的社会长久以来都鄙视娱乐产业，认为是“不务正业”。但问题是，什么才是“正业”呢？“正业”是否也是因为价值观过于单一而引导产生的呢？我们是不是忘记了，历史并不是一张有着标准答案的考试卷，而是充满了随机性、不可知性，充满了剧变和挑战呢？

1990 年代是全球电子游戏产业发展的黄金年代，一大批经典电子游戏在那时出现，一大批今天在游戏业举足轻重的公司也是在那时蓬勃发展。而且，当时的中文游戏业界并不落后于西方和日本。大宇资讯开发的《仙剑奇侠传》和《轩辕剑》等游戏系列均达到世界先进水平，《铁甲风暴》和《傲世三国》等产品也在国际游戏界屡获好评。但是，社会舆论遏制了健康消费市场的形成。

事实就是，中国的游戏厂商失去了一代人的时间。经历二十余年的发展，主流游戏业界已经发展为重资产、重技术行业。以著名开放世界游戏 GTA5 为例，该游戏的开发成本达到 2.65 亿美元，发行仅 24 小时就收入 8 亿美元，截至目前，销售收入已超过 40 亿美元，其投资规模和回报速度都是中国游戏厂商无法想象的。然而，正是这样规模庞大的游戏产业才养活了像英伟达这样的上游硬件厂商。

只是在整整错过一个时代之后，已经很难想象我们是否还能有自己的英伟达。除了趁着移动互联网的红利，在手游领域弯道超车之外，似乎别无他法。

经历手机游戏的蓬勃发展，今天的中国再度站到了手游行业的前列。从业务角度看，腾讯已成为全世界最大的游戏公司；从产品竞争力上讲，米哈游的《原神》也已成为业内标杆。这些游戏公司的许多技术，在通过“漏斗”的检验后，有些正在发挥着“喇叭”效应，赋能科研创新的更多领域。

例如，腾讯互娱利用游戏引擎的 PCG（程序化内容生成技术）和 PBR（基于物理的渲染技术），与敦煌研究院合作，打造了毫米级精度且 1:1 还原的数字藏经洞。而且，双方还将开发敦煌莫高窟官方虚拟人伽瑶，开展虚拟人实时直播、讲解。宝山钢铁也开始探索运用腾讯的游戏技术打造数字孪生工厂，建立数字化工厂副本。此外，腾讯游戏还助力中国科学院高能所粒子天体物理重点实验室“全变源追踪猎人星座”计划，利用游戏中训练的 AI 智能体操控上百颗卫星协同合作，更好地观测宇宙中的爆发源和变源天体。

经过持续商业化盈利后，游戏领域吸引的高级人才和研发的创新科技正在发挥“外溢”效应，推动我国的基础研究和产业升级。

你无法准确预测复杂社会

以上，我们讲述了八个故事，从蒸汽机一路讲到人工智能。尽管时代不同、技术不同、产业不同，但这些故事有许多相似点。

1. 以上这八个故事中，有许多技术完全颠覆了人类文明的旧形态；但在刚诞生的早期，当时人普遍低估了这些技术未来的表现。

纽卡门蒸汽机只能用于矿井中的抽水工作，亚伯拉罕·达比公司只是一家铸造铁锅的公司，屈尼奥的蒸汽机汽车完全失败，特莱维西克的火车跑得还没有人快，拜耳和巴斯夫早年只是污染河流的染料作坊而已，没人想到它们会成为今天的巨头。

当然，这个道理可能在今天已经得到广泛认可，所有人都在说，不能小瞧新技术，虽然现在它还很粗糙，但未来潜力无限。然而，这就涉及第二个问题。

2. 许多创新型技术，早期需要度过漫长的尴尬期，方能展现碾压旧时代的真正力量，而渡过尴尬期的唯一办法，是找到正确的使用场景。

从纽卡门蒸汽机到瓦特蒸汽机，中间有六十多年的尴尬期。从冶铸铁锅到冶铸铁路和铁桥，亚伯拉罕·达比家族奋斗了二三十年。从特莱维西克的蒸汽机车到乔治·史蒂芬森的蒸汽机车，中间也有二十年的间隔。从石油被大规模开采到应用在内燃机车上，中间也经历了二三十年。

对于科学家和产业家来说，二三十年的时间可实在称不上短。如果仅仅是相信新技术的潜力，投入这么长的时间期待它的最终产出，成本实在太高了。所以，对未来有信心固然重要，但更重要的是找到一个能够赚钱的应用场景，不断打磨技术，直到它普遍化。

3. 早期新技术盈利的应用场景很难判断，完全靠市场试错。

我经常玩一个游戏：我来说出某种技术的发明人，让听众想象自己是他的话要怎么挣到第一桶金。据我的经验，绝大多数人设想的赚钱策略都是错的。

不是专门研究技术史和产业史的，几乎想象不到早期印刷机盈利靠赎罪券，早期蒸汽机盈利靠抽水，早期铁路盈利靠煤矿，早期化工盈利靠染坊。

这里讨论的技术还不是发生在未知的将来，而是已知的过去。即便如此，很多人也不知道如何跨越技术与商业化之间的鸿沟。这意味着，过去所讲的技术故事犯了幸存者偏差的谬误，是事后诸葛亮。

比如，我们刚刚讲，一项新技术从诞生到大规模应用，要渡过“尴尬期”，但这是因为我们只观察到那些成功通过“尴尬期”考验的，而没有思考那些直接被淘汰掉因而在历史中被湮没的技术。实际上，人类历史上有大量的创新技术是在试错中被淘汰的。

4. 社会真正能做的并不是集中资源确保创新，而是打造宽松的盈利环境。

由此，我们可以再讨论一个问题：倘若发现了技术创新与产业革命的基本规律，我们能做什么呢？在思考这个问题时，今天的人们很容易陷入两个误区。

第一个误区是，虽然绝大多数人都已意识到科技是第一生产力，但接下来可能会得出一个简单的结论，既然科技是生产力，那我们给科学家最好的待遇，让他们不断去研究，不就好了吗？

但真正的问题在于，**科学理论本身并不是根本，运用科学理论造出来的产品才是根本**。虽然詹姆斯 · 瓦特了解的“潜热”原理一钱不值，而且从物理学上来讲其实是错误的，但他应用“潜热”理论造出来的蒸汽机是实实在在能够创造生产力的。

当然，这也是因为纽卡门已经找到应用场景，所以瓦特应用这个理论改进机器的工作才能赚到钱。如果找不到应用场景，瓦特也只能再去找别的工作，而人类社会可能还要再等一百年才会进入产业时代。

第二个误区是，既然新技术有尴尬期，那么只要像呵护雏鸟一样去呵护新技术，给创新技术企业保驾护航，让它们成功渡过尴尬期，不就好了吗?

但问题是，**引发技术革命的并不仅仅是孤立的单一技术，而是由一系列技术组成的技术路径**。再进一步，**技术路径并不仅仅是由研发决定，它其实更多是由产品形态和市场需求决定的**。

不妨想象，一个现代人穿越回 1700 年，倘若他当上了英国国王，知道蒸汽机将大放异彩，便专门掏了一笔钱，设立研发蒸汽机的部门，那会发生什么呢?

除非他从头到尾地了解了 18 世纪蒸汽机演化六十年的每一个技术细节（事实上，许多细节早就随着技术进步而被淘汰和湮灭在历史中了），否则，他给出的大量技术路径很可能是不成立的，譬如，意识不到冷凝器部件需要解决铸铁技术，或者没人知道某个拧螺丝的方式会影响蒸汽机的性能表现，从而会在很多前进方向上被卡住，然后，管理人员和工程师大概率会互相扯皮，陷入人类社会常见的内部权争之中。

我们今天看到的每一条技术路径，并不是工程师按照计划设想的，更多是在市场竞争中为了降低成本或提升效率而一点一滴地试错出来的。纽卡斯尔地下煤矿的土质甚至湿度，都有可能决定蒸汽机的某个零部件应该是这样而非那样。因此，技术进步并不是在下一盘可以反复思考的象棋，而更像是投下大量骰子，然后看看点数相加能不能突破进步的门槛。

所以，一个穿越回 1700 年的现代人，他所能做的并不是设立一个部门去复刻历史上经过大量随机自然演化而来的技术路线，因为这条路线中有大量的随机、偶然和我们不了解的细节。他真正能做的，是想方设法让煤矿的盈利环境好一些，工人待遇高一些，就像真实历史中玛丽一世做的那样，她废除贵族对煤矿的垄断特权，允许社会资本涌入这个行业，然后蒸汽机才有了更多的应用空间。

这才是我们在面对复杂社会时所应采取的谦卑态度。即便人类文明进步到今天，关于社会如何演化，我们也只是略知一二。尽管整个社会已经可以形成这样的共识，即从长周期来看，技术经常是推动人类社会前进的第一驱动力，但这并不代表我们就可以得出简单的结论。

一句话，令技术更好地服务社会需要的是平等、公正和宽容，这就是“漏斗—喇叭”模型要传达的理念。

注释

1 参见费尔迪南·德·索绪尔《普通语言学教程》，高名凯译，商务印书馆，1980 年。

2 https://www.zdnet.com/article/ai-is-changing-the-entire-nature-of-compute.

3 Rajat Raina, Anand Madhavan, Andrew Y. Ng, “Large-scale Deep Unsupervised Learning using Graphics Processors”, *Publication History*, 2009.

第二部分

三流循环

第九章　是关于工业的，还是关于社会的革命？

在第一部分，我们讲述了与工业革命以来人类社会演进最重要的驱动力之一——技术相关的话题，已经初步摒弃关于技术驱动社会的许多简单思维方式，并且认识到，技术的演化路径是复杂的，除了尊重“漏斗—喇叭”模型外，实在不该对技术进步怀有过多的“理性主义的自负”。

接下来，我们先讨论一个关于工业革命本身的重要问题：科技革命和工业革命是一回事吗？

厘清概念

今天的大众媒体和研究人员经常混用这两个概念，甚至有的学术著作也是如此。其实，科技革命和工业革命未必总是一回事。你发明某项新科技，未见得它就一定会变成一项工业／产业，更不用说引发工业／产业革命。

英语世界使用的术语虽然未必总是准确，但稍微会好一些，有助我们理解这些“革命”的真实含义。在英文中，与这个话题有关的概念至少有三个：科学革命（scientific revolution）、技术革命

(technological revolution) 和工业革命 (industrial revolution)。它们的内涵是不同的。

科学革命,一般指的是从 16 世纪哥白尼出版《天体运行论》(开始),到 17 世纪牛顿发表《自然哲学的数学原理》(巅峰),基本确立以系统化的实验方法论获取知识的认知革命。简单说来,"科学"这种认知方法虽然在古希腊就已经存在,但当时的主流还是通过基于逻辑判断的演绎法,对已知事实进行分析,进而认知自然世界与人类社会。哥白尼、伽利略和培根则颠倒了这种认知方法,不再从概念出发进行演绎式的哲学研究,而是从客观现象出发,通过实验进行归纳研究,由此确立现代科学方法论所秉持的一般原则。

技术革命,范围比较广泛,大致来说,凡出现普遍的工具革新,都可以称为技术革命。相比科技革命,不仅从外延上来说有所不同,而且在内涵上也有深刻区别。现代科技革命的标志是以系统化的基础科学研究为主导,推动产业引发相应变革,但技术革命就未必如此。中世纪的风车和水车革命以及近代的农业技术革命 (1600—1740) 就都没有相关基础科学的进步,但只要有工具上的广泛革新,也可以叫技术革命。

工业革命,指的就是我们相对熟悉的三次工业革命了。当然,由于"第三次工业革命"的经济表现明显地弱于第二次工业革命,因此也有争议说,是不是该称之为信息革命或数字革命,而不称之为工业革命。对此,我们后面会有详细讨论。

总而言之,厘清这些概念,尤其是意识到科技革命并不等同于工业革命,我认为是十分重要的:**意识到科学研究和工具的创新未必等同于产业的创新,是意识到工业社会复杂的开始**。

在复杂工业社会,产业早已经由简单的"劳动者 + 工具"进行劳作的模式,"进化"为有着庞大规模的综合性企业,在专业管理人员的组织下,以科学战略原则和前瞻性的技术展望为指导,组织错综复杂的供应链进行生产的模式。换句话说，有资格称之为工业革命的，必然是涉及以上各部门的综合式创新，而绝非某个简单环节的创新。

是关于工业的，还是关于社会的革命？

由上一个问题继而引发的一个重要问题，就是我们必须准确理解工业革命的性质。

如果把 industry 翻译成“工业”，容易制造一种这些活动仅在工厂内部发生的印象；但把它翻译成“产业”，就更容易使人意识到这是一场围绕“生产”而全方位改变人类社会组织形态的革命。

自人类诞生以来，我们的许多社会活动就与“生产”天然相关。从远古时代发生在住所附近的园艺农业，到农耕时代的小农经济和家庭手工业（男耕女织），居家、生产、分配工作、参与社区，这些活动都并不一定固定于某个特殊场所（例如工厂或公司）。所以在理解“生产”时，我们不能简单地认为它只与机器、工厂和公司相关。

这也正是我想强调的：**工业革命是一场社会革命**。它对我们的社会观念、组织形态、政治制度和家庭生活方式的改变之大，远胜于此前的任何一场革命。

纵观人类物种史，大约也只有直立行走、使用火和农业革命等数场变革的重要性可与之相提并论。工业革命之所以能全方位改变人类社会，正在于它让人类的“物质生产能力”得到了前所未有的提高，以至于社区、城市和国家等一切组织形态都必须因之改变。

一个生活在古代社会的人，不会因为使用了蒸汽机、汽车或电脑就迈入工业社会的。他必须适应全新的生活节奏、思维方式和看待世界的角度。这正是工业革命对人类文明的意义。

也正因如此，我希望在本章提出的是一种分析工业社会的新方法。这种方法虽然脱胎于传统的社会分析，但它是围绕人类“何以能够提升物质生产能力”这一基本问题展开的，因此就与旧的方法存在较大的区别。

我想先从几个角度解释采取这种分析方法的必要性。

站在传统社会分析概念的立场看，工业革命使得在古代社会中早已出现，但始终未能成为现实的一系列概念变得可能了，比如民主、平等和大众政治。

很多人认为，古代社会与现代社会政治生活的最大区别，是古代社会的政治生活只属于极少数人，极少数人决定共同体的方向，极少数人决定大众的命运。

比如，即便是“民主”的策源地雅典，实际参与政治生活的人口比例大概也只占到总人口的10%—20%。雅典民主是把奴隶（包括成为自由人的奴隶）、儿童、妇女和外国居民排斥在外的，只有完成军事训练的成年男性雅典公民（Ephebos）才有资格投票。[1]

在斯巴达，有资格接受严苛的军事训练并享受“公共食堂”的人也只是少数。这些人甚至不允许从事任何经济生产活动。生产活动是交给没有公民权的自由民（Perioikoi）组织的。在此之下，还有为数更众多的、被称为黑洛士（Heilotes）的底层人口，斯巴达人甚至可能会拿他们祭天。根据希罗多德的说法，在他生活的年代，黑洛士的数量是斯巴达人的七倍。[2]

在古罗马共和国，情况也差不多。罗马的平民有权参加公民大会（Assemblies），这个“平民”资格也是把妇女、外邦人和奴隶排除在外的。到了帝国时期，“罗马公民”的身份则成为一种特权，跟其他地方的居民身份有天壤之别。

为什么社会治理如此不平等呢？因为这种政治结构从某种意义

上说体现了另外一种“平等”。古代精英的特权地位，经常是拿参军打仗做的贡献换来的，简单说，就是权力越大，责任越大。

在雅典最早搞民主改革的是梭伦。梭伦把雅典公民按照财产多寡划分为四个等级，各等级根据为战争做贡献的多寡享受不同的政治特权或权利：第一等级是有足够的钱组织近卫队、可以担当军事长官的；第二等级是有足够的钱购买马匹和骑兵装备的；第三等级是有足够的钱购买重装步兵装备的；第四等级是比较穷的，只能当侍卫、仆从、拿投石器攻击敌人的散兵或者战舰上的水手。[3]

斯巴达的政体就更直白，只有少数受过军事训练的公民才享有最高等级的特权，绝大多数人都是没有的。古希腊有个作者叫“老寡头”，他就曾分析说，斯巴达之所以采取贵族制，雅典之所以采取民主制，原因就在于：斯巴达的部队以陆军为主，当时的陆军主力是重装步兵，只有有钱人才能充当；而雅典的部队以海军为主，海军需要大量的水手，所以平民也能参军，也能享有政治权利。[4]

古罗马的公民大会也是这样。古罗马历史上有很多议会机构是根据军队的组织原则建立的，比如著名的百人团会议（comitia centuriata）。“百人团”实际上就是军队建制，这些人在和平时期举行选举、立法和审判时，就按照百人团的建制组织起来投票，并根据在军队中的地位和贡献被划分为不同等级，拥有不同的投票权，比如，军官团和骑兵团就比贫穷而装备简陋的散兵团有更多投票权。

现代政治有个原则叫“无代表不纳税”，简单说就是国家跟公民之间有个契约关系，你纳税给我，我给你参政议政的权利。如果放在古代，则可以说是“无投票不打仗”。国家拿参政议政的权利换你的票，这听起来很公平，但其实反映的是古代社会的一个真相：所谓的民主城邦和共和国，本质上是个实施军事民主或军事共和的军国主义组织。

到中世纪，参与政治的人数反而收缩了，其中一个很重要的原因，就是古典城邦依靠军国主义建立的发达的城市经济无法维系下去，崩溃了，整个城邦的经济衰退回了自然经济水平，自然也就无法供养一支庞大的公民武装。所以，中世纪的战争规模相比古典时代其实是萎缩了的。

比如，公元前 216 年，汉尼拔一个下午就屠杀了 5 万—7 万名罗马军人；公元前 105 年，条顿部落屠杀了 12 万名罗马军人和随军平民；公元 60 年，罗马军团屠杀了女将布狄卡率领的 8 万名不列颠人。[5]

但中世纪欧洲没有任何一场战争造成的死伤能跟古典时代相比，直到第一次世界大战，欧洲人才打破自己的记录。中世纪的战争主要是骑士阶层和依附于自己的少数侍从和农民组成的简单军队从事的劫掠或征伐活动，基本与大部分人口无关。这其实也就意味着，绝大部分人也跟政治活动无关。

1068 年威廉征服英格兰后，下令在英格兰搞了一次人口普查。这个人口普查的文件叫“末日审判书”（Domesday Book）。这份文件显示，当时英格兰有 40% 的人是对地主有封建义务的佃农或者工匠，32% 是农奴，12% 是自由人和地主，10% 是奴隶。[6]这些人占到总人口的 94%，只有剩下的 6% 才是“人上人”，是决策者，是政治活动中的真正话事人。

随着时代的进步，参与政治活动的人数的确在缓慢增长，但一直到启蒙运动的年代，变化都是有限的。

启蒙年代的法国思想家，像孟德斯鸠、伏尔泰这些人，都很羡慕英国的宪政改革。但实情是怎样的呢？从 1430 年起，英国议会立法确定有“永久业权”土地的人才能参与投票，因为这些土地的年租金最少是 40 先令，所以他们被称为“40 先令自由业主”（Forty-shilling freeholders）。尽管法律没明确业主的性别，但在实践过程中，默认只有男性才有选举权。甚至我们熟悉的 1689 年《权利法案》，也并没有扩展有投票权公民的人数，而只是扩展了权利，比如议会必须定期召开、自由提名应该被维护、议会能够有效限制王权等。

那么，这些“40先令自由业主”的人数大概有多少呢？有一份1837年出版的文件记录了爱尔兰科克市的选民规模。1831年，科克市所有够资格投票的业主一共有3876人[7]，而科克市当时的总人口大概是10.7万人。[8]换句话说，当时的爱尔兰大概只有3.6%的人有投票权。

整个英伦三岛的比例也差不多。在19世纪上半叶，这个比例在整个欧洲大陆甚至比这个数字还要低，比如，1831年的法国选民只有165,000人，仅占总人口的0.52%。[9]

请注意，我上面引用的数据来自1831年，是“40先令自由业主”选举权诞生之后的400年，是1689年英格兰宪政改革之后的142年，是法国大革命之后的42年，是已经接受启蒙运动洗礼的19世纪，是“自由、平等、博爱”口号已经深入人心的欧洲大陆。

当然，人类社会也确实在进步，但是真实历史的进步历程，比我们想象中要缓慢得多。

拿英国来说，1832年，英格兰、威尔士、爱尔兰和苏格兰分别通过议会改革法案，把选民人数扩大到占总人口的大概14%—20%，其中革命性最大的是苏格兰，选民人数扩大了13倍。1867年，选民人数增加到成年男性人口的32%。1885年，增加到男性人口的56%。1894年，扩大到妇女。一直到1969年，才实现18岁以上公民的普选。

其他主要欧洲国家的时间表也差不太多。法国是1944年实现男女全民普选的，德国是1919年，奥地利和匈牙利是1918年。

为什么多数都是“一战”之后才实现普选？这个问题我们会在后面再讨论。总而言之，在大约两千年的时间里，民主都被公认为一种坏东西，而事实上也是如此：即便是巅峰时期，也不过 20% 的人参与政治，而到了近代，竟然萎缩到 0.5%—4%。

然而，这个比例又在短短一百多年间，扩展到了 75%—80%（占 18 岁以上人口的比例）。

为什么会有这样的突变？这到底意味着什么？

民主是个坏东西？

我们从数字进入思想。

与人类历史上漫长的，只允许少数人参与政治活动的社会组织机制相匹配的，是一种关于民主的普遍观念：民主是个坏东西。

西方思想界对民主的攻击，可谓源远流长。拿古希腊时代来说，实施民主制的城邦并不很多，雅典是其中最出名的一个。但当时爆发的一个非常重要的历史事件，使得当时的精英普遍对民主制持有负面看法。

这个历史事件，就是爆发于雅典和斯巴达之间的伯罗奔尼撒战争。雅典以民主制闻名，斯巴达则实施偏向于精英的贵族制或寡头制。

战争爆发初期，雅典人是很为自己的民主制自豪的。打完头一年的战争后，雅典的统帅伯利克里在纪念阵亡者的葬礼上发表了一篇闻名于后世的演说：“我们的制度是别人的模范，而不是我们模仿任何其他的人的。我们的制度之所以被称为民主政治，是因为政权在全体公民手中，而不是在少数人手中。”[10]

但是，雅典最终战败了。结果，不少历史学家和哲学家归纳说，雅典的失败就是因为民主政体。

这跟一个具体人物有关，此人叫亚西比德，据说是个美男子，能力也很优秀。在伯罗奔尼撒战争期间，雅典人被他慷慨激昂的演讲说服了，支持他发起对西西里的远征，以占据对抗斯巴达人的战略侧翼和腹地。但是，当亚西比德统帅舰队出海后，他的政敌又在公民大会上发表了一通慷慨激昂的演讲，说亚西比德是个对神不虔诚的人，应该回来接受审判。结果雅典人又被说服了，要求亚西比德回国认罪。[11]

只是，“将在外，君命有所不受”，军队主帅既然已经出征，你说话他能听就不错了，还想审判他？果然，亚西比德中途接到城邦派来的信使后，直接叛逃到斯巴达一边了。西西里远征临阵换帅，结果大败而归。

虽然叛逃，但亚西比德对雅典还是有感情的，后来又从斯巴达回到雅典，多次挽救雅典于危难之中。然而雅典人并不领情，接连数次被亚西比德的政敌说服，最后，亚西比德只得离开故土，客死他乡。雅典也丧失了获胜的最后机会，败给了斯巴达。

实践检验真理，你把“民主制”吹得再天花乱坠，但输了就是输了，没什么好说的。

雅典因民意的反复无常而战败，这首先被当时的精英看在眼里。好巧不巧，亚西比德有个老师叫苏格拉底，受亚西比德的牵连，以“渎神”罪名被处死。更不巧的是，苏格拉底还有个学生叫柏拉图，其文笔之优美，思想之深邃，西方历史上所能匹敌者并不多见。

苏格拉底被“民主”判了死罪，这对柏拉图造成了严重的精神创伤。日后，在人类历史上影响最大的哲学书《理想国》中，柏拉图把民主贬低为一个“五彩斑斓”“五色杂陈”的“大百货市场”，“唱着赞美的歌，说着花哨的话，把傲慢不逊称作是教养，把混乱骄纵说成是自由，把放荡不羁说成是慷慨，把恬不知耻说成是勇敢”。[12]

这段对民主的点评非常有名，影响了几代古希腊的思想家。亚里士多德说，民主就是让穷人当政。波利比乌斯说，民主是一条在惊涛骇浪中能够航行的船，临近港口反而散架。总而言之，在长达两千年的历史中，民主一直被认为是个坏东西。

中世纪基督教一统天下，当时的政治理论认为，上帝表现对一个国家的眷顾可以有不同的形式，例如，保佑国王征服他的敌人，或者认可他合法继承王位，或者颁布一套传承已久的法律，或者通过人民的拥护和爱戴。[13]所以，从理论上讲，上帝的旨意跟民主也是可以相容的。但是，真正落实这种政治实践的城邦非常少。

佛罗伦萨的萨佛纳罗拉（Girolamo Savonarola）是中世纪晚期最有名的民主实践家之一，也是《权力的游戏》里宗教领袖"大麻雀"的原型，奉行苦修，极其虔诚。在佛罗伦萨遭到法国入侵之际，人民赶走了原先的统治者美第奇家族，希望这位虔诚的修士能把他们从"灭世洪水"中拯救出来。

于是，萨弗纳罗拉把佛罗伦萨大议会开放给所有"信誉良好的"普通公民，还组织一个兄弟会上街纠察佛罗伦萨的民风，家家户户都得把珍藏的艺术品、古董和奢侈品交出来，所有人都不能穿着暴露的衣服，不能当众接吻、吐痰或者干不体面的事情，否则就是罪恶。[14]结果，四年之后，曾经富庶的佛罗伦萨民不聊生，人民把萨弗纳罗拉抓起来送上了火刑柱。此后，这个商业城邦达成了一个共识：穷人统治不可取。

16 世纪以来，先后出现了让·博丹、雨果·格劳秀斯、托马斯·霍布斯和约翰·洛克等自然法与自然权利派学者。他们对中世纪的"上帝授权"理论提出挑战，认为国家主权的来源是"社会契约授权"，也就是自由人之间为了组成社会，彼此签订契约，最后授权给一个政府来管理社会。

需要注意的是，这个授权理论其实跟民主没有关系。因为这个派别中的多数人认为，由社会契约授权而形成的政府，同样可以采取君主制或代议制的形式。换句话说，这个派别关心的是政府有什么底线不可逾越（也就是社会契约的内容），这些底线的理论基础是什么（他们一般会主张自然权利）。至于如何在这个底线之上管理社会，那只是形式问题。换句话说，民主是多种治理形式中的一种，而不是唯一合法的手段。

当然，除了理论之外，现实也在发生变化。

14 世纪以来，随着武器技术的进步，平民逐步被编入军队。这再度扩大了欧洲战争的规模。但是，就像古代的军国主义城邦一样，平民加入军队，也意味着平民对政治的影响力在扩大。既然如此，平民当然会发出呼声，想要那份与自己的贡献所匹配的权利。

17 世纪英国内战期间，有一个政治派别叫"平等派"(levellers)，曾为议会党战胜国王党抛头颅洒热血，主要组成人员是军官和士兵，在旧社会等级中，他们属于"人下人"。但内战结束后，有一些议员自觉较国王更有资格做"人上人"，开始自大妄为，骄奢淫逸，于是一位叫约翰·利尔伯恩(John Lilburne)的军官就谴责这些议员，结果被判诽谤罪。民众和士兵群情激奋，要求释放他出狱，"平等派"运动就此产生。

平等派的主张和诉求是废黜并杀死国王，实现人民主权，实行 21 岁以上公民的普选制。他们中更激进的那部分叫"掘地派"(Diggers)，要求实行财产公有制。[15] 在 17 世纪的英国，这属于超出知识分子和中产阶级认知范畴的社会理想，结果就是，"平等派"领袖在内战之后的政治运动中被清洗。

这说明了两件事。

其一，现代民主运动的阶级动力跟古代类似，真正的源头都是军人。因为下层阶级经常必须依靠为国家卖命才能获取可观的收入和体面的地位，所以军人的阶级立场才倾向于底层和民主化。

其二，军人的这种"民主化倾向"，从一开始就是 17 世纪英国内战与立宪改革的敌人。立宪改革并不是真心要支持民主化，而是要借着下层的诉求打击王权。一旦实现这一目标，立宪改革马上就要防止“民粹主义”和“民主改革”。

18 世纪以来，像伏尔泰、孟德斯鸠和狄德罗这些启蒙思想家，多数都把英国的立宪改革当作政治文明的标杆。伏尔泰用热情洋溢的文人笔锋赞颂英制下的自由，孟德斯鸠则以欧陆哲学唯实论的严谨体系将英国宪制的成功之处解释成“三权分立”[后来被白哲特(Walter Bagehot) 嘲讽为不懂英国宪制精妙之处的外国人]。他们对待民主的态度跟传统精英差不多：对底层同情，但在政治上不支持普遍民主。

在这些启蒙思想家中，唯有卢梭对民主制有真诚而热忱的支持。即便是他，也认为只有像日内瓦这样的“小国寡民”之地才能实现真正的民主。

法国大革命爆发后，像罗伯斯庇尔这样的政治家对普选制有空前的热情，西耶斯也以《第三等级是什么》这样的小册子论证人民主权，但民粹主义掌管政治的直接结果是引发了空前的恐怖运动。断头台处决成为一种娱乐活动，小报记者像节目报幕单一样报出死刑犯的姓名。这些混乱和无序是拿破仑上台的温床，也造就了一本至今还被很多金融和互联网从业者奉为圭臬的伪心理学著作——《乌合之众》。

以上，我简单罗列了自古典时代到 19 世纪的重要思想家对民主或大众政治的态度。当然，他们中的绝大多数是反对民主的，但这还不是重点；重点在于，他们的很多反对并不简单地是因为他们的阶级立场，而在于他们的反对确实很有道理。

接下来，我们挂一漏万地总结一下这些思想家抨击“民主制”的理由。

一、民主让不那么优秀的人当政。

这个理由来自柏拉图。他认为，最好的政治是让在灵魂层面受过良好训练的正义之士当统治者的政治。如果好人不能当统治者，那么政治早晚会堕落。一个实行民主的、人人皆有发言权的城邦，还会吸引那些有轻浮天性的人，他们谄媚民众，蛊惑人心，借此上位。柏拉图认为，民主政治是很难防范野心家上位的，一旦有人处心积虑，靠讨好民众独揽大权，那么他上台之后很快就会开启独裁统治。民主政治恰恰是培育僭主政治的温床。

二、民主是一种没有制衡的力量。

这个理由来自亚里士多德。亚里士多德认为，政治的基本统治形式有一人统治、少数人统治和多数人统治。人间不同事务应以不同形式去处理。例如，统军打仗就该采取一人统治，制定法律和战略就该采取少数人统治，实施关乎多数人利益的公共政策就该采取多数人统治。好的政体就是把这三种形式混合起来，也就是所谓的“共和政体”。

三、大众的知识水平比较低，因此实施民主制会陷入争吵和短视，葬送国家的前途。

这个理由来自波利比乌斯。他以雅典为例，说纯粹实施民主政体而不实施共和政体的国家，就像一条被水手共同决定航向的船只。如果船只遇上风暴，这些水手齐心合力，国家就能渡过难关；但当船只靠近港口，水手反而会发生争执，一些向左转舵，一些向右扬帆，船只也因此被撕裂。

四、民主是一种不符合信仰原则的政体。

这个理由来自以托马斯·阿奎那为代表的中世纪神学家。它的出发点很简单：上帝掌管人间就是他自己说了算，因此在亚里士多德所说的三种形式中，一人统治是最接近“上帝掌管一切”这个模型的，也就是最好的，而民主制是偏离最远的，所以也就是最坏的。

我们先不要因为宗教感情的原因而蔑视这个理由。因为改头换面一下，你可能就很难驳斥：如果一台超级计算机像上帝那样无所不知，或者至少能力比人强很多，那么是否可让这样的超级计算机统治人类呢?

五、民主会释放激进和狂暴的力量，摧毁人类赖以生存的社会秩序。

这个理由来自从佛罗伦萨到法国大革命期间以埃德蒙·伯克为代表的许多保守主义理论家。写了《乌合之众》的勒庞也可以被归到这个序列里面。他们看到了像萨弗纳罗拉和罗伯斯庇尔这样的民粹政治家上台后，利用“民主”煽动的极端激进的政治暴力，因而对此表示极大的担忧。

以上五个理由是许多思想家反对民主的主要依据。虽然他们反对民主的同时，往往也反对寡头统治和独裁统治，但这些对民主制的批评不能说没有一点道理。

即便到了 19 世纪中叶，以自由派著称的约翰·密尔依然认为，把大事交给多数人（例如议会机构）来决定，就会面临“普遍无知和无能”的危险[16],因此“选民应该选择比他们自己更有智慧的人作他们的代表，并且应该同意按照那个较高智慧来统治自己”。[17]

既然到 19 世纪，从政治实践到政治思想上，大家还有着“民主是个坏东西”的共识，那么，又是怎样的理由使得人类对民主和大众政治的态度来了个一百八十度的大转弯，在不到一百年的时间里，欧洲政治的参与率就从不到 4% 扩展到 80% 的呢？是什么力量让“大众政治”有了如此巨大的变化，以至于人们认为，上述五大理由都不成立，因而不必担心“民主”的坏处了呢?

不可抵挡的天命

其实，思想家的担忧一直都存在，这些看法深植于他们对人性的洞见中，既然没有什么力量从根本上改变人性，那么人性中的弱点自然也就没有消失。他们对民主和大众政治的担忧一直是正确的。

但是，有一股力量让“民主化”和“大众政治”变成了不可阻挡的趋势，以至于民主化和大众政治本身成了不可被挑战的政治正确。换句话说，我们只能借用古代思想家的观点讨论有哪些机制可以弥补民主的弱点，而不能讨论民主从根本上就是不合理或者不可行的。

这股力量就是工业化及其创造的物质财富。

在 19 世纪这个时间点上，工业化跟大众政治这两大趋势，在一个国家那里体现得最为明显，这就是美国。

尽管今天许多自由派谴责独立战争之后的美国实行的是虚伪的民主，黑奴只有相当于正常人 3/5 的投票权，而且当时这些选票实际上还是算在了奴隶主的头上。但是，跟当时的欧洲国家相比，美国已经是允许民众参与程度最高的了。在当时，美国就是“民主”的代名词。

托克维尔就洞察到了美国政治中工业化与民主化这两大力量相结合所带来的强而有力的政治趋势。1831 年，受法国政府委托，托克维尔前往美国进行为期九个月的考察。1835 年，他将考察中的所见所思所得写成《论美国的民主》出版，成为政治学领域的经典著作。

托克维尔出身贵族，生活在拿破仑失败后君主制复辟的法国，接受的是传统欧洲大陆的经典教育，也就是贬低民主传统的教育。可以想象，他对美国的民主政治很难产生毫无保留的赞美。

事实也是如此。托克维尔对美国的印象是：这是一个被拉平的社会。

> 美国人的思想缺乏一般观念，他们根本不追求理论上的发现。政治本身和实业，也不引导他们去进行此种研究。在美国，

不断制定新的法律，但还没有出现过一个探讨法律的一般原理的大学者。

……

在美国，对欧洲的发明创造利用得很好，并在加以完善以后，使其令人赞叹地适用于本国的需要。美国有实业家，但他们没有受到科学的训练。美国有优秀的工人，但发明家不多。富尔顿在为外国人服务多年之后，才得以将自己的天才贡献于祖国。

凡欲考察英裔美国人的智力水平的人，都应当从两个不同方面去研究这个问题。如果你考察的全是学者，你会为美国学者之少而感到吃惊；如果你在调查时将无知的人包括进去，你又会觉得美国人的知识水平在世界上是最高的。[18]

也就是说，（19 世纪的）美国出不了一流理论家、科学家和发明家，但是搞实业搞得不错。美国人没有特别拔尖的，但是平均下来，比老欧洲要强。托克维尔说的“拉平”就是这个意思。他认为，美国的“拉平”社会是民主制度的基础，民主是因为适应了美国的“拉平”造成的，而不是反过来。

那么，美国这个“拉平”的社会，又是被什么力量塑造的呢？答案是工商业。

假设有一个能干、聪明、自由、小康而充满希望的人。从能够过上安逸舒适的生活来说，他还很穷；而从不必担心缺吃少穿来说，他又是够富裕的。他总在想法改善自己的命运。

这个人已经尝到物质享受的好处，而其他许多享受的好处又总是摆在他的眼前。他开始追求这些爱好，并努力增加用来满足这些爱好的手段。但是，人生短促，时间有限。他应当怎么办呢？

种地，可以使他的努力肯定得到一定的成果，但是得来的太慢，而且只能逐渐地富裕起来，并要付出艰苦的劳动。农业只适于已经家产万贯的富人或只求糊口的穷人。我们假设的那个人做出了自己的选择：他卖了土地，离开了家乡，另谋一种虽有风险但可赚钱的行业。

……

美国从英国的殖民地束缚下解放出来，迄今只有半个世纪之久，所以它的大富之家没有几个，而资本也很有限。但是，世界上却没有一个民族像美国人那样在工商业上获得过如此迅速的发展。今天，美国已是世界上第二海运国家，它的制造业尽管还要克服一些几乎无法克服的天然障碍，但仍能每天有新的发展。

在美国，经营大型工业企业没有困难，因为全国人民都参加工业活动，最穷的人和最富的人都愿意在工业方面将他们的力量联合起来。因此，在你每天看到这个可以说并不富强的国家所举办的大型工程时，一定惊讶不已。美国人踏上他们现在居住的土地才刚刚不久，但他们已使自然界改观而为他们服务了。他们已将赫德森河和密西西比河沟通，并在陆上建设了 500 多里的道路使大西洋与墨西哥湾接连起来。几条大铁路，已在美国建成。

但是，美国使我感到最惊讶的，并不是它的某些工业企业规模特大，而是它的企业多得无数。

美国的农业经营者，几乎都实行农业和商业联营。他们大部分是亦农亦商。

美国的种植业者，很少老守田园。在西部的一些新州，尤其如此；那里的人开垦一块土地，并不是为了自己种下去，而是为了出售；他建设一个农场，是预见到居民增加以后，当地的形势将立即发生变化，从而可以将农场高价卖出去。

每年都有大批北方居民蜂拥到南方，在盛产棉花和甘蔗的地区定居下来。这些人来到南方种地，目的是用不了几年就使自己发财致富。他们来到这里后，就已预计总有一天会回老家享用在这里获得的财富。这样，美国人就把经商精神带进了农业，使他们经营实业的激情也在农业方面表露出来。

美国人使工业获得了巨大发展，因为他们全都在搞工业。[19]

那么，这个“拉平”的社会解决了传统思想家们对民主的担忧吗？在这一点上，托克维尔的答案非常有意思。他认为，新制度相对于旧制度的胜利，往往未必在于新制度有着旧制度无可企及的优点，或者解决了旧制度解决不了的问题，或者比旧制度显得道德高尚。关键问题在于：一切都变了，你没得选。

托克维尔说，他承认民主的意向是常变的，它的执行者还不精干，它的法制还不完备。但是，问题在于，支持君主制和贵族制的旧力量正在土崩瓦解：

宗教正在丧失其对人们心灵的控制作用，区别善恶的标准完全被颠倒过来，一切从道德世界看来都变得不可信和不可靠了，君民均任意行事，谁也说不清专制的自然极限和放纵的界限在哪里。

连绵不断的革命，永远驱散了人们对国家元首的尊重感。释去受公众尊敬的负担的君主，从此以后也可以肆无忌惮地滥用其权力。

……

当所有的阶级都接近混为一体，出众的个人逐渐消失在群众之中，从而容易默默无闻的时候；当君主制度的声誉已经几乎扫地而又没有德行来补救，没有任何东西促使人们上进的时候，谁能说清强者的要求和弱者的服从将在何处止步呢？

……

当祖传的家业日益分散，种族的差别不多年就要消失的时候，到哪里去找家庭情感呢？

在一个已经完全改变面貌或正在不断改变面貌的国家，如果它的一切暴政行动都有先例可援，它的一切罪行都是例行公事，现存的古老事物的灭亡没有人惋惜，凡能想象出来的新鲜事物人们都敢去做，那么，它的习惯法还有什么力量呢？

如此屡遭践踏的民情又能提供什么抵抗力呢？当没有很多人由一条共同纽带联系在一起时，当没有一个人、一个家庭、一个团体、一个阶级、一个自由结社可以代表和鼓动舆论时，这个舆论又能有什么用呢？

当每个公民都同样无能，同样贫穷，同样孤立无援，而且只能以个人的软弱去对抗政府的有组织的暴力时，舆论又能有什么用呢？[20]

托克维尔等于是在说，对，从柏拉图到亚里士多德到19世纪的所有伟大的思想家说的都对，民主是有很多问题的，很多民主之外的力量也可以帮助我们抵御暴政、追求正义，比如虔诚的宗教，比如真正实施仁政的王者，比如追求自由的贵族，比如由学者和知识精英操盘的舆论。

但是，真正的问题在于，时代已经剧变了，他们所期待的那些社会组织，他们想依靠的那种力量，也都即将消失，如果不抓紧投入大众政治的怀抱，人们就会陷入没有选择的境地。

他预言说，民主作为一项指引美国天命的原则，将驱使这个民族主宰世界一半的命运。[21]既然这是“命运”，那就是人类不可抗拒之事。或者这样说也行，讨论它的好坏是没有意义的，因为你没得选择。

关键就在这里：纵观人类历史的演变，真正的革命往往不是用“对”的东西代替了“错”的东西，或者用“好”的东西代替了“坏”的东西；真正的革命是某种力量已经引发重大变化，创造不可逆转的力量，这股力量因而必须以一场或几场暴力革命强按下整个社会的头，逼所有人按照它的逻辑继续向前。这股力量早在革命之前已经诞生，革命不是它发起冲锋的号角，而是它宣布胜利的旗帜。

那么，人类文明在19世纪面临的这股新力量到底是什么？

答案就是我们本书的主题：产业。

有一个电脑游戏系列叫《文明》，是一部以人类历史演进为主题的战略游戏，你可以在其中扮演某个文明的领袖，带领你的民族征服地球，或创造灿烂的文化，或发射火箭飞向太空，从而赢得胜利。

这款游戏在战略游戏玩家内部被奉为经典，但是“战略游戏”这个圈子太小众了，感兴趣的人不多。我听到过的对圈外人推介这款游戏最好的宣传语，来自一位专门研究游戏文化的学者。她大概是这么说的：“到现在为止，我没读过一部历史书，是从文明最底层的逻辑开始写人类历史的。城市怎么建立？工人如何劳作？道路效率有多重要？人类文明向前演进的关键技术有哪些？战争、产业、商贸、外交这些活动在一个国家发展的过程中比重到底几何？如果一个国家没能获得青铜、钢铁、马匹或者煤炭，它的历史路径又将变得怎样？然而，你看看这款游戏，它就是按照这个逻辑组织起来的。”

的确如此。我们在日常生活中的实践体验就是，要想做好事情，都要从基本的底层和细节开始考虑。小到一个在抖音上开直播号卖衣服的店主，要考虑从哪里的工厂拿货，仓储怎么办，贷款合不合算，找网红的ROI如何；大到做成全球行业头部的跨国企业，也要考虑哪里的工业区电价、劳动力价格有优势，有没有港口，铁路是否方便，税率如何，合规风险怎么控制……为了解决这些问题，它们有可能在自己的企业内部成立各种部门或者分公司，也可能购买其他专业公司或者中介的服务。人类社会的复杂组织就是这些底层基础逻辑加总汇集起来的。

正是这些千千万万发生在底层的细节累加起来，才组成今天的复杂工业社会。然而在宏观层面上，由于缺乏有效的分析工具，我们只能用“民主化”或“大众社会的崛起”来理解这个巨大的社会变化。即便像托克维尔这样的巨擘，也只能将其描述为“当所有的阶级都接近混为一体，出众的个人逐渐消失在群众之中，从而容易默默无闻的时候”，“当祖传的家业日益分散，种族的差别不多年就要消失的时候”，“当每个公民都同样无能，同样贫穷，同样孤立无援，而且只能以个人的软弱去对抗政府的有组织的暴力的时候”，[22] 用这种文学化的语言描述传统社会形态向工业社会转型期间发生的事。

以上这段关于民主史的简单梳理，只是本部分内容的一个引子。我想通过这段历史说明的是，以传统政治学的单一概念——比如“民主化”——理解历史，就像透过一面巨大的透镜看待世界一样：我们所见的历史，会完全因为这个单一概念而遭受扭曲。无论对什么历史事件，都以“有利于民主”或“不利于民主”的单一标准进行评判，而不去理解其背后的真实因果关联。这正是以单一思维理解复杂社会的弊病所在，也是许多人对民主意识形态叙事的失望根源。

“民主”只是一个例子，还有很多这样的例子，比如，“阶级斗争”“市场化”“自由”“平等”“进步”……用以上任何一个简单概念分析历史，尤其是工业革命以来的历史，都会产生扭曲。毕竟，以上概念中的多数实际产生于古典时代，从柏拉图、亚里士多德、波利比乌斯、西塞罗、奥古斯丁和阿奎那，到博丹、格劳秀斯、霍布斯、洛克、伏尔泰、孟德斯鸠、卢梭和亚当·斯密，他们都没有亲眼见识过工业革命。

因此，我也想发展一面透镜。只不过这面透镜的制作机理与传统社会分析不一样，它是基于复杂工业社会的特点而提炼的。我把它称为“三流循环”模型。我希望这面透镜在映射历史与当下之时，造成的扭曲能够尽可能小一些。

注释

1 John A. Rothchild, *Introduction to Athenian Democracy of the Fifth and Fourth Centuries BCE*, Wayne State University Law School Research Paper No. 07-32，2007.
2 参见希罗多德《历史》第九卷第十节，徐松岩译注，上海人民出版社，2018 年。
3 亚里士多德：《雅典政制》，日知、力野译，商务印书馆，2009 年，第 9—11 页。
4 http://www.perseus.tufts.edu/hopper/text?doc=Perseus%3Atext%3A1999.01.0158.
5 参见塔西佗《编年史》，王以铸、崔妙因译，商务印书馆，1981 年。
6 https://en.wikipedia.org/wiki/Domesday_Book.
7 https://en.wikipedia.org/wiki/Forty-shilling_freeholders.
8 https://www.libraryireland.com/articles/irishpopulation2DPJ1-14/index.php.
9 戏剧性的是，1848 年成立的法兰西第二共和国因为受第一共和国时期意识形态的影响，实施了普选制，超过 900 万法国公民有选举权，其中 750 万人投了票，结果选出来一个三年后把共和国变成帝国的总统，他的名字叫拿破仑三世。
10 http://hrlibrary.umn.edu/education/thucydides.html.
11 参见修昔底德《伯罗奔尼撒战争史》，谢德风译，商务印书馆，2018 年。
12 参见柏拉图《理想国》，郭斌和、张竹明译，商务印书馆，2018 年。
13 Otto Gierke, *Political Theories of the Middle Age*, Cambridge University Press,1987.
14 https://en.wikipedia.org/wiki/Girolamo_Savonarola.
15 https://en.wikipedia.org/wiki/Diggers.
16 J.S. 密尔：《代议制政府》，汪瑄译，商务印书馆，1982 年，第 85 页。
17 J.S. 密尔，同前，第 176 页。
18 托克维尔：《论美国的民主》，董果良译，商务印书馆，1985 年，第 350 页。
19 托克维尔，同前，第 689—692 页。
20 托克维尔，同前，第 363—365 页。
21 另一半命运由俄国人主导，其原则是奴役。
22 托克维尔，同前，第 365 页。

第十章　三流循环

在解释何为“三流循环”之前，我想先解释一下总结出这个模型的思路。我认为，理解工业革命就必须把它当作一场社会革命，而把它当作社会革命，就意味着必须把“产能的巨大提升”这一物理事实当作重要的社会变量进行分析。

那么，如何展开这种分析？我认为核心的概念就是权力。

权力就是改变他人行为的能力。它是对一切社会结构进行分析的基石。思想、道德、理念和欲望，这些术语在分析个体时是有效的，但在分析社会关系时就是次级概念。

一个人一天可以有上百种想法，我们可以都不关心，我们只关心他具体是怎么做的，这种做法如何影响他人。这正是权力关心的事实。

有三种最容易转化为权力的力量：暴力、财富和观念。这三种力量与人类的物质生产能力相关。我们制造刀剑枪炮的力量影响暴力，我们生产商品并将其销往海外的能力影响财富，我们印刷书籍或拍摄短视频的能力影响观念。在工业革命巨大地提升我们以上的能力之后，它当然也就整体地影响了人类社会的权力关系，包括但不限于政府与政府的关系、政府与人民的关系、老板与员工的关系、男性与女性的关系、父母与子女的关系……因而，社会结构当然会发生翻天覆地的变化。

权力的运作方式是具体而微的。所谓“君要臣死,臣不得不死”,并不意味着皇帝每天都要把刀架在臣子的脖子上。相反，他只要通过一两种具体的途径，比如决定他的升迁、安排他的婚姻或通过锦衣卫之类的组织刺探他的行踪，就可以完成对臣子的权力掌控。权力的运用精髓在于通过尽可能少但精准的动作创造无处不在的权威,而权威便是引而不发的权力。权力一旦出手,就应该发而皆中节,像是武侠小说中的点穴一样。

权力如何才能精准运作？这时我们就要引入“流”的概念。

将社会还原为物质过程

任何社会体系本质上都是对人类生活进行减熵操作，令杂乱无章的活动有序进行。由此，就会造成“流”。有能力造就“流”和改变“流”的，就是拥有权力的人。

皇帝能够决定宰相的去留，而宰相去留引发的一系列人事变动可能表现为层层官员的递补晋升，最后又在某个基层的县填上一名候补知事，这便可以视为一种“人流”。

某个公司能够决定产业链的布局，在它的要求之下，一批企业及其人才、资金和设备必须去往某个国家，而空出来的领域又可能被其他企业填补，这便可以视为一种“物流”。

某个思想家写出一本划时代的著作，进而激发一批人写作主题相近的著作与他探讨，这便可以视为一种“信息流”。

“流”，正是分析理解具体权力关系的工具。那么，在复杂工业社会，“流”的基本结构是怎样的？哪些“流”最为关键？

我思来想去，还是认为，要解答这个问题，就必须把人类社会还原为底层的物质生产，同时还得在其中添加社会属性，由此产生的模型才称得上妥当。

产业时代的逻辑其实很简单:资金、物质和资源以不同类型“流”的方式，将我们身处的这个复杂社会连为一体。而且，流与流之间也有着一种因为产业逻辑本身而自然生长出来的关系，比如，没有煤炭与石油，铁路和化工产业就不可能得到发展。这正是能量流支配物质流的表现。

当脑海中萌发“三流循环”这个概念时，我立刻意识到，终于有一种简单好用的工具来把握产业时代的复杂社会了。

现代社会的产业涵盖太多领域，联合国制造业门类已经划分有33个大类、70个大组和约140个小组，五花八门，琳琅满目。[1]但是,越是这样复杂的研究对象,越是缺乏一条清晰明朗的主线。那么,怎么才能把握这些错综复杂的关系呢?

我的答案就是“三流循环”。

这个概念的好处是,它可以把“产业”还原为最基本的两个层面:“物”的层面和“人”的层面。

万变不离其宗，从最基础的物理学的视角看，产业制造过程就是重新完成原子和分子的排列组合过程。这不是我的书生之见，而是得到了产业家的背书。

在接受著名播客主持莱克斯·弗里德曼（Lex Fridman）采访时，当代最优秀的产业家之一埃隆·马斯克就曾说过，他解决工程问题的思考基础是物理学。

比如，当他思考如何构建供应链和降低成本时，他的思考过程是:看看火箭的原材料有哪些（比如铝、钢、钛合金、特种合金等），每个部件组成元素的重量是多少，原材料价值是多少，那么，在不改变原材料的情况下，以上问题其实就是火箭的理想成本或者说极限成本。最终产品的成本取决于产业家如何把原子塑造成他需要的形状:

> 常见的思考方式其实是一种惯性功能。人们更倾向于使用他们熟悉的工具和方法，导致做出的东西不太可能是完美产品。所以这就是为什么要从两个方向来考虑问题：第一，可以用我们的工具建造什么；第二，理论上的完美产品是什么样的？因为你学习得越多，对完美产品的定义也会改变。在此之前，你实际上不知道完美的产品会是什么样的，但你可以制造一个近似于完美的产品。具备了以上两个思考方向，你应该会想："现在我们需要创造什么工具、方法、材料才能让原子变成需要的形状？"
>
> 这种思考方式很有效，但很少人这么想。[2]

从石器时代到现代高精尖制造，所有产业都可以还原为对原子的重新排列组合过程。这个过程用物理术语来描述，就是消耗一定的能量，让一个物理系统对另外一个物理系统做功。

因此，从物理学的角度，产业的起点是能量流。

根据物理学的视角，我们可以按照对能量利用效率的高低划分人类文明史的阶段。

自人类这个物种诞生以来，在绝大多数时间里，利用的主要还是生物能，其中最主要的是我们自己的体能。

一个人能够长时间承受的合理负重是20公斤上下，这主要是用我们自己的血肉和骨骼支撑的，反映为物理过程，就是消耗自己的生物能，对负重物做功。我们在劳作之后进食并休息的过程，就是恢复生物能的过程。

从400万年前南方古猿出现开始，到100万年前人类掌握使用火的技术以前，人类所能利用的能量和利用能量的方式，与一般的杂食性动物并没有本质区别。

对火的控制，是人类文明史的重大进步。一方面，火能够加热食物，帮助人类在寒冷的夜晚保持体温，这既扩展了我们的能量来源，比如可以因此食用很多植物的块状根茎，吸收其中的碳水化合物，也降低了能量耗散。另一方面，火也是一种能量做功的形式，比如用火将森林烧毁从事农业，比刀砍斧削的效率要高得多。

此后，人类改进用火的方式，引发了从青铜时代到铁器时代的材料革命，甚至到工业革命时代，“燃烧”还是人类利用能源的主要形式。

从能量的角度看，第一次工业革命是人类通过大规模燃烧煤炭获取能量。第二次工业革命是人类通过大规模燃烧石油获取能量。工业革命是以能量革命为前提的。

正是因为前所未有的能量革命，人类才能够开始制造大量机器，研发前所未有的科技，生产琳琅满目的商品。这一切彻底改变了人类组织社会、创造国家、发动战争的形式。因此，能量是从“生产”角度理解人类社会的最重要的一把钥匙。

但是，产业本身也是一种人的活动。没有人的劳动，没有人类的分工合作，煤炭和石油也不会自己从地里钻出来，跑进汽车的油箱里。

这其中最关键的一点是，分工合作有助于人类对社会秩序形成一种共同的想象，也就是共识。只有知道我们彼此之间的想法是一致的，我们才有可能达成信任，社会合作也才有可能。

为达成彼此之间的共识和信任，人类社会所发明的最有效的社会符号就是金钱。两个人即便来自相隔万千公里的两个国家，彼此信仰不同、语言不通，却能就“用金钱这种交易凭据交换彼此想要的东西”这个行为达成共识。这本身就是人类文明的巨大成就。

现代资金的流动和保障流动形式的金融机构，本身也是在互相信任中发展起来的。现代金融业的前身之一是中世纪欧洲的圣殿骑士团。圣殿骑士团因为广泛分布于各个国家而展开汇兑业务，具体说来就是，你在 A 地将一笔现金存入圣殿骑士团，就可以获得一张汇票，而凭这张汇票，你可以在B地的圣殿骑士团提取相应现金。如果用汇票作抵押或支付手段，其实也可以把它看作一种纸币。它的基础正是圣殿骑士团在各地的存在，以及这个机构本身的声誉。

所以，金钱和信任其实是一回事。

在《商贸与文明》中，我们曾区分零增长社会和正增长社会。正增长社会实际上就是以金钱为标记的财富能够得到积累、传承和增值的社会。相比于做不到这一点的社会来说，正增长社会是一个信用程度更高的社会：因为大家有钱，自然而然就会对整个社会的信用机制要求更高，所以舍得花钱“购买”一些更高级的制度与机构，比如法治，比如立宪，比如代议制，比如金融机构，等等。

欧洲历史上最早教授民法的是博洛尼亚大学。它是先有一批有需求的学生，然后他们共同出钱请来老师教授自己所需的文学与民法知识，最后才形成“大学”这种机构。博洛尼亚为什么能有这样一批客户群？因为这里有非常发达的运河系统，往来船只在此集散，商贾云集，城市发达，关于生意与经济的纠纷也就很多。

最早提出现代意义上的人民主权的学者，是帕多瓦的马西利乌斯（Marsilius），他最早在帕多瓦大学学习，后来去了巴黎大学任教。他之所以提出“主权在民”，主要是为了反对“主权在神”，而这背后的原因是商贸城市的存在影响了天主教会对意大利领土主权的控制。

当代国际商事仲裁制度起源于欧洲北方商贸城市组成的“汉萨同盟”，而当代国际法的奠基人格劳秀斯，是荷兰东印度公司的雇员……

一句话，我们熟知的许多现代社会赖以运行的高信用机制，都是用钱买出来的。

其实，现代产业本身也是用钱买出来的。我们曾反复讲过，正因为17世纪的英国出现了高工资经济模式，伦敦工人的工资水平得到提高，煤炭这种正常情况下相对木材比较奢侈的燃料，才成为普及性的消费品，由此引发一系列的连锁反应：因为煤炭有利可图，所以煤矿企业愿意花钱应用最新发明的蒸汽机给地下矿井排水；因为有这样可持续的应用场景，所以蒸汽机工程师有动力持续研发相关技术。

现代产业本身就是“正增长秩序”的延续。也因此，从人类社会分工合作构成产业活动的角度，观察产业活动的另外一个不可或缺的“流”，就是资本流。

能量代表产业活动物理性的一面，金钱代表产业活动社会性的一面，把这两方面组合起来，消耗能量，生产换取金钱（实际上也就是消费者认可和信任）的物品，就得到了第三个变量：产品（商品）。

产品不是一般意义上的物品。有许多“农民发明家”关在家里搞各种神奇的发明，造飞机造飞碟，这些东西当然耗费他们的劳动，但它们不是产品，它们的价值得不到市场的认可。艺术家纯粹为了追求美学而创作绘画或书法作品，不求贩售，它们是艺术品，也不是产品。这些都不是产业领域所要研究的对象。

综上，我们为产业史梳理的三大主线，就分别是能量流、产品流和资本流。[3]

在复杂工业社会中，这三个基本要素恰好表现为“流”的形式。

煤炭通过公路、铁路或者航运从煤产地运输到消耗它们的工厂，石油通过管道从油井输送到加油站，电力通过电线从发电厂输送到千家万户，这些都是流。

金钱从千万人的手中汇集到银行，再由银行和其他金融机构以借贷、投资、融资、期货等形式，通过支付体系和清算银行去往多种多样的企业，这些动向也被比拟为“流水”。

生产产品的人类组织形态叫“流水线”，运送产品的人类组织形态叫“物流”。川流不止，生生不息，这就是产业时代之后的人类生活。塑造、掌控和改变“流”的群体，自然也就是复杂工业社会中最重要的群体。将这些群体的运作规律识别出来，也就等于掌握了分析复杂工业社会结构的方法。

这就是我提出“三流循环”的根本目的。我们这里并不是要研究产业活动本身，而是要研究它对人类文明组织形态的影响，研究它如何塑造权力博弈的形态，研究它如何决定我们的生活。

很显然，煤炭、钢铁、石油、汽车、电子产品等当然不会自己决定人类生活，一定是掌控它们的人决定着人类生活。更具体地说，是掌控它们所依赖的“流”的人，决定着我们的生活。

我们在后文中将会看到大量案例：掌控着棉花与纺织品流动的企业，掌控了地缘政治“大博弈”的方向；掌控着铁路的军队，掌控了国家间战争的主导权；掌控了煤炭开采和运输路线的工人组织，掌控了阶级斗争的优势地位；打赢了世界大战的国家，期望获得的是煤炭、钢铁、工业产品和资金的流向。

许多人看待普鲁士的胜利，是看到了国家的力量，但经由“三流循环”，我们看到的是控制铁路物流技术的力量。

许多人把工人运动和普选民主视为某些主义、理念和学说的胜利，但经由“三流循环”，我们看到的是控制能量流的力量。

如果把煤炭时代的工业革命为人类生活带来的巨大变化想象成一条汹涌的河流，那么，它的源头就是一条流着煤炭的澎湃巨河，它的水流是由千千万万个货车车皮或者航运集装箱组成，在煤矿地发源，沿着铁路线转弯，在港口有如瀑布一般从火车倾泻到船上，最终流进蒸汽机锅炉的汪洋大海。那么，是谁在控制这条河流？是谁在这庞大能量流的每条血管、运河和端点控制流向和流量？是产业工人们。他们在这条河流的每个连接点扳下开关，开启起重机、机车和其他设备，好让煤炭沿着人类规定的路线移动，而控制河流的人，自然能够创造一种新的政治力量。

不仅如此，经由“三流循环”，我们还可以进一步展开对产业革命历史周期的分析。每一场产业革命的历史周期应该起于哪个流呢？其实，第一部分的“漏斗一喇叭”模型已经告诉了我们答案：先有挣钱的场景，再有技术突破。因此，一场完整的产业革命周期往往起于资本流，爆发于能量流，而大规模表现为产品流。

孕育近代社会的资本流

接下来，让我们以这种宏观的流视野，重新审视自1500年以来孕育复杂工业社会的世界史。

我们先把1500年以前的世界暂且作静态化处理。这本身并不意味着1500年以前的世界就是停滞不变的；恰恰相反，1500年以前，欧亚大陆上诸文明的互动关系的精彩程度并不亚于1500年以后的世界。但是，如果讨论的是诞生于西欧的复杂工业社会，我们必须舍弃1500年以前的很多精彩故事。

以物质交换史的视角看待1500年以后的世界，最引人注目的变化当然是新旧大陆之间的物质交换。

随着地理大发现的展开，伴随旧大陆的殖民者踏上新大陆以及从新大陆返回旧大陆的物质，包括细菌、病毒、钢铁、马匹、枪炮、棉花、玉米和红薯等许许多多为人类利用的物种与资源。但其中与我们的主题最相关的，是一种贵金属，即白银。

货币是一个社会信用水平的衡量指标。我们常说一个人的身家有多少钱，与其说是他实际持有多少纸币，不如说是他在社会得到了多少认可，这种认可使得人们愿意把钱放在他手中并分有回报。这个关系通过金融机构的“授信”概念体现得淋漓尽致。但是，不要忘记，在缺乏“主权信用货币”的时代，人们衡量信用的直观工具就是贵金属。一个社会如果缺乏贵金属，也就意味这个社会的信用水平被自然条件天然限制了高度。

中国历史就经常处于这种困顿之中。比较 11—15 世纪欧洲和中国的银产量，我们会发现，中国白银年产量多的时候也只有欧洲的 1/2，少的时候更是只有 1/6。[4] 长期货币短缺导致的一个结果，就是商贸经济的天花板很低。

比如，有人曾称过 18 枚面值相同的 11 世纪的中国铜币，最轻的 2.70 克，最重的 4.08 克。[5] 放到今天，就等于说一张面值 100 元的人民币，放到某些地方就只能当六十块花出去。这样的货币当然是没有信用的，这样的地方当然也就很难有发达的商贸经济。中国古代的商品生产是很发达的，商贸经济的质量却不高，一个重要原因就在这里。

一种解决办法是由暴力集团出面降低铸造货币的成本。然而这本身经常被暴力集团的短期主义破坏。例如，东汉末年经济崩溃的标志之一，就是董卓把东汉光武帝以来铸造的五铢钱熔掉换成小钱，原先含铜五铢的钱现在只剩三铢或两铢，这还怎么推行下去？如果最高暴力集团一意孤行，各路世家、富豪、地主和老百姓就只有加入小的暴力集团予以抵制，这就是军阀的形成，具体表现是十八路诸侯讨董卓。

另一种解决办法是发展代币系统。例如，隋唐以降，人们就曾把丝绸等纺织品当作重要的补充货币。丝绸的特点是价值高、重量轻，易于分割，因此广受中外商人欢迎，流通于自长安到中亚的商路（这也是这条道路得名“丝绸之路”的根本原因）。[6] 再例如，到了宋朝，官方认可的主要流通货币是铜币，宋朝商贸秩序非常发达，政府主动参与商业贸易，以维系财政供给。[7] 虽然还会有政府发行纸币掠夺民间财富的问题，但整体说来，宋朝的货币问题解决得相对较好。

但是，这两种办法都只是权宜之计。丝绸的供给依赖于江南的桑田，一旦受战乱影响，丝绸供给不能维持，代币经济也会衰落。铜币和铁币则要求政府建立较为完备的中央银行制度，拥有贵金属支撑的储备金（以防挤兑），以及避免劣币驱逐良币的现象。这些复杂社会的管理办法，在中古时代几乎都是不可能实现的。

因此，根本原因只剩第三种办法：寻找充足的贵金属，使其足以供应人类社会的商贸活动，为消耗能量生产物质提供足够的"授信空间"。

就人类近代商贸史而言，以上这些是在地理大发现时代完成的。

1526 年，日本发现著名的"石见银山"，其巅峰时期的产能占日本的 1/5，而日本当时的银产量又占全世界的 1/3。今天我们熟悉的"银座"，名字正是源于日本丰厚的白银产业。

1545 年，西班牙在秘鲁发现波托西银矿。这个矿就更厉害了：从 1581 年到 1600 年，每年平均生产 254 吨白银，占全世界产量的 60%。充足的贵金属供应，一下子扩张了 16 世纪以降人类社会能够利用的资本流。

随后，人类将从新大陆获得的充足的资本流，反过来运用于旧大陆。其中，有两个帝国马上受益于这个过程，一个是西班牙哈布斯堡王朝，一个是大明王朝。

先解释这一资本流供给对大明王朝的影响。

中国在南宋时代的商贸秩序还算发达，但是到元末明初，问题就比较严重了：蒙古帝国跟海外的商贸关系很密切，经常用白银作为国际贸易结算的手段，这就让中国的白银大量流向了海外。[8] 据学者估计，唐宋元三代累计白银产量约为 15,000 吨，而元代建立后，外流中亚、中东和欧洲的白银可能达 7,500—11,000 吨。[9] 这等于说，唐宋元三代中国老百姓积累的财富大都被带出了中国。

因此，大明王朝初建时，中国社会的信用水平和制度建设处在前所未有的低谷状态。从财政收入来看，南宋财政收入的巅峰期是乾道年间（1165—1173 年），岁入达 4,800 万两白银；而明初正统年间（1436—1449 年），中央政府以货币计算的岁入却只有 240 万两白银。[10] 即便加总各种实物收入，所得可能也不过千万两。滑落之大，令人触目惊心。

在社会财富水位如此之低的情况下，明朝开国皇帝朱元璋运用中国历史上长期存在的“编户制”，建立了一套残暴、简陋，无须借助货币经济就可以运作的政治–社会体制，也就是“洪武体制”。生活在“洪武体制”里的平民，基本等同于生活在一座巨大的监牢中，从生到死出行不能超百里，世世代代职业都被限定，还要受里甲的压迫奴役，其地位几近于农奴。[11]

不管是商鞅的“编户制”，还是朱元璋的“洪武体制”，本质上都是一种信任度极低的社会运作系统。古典暴力帝国对民众的压迫太深、剥夺太重，民众对政府的信任度极低，甚至不愿交税换取公共服务，而政府则只能进一步通过“编户制”把民众变成某种意义上的“国有农奴”，以解决动员能力不足的问题，组织军队，维护安全，打败敌人。

现代社会则是一种高信任度系统。你买房要签贷款合同，出具工资流水，银行才会把数百万现金借贷给你。这当然是高信任，而背后则是政府建立的暴力机构可以有效震慑违约的个体，比如，倘若有一方违约，另一方会走司法流程。

从古代社会到现代社会的发展，就是从低信任系统到高信任系统的进化过程。一个社会，流通的金钱越多，信用系统就越发达（当然，政府肆意滥发货币造成的通胀不算），出现法治机构、金融体系、大学和现代行政系统等高级社会组织的概率就越高。道理很简单，没有剩余利润，就没有额外的财富供养这些维护高信任系统的专业人才，例如律师、法官、银行家、公务员、科学家等等。

为 16 世纪以降古典帝国创造这种条件的，正是大航海时代以后因为国际贸易的发达而导致的大量白银输入。

地理大发现除了发现美洲以外，其实也对东亚历史产生了深远影响。16 世纪以来，西班牙人、葡萄牙人和荷兰人先后来到南亚和东亚，深度地参与东印度洋和西太平洋的海洋贸易。在这个过程中，日本和美洲银矿的开采完全改变了世界的白银供给结构。它对中国的直接影响，就是充分满足了中国商品经济对白银的巨量需求。[12]

根据估算，从 1550 年到 1644 年，也就是明代最后的一百年，中国大约有 90% 的白银是从海外进口的。根据不同学者的估算水平，这个数字相当于全世界白银产量的 25%—50%。[13]

无论用什么标准，这都是一个非常巨大的数字，以至于当时的商人和航海家送给中国“白银地窖”这样一个称号。或者也像有些历史学家说的，中国是个“白银吸尘器”。[14]

换句话说，中国是全球白银循环的终点，白银来到这里之后，就再也走不了了。

为什么中国能成为全球白银循环的终点？根本原因在于中国拥有强大的生产能力，尤其是生产欧洲人欣赏的那些商品，比如丝绸、瓷器和香料的能力。历史学家乔杜里（K.N.Chaudhuri）指出，1500—1750 年间，中国拥有亚洲最先进和最复杂的经济，中国之所以能够吸收如此大量的白银，主要是因为在生产成本上的相对优势。[15]

一旦经济活动开始活跃，“画地为牢”的编户制就会暴露出巨大的劣势：极大地限制民众的人身自由，阻碍商品经济的发展。军户体制被这种社会现实一冲击，其命运只能是瓦解，“洪武体制”也就随之被颠覆掉。

比如，到了东南沿海走私贸易非常发达的嘉靖朝，当时北方有鞑靼，南方有倭寇，中央财政捉襟见肘，负责军国实务的地方官僚就不得不把中国历史上反复实施过的妥协办法——“赎买”徭役的制度——又重新发明了出来，这也就是“一条鞭法”。

很多人以为张居正是“一条鞭法”的首创者，其实并不是这样。这个办法是嘉靖年间在抗倭一线作战的负责人慢慢从实践中总结出来的，像是一开始处理倭事的张经，以及后来的浙直总督胡宗宪，都想到了这个办法。

具体说来，因为海上走私活动，当时浙江和福建沿海民间积蓄的白银不算少，而这些人本来就旨在挣钱，不愿意当兵，如果强征，说不定他们会就地加入倭寇，所以不如化非法为合法：你出十二两银子，免了兵役，我另找人当兵。此举一施，两难自解。当然，这也不是因为张经和胡宗宪们有多么的天赋异禀，他们只不过是又一次发现了这个历史上曾被人反复发现和证明有效的实践操作办法而已。

当然，作为有明一代最优秀的政治家之一，张居正竟然从实践中无师自通地领悟到了一套输入“正增长秩序”，同时改造财政体系的系统改革方案，也着实是了不起。

1567 年，嘉靖帝驾崩，首辅徐阶召张居正一同撰写《嘉靖遗诏》，劝裕王上位，改元隆庆。直到此时，张居正才真正跻身最高决策层。他上任后对财政体系的改革，就始于“开关”。

有明一代的“开关”，实际对应了向两个方向的开放：向北，对蒙古陆路贸易的开放；向南，对海洋贸易的开放。张居正亲身促成了前者，入内阁期间经历了后者。

大明对蒙古的开关，实际上源于一个偶然事件。

蒙古俺答汗看上了受鄂尔多斯部落礼聘的三娘子，作为补偿，他把自己孙子把汉那吉的妻子嫁到了鄂尔多斯部落。把汉那吉感到受了侮辱，一怒之下于隆庆四年投奔了明朝。张居正得知此事，立刻安排将把汉那吉控制了起来，并以此人为饵与俺答汗和谈，实现了明与蒙古之间的长期和平，为大明解除了一百五十年来西北边境面临的持续压力。

大明之所以对东南沿海开关，是因为海禁政策无法维系。

明初，朱元璋因对海盗深恶痛绝，下达了“片板不许入海”的禁令。但随着日本银矿的开采和东洋贸易的繁荣，海洋贸易蕴藏的巨大利益反而促使许多沿海民众铤而走险。这就等于说，良民被海禁“制造”成了海盗。就拿明代有名的倭患来说，其实只有最早的少数倭寇是来自日本的武士，到嘉靖年间，来自日本的“真倭”在室町幕府和戚继光的打击下已基本被消灭，后来真正称霸一方的，如宋素卿、汪直，乃至后来的郑芝龙等人，多数倒是中国人，只不过常常在日本设有据点而已。也就是说，来自中国的“假倭”成了主流。

在这种情形下，一些务实的地方官员和沿海世家大族开始上书朝廷，请求废止海禁。从事贸易的利润百倍千倍于捕鱼捞虾，海禁政策挡住了沿海百姓的生路，他们当然会视其为仇雠。

但嘉靖皇帝在位期间刚愎自用，刻薄寡恩，始终没有废除海禁。隆庆帝即位后，广开视听，察纳雅言，正式废止了海禁，开放福建漳州月港，准许与东洋及西洋的贸易，是为“隆庆开关”。时在内阁的张居正，就是这一政策的制定者之一。

虽然名义上只允许在漳州一地贸易，但隆庆开关的风向标意义是重大的：这代表大明王朝不再把海外贸易视为完全非法的举措。其实，当时除了漳州之外，还有一片地域名义上虽未开关，事实上却可以无阻碍地自由贸易，这就是澳门。

嘉靖三十二年（1553），葡萄牙人以向国库缴纳一定数额租金的方式，获取澳门的自治权，但这钱被明朝海道副使一人独吞了，就这样，澳门莫名其妙地成了葡萄牙人的“自治领”。[16]澳门一年举办两次高级交易会，吸引了大批海商参与，成为明代重要的对外贸易窗口。

漳州月港的开关和葡萄牙人入驻澳门为白银加速流入大明王朝提供了便利的窗口，而白银越是加速流入，洪武体制就会越快瓦解。

到万历年间，由于皇帝年幼，张居正事实上独揽了大明王朝的最高权力。他决定利用自己的位置，做一些最简单的实事，首先便是在全国范围内推行“一条鞭法”。

实际上，“一条鞭法”在嘉靖年间就已经在浙江广泛实施了。只不过那时张居正还在翰林院，没有什么权力。当然，他本人肯定是很熟悉“一条鞭法”的优点的。胡宗宪平倭期间的属下谭纶和部将戚继光都用“一条鞭法”筹措过军费，后来这两人也都成了张居正的好友。他们的经验，张居正不可能不重视。

当然,身在高位的他要做的,不仅仅是把“一条鞭法”推行下去，而是要以此为基础，设计一套合理的系统。

“一条鞭法”是一种妥协。王朝初期建立的僵化体制无法维系，因此朝廷必须承认民众“赎买”徭役义务的办法是合理的，这样才能完成社会动员。但这还是一种不合法的行为,即使究其根本是“洪武体制”有问题在先。因此，倘若官府仅仅是做出妥协，甚至在官方文件中将此作为权宜之计予以认可，也都是不够的。

任何一个国家的根本政策，都不能不体现哪怕是最低限度的公平正义；只是在赤贫的“洪武体制”下，所有人都被圈禁起来，所有人都是暴力机器的农奴。但随着白银的流入，肯定会有一部分人先富起来，在“妥协”的过程中，利用借名、代持、收买、伪造等种种手段，这些人会把自己的徭役责任转嫁到没有富起来的那群人头上。这自然会造成巨大的不公平。

嘉靖朝的一些地方官员在主持实务的过程中，已经认识到了这种弊病。例如，巡抚广东的戴璟在承认“民壮及均平银两计田筭银”

的基础上，还要求“各县人民并不许置买香山等县田土寄庄”，其目的就是“以抑势豪，无并之势，以杜奸顽惯赖之害，以阻里排影射之风”。[17] 简单说来就是，官府不允许逃避徭役的富者成为一方豪强，不允许这种社会不公长期存在。

既要修正妥协带来的不公，又不能回到普遍赤贫的“洪武体制”，这样的系统该如何设计？它的最底层逻辑又是什么？

张居正找到的答案，是数据。

“社会不公”并不是一个空泛的道德概念，它一定会表现为物质财富上触目惊心的差距。一小撮人田连阡陌，多数人却无立锥之地，甚至要卖妻鬻子，这怎么都是说不过去的。搞辩经没有意义，咱们直接公布财产数据。

万历八年（1580），张居正以首辅之尊向全国推行《清丈条例》，下令在全国丈量土地。他自己还引用了两句诗，“苟利社稷，死生以之”，以之来形容此举的艰难和他准备破釜沉舟的勇气。

的确，古往今来，多少利益的争夺、权力的博弈、阴谋的施展，其实总逃不过一个底层逻辑：数据。如果你有真实且清晰的数据，那么，哪个环节，谁动了手脚，一目了然。如果没有数据，道德的大旗即便竖一万遍，归根结底还是解决不了硕鼠上下其手，甚至打着红旗反红旗的问题。

比如，在一切均以强制和暴力为出发点的洪武体制下，所有施政效果本质上都是不能数据化的。你能靠里甲制度强迫一个人去为官府服劳役吗？你能监督这个人在劳作时消耗了自己体力的5%还是10%吗？你能要求他工作8小时以及确保他这8小时没有摸鱼吗？

相反，货币经济体制相比暴力体制的最大优点，就在于只要货币这个信用媒介的基础是牢靠的，那我们就一定可以把所有效果数据化：每个人应该缴纳的税赋有多少，每个官员是否尽心尽责地把它们收取上来。一切都无法抵赖。

张居正改革的伟大意义正在于此。他知道“洪武体制”事实上已经无法维系，采取“赎买”原则是财政改革的唯一出路。但关键问题在于，不能让改革成为造就新的不公正的借口，而要实现这一点，就要靠数据。

令我们敬佩的是，他真的做成了——当然，这是仅限于他那个年代的政治环境和技术条件来说。但这已经足以名垂千古。

已经有很多历史学家从不同的角度，反复论述张居正改革的成就和伟大之处，我也就不再画蛇添足，只列举如下几个事实：张居正身后，万历一朝发动了著名的“三大征”，即 1592 年蒙古降将哱拜叛乱而导致的“宁夏之役”、1592—1598 年日本太阁丰臣秀吉入侵朝鲜导致的“朝鲜之役”和 1589 年杨应龙叛乱引发的“播州之役”。历史学家公认，万历皇帝虽久不上朝，行政机构运行紊乱，大明却依然能够先后赢得三场战争的胜利，其基础正是张居正厉行改革后为大明国库留下的财富。

明亡后，清雍正皇帝推行“摊丁入亩”，用的还是万历八年张居正推行清丈法收集到的数据。换句话说，这套数据的可靠性，得到了大明敌人的承认。正所谓：“一时之功，百世之利。”

我要强调的，就是把他的功绩放在全球化的宏观视野，看在资本全球流动的大势之下，个体如何具体推动历史进程。

国家的现代化

受益于全球白银大循环的国家，不止大明，还有同一时期腓力二世的哈布斯堡帝国。

有些读者刚接触欧洲史的时候，经常弄不清“哈布斯堡帝国”

到底指的是什么。这背后的原因是欧洲历史上的“王朝”与中国历史上的“朝代”有一定区别。我们得从这个区别开始讲起。

所谓“王朝”或“朝代”，意思就是控制一个帝国的核心家族所对应的历史时期。打个最直白的比方，帝国是台车，家族才是开车的司机。汉帝国首先是刘家的天下，明帝国首先是朱家的天下，所谓“以天下奉一人、一家、一姓”，就是这个意思。

中世纪以来,欧洲的“王朝”与中国的“朝代”的最大不同在于，中国的皇帝世家只开中国这一台大车，也就是说，唐王朝这台大车就是李家的，而李家也只开了唐王朝这一台大车。但与中国不同的是，欧洲的王朝却可能开很多台小车。比如，哈布斯堡王朝这个家族本来拥有的封地是历史上的奥地利（准确地说，是今天的瑞士），后来因为联姻和继承的关系，他们拿到了匈牙利、西班牙、葡萄牙、神圣罗马帝国的王位，换句话说，这几台车都是他们一家的。

但是，受到中国历史上“一个司机只开一台车”的认识影响，很多中国读者容易想当然地把哈布斯堡帝国对应到某个国家，比如西班牙或者奥地利。这当然是错误的，你得按司机的视角，用家族姓氏的关系，去理解这个王朝的历史，这样才会更接近真相。而且，这些家族看待封地与封地上的人民，并不像现代国家看待领土内的公民，而是像一些富人那样看待自己车库里的跑车——他们或许会爱车，但车子毕竟是财产，该卖就卖，该丢就丢。

在欧洲历史上，哈布斯堡是最煊赫的家族之一，开过不少赫赫有名的“大车”。例如，13—14 世纪和 15—19 世纪，他们是神圣罗马帝国的皇帝；13—19 世纪，他们是奥地利的大公和皇帝；16—20 世纪，他们是匈牙利和波西米亚的国王；16—18 世纪，他们是西班牙和葡萄牙的国王。一句话，欧洲大陆最好的“车”，他们家基本都开过，而且开的时间普遍不短。

这个家族中最幸运的司机，不是我们接下来要讲的腓力二世，而是他的老爹,查理五世。在这个家族的历史上,查理五世拥有的“豪车”质量最高、数量也最多（国土面积最大），没有之一。

他是神圣罗马帝国皇帝（意味着他是德意志和意大利的国王）、西班牙国王、两西西里国王、耶路撒冷国王、东西印度国王、奥地利大公、勃艮第及低地国家的公爵、施瓦本及一大堆郡国的男爵，头衔长度是《权力的游戏》里龙妈的好几倍，按地理面积算，他统治的范围则囊括了今天的德国、西班牙、奥地利、瑞士、意大利（大部分地区）、荷兰、卢森堡、比利时，几乎半个西欧。此外，西班牙人在美洲的大片殖民地理论上也在他的统治之下。

查理五世为什么能开这么多“车”？这要感谢祖辈的安排。他的爷爷来自哈布斯堡家族，是神圣罗马帝国皇帝和奥地利大公马克西米利安一世，奶奶是勃艮第女公爵“白富美玛丽”（Mary the Rich），外公外婆是西班牙共治双王斐迪南二世和伊莎贝拉一世。他的爷爷当年给他的外公写了封信，大意是说，如果双方联姻，就可以把奥地利和西班牙这两个大国联系起来。他的外公同意了这个安排，而查理五世就是最终结果：奥地利哈布斯堡家族和西班牙特拉斯塔马拉家族花掉了六个钱包，把孙子安排成了欧洲中世纪历史上统治疆域最大的君主。

这正是中古时代传统国家的最大特点：以天下奉一家，而非以一家奉天下。不同的领土和人民接受谁的统治,完全是由一两个“人上人”家族决定的。他们的纽带只有一种前现代的附庸和支配关系，并不存在现代的责任制政府关系。这种附庸和支配关系的基础，又是暴力。简单说来，如果不是因为害怕国王麾下的骑士和法庭设下的断头台，人民是断不至于匍匐跪拜一个远在千里之外的王族的。

但是，17 世纪前后，哈布斯堡王朝发生了一个关键转变：传统的暴力国家机器转型为现代国家常见的文官政府。这也是由全球白银循环推动的。

这一转型发生在查理五世之子腓力二世即位的时代。在腓力二世接班时，哈布斯堡王朝已经失去对北面神圣罗马帝国大片领土的控制。但腓力二世作为西班牙皇帝，除依然拥有今天西班牙的领土之外，还控制着意大利的南部、科西嘉岛、法国东部一些地区和北部的低地（尼德兰地区）。

但是，这些领土加起来也比不上美洲殖民地的规模。1521 年，西班牙征服者柯尔特斯（Hernán Cortés）攻陷阿兹特克帝国首都特诺奇蒂特兰，毁灭了这个我们到今天还没办法完全确认其历史长度的文明。1532 年，西班牙征服者皮萨罗（Francisco Pizarro）俘虏印加皇帝阿塔瓦尔帕，庞大的印加帝国因此瓦解，并逐渐遭到西班牙侵蚀。这些领土加起来，比西班牙本土的面积还要大六倍。

西班牙本土和美洲，中间可是隔着大西洋呢，腓力二世当然不可能像他老爹一样用巡游的方式治理国家。他不得不采取了另外一种办法：文书。

为此，他设立了 14 个议事会，处理来自西班牙、葡萄牙、佛兰德（低地地区）、意大利和美洲的 326 个领域的问题，每个领域都有一套自身的行政管理程序。

听到这个数字你可能会惊掉下巴：国王这么忙吗？别的国王不敢说，但腓力二世就是这么忙。据当时的威尼斯大使说：

> （国王）从不懒惰……他除了做多次祷告，还每日亲笔书写大量信件，间以不断以此方式向他的议事会成员、法官、秘书和大臣们发送短简、商议录和命令，还有他与其他人一起处理的无数秘密事务。难以相信他在签署函件、许可状、专利证和干其他尊严正当之事方面费了多少时间：有些天里事情多达 2000 桩。[18]

用文书代替巡游，有显而易见的好处：

首先，文书传递再怎么低效不便，都比国王自己去一趟方便得多。

其次，文书能够保证国王给下属设立的所有 KPI，以及对下属做出的所有承诺都是有字据可循的，如此则能尽量杜绝欺瞒与扯皮。

最后，公文写作本身也意味着一种对政务的理性处理方式。就像今天的公务员给领导写文件汇报，他是断不敢洋洋洒洒不着边际地写的，而是要按照一定的结构梳理，讲清问题为何、关键为何、如何解决等。这背后体现的，就是治国理政的理性化，而不是古代人治社会的“葫芦僧乱判葫芦案”。

其实，我们参考一下另外一个例子，就会更加明白这背后的机理。秦统一六国后，始皇帝嬴政设立三公九卿制度，安排专门人员分门处理宫廷、财政、礼仪、刑狱等事务，还设博士七十二人以备这些官员咨询。此举是奠定中国两千年官僚制的重大措施。

为什么嬴政在治理秦国时用不着这样发达的官僚体系，但治理天下时就必须采取这些举措？很简单：国土的扩大意味着事务的增加，事务的增加意味着皇帝需要有人分担他的工作，而需要的人越多，他就越依赖文书和制度创立的信任机制，而不是传统社会人与人之间因熟悉和亲密关系而建立的信任机制。

政治学家查尔斯·蒂利（Charles Tilly）曾经引用历史学家 J.H. 艾略特的话，说查理五世是武士国王，腓力二世则是惯于久坐的国王——他在成堆文件包围的书桌边度过自己的工作日，象征了西班牙帝国从征服者时代进入公务员时代的转变。蒂利认为，这是现代国家开始出现的重要一步。[19]

当然，对这个问题，政治学的研究已经有很多了，但这里我们想强调的是，腓力二世能够用文书来治理庞大的帝国，跟另外一个条件也是分不开的，这就是我们前面反复强调的主线：全球白银大循环。

为什么这么说？这需要我们关注一个细节：“人上人”的财富，

是从哪里来的？

你可能会说，这有什么好问的，古代贵族阶层占有那么多土地，土地就是他的财富。没错，但我问的就是这个细节问题：贵族可能有一万亩土地，但这些土地生产出来的小麦、蔬菜、水果、香料、鸡鸭牛羊，以及由这些农产品制成的面包、干脯、肉蛋奶、皮革、靴子，到底是怎么从农民的地头运到贵族的宅邸的？是农民先换成钱然后运到城里的别墅，还是农民直接把东西运到城里？

其实，多数时候，这些财富还真的就是农民直接运来的。俄国有个著名的贵族出身的无政府主义革命家，名叫克鲁泡特金，他在回忆录里就写道，每年冬天，他父亲都要写信给领地管理人，让他们派二十五辆雪橇运燕麦若干斗、大麦若干斗、小麦若干斗以及过年所需要的鸡鸭鹅等到莫斯科。[20]《红楼梦》里也有类似的段落，地租管理人乌进孝送来的单子里，就有獐鹿牛羊这些活物，以及杂鱼海参等鱼鲜和榛松桃杏等果品，还有木炭等日用品，加起来折银两千五百两。

这正是古典时代贵族阶层的真实生活状况：他们的财富，也是靠农奴的两只脚，一车一车地拉来的。所谓国王，也不过就是大号的贵族而已。况且，曹雪芹是 18 世纪的人，克鲁泡特金是 19 世纪的人，查理五世比他们还早个两三百年，更没有什么技术手段解决财富转运问题。

简言之，古代社会的帝王将相，也无非是靠着“人下人”的肩挑手扛解决柴米油盐的，就像明朝政府的大批赋税，收取的就是实物。

但是，腓力二世还真就不一样。

到他的年代，西班牙帝国的财政还真不是主要依靠实物贡赋，而是白银。在当时，西班牙银圆是硬通货，是民间意义上的全球货币，地位相当于 19 世纪的英镑和 20 世纪的美元。西班牙银圆的广泛发行，又跟西班牙的全球贸易，尤其是从美洲发现的巨大银矿有关。这永远地改变了西班牙的财政结构：在腓力二世治下，西班牙帝国政府基本上依赖销售税而不是人头税过日子了。

这里要解释一下的是，税收一般分直接税和间接税两种。直接税就是直接向个人收的税，比如中国古代的农业税、土地税等等；而间接税则是交易税，是按交易金额或者次数收。政府要收直接税，没有什么投机取巧的办法，只能靠派官吏下去强征，老百姓要是反抗，那就只有打服。

但间接税就不一样。它是政府在已经存在的商贸关系基础上，找到适合的办法插一脚，赚笔钱。比如，民间商船要走政府修的运河，政府就要设个卡，收每船货物价值的十分之一或者二十分之一作税；或者商人租用了政府修的商铺，政府就会派人来统计一下，每年收个铺税；或者民间买卖房产要请政府做见证，政府就要收个契税，如此等等。

这背后的逻辑很容易理解：间接税的收税成本比直接税要低，而且税基要大，所以间接税占比越高，说明政府的财政体系越是现代化，其经济实力也就越强。读过拙作《商贸与文明》的读者大都清楚，这是“商贸秩序”能够促成“正增长”的原因之一。

腓力二世在位期间，西班牙帝国的财政特点正是销售税占比很高。其实，这个变化从他父亲查理五世晚期就开始了：1553 年，有一种名叫“alcabale”的销售税，占到了整个西班牙王室普通收入的 2/3。[21] 这是腓力二世从发达的商贸中获取的好处，而这些商贸的基础，当然是西班牙在全球扩张殖民地过程中所伴随的贸易活动。

西班牙王室收入的另外一项重大来源，自然就是美洲出产的白银。

我们前面讲过，1545 年，西班牙人在南美洲发现了波托西银矿，这座银矿在巅峰时代生产了全世界 60% 的白银。但是，这并不等于西班牙人就拿到了世界上 60% 的银币，拥有了世界上 60% 的财富，因为货币本质上也是一种商品，如果其他条件不变，单纯增加供给，那后果也无非就是通货膨胀而已。

假设西班牙人非常需要英国的羊毛，而他们手中的银币突然变成了原来的两倍，那么一段时间过后，他们不会从英国买到两倍于原来的羊毛，而是英国人会把羊毛价格提升为原来的两倍。所以，控制了银矿并不等于直接控制了同等数量的财富。

而且，由于金银是全人类共同认可的货币，它不需要任何政府的信用背书，所以西班牙政府也不可能垄断铸银币的权力。实际上，从技术角度讲，它也不可能拦得住自己的美洲殖民地机构在当地开采完银矿后直接铸成银币。16 世纪以后，大量的西班牙银圆就是直接在美洲冲压而成，它名叫西班牙银圆也只是因为它来自西班牙的美洲殖民地，形制是个圆，而不是因为它是西班牙政府铸成的法定货币。那个年代，不仅英国和荷兰，甚至郑成功都铸造了自己的“西班牙银圆”。[22] 其实直到清末，袁世凯发行的“袁大头”也参考了西班牙银圆的设计。

所以，西班牙王室的选择是放弃垄断铸币权，但要收取 1/5 的铸币税，史称“国王的五分之一”（King's fifth）。[23] 也就是说，你每铸 100 块的银圆，里面有 20 块归西班牙政府所有。其实，就这 20 块银圆，也还是因为当时炼银需要用汞，而美洲殖民地的汞必须从西班牙本土运过去，所以政府相对于殖民地才有了这个议价权。否则的话，连这 1/5 都没有。

本质上，人类需要货币就是为了交易，所以货币的最终流向一定是市场，也就是换取商品。所以，16 世纪以后西班牙银圆的去向是哪里呢？答案是中国。

我们前面讲过，中国因为劳动力的高度廉价而成为 16 世纪全球的制造业中心，也成为全世界白银的流动万向。当时中国南方的老百姓对西班牙银圆非常熟悉，他们将其称之为“双柱”（得名于

18世纪的西班牙银圆

银圆上皇冠旁边的两根柱子），或“三工”“四工”和“工半”（分别得名于罗马数字Ⅲ、Ⅵ、Ⅶ）。[24]

流向中国的白银是如此之多，以至于很多西班牙官员和学者都建议西班牙政府采取措施控制白银流向中国。在当时的经济学理论看来，白银就是一国经济实力的直观体现，白银流出意味着国力空虚。[25]西班牙政府虽也按照他们的建议努力了，但是很遗憾，他们做不到，原因在1594年秘鲁总督写给西班牙马德里政府当局的一封信里，已经讲得很明白了：

> 中国商品如此便宜，西班牙商品如此昂贵，以至于我相信不可能将这种贸易扼杀到没有一件中国商品在这个国家消费的程度。既然一个男人能让他的妻子只花25个比索就穿上中国丝绸，他就不会花200比索给她穿西班牙丝绸。[26]

其实，为西班牙王室本身的利益，他们也不会中止对中国的白银流出。前面说过，西班牙王室有2/3的普通收入来自消费税，而在剩下的1/3里面，来自美洲的收入，尤其是其中那1/5的铸币税收入就占了大头。这些经济基础，是腓力二世能够在悄无声息中完成对国家治理制度改革的底层条件。

试想，如果整个经济体还停留在白银货币之前的年代，国王收取税赋要靠实物，农奴不远千里才能把米面粮油运到宫廷，那么文书能够起到的作用必然很有限。正是因为16世纪中叶以后，西班牙银圆流遍全球，财政活动从数鸡鸭牛羊变成了数银圆，文书管理才能够代替农奴的肩挑手提而发挥巨大作用。正如有些历史学家指出的，对美洲收入来说，西班牙中央财政管理机构除了简单接收缴纳上来的税费以外，没有任何其他事情可做。[27]

也正是因为文书管理取得的成功，腓力二世才有可能真正把父亲留给他的庞大遗产整合起来，应对来自多方面的敌人。在他的统治生涯中，除了最后几年之外，西班牙帝国取得了一连串的胜利：1556—1559年，在持续半个多世纪的意大利战争的收尾阶段击败法国，让西班牙赢得在意大利的霸权，还使得法国陷入动乱；1580年，葡萄牙国王恩里克一世去世，腓力二世宣称自己对葡萄牙王位有继承权，并率军攻下里斯本，获得葡萄牙本土和它在美洲的大片殖民地（今巴西）；1584年，困扰他多年的荷兰起义领袖奥兰治的威廉（沉默者威廉）被刺客暗杀，腓力二世欣喜若狂，认为这是上帝给他的吉兆，预示着荷兰的麻烦会很快结束。

的确，站在1580年代的时间点上，西班牙帝国正处在它的巅峰期，腓力二世正在完成一项前无古人的创举：真正统治一个领土横跨大洋的帝国。著名历史学家和战略研究家杰弗里·帕克就持有这种观点，他认为，腓力二世是历史上第一个全球性帝国的统治者，而他的经验教训值得后来的全球帝国——例如20世纪的美国——反复参考。[28]

但是，把其背后的经济联系梳理到这个地步，我们会发现，腓力二世能打赢这些仗的财政基础，恰恰是他充盈的国库，而国库的税收则系于西班牙银圆在全世界的流通。对此，历史学家丹尼斯·弗林（Dennis Flynn）有个辛辣的评价：西班牙本质上就是个像波兰一样的东欧落后国家，它取得的成就主要依靠贩卖资源矿产（银矿）。[29] 这等于说，在历史上如此强大的西班牙帝国，本质上就是个加强版的沙特阿拉伯而已。

讲到这里，很多朋友也许已经发现我要说什么了。

是的，在工业革命之前，地理大发现已经让全球的白银货币进入统一大循环，这就给各个国家升级自己的财政体系提供了巨大的机会。

虽然明朝的"洪武体制"和西方的封建制，本质上都是因为作为现金的货币极度匮乏而被迫形成的低信任系统，但在全球白银大循环的条件下，它们都有条件把低信任系统升级为高信任系统：在大明王朝，它表现为张居正改革；在哈布斯堡王朝，它表现为腓力二世的国家治理文书化。

这两场政治改革自然是各有各的脉络，但内在逻辑却是一致的：货币供应充足，一切可以用交易数字衡量，那么治理就可以数据化。

资金流对帝国政治的影响，就是如此隐蔽而深远。

在亚欧大陆的东方，资金流令首辅张居正得以实施改革，为"一条鞭法"的全面铺开奠定基础，大明王朝从而得以中兴。

在亚欧大陆的西方，资金流令腓力二世得以筹集足够的军费，挫败法国、奥斯曼和葡萄牙这些强敌，从而使西班牙帝国登上日不落帝国的巅峰。

更妙的是，中国历史上最有为的改革家之一张居正和西班牙历史上最有为的国王之一腓力二世，均对他们背后的这种隐秘关联一无所知，因为他们完全不理解什么叫"复杂社会"。

复杂社会的崩溃

但是，西班牙帝国和大明王朝都只被动受益于全球资本流循环，而未能长期利用好这一优势。在17世纪小冰河期引发的全球灾难中，这两个帝国都经历了“复杂社会的崩溃”。

这两个帝国的精英的知识结构完全无法理解复杂社会。大明皇帝意识不到自己的财政改革依赖白银输入，哈布斯堡皇帝也意识不到自己的强大军事实力来自白银循环。他们误以为帝国国库有钱了就可以四处征伐，结果反而空耗了国力。一旦复杂的全球资本流网络因为地缘政治冲突而瓦解，这些帝王的行为反而是在给自己的脖子套上绞索。

从1571年开始到1580年，西班牙王室收入因为美洲的铸币税增长了一倍（以西班牙货币单位计，五年财政收入从390万杜卡特增加到800万杜卡特），但由于战争上花的钱太多，国王还是不得不于1575年宣布破产。[30]

但不管是1575年的破产，还是1588年的无敌舰队失败，对腓力二世和西班牙霸权都还不构成致命伤。J. H. 艾略特就说，即便无敌舰队遭受了失败，西班牙军队还是在1591—1592年间达到了巅峰。[31]

对西班牙来说，真正致命的只有一条，那就是白银循环的衰落。

17世纪上半叶，连接哈布斯堡王朝和大明王朝的白银循环，受到了三重打击。

第一重打击，来自西班牙与荷兰之间的战争。

荷兰信奉新教，西班牙信奉天主教，宗教战争本来就是不死不休的矛盾。要命的是，荷兰人“海上马车夫”这个外号不是白叫的，在那个年代，这批船上人在航海家、商人、海军和海盗之间的身份是可以自由切换的，所以，“海上马车夫”也有獠牙。

自双方开战以来，荷兰人就利用航海优势封锁西班牙的航路。其中对东亚白银贸易影响最大的是两个港口：一个是果阿，一个是马六甲。这两个港口恰好一个通往印度，一个通往中国，而中国和印度都是当时劳动力最廉价、产品最丰富，因而也是白银最大的流向地。

尽管这些战场远离欧洲和亚洲的文明中心，是毫无疑问的边缘地带，但你可不要小瞧这些航路贸易的重要性——当时东西洋之间贸易丰厚的利润，已经到了一艘船的货物足可以用“富可敌国”来形容的地步。例如，1603 年，荷兰船长雅各布·范·黑姆斯克尔克（Jacob van Heemskerk）虏获一艘葡萄牙货船卡特琳娜号，船上商品价值 220 万荷兰盾，相当于当时英格兰一年的财政收入。[32]1628 年，船上荷兰船长皮特·海因（Piet Hein）虏获四艘西班牙大帆船，船上货物价值竟达到惊人的 1150 万荷兰盾，五倍于卡特琳娜号的收获，而就是这一收入为荷兰军队提供了八个月的军费，让他们赢得了一场重要战争。海因归国之后，被荷兰人视为民族英雄。[33]

第二重打击，来自日本。

17 世纪，葡萄牙和西班牙在东亚的存在感很强，其所带来的白银和武器引发了许多地方政权的兴趣，日本各地的大名也不例外。然而，当时主政日本的德川幕府对此十分紧张，害怕大名通过海外贸易积累巨大的财富和兵力，挑战幕府霸权。所以从 17 世纪，日本幕府以传教为由，限制西班牙人和葡萄牙人与日本贸易，此即著名的“锁国政策”。在一定程度上，这一政策也限制了当时整个的东亚白银贸易。[34]

第三重打击，则来自经济发展的自身规律。

我们前面讲过，东亚白银贸易的根本，是中国的白银短缺。日本和美洲的白银开采当然解决了这个问题，但是日本和欧洲商人历经千辛万苦来到这里不是做善事，而是为了赚钱。然而，在中国最缺乏白银的时代，最赚钱的生意还不是直接拿白银换瓷器和丝绸，而是直接拿白银换黄金。

相对于白银（在元代）的大量流失，中国保留的黄金相对多一些，这就形成了一个套利空间：把海外的白银运进中国换成黄金，再去别的地方卖出去。

比如，1568 年，中国的金银兑换比是 1 : 6，西班牙的金银兑换比则超过 1 : 12。也就是说，如果你有办法从西班牙把白银运进中国换成黄金再带回去，你的利润就有 100%。但是，随着套利生意规模的增加，大量白银开始涌入中国，所以高银价是不可能一直持续的。1627 年以后，中国的金银兑换比已经涨到 1 : 10—13，而西班牙的比例则在 1 : 13—15 之间。[35] 套利空间减小，白银流入中国的势头自然也就衰减。

结果，17 世纪上半叶，在地缘政治和经济规律的重重打击下，东亚白银贸易开始大规模下跌。1620 年代，运往马尼拉的白银从 23 吨下降到 18 吨，到 1640 年代，则下降到 10 吨左右。[36]

这对哈布斯堡王朝和大明王朝各造成了严重的后果。

先说大明。大明王朝的金银兑换比已经上涨到跟西班牙接近的地步，然而这并不代表白银需求得到了满足，因为白银循环的过程就像婚礼上的香槟塔一样，必须先灌满上层的杯子，水才会流向下层。

当外贸水流充足的时候，最先从外贸中挣到银子的一批人，一定是海盗与外贸商，然后是与他们打交道的国内商人，再然后是受益于白银输入的政府机关，最后才是被减轻了束缚的老百姓。一旦从源头关闭了外贸的流水，最先遭遇货币短缺的，反而是老百姓。

1638 年，一千枚（一贯）铜钱还能兑换 0.9 两银子，到 1646 年就只能兑换 0.17 两了。老百姓一银难求，然而“一条鞭法”的规定又是交税必须交白银，结果当年利民便民的措施，莫名其妙地就成了给民众挖的坑。

只是世间已无张居正。这一次，已经没有位高者理顺治理过程中的细节，也没有百年一遇的改革家来给大明王朝续命了。

明末思想家顾炎武曾经记录官府强征白银而导致民众家破人亡的惨状。他说，自古以来，即使在禹汤这样的盛世，老百姓在饥荒年份也难免会卖妻鬻儿，然而像大明这样，即便丰收年，老百姓也要被迫卖掉妻子孩子的，则真是唐宋以来所未曾有。

顾炎武说，自己走过关中岐下这些地方，年岁是好的，粮食是丰收的，然而官府来征粮的时候，卖老婆孩子的村民竟然形成了集市，“谓之人市”。原因是什么？“有谷而无银”。银子短缺的原因又是什么？外贸的商船不来了！[37]

张居正厉行改革的举措遇上白银循环的终结，这竟然造成如此的局面，他恐怕是万万没想到的。当然，更令人始料未及的，是竟然有人认为，隆庆开关造成的大量白银内流是大明最后亡国的原因之一。且不说市场经济的大潮到底能不能挡住，如果不开关大明会是什么下场？难道“洪武体制”本身就是正义的？难道大明把老百姓当农奴一样画地为牢，让他们世世代代为军为匠为民为灶就是正义的，就不会灭亡吗？

正所谓：“宁在一思进，莫在一思停。”古往今来，没有哪个国家可以不经受外界环境的变化和突发的挑战，如果不反思一个政权为什么只能保守“祖宗之法”，做不到应变有方，进退有据，反倒怪外贸的输入，那可真是舍本逐末，缘木求鱼了。

接下来的故事众所周知。1628 年，高迎祥反。1630 年，张献忠反。1631 年，李自成反。1635 年，高迎祥、张献忠、罗汝才、老回回、过天星、九条龙等十三家流寇首领会于荥阳。同年，高迎祥攻破明中都凤阳。1641 年，张献忠破襄阳，杀襄王。1644 年，张献忠破重庆、成都，李自成破北京，崇祯皇帝朱由检自尽于煤山。

再看哈布斯堡王朝这边。

对哈布斯堡王朝来说，白银循环的衰落造成的直接后果，是收入下降。在 16 世纪的最后五年，西班牙王室收入平均每年 2640 万杜卡特，但是到 1620 年，腓力二世的儿子腓力三世在位的最后一年，王室年收入竟然萎缩到 40 万杜卡特，而当时，与荷兰的战争仍在持续，每年要花费 400 万杜卡特上下。腓力四世即位后，王室在 1625 年宣布破产，两年后又再度宣布破产。到这时，很多银行家已经完全不想把钱借给日不落帝国的国王了。

财政破产的直接结果，就是油没了，车开不动了。不仅荷兰这台车出了问题，加泰罗尼亚和葡萄牙这两台后花园里的车也熄火了。1640 年代，以上两个地区先后发生叛乱，而为了扑灭家门口的灾难，国王不得不在 1648 年跟荷兰和其他交战国签订和约，此即八十年战争的结束。

战后，荷兰获得独立，瑞典获得大量赔偿金，法国获得大片领土，只有哈布斯堡王朝满盘皆输，从兴盛走向衰落。

从资本流到能量流

以上，就是东西方两个都产生过所谓“资本主义萌芽”的帝国如何失败的故事。这两个帝国的共同特点是“起了个大早，赶了个晚集”。

在前工业革命年代，这两个帝国的成就肯定不低。一个是历史传承最具延续性的文明古国，也是 17 世纪全球贸易的生产中心，号称全球白银资本的流入地；一个是新航路最重要的开辟者，最早发现美洲大陆的国家之一，也是最早建立“日不落”霸权的帝国。它们之所以能够取得这样的成就，是因为两者被全球循环的白银连接到了一起，即使自己全然不自知。张居正不知道自己的改革有赖于美洲探索，腓力二世也不知道自己的国库稳定有赖于东亚政治局势的稳定。

既然不知道自己的成功源自何处，那么，自然也就不会知道自己的失败源自何处。不知道是否有很多西班牙学者会对帝国的崩溃扼腕长叹，但确实有很多中国学者惋惜大明的崩溃。然而，问题是，那些传统认知框架能够帮助他们认识问题的所在吗？儒家治道、忠君爱国和修身齐家能够帮助我们找到解决问题的钥匙吗？

虽然大明王朝是全球制造业的中心，也是白银的流入地，但这是劳工极端廉价的市场竞争的结果。而且，任何人承受剥削都是有底线的，当无底线地压榨其劳力换取白银时，他也是会造反的。因而，如果看不到自己的成就是建立在如此脆弱的前提和基础之上，还硬是要通过征收白银来强化帝国固有的制度，那么，起义爆发、政权崩溃和倒退回低信任社会，可能只在一瞬间。

反过来也是如此，尽管哈布斯堡王朝是新航路的开辟者，但帝国在地缘政治上的负担实在太重了，而且皇帝同样看不到自己的强盛是建立在如此脆弱的前提和基础之上，那么帝国的失败和解体其实也就在一瞬间。

当然，在命运的反复无常与帝国的盛衰兴亡上，我们也不能过多地苛责大明与哈布斯堡王朝。有无数的古代帝国因为四处征伐，空耗国力，最终在地缘政治危机中瓦解。

唯一走出这个循环的，只有英国。

关于英国超越中古时代一般商贸城邦的“正增长秩序”以及建立起允许高等金融业务存在的“高信任社会”的机理，我们已经在《商贸与文明》中解释过了，这里就不再赘述。

至于英国恰巧又是全世界煤铁资源最有优势的地区之一，其在正增长秩序中积累的庞大资本流如何为技术进步提供良好的“漏斗”

环境，我们也在第一部分关于煤炭革命起源的篇章中介绍过了，这里也不再重复。

我想勾勒的，是人类历史演化的一个长周期机制：尽管商贸活动对连通全球、促进经济活跃极为重要，我们也可以见证一系列的数字（包括 GDP、人均收入和财政收入）的增长，似乎从中见证着盛世，然而历史反复地告诫我们，复杂社会的崩溃只需要几十年。要知道从张居正去世到大明覆亡，也不过区区六十年而已。

在绝大多数古代社会，“人上人”的认知水平也就只有这么高。他们并不高瞻远瞩，更不掌握历史演化的规律。他们关心的主要是自己的权力、地位以及征服的欲望。一旦这种欲望压过制度的约束，压过市民社会参与商贸活动的诉求，将整个国家的重心转移到地缘政治争夺上，复杂社会就很容易崩溃。

如何让复杂社会变得更稳固，鲁棒性（Robustness）更高一些？答案是，必须在充足资本流的基础上，推动技术进步向着迅速提高物质生产能力的方向前进。

对人类社会这种能力的提升效率推进最大的，当然就是能量技术的革命。

倘若以“控制的能量水平”为指标来划分历史，那么，人类文明大致上可以划分为五个阶段。

第一个阶段是使用自身的体能，即生物能的阶段。

这一阶段又可以分为使用火之前和使用火之后。火让包括智人在内的所有人类物种得以更好地开发自己的体能，帮助人类取暖以渡过寒冷的冬天和夜晚，帮助人类烹调食物以更广泛、更有效地从原先无法食用的植物（例如植物块茎）那里获取能量来源，帮助人类改造工具以更有效地节省体力，等等。

第二个阶段是使用畜力。

智人大概在 1.5 万—1 万年前开始驯化动物，而大多数被驯化的动物都可以成为能量的来源。全世界各地的人都曾使用牛、马、驴和骡等牲口拉车，部分地区的人也使用狗和山羊牵引轻型手推车，更有名的例子则是作为雪橇犬的哈士奇。在北极圈周围，人类使用驯鹿拉雪橇，“二战”中苏联红军甚至还有驯鹿运输营。在东南亚，人类驯化大象用于伐木。在南美洲，由于没有马，人类驯化了羊驼来拉犁。

就像火一样，驯化动物也极大地改变了人类文明的形态。驯化动物与植物（驯化植物，即农业，同样可以提升能量的使用效率）可以创造能量密集地带，也就是早期城市。早期城市繁育的大量人口则为扩张创造了条件。这些人群不断迁徙，改造植被以便于耕地和畜牧，取代甚至消灭了早期的狩猎部落。《枪炮、病菌与钢铁》的作者贾雷德·戴蒙德（Jared Diamond）就持有这种观点。

第三个阶段是使用流水和风驱动的机械能，也就是我们熟悉的水车和风车。

水车出现在大概两千多年前。公元前 1 世纪左右，古希腊和中国的文献各自提到了水车，说明当时已经普遍使用这种机械。古希腊的早期水车是横置的，能够提供的能量很低，大概只能提供 0.5 马力左右的动力，也就是说，还赶不上畜力。所以，早期水车的作用一般是供普通农户家用以代替昂贵的牲畜。

但是，到罗马帝国时代，工程师维特鲁威（Vitruvius）发现，如果把水车竖起来，并且修建引水渠以刻意引导水流冲击水车，就可以创造更大的能量。这样改造后的水车，大概能够提供 3 马力的动力，因此这种立式水车又被称为“维特鲁威式水车”。[38] 到中世纪，经过工程师的改进，维特鲁威式水车可以提供 40—60 马力的动力源，把能量供给水平提升了一个数量级。

风车的出现要更晚一些。如果不算那些古典时代已经出现的玩具装置，抑或东方世界更熟悉的转经筒，实用的风车应该是 7 世纪左右在波斯出现的。波斯的锡斯坦地区炎热高温，陆地平坦，风力强劲，所以人们用风车碾磨谷物。阿拉伯地理学家马苏第（Al-Masudi）说："地球上没有其他地方能比这儿更好地利用风了。"[39]

此后，这项发明向东传播到中国，向西传播到欧洲。到 14 世纪，欧洲很多地区都可以见到风车，风车提供的能量跟水车相仿，也在 40—60 马力。

水车和风车的技术进步，为 12—13 世纪的"中世纪技术革命"提供了动力源。[40]

第四个阶段是把化石能源作为主要能量来源。化石能源为人类提供的能量，在数量级上远远超过前三个阶段。

比如，在蒸汽机刚诞生的时代，为了向世人说明这种新型机械带来的巨大力量，瓦特发明了"马力"这个能量单位。[41] 我们这里就借用这个单位，粗略地对比第四个阶段以后，人类社会利用的能量数量级可以达到什么地步。

按照设定，一马力相当于一匹马转动磨盘 144 圈（耗时约为 1 小时）所做的功，换算成更普遍使用的功率单位，大致相当于 0.75 千瓦。以此为衡量标准，一个健康的成年人可以短暂输出 1.2 马力，并可以无限期地维持大概 0.1 马力的功率。这就是产业革命之前一个社会能够使用的动力源水平。

> 2000 年前，一台水车的动力约为 3 马力。
>
> 15 世纪以后，部分水车和风车能达到 40—60 马力的水平。
>
> 18 世纪早期，一台蒸汽机平均输出的功率也只相当于 1 马力左右。[42]

但是，工业革命以后，技术的加速进步效应开始发挥作用：

19世纪下半叶，一台蒸汽机平均输出的功率已经进步到了10马力。[43]

1870年，英国蒸汽机的装机量达到了206万马力，远超英国马的数量。

1900年，工厂蒸汽机的功率可以达到2400马力，船用蒸汽机则达到近5000马力。[44]

这些数字既直观反映一个社会利用能量的水平，实际上也就反映了它解决问题的能力。生活在1700年的人，能够拥有一匹马为他效力就已经是很高的生产水平了。但是生活在1900年的人，他乘坐的一条船的动力已经相当于5000匹马。有如此大的生产能力的社会，它将有能力生产多少粮食、制造多少日用品、修建多少房屋？生活水平将得到怎样的提高，社会不满可以降低到怎样的程度？跟其他社会作战时将获得怎样的优势？这样一个社会又怎能不具备最好的条件，能避免起义、革命、暴动和旷日持久的战争对政治体的摧残与破坏？

从宏观历史周期看，这才是哈布斯堡王朝和大明王朝相继衰落，而英帝国紧随其后崛起的根本原因。

时也？命也！大英帝国误打误撞地从资本流革命升级到能量流革命，这才是关键！

注释

1 https://unstats.un.org/unsd/publication/SeriesM/seriesm_4rev3_1c.pdf.

2 https://chedongxi.com/p/264710.html.

3 有很多朋友问我，为什么不讨论信息流。原因很简单：信息流本质上就是资本流。信息是信息熵的反面，信息熵衡量的是事件的不确定性，而人类在日常生活中传达明确信息、降低不确定性的主要方式就是付费。口头上称赞一个作家一千遍，不如付费买一本书。口头上赞扬一个公司一千遍，不如掏钱买它的股票。不包含引发付费行为的信息，可以当作无效信息对待。因此，以资本衡量信息流，对讨论产业社会这个主题来说就足够了。

4 比较白银产量比黄金产量更有意义。这是因为，白银的产量相比黄金要大得多，相比铜币则更容易鉴别。鉴别金属货币最根本的方式就是检验货币中的含金属量。铜币若不熔铸，则很难确定其中加入了多少低廉的金属，但白银可以通过比重、软硬、色泽甚至气味鉴别。中世纪有经验的商人仅靠手感就能鉴别白银成色。因此，除部分黄金富产区外，白银是古代社会更为通行的信用货币。14 世纪中期欧洲平均年产白银约为 50 吨，而同期中国白银年产量只有欧洲的一半。到 16 世纪，由于新矿的开发和技术的改进，欧洲白银年产量达到 90 吨，而中国的年产量下降到十几吨。参见张翼、蒋晓宇《1550—1830 年中国白银流入及其影响》，中国人民银行工作论文，2020 年 12 月。关于 11—15 世纪中国白银短缺的状况，参见全汉昇《明代的银课与银产额》，《中国经济史研究》，台北新亚研究所 1991 年，第 141 页；梁方仲《明代银矿考》，《方仲经济史论文集》，中华书局，1989 年，第 90 页。

5 马克思 · 韦伯：《儒教与道教》，王容芬译，商务印书馆，2004 年，第 48 页。

6 荣新江：《中古中国与粟特文明》，三联书店，2014 年，第 112 页。

7 不少持“唐宋变革论”的学者，如日人宫崎市定等认为，宋代中国已经迈入了更接近于现代国家的财政体系，或称“财政国家”。参见刘光临、关棨匀《唐宋变革与宋代财政国家》，《中国经济史研究》，2021 年第 2 期。

8 元代实施“外汇管制”制度，所以当外国商人进入元朝疆域，需要把自己原先的货币换成元政府发行的宝钞，离开时再兑换成白银。这加重了白银外流。参见珍妮特 · 阿布–卢格霍德《欧洲霸权之前：1250—1350 年的世界体系》，商务印书馆，2015 年，第 324 页。

9 张翼、蒋晓宇，同前。

10 参见刘光临、刘红铃《嘉靖朝抗倭战争和一条鞭法的展开》，朱诚如、王天有主编《明清论丛》（第十二辑），故宫出版社，2012 年。

11 梁方仲先生曾经用两个概念来解释这套体制，一个叫“画地为牢的封建秩序”，一个叫“赋中有役，役中有赋”的财政体制。“画地为牢”指的是明代用户籍把人的职业和居住地完全捆绑起来，不允许自由选择。明政府强制把民众分为军户（弓兵、校尉、力士）、匠户、民户（马户、陵户、茶户、柴户、阴阳户、医户）、灶户等，不允许随便转换职业和匠籍，同时要世代承袭。为了限制民众脱离户籍与匠籍，明朝还发明了路引制度，百姓只要走出出生地百里之外，就得持有官府开具的路引，否则等同于逃犯。“赋中有役，役中有赋”指的则是明代老百姓既要缴纳税赋，又要服劳役。前者是给政府交米麦绢布等实物财富，后者是向政府提供免费劳动力。

12 日本和美洲其实都是中国白银的重要供给方。日本输入中国的路径比较简单，基本就是东海贸易。根据不同学者的估计，从万历年间到明朝灭亡，近百年的时间里，日本对中国输入的白银约有6000万两至2亿两不等。取较为保守且公允的8000万两（约3000吨）计算，略弱于一百年内日本白银产量的一半。美洲白银输入中国的路径则比较复杂，当时西班牙的船只可以直接从南美洲横渡太平洋到马尼拉，再由马尼拉进入中国，这就是著名的“大帆船”贸易；还有一条路线，就是美洲白银先运回伊比利亚半岛母国，再从欧洲与东亚的传统贸易路线前往中国。学者们对前一条路线白银输入量的估计在2000万两至2亿两之间，公允估计的中间值大约是6000万两（2200吨左右）；后一条路线的估计值大约为5000万两（1860吨左右）以下。但不管怎么说，以上数字都远远大于明代最后一百年的白银自有产量（约1000万两，合370吨左右）。以上均参见张翼、蒋晓宇前引文。

13 贡德·弗兰克：《白银资本：重视经济全球化中的东方》，刘北成译，四川人民出版社，2017年，第149—150页。

14 来自经济史学家Godinho的说法。

15 K.N.Chaudhuri, *The Trading World of Asia and the English East India Company, 1660-1760*, Cambridge University Press, 1978, pp.204-205&p.456. 转引自贡德·弗兰克，同前，第178页。

16 徐萨斯：《历史上的澳门》，黄鸿钊、李保平译，澳门基金会，2000年，第25页。

17 参见明人邓迁、黄佐纂修的《嘉靖香山县志》，明嘉靖二十七年(1548)刻本。

18 杰弗里·帕克：《腓力二世的大战略》，时殷弘、周桂银译，商务印书馆，2010年，第57页。

19 查尔斯·蒂利，《强制、资本和欧洲国家》，魏洪钟译，上海人民出版社，2007年，第83页。

20 克鲁泡特金:《我的自传》，参见《巴金译文全集》（第一卷），人民文学出版社，1997年，第37页。

21 W.M.奥姆罗德等编：《危机、革命与自维持型增长：1130—1830年的欧洲财政史》，沈国华译，上海财经大学出版社，2020年，第275页。

22 实际上，郑成功发行的银圆就是在西班牙银圆上加印了“国姓爷”三个大字而已。

23 https://en.wikipedia.org/wiki/Quinto_real.

24 https://www.csie.ntu.edu.tw/~b92086/tmp/coinchina13.pdf.

25 Dennis O. Flynn, “Arturo Giráldez, China and the Spanish Empire”, *Journal of Iberian and Latin American Economic History*, 2020.

26 转引自牟复礼、崔瑞德编《剑桥中国明代史：1368—1644年（下卷）》，中国社会科学出版社，2006年，第383页。

27 W.M.奥姆罗德等，同前，第274页。

28 杰弗里·帕克，同前，参见前言部分。

29 参见Dennis O. Flynn, Arturo Giráldez，同前。

30 理查德·邦尼主编：《欧洲财政国家的兴起：1200—1815年》，沈国华译，上海财经大学出版社，2016年，第207—208页。

31 转引自理查德·邦尼，同前，第209页。

32 黑姆斯克尔克的堂弟即著名法学家雨果·格劳秀斯，他在为劫掠事件辩护时发明了著名的“海洋自由论”，成为后来国际法和海洋法的重要理论来源。

33 https://en.wikipedia.org/wiki/Piet_Pieterszoon_Hein.

34 William Atwell, “International Bullion Flows and the Chinese Economy circa 1530-1650,” *Past & Present,* No. 95 (May, 1982), pp. 68-90.

35 以上金银兑换比数据来自 William Atwell，同前。

36 贡德·弗兰克，同前，第 243 页。

37 顾炎武《钱粮论》:“夫凶年而卖其妻子者，禹、汤之世所不能无也;丰年而卖其妻子者，唐、宋之季所未尝有也。往在山东，见登、莱并海之人多言谷贱，处山僻不得银以输官。今来关中，自鄠以西至于岐下，则岁甚登，谷甚多，而民且相率卖其妻子。至征粮之日，则村民毕出，谓之人市。问其长吏，则曰，一县之鬻于军营而请印者，岁近千人，其逃亡或自尽者，又不知凡几也。何以故？则有谷而无银也。所获非所输也，所求非所出也。夫银非从天降也，𠁊人则既停矣，海舶则既撤矣，中国之银在民间者已日消日耗，而况山僻之邦，商贾之所绝迹，虽尽鞭挞之力以求之，亦安所得哉！”

38 查尔斯·辛格，同前，第 II 卷，第 421 页。

39 转引自查尔斯·辛格，同前，第 II 卷，第 438 页。

40 关于“中世纪技术革命”，参阅张笑宇《技术与文明》，第 74—82 页。

41 传说，瓦特最早的客户里有个酿酒商，他想要瓦特给他开发一台机器，要能超过他自己最好的马匹。瓦特接受了挑战，造了一台其实远超过这匹马动力的机器，并把它的输出功率定为 1 马力。

42 罗伯特·艾伦，同前，第 273—274 页。

43 查尔斯·辛格，同前，第 IV 卷，第 105 页。

44 罗伯特·艾伦，同前，第 275 页。

第十一章　从“三流循环”看复杂工业社会的结构

我们前面已经初步阐明在一次工业革命周期中，资本流、能量流和产品流的转化机制，下面，我们就来看一下，这些流的变化是如何催生复杂工业社会的结构和机制发生变化，以维系其运营的。

让我们还是先从资本流开始。

高信任机制

资本流水平高低的主要体现为“信任机制”。这套机制在国家政治体系中非常具体，它指的是国家财政机制在多大程度上服从于金融秩序。

在人类历史上的绝大多数时间，古代国家是没有条件用金融技术获得维系自身的相关资源的。埃及、巴比伦或大秦都不知道啥叫金融借贷。统治者缺钱，征发徭役就是了。这种汲取资源的手法最为粗浅也最为暴力，能够汲取的资源不但很有限，也容易导致官逼民反。这就是古代政权往往动荡、血腥和脆弱的原因之一。

当人类的金融技术获得发展以后，国家就有可能向社会借贷，用国债、国有投资基金、央行货币手段或国有金融企业的方式满足自身的要求。很显然，这是一种更有效的资源汲取手段。

仔细想想，你要用徭役的方式，强迫农民离开自己的土地，把你所需要的财税或实物从他们的家乡转运到京城或者边防，这样做的效率到底是高还是低？如果农民押送军粮到边疆，那他们会不会自己先在路上把粮食吃掉甚至偷卖掉？为了监督他们，你是不是又需要组织一支军队来解决问题，而这本身又形成了新的成本？而且，倘若替你转运金钱和粮食的军队也哗变了怎么办？

这不是我随口瞎编，类似的故事在历史上发生过许多次。因此，换句话说，国家未必因为控制的土地和人口多就一定强盛，如果制度不够完善，土地和人口多也可能是一种负担。相比之下，国王找到一两个大商人，向他们借一笔巨款来打仗或者做其他事情，搞不好反而是一种成本更低也更合理的选择。

这就是历史上所谓的“高级金融”，一种金融家把款贷给国家的相关金融业务。

在欧洲，“高级金融”是从 14 世纪的佛罗伦萨诞生的。13 世纪末期开始，佛罗伦萨的羊毛产业得到了迅速发展，积累了大批资金，使得当地的资本积累程度、外交水平和各种金融工具成熟到了足以满足一个国家需求的地步。于是，佛罗伦萨的金融家们便开始琢磨如何把钱贷给国王。

最早涉足这个业务，也在历史上留下名字的，是 14 世纪前半叶称雄佛罗伦萨的两家银行：巴迪（Bardi）和佩鲁齐（Peruzzi）。它们一共借给英国国王爱德华三世 136.5 万金佛洛林（florin）跟法国打百年战争，结果英国战败，爱德华三世最后还不起钱，只能当老赖，在 1339 年宣布无法偿还这笔贷款。最终，巴迪和佩鲁齐被这笔业务连累，彻底破产。

但是，佛罗伦萨另外一个家族的“高级金融”业务投资取得巨大的成功，这便是美第奇家族。他们选择的是另外一个投资对象——

教宗。14 世纪，天主教会试图解决自身内部的分裂，就在此时，乔万尼·美第奇搭上教宗若望二十三世，成为教廷的金融顾问，借机赚得盆满钵满。

“高级金融”收益极大，但风险也极高。一个普通人违约，可能会被以暴力为后盾的法律制裁；但是，倘若暴力集团的“人上人”违约，却是没有什么力量能真正制裁的。所以，“高级金融”的最重要原则之一，就是暴力集团的“人上人”能够被一个国家的合法手段制衡，唯此，才能让合法垄断暴力的国王在商人眼中产生信用。

“高级金融”相关机制的发展，在西欧经过了几个阶段。佛罗伦萨是第一阶段，银行家们跟国王打交道，靠的还是关系和运气，风险很高。热那亚是第二阶段，15 世纪以后，热那亚的金融巨头成立了最早的类央行机构——圣乔治商行，为城邦的公共债务提供资金支持。热那亚之所以有条件设置这种机构，是因为当时的商贸城邦普遍采取共和体制，暴力能够得到制约。但是，类似的业务还是没有办法以王国为单位展开。

后来，热那亚的资本转移到伊比利亚半岛，与卡斯蒂利亚王室（西班牙的统治者）结盟，“高级金融”开始进入第三阶段。当时的女王伊莎贝拉一世甚至拿出个人财产的八分之七投资热那亚冒险家哥伦布的航海行动。同样，热那亚资本也受益于这个过程，伊莎贝拉一世设立的西印度通商所（西班牙版的“东印度公司”）实际就是由一个热那亚商人（伊莎贝拉一世的红顶商人）规划和建立的。

此外，热那亚资本还深度参与西班牙的高层政治运作。伊莎贝拉一世的女儿胡安娜嫁给了神圣罗马帝国皇帝的王子菲利普，因此伊莎贝拉一世的外孙卡洛斯有权继承神圣罗马帝国的帝位。1519 年帝位选举时，卡洛斯就是动用富格尔家族和热那亚的资本而得以竞选成功，当选为皇帝，成为欧洲历史上统治疆域面积最大的帝王之一。

但是，神圣罗马帝国的皇帝归根结底还是有一言九鼎的能力的，因此当皇帝不惜代价也要卷入地缘政治冲突时，资本也就失去了制衡力量，反而受其连累而衰落。这段故事前文已经讲过，此处就不再赘述了。

“高级金融”的第四阶段发生在荷兰，代表机构是阿姆斯特丹证券交易所，与东印度公司在同一年（1602）设立。其实，它的设立在很大程度上就是为了交易东印度公司的股票。当然，除了股票之外，当时荷兰政府以及其他政府发行的债券也都可以在交易所或者与交易所相关联的金融机构进行买卖。这是“高级金融”业务成熟发达的表现。在当时购买这些股票，就相当于今天在中国市场投资 5G、军工或航天板块。这是“投资国运”的一种方式。

但是，荷兰的金融业务因为战争的冲击而遭到重挫，所以“高级金融”不得不来到了它成长壮大的第五个阶段，其标志就是英格兰“光荣革命”之后成立的英格兰银行。

从王朝政治的角度，英格兰“光荣革命”的实质是荷兰执政世家奥兰治的威廉家族入主英格兰。这位国王就是我们熟悉的威廉三世。入主英国后，威廉三世与英国本土政治势力先后签署三个核心文件，分别是《权利法案》《宽容法案》和《王位继承法》，解决了英国本土政治势力关心的宗教问题与继承问题，同时也用宪定权利改变了暴力集团一言堂的政治结构。威廉三世与英国本土政治势力成功和解，英国与荷兰组成了共主邦联，于是荷兰的大量金融资本和金融从业经验涌入了英国。

1694 年，英格兰银行正式成立。后来，这家银行演变成了英国央行，但在当时，它跟绝大多数银行一样，纯粹是私人资本主导的。唯一的不同在于，这家银行承接的是多数银行当时无法承接的业务，也就是向国家放贷。换句话说，就是承销公债。

公债就是国家借的钱，但它与国王的私人借款不同。私人借款是国王找银行家借钱，由此产生的债务关系实际上是个人与个人之间的私人关系。但公债是以政府名义向公众发行的，一旦政府赖账，有损的则是国家体面和政府公信力。因此，为了向公众证明自己会还钱，英国政府以一项税收收入作担保，保证自己会偿还债款利息。

实际上，18 世纪的英国民众跟 19 世纪的大清子民一样，也看不惯政府岁入掌握在荷兰商人之手，认为像公债这些新花样，与股票投机是一回事，是威廉三世“从荷兰的行李中带来的外国招数”。比如，《格列佛游记》的作者、英国时评家乔纳森·斯威夫特在 1713 年写道，人们不相信这套“新的治国方略，大家认为国王坚持推行这套政策，是因为他在本国早已搞熟了”，荷兰人相信“国家负债符合公共利益”，这对荷兰可能适用，但在英国未必行得通，毕竟英国的社会和政治与荷兰不同。

但是事实证明，这些怀疑“高级金融”的人错了。18 世纪是英法“第二次百年战争”的长博弈时期，在这场博弈中，英国先后打赢了九年战争、西班牙王位继承战争、奥地利王位继承战争、七年战争和拿破仑战争，就此在全球争霸的舞台上彻底击败法国，成为当之无愧的世界霸主。

对此，伊萨克·品托在 1771 年评价说：“（英国）公债的利息准时偿付，不容违约，债款由议会保证还本，这一切确立了英国的信誉，因而借到的款项之大令欧洲惊诧不已。”他认为，英国在七年战争中的胜利是公债政策的结果，而法国的失败就在于信贷组织不善。

18 世纪末，英国皮特政府甚至在下院宣布：“这个民族的生机乃至独立都建立在国债的基础上。”1782 年 4 月，法国及其盟国以及其他许多欧洲人认为，英国处境艰难，简直没有出路，但结果是，英国政府发行了 300 万英镑公债，而认购数竟达 500 万——只要英国政府向伦敦四五家大公司打个招呼，钱就来了。

这就是高信用社会的威力。当“高级金融”业务可以顺利执行下去，金钱就会迸发极其巨大的力量，推动国家走上巅峰。要建立一个高信用社会，有两点是关键：一是维系长期的商贸繁荣，也就是维持正增长；二是用制度化的手段，让法律能够约束暴力。

“高级金融”最大的风险就是身为暴力集团领袖的国王会违约。不仅如此，他还可以用暴力手段随意转嫁违约成本。如何让他愿意在经济规律面前低下头来？如何让他愿意在商人面前低下头来？第一个前提是商人集团要足够强大，这样国王才肯尊重他们的政治诉求；第二个前提则是商人集团能够在这个基础上跟暴力集团达成平衡，建立起稳定的制衡暴力的制度和机构。[1] 唯有如此，高信任社会才有可能。

在此之前的帝国，无论商贸多么繁荣，制造业多么强盛，白银流通多么发达，只要暴力集团想，这些繁荣昌盛就可能会被瞬间抹去。这就是为什么有些地方的资本主义萌芽，永远只能是萌芽。

能量在空间上的集中化

基于高信任社会机制的建立，进而造就繁荣的商业社会，并通过“漏斗—喇叭”效应催生能量流革命的故事，我们已经在前文讲过。这里，我们再从宏观角度看看能量流革命引发的社会组织形态的巨大改变。

比如，前面我们已经介绍过，煤炭之所以在伦敦得到广泛应用，根本原因是煤炭的能量密度高、燃烧效率高，因此能够用更少的运力为城市提供更多的能量。这必然会引发空间利用效率以及组织形态的巨大变化。道理很简单，在工业革命之前，人类从燃烧木柴中获得的能量效率实在太低，所以必须采取“分布式”的居住模式。在中世纪欧洲很多地方，农民砍伐居住地周边的森林量是有限的，因为如果这个冬天砍伐完了，下个冬天可能就会没有燃料，所以必须保留燃料储备。也就是说，能量效率决定了中世纪的人类聚居地规模不能过大。

聚居地规模不能过大，社会组织形态自然就没有办法太复杂。所以，在中古时代，不论东方还是西方，贵族和地主基本只能采取封建庄园的形式管理自己的家产。

如前文所述，著名的无政府主义者克鲁泡特金在回忆录里就写道，他父亲每年还要带他定期回领地，了解庄园的状况，跟农户增进感情。因为如果他长时间不巡视自己的领地，管理人就可能从中上下其手，所以，尽管贵族自己住在城里，但他还是要把大量时间花在巡视农村上。

这正是古典时代贵族阶层的真实生活状况：他们的财富，也是靠农奴的两只脚，一车一车拉来的。

在他们之上的皇帝和国王，也不例外，必须通过他们去管理某片土地或完成某个任务，比如征召士兵，当时还没有动员令，只能通过层层贵族去动员领地上的农民。

这种组织形态，从根本上来说，就是受限于能量供给效率的“低能量组织形态”。能量密度低，组织形态自然会“分布化”。在技术条件无法满足的前提下，那些想要建立集权政体的文明，就只能是“皇权不下县”，不得不面对最频发和最猛烈的农民起义，以及二百多年就重复一次的王朝崩溃和治乱循环。

一旦人类开始用煤炭，情况就会变得完全不一样。

煤炭时代之后的人们可以不再依赖那么多土地来生产燃料。以英国为例，如果 19 世纪的英国不是烧煤，而是依然烧木柴，那么，1820 年的英国所需要的林地面积，相当于这个国家的总面积；到 1840 年，则要翻一番；1860 年，再翻一番；1890 年，还要翻一番。[2]

正是因为能量密集，人类才有可能用更小的土地面积承载更多的人口。

城市，就是能量在空间上形成的“集中营”。居民在这里烹饪、饮食、取暖，工厂在这里集中生产。换句话说，正是因这些供给、需求关系的集中所形成的各色配套产业催生了城市。

17 世纪初的伦敦只有 20 万人口，其规模在欧洲还行，但与伊斯坦布尔和北京这些巨无霸相比，则根本排不上号。到 1800 年，伦敦人口已经快速上升到 100 万，几乎追平北京。1900 年，伦敦人口迅猛增长到 650 万，成为全球第一大城市。

今天（2023 年），全球人口已经突破 80 亿，其中，56.2% 的人生活在仅占全球陆地面积 1% 的城市。**这就是能量密集对人类生活方式的底层改造**。

有了能量的密集，接下来要做什么呢？当然是把能量便捷地从它的产地运输到城市空间。有了交通运输业的保障，人们就可以把遍布各个地域的化石燃料集中在城市，产业当然也会因此而聚集。

如前文所述，珍妮纺纱机的时代，一架纺车最多只能带动 8—12 根锭子，但到了“骡机”时代，一架纺车已经可以带动 1300 根锭子，手工纺车自然就再也无法跟机器竞争了。也因此，很多人必须离开村镇，前往城市谋生。相应地，城市也必须进一步提高自己的能量供给能力，以养活越来越多的人口。

这会对人类这个物种的生活习惯造成影响。在农村，人们只要走出房屋，就可以面对广袤的天地。然而，在城市，空间本身就是奢侈品，人们工作、休息、娱乐所利用的空间，本质上只是高楼大厦中的单个格子而已。生活空间的压缩自然而然地会降低人类这个物种的生育率。1950 年以后，伴随着人口向城市的进一步集中，许多国家迎来生育率大幅下降的时代。[3]

长期来看，这对人类社会的影响当然非常严重。但短期来看，工业化和集中化带来了政治权力上的巨大变革，因为适应低能量密度的封建形态已经不再符合时代要求。

中古社会的封建贵族的衣食住行都是依靠自己的庄园，按克鲁泡特金的回忆录，当时俄国贵族有这样一种风气：自己家能够做出市面上买不到的食品和用具，才是最有范儿的。然而工业聚集到城市以后，原先生活在庄园里的农奴都进城了，贵族们也就只能依赖工业体系生产出来的商品。

原先一位贵族妇女对农奴纺出的线不满意，还可以惩罚他；现下她对工厂织出来的衣服不满意，却只能买别家的，或者投诉这家企业，而不能直接惩罚企业的员工。这当然会造成权力关系的重大变化。

仔细想想，虽然低能量密度的分布式居住是一种落后和脆弱的表现，但也是一种捍卫传统自由的基本方式。拿中国人熟悉的《水浒传》来说，菜园子张青在大树坡开黑店卖人肉包子没人管，自然是因为天高皇帝远，政府的控制力无法渗透到边远基层，但另一方面，那些英雄好汉之所以每每遇上不公就上山落草，甚至把山寨作为替天行道、匡正世风的根据地，也正是因为“分布式居住”的存在。有些人会说这是“封建自由”，其实这就是在传统技术条件下的一种社会生态而已。

但是，工业革命之后，不管是贾府里的少爷小姐，还是梁山上的好汉，也无论是穿衣吃饭、打铁铸剑，还是修桥铺路、架梁造屋，都不可能脱离一个完整、统一的工业体系，那么，社会生态和政治规矩自然也会相应改变。

集中隔离

能量在空间上的集中，必然会导致组织的集中。

越是集中化的组织，就越致力于方便极少数人控制大多数人。

组织的“集中化”程度越高，一小撮人掌控大多数人命运的能力就越强。

第一次工业革命期间涌现的诸多工厂直接用于控制成千上万工人的手法，简言之，可以称之为“集中隔离”。

日本左翼作家小林多喜二有部小说叫《蟹工船》，写的是堪察加海域捕蟹船上的故事。这艘船所属的公司以极其廉价的薪金雇佣穷苦的打工仔，生产供达官贵人享受的高价蟹肉罐头。但这些达官贵人大快朵颐时不知道的是，每一听罐头上都浸染着劳工的鲜血。这些人中有贫困的农民，有被父母遗弃的工人，也有被骗来打工的学生。

这些劳工之所以成为船上监工血腥、残忍的压榨对象，其实有一个非常具体的技术性原因：蟹工船既是封闭空间，也是法律管不到的地带。它是生产类船只而不是导航船，因而不适用《航海法》；它是船只而不是工厂，因而也不适用劳动法。这样的“隔离空间”必然会滋生数不清的黑暗和罪恶。

在工业革命早期和快速城市化的过程中，从能量流到产业流，每个链条上都密布着这样的隔离空间。其中最典型的就是采煤业。

古代社会当然也有煤矿工人，但他们一般生活在露天煤矿周边，家里世世代代与煤炭打交道，非常熟悉这种黑色的石头，且已经形成稳定的社区和传统的道德观念，与一般的村落或者世代居于铜矿、铁矿和瓷窑周边的工人社区差别不大。

但是，煤炭革命崛起以后的煤矿工人，首先是迁徙到矿场的“外来人”。他们远离家庭和乡土，已经没有亲人和社区来保护他们。

以纽卡斯尔为例。1600 年以后，纽卡斯尔突然涌入大量外来工人，这引发了当地居民的反感。在一份司法材料中，某位当地居民抱怨说，矿工们都是“下流坯、老家的渣滓、小偷、成天咒骂别人的人、酒鬼……有好几个老婆，常在妓女群中厮混”。[4]

一旦这批人下到矿井里，他们就进入了“隔离空间”，且生存处境比原来露天作业时要恶劣很多。我们前面已经讲过煤矿工作的可怕之处。

也正因此，身处地下的煤矿工人被迫发展出了一整套对抗这些威胁的知识、习俗乃至仪式。所以，隔离空间恶化了他们的工作环境，而被逼出来的经验传统，又让他们内部更像一个秘密团体，与外界更加格格不入。

科幻小说之父儒勒·凡尔纳的《美丽的地下世界》，写的就是地下煤矿工人的故事。主角是一对父子，也是常年活在地下的煤矿工人，在煤矿废弃后，他们定居在矿井之下，为其冬暖夏凉的温度、与世隔绝的环境和免于跟政府打交道的自由而感到自豪。反派则是一名长期独居生活的苦修修士，其工作职责就是拿着长棍点燃可燃气体，但由于过度离群索居，逐渐形成反社会人格。

这部小说的剧情很俗套，但它为我们忠实地描写了地下煤矿工人这个群体的独特之处：有复杂的行业知识、离群索居、高度团结，等等。

此外，被隔离起来的工人，在技术上还非常容易成为现代农奴制的受害者。

比如，17 世纪以降的苏格兰煤矿工人，他们的家庭生活就是跟煤矿完全捆绑在一起，男人负责采煤，女人和孩子负责把煤炭运到地面。当时的人还是在用中世纪的封建主义社会规则看待这些矿工家庭，假如一个煤老板把一片矿山转让给另外一个煤老板，那么世代在这座矿山上工作的矿工家庭，也会被看作矿山的附属财产一起转让，就像中世纪附属于庄园的农奴，或者 19 世纪附属于种植园的黑奴。

英格兰的情形比苏格兰要好一些。我们前面虽然讲过伦敦工人的工资普遍比较高，但请不要误会，我这不是说伦敦工人就可以过上中产的生活，而他们的苏格兰同行就只能沦为奴工。不是的，在产业革命之前，“人下人”的生活水平能达到温饱线以上，就已经是非常幸运了。只是因为英格兰这个地方工人的工资水平高一些，当地更习惯于用钱说话，而不是用暴力逼你就范，所以英格兰的煤矿主更愿意投资技术。但这不代表英格兰的煤炭工人就能过上中产阶级的生活。

煤矿工人离群索居，这是他们的悲惨状况不受关注的重要原因。他们工作的场景是深埋地下数十米甚至上百米的矿坑，工作在黎明前开始，在黄昏后结束。他们不会被看见。虽然一座城市的生火做饭、照明生产都依赖他们，但这座城市却看不见他们。正因如此，当第七代沙夫茨伯里伯爵安东尼·阿什利·库珀（Anthony Ashley Cooper）于 1842 年组织童工委员会调查苏格兰和英格兰地区煤矿工人的处境时，报告结果震惊了整个国家。这些报告至今还挂在政府网站，我从中摘选了部分列在这里。

来自特拉能特煤矿的 12 岁童工詹姆斯·伍德（James Wood）说：

> 我在地下工作了三年，中间只有一段时间休息了 12 个月，因为我被一柄鹤嘴锄打到金属上溅起的火花打伤了眼睛。[5]

来自彭斯顿煤矿的 12 岁童工詹姆斯·费尔格里夫（James Fairgrieve）说：

> 四年前妈妈开始照顾我，因为我爸爸死于斑疹伤寒。我跟三个哥哥和一个姐姐一起干活，一般一天干 10—12 小时，有时候更长，因为我们要等马车卸货。我不是很强壮，因为我的大腿骨两年前被一节车厢撞断了。[6]

一位8岁的小女孩对委员会说：

> 我得在没有光的条件下下井，我很害怕。我差不多早晨3点半、4点左右出发，5点、5点半左右出来。我从不睡觉。当有光的时候我就会唱歌，但在黑暗里我不唱，我不敢唱。[7]

在东洛锡安矿区负责调查当地矿井工人健康状况的医生斯考特·阿里森说：

> 在煤矿工作的男孩和女孩的身体状况，远不如同年龄段从事农业或其他行业，或者在家待业的儿童……他们中许多人年龄很短，相当多的人患上了急性和慢性病，有些人因患有脊柱侧曲而体态歪斜。
>
> 这些年轻人的肌肉系统消耗了他们所摄入能量的大部分，以至于没有足够的能量用于发展智力、道德情感和人体的各种其他能力。他们的大脑和神经系统几乎没有得到锻炼，而肌肉却过度劳作。矿工们更像是专门为挖矿或劳作而受训的动物，而不是会思考的生物。——倒不如说，他们更像机器。
>
> 在煤矿工作多年之后，这一代孩子已经饱受摧残。他们或死于即时的事故,或死于暴力导致的长期隐患。有些人被机器、车厢、绳索断裂、坠梯或坠石即刻杀死，有些人在存活了数周、数月甚至数年后，最终因受伤而死亡。侥幸逃脱者仍可能残废，或因劳累而完全残疾。这些孩子的身体上有无数的疤痕和接缝，我们可以推测他们饱受伤害。[8]

有些时候，矿井挖掘出新的坑道，但这些坑道太矮小，马或成年人无法通过，煤矿主就强迫孩子们运煤。委员会这样描述这些

矿井下的童工

童工：

> 被铁链锁着，被带子束缚着，像狗一样牵着雪橇前进。他们浑身漆黑，泡在潮湿的空气里，裸露着大半个躯体，手脚并用地爬着，拖拽着他们身后的重负。这幅画面难以形容地令人恶心、不自然。[9]

煤炭本来深埋地下，但当它以这样急速、暴利、席卷一切的浪潮入侵文明社会时，它深藏地下的自然属性却变成了社会奴役的帮凶。它使得一群人对另一群人的压榨达到令人发指的巅峰，哪怕这些人已经生活在启蒙以后的年代，生活在人类据说要用理性和道德律令指引历史的年代。煤炭行业并非特例，在技术变革年代，当人类的道德感追不上产业和利润前进的脚步时，我们都会看到这样的场景。

或许在地下劳作的煤炭工人还可以说是因为矿井天生的物理属性而被“隔离”，那么，在地上工作的产业工人呢？他们能逃得过“离群索居”以及被欺凌和压榨的命运吗？

很遗憾，并不能。

即便是生活在城市工业区的工人，他们也不会引发这个城市中产阶级或知识精英的注意。离开工厂大门后，他们会穿过用煤灰砖建造的城区。他们的皮肤和衣服被煤烟染成黑色，他们眼中的天空被烟囱的浓烟填满，他们脚下的大地被煤尘熏黑。当他们回到家中，他们用煤火煮饭，空气中充斥着呛鼻的硫味。这些颜色、气味和环境会把记者、政客和贵妇人熏走，把这些人的同情心和责任感拦在贫民窟外。这些人并不知晓，在自由、理性、平等的理念传遍威斯敏斯特宫或国王街时，就在数公里外，在同一片天空下、同一座城市中，还有这么一片黑暗地带。

英格兰西北部有一座城市叫曼彻斯特，一千多年以来都只是个安静祥和的小城，直到19世纪产业革命兴起，因为地理上的优势，它成为煤炭和棉花的中转地。这一黑一白两样东西，是第一次产业革命期间最常见、利润最高、影响最大的商品。

曼彻斯特的城市天际线被工业革命彻底改变了。五百个烟囱林立，黑压压的浓烟盖过了城市和钟楼，把这里变成比伦敦还要臭的城市。曼彻斯特很快就变成了19世纪压迫、强权和苦难的象征，因为它的棉织品来自北美奴隶种植园，而煤炭则来自饱受压迫的煤矿工人。

托克维尔在访问过曼彻斯特后这样写道：

> 从这个污水渠里流出了人类工业最波澜壮阔的河流，它灌溉了整个人类世界；从这个肮脏的下水道里流出的是黄金之河。人性在此臻至最完满的进步和最巅峰的野蛮。文明在此创造了奇迹，但文明人却退化成了野蛮人。[10]

1842年，德意志一位富裕的纺织业老板把他22岁的儿子送到自己在曼彻斯特的棉纺厂，本想让他学习如何继承家业，结果没想到，这个儿子在工厂遇到了玛丽·伯恩斯（Mary Burns），一位有着深邃美丽双眼和激进思想的爱尔兰少女，她引着他穿过曼彻斯特的大街小巷，向他展示这个城市繁华背后最黑暗、最充满污垢的角落。两年后，资本家的儿子把伯恩斯引导他观察到的一切写成报告，刊行出版，题为《1844年英国工人阶级状况》，署名弗里德里希·恩格斯。

在报告中，恩格斯首先描述了曼彻斯特把居住区、消费区和产业区隔离开来，让产业工人继续生活在“离群索居”的状况之中的空间安排：

> 这个城市建筑得如此特别，人们可以在这里住上多少年，天天上街，可是，如果他只是出去办自己的事或散步，那就一次也不会走进工人区，甚至连工人都接触不到。其主要原因是，由于无意识的默契，也由于完全明确的有意识的打算，工人区和资产阶级所占的区域是极严格地分开的，而在那些不能公开这样做的地方，这种事情就在慈善的幌子下进行。[11]

在产业工人居住的地区，情形则是这样的：

> 从桥上看到的这幅景象——一堵一人高的石墙小心翼翼地遮住了这幅景象，使个子不很高的过路人无法看到——就是全区的一般面貌。桥底下流着，或者更确切地说，停滞着艾尔克河，这是一条狭窄的、黝黑的、发臭的小河，里面充满了污泥和废弃物，河水把这些东西冲积在右边的较平坦的河岸上。天气干燥的时候，这个岸上就留下一长串龌龊透顶的暗绿色的淤泥坑，臭气泡经常不断地从坑底冒上来，散布着臭气，甚至在高出水面四五十英尺的桥上也使人感到受不了。此外，河本身每隔几步就被高高的堤

堰所隔断，堤堰近旁，淤泥和垃圾积成厚厚的一层并且在腐烂着。桥以上是制革厂；再上去是染坊、骨粉厂和瓦斯厂；这些工厂的脏水在废弃物统统汇集在艾尔克河里，此外，这条小河还要接纳附近污水沟和厕所里的东西。这就容易想象到这条河留下的沉积物是些什么东西。桥以下，可以看到陡峭的左岸上大杂院里的垃圾堆、脏东西、泥土和瓦砾；房屋一所耸立在一所后面，由于坡很陡，每一幢房子都看得见一小块；所有这些房屋都是被烟熏得黑黑的、破旧的，窗玻璃破碎不堪，窗框摇摇欲坠；在后面，是旧的兵营式的工厂厂房。在比较平坦的右岸，是一长排房屋和工厂。靠边的第二所房子是一座没有屋顶的废墟，里面堆满了垃圾，而第三所房子造得这样低，它的最下一层竟不能住人，所以就没有窗子，也没有门。在这后面，是穷人的墓地和利物浦—里子铁路的车站，再往后就是习艺所——曼彻斯特的“穷人的巴士底狱”，它像一座城堡，从小山上的锯齿形的高墙后面森严地俯视着对岸的工人区。[12]

之后，这位纺织厂老板的儿子满怀激愤地抨击那令他的父亲和他的家庭受益的现代产业的力量：

不错，这是旧城，——和当地居民谈到这个人间地狱的可憎的状况时，他们就会强调这一点，——但是这能说明什么呢？要知道，一切最使我们厌恶和愤怒的东西在这里都是最近的产物，工业时代的产物。属于旧曼彻斯特的那几百所房子老早就被原来的住户遗弃了，只是工业才把大批的工人（就是现在住在那里的工人）赶到里面去；只是工业才在这些老房子之间的每一小片空地上盖起房子，来安置它从农业区和爱尔兰吸引来的大批的人；只是工业才使这些牲畜栏的主人有可能仅仅为了自己发财致富，

> 而把它们当作住宅以高价租给人们，剥削贫穷的工人，毁坏成千上万人的健康；只是工业才可能把刚摆脱掉农奴制的劳动者重新当作无生命的物件，当作一件东西来使用，才可能把他赶进对其他任何人都是太坏的住所，而这种住所工人得花自己的血汗钱来享用，直到它最后完全倒塌为止；所有这些都只是工业造成的，而如果没有这些工人，没有工人的贫困和被奴役，工业是不可能存在的。[13]

不公就在那里，除非你视而不见。

能量流与阶级斗争

俗话说得好，哪里有压迫，哪里就有反抗。

工人并不是等到理论家发明了理论才组织起来进行反抗的。早在 19 世纪初期，煤炭工人就通过结成社团来保卫自己的利益了。在《商贸与文明》中，我们曾介绍过西方历史上广泛存在的“行会”传统，一种在中世纪就已出现的社团组织，其主要成员是特定行业的商人和雇员。在部分商贸城邦，行会还有投票权，可对城市事务进行管理。

中世纪的行会是一个平衡雇主和雇员双方利益的机构，其会费主要由雇主来承担，因此，它虽然对雇员有一定的保护作用，但主要服务对象还是雇主——包括商人、师傅和投资人。行会一般会对入行的学徒提出种种要求，比如要求他们向师傅缴纳学费，度过为期数年的学徒阶段，之后才能享受种种权利。

但 19 世纪初期煤炭工人成立的工会则与之不同。如果说行会的宗旨是在雇主和雇员中间寻找平衡，那么工会的首要目的则是维护工人的权益。工会这样做并不是一种不公平的体现，因为煤矿工人本身已经遭受不公平的对待：早期煤矿产业本身的性质实在太恶劣，环境实在太糟糕，而且这一切还被隐藏在“离群索居”的矿井之下。

因此，单方面向雇主要求涨薪和劳动保障的组织，恰恰是对这种“由技术属性造就的不公平”的补偿。

但是，煤炭工人的这种努力并不见容于当时的社会。1817 年前后，苏格兰煤矿工人约翰·福尔豪斯·威尔逊（John Folhous Wilson）和查尔斯·班克斯（Charles Banks）遭到检察官起诉，罪名是“密谋联合大量工人或工匠，以非法行为压榨其主人或雇主，以求增长薪水”。这里所谓的“密谋联合”，其实是指他们成立了一个名为“格拉斯哥和克莱兹戴尔作业矿工友好联合会”（Glasgow and Clydesdale Friendly Association of Operative Colliers）的组织，“非法压榨”则指的是该组织号召煤矿主禁止雇佣 10 岁以下童工，为 17 岁以下的工人支付合理工资，以及接受煤矿工人的孤儿，为矿工家庭的儿童提供教育机会等等。[14] 有鉴于此，苏格兰最高法院最终宣判二人无罪，但这引发了检察官的不满。

1824 年，吉尔默顿一座煤矿罢工。煤矿的承租人马歇尔不愿意满足工人的要求，于是工人集体拒绝工作。但马歇尔承包机械设备是花了大钱的，停工意味着白花花的银子可能要付诸流水，所以他试图雇其他地方的工人来工作。然而，当地工人立刻组织起来，对外来工人进行暴力袭击，不仅闯入他们的房子，还在半夜把他们拖到田野里去。

罢工发展到高潮时，工人可以随时组织 1400—1500 人，甚至还会袭击马歇尔的住宅。这个新闻让煤炭主感到，实在有必要成立一个“老板联合会”和相应的基金进行自卫。

当然，这些早期罢工事件如果发展成为针对资本家个人财产和生命的袭击，那它们也很难被社会一般规范接受，也无法引发舆论对工人运动的普遍支持与同情。毕竟，那时的欧洲才刚刚从传统等级制社会向工业化社会过渡，工人虽然遭受非人的压迫，但是比起封建庄园内的农奴，你很难说谁更悲惨。既然如此，资本家为什么要受到比封建贵族更差的对待呢？

而且，对他人生命和财产的伤害，在哪个社会都被归为刑事犯罪，是触碰社会规范底线的。因此，这些袭击并不是好的斗争策略。

那么，工人该如何斗争呢？

答案就在我们后文要详细展开的“产缘政治”分析框架中：既然产业社会的运作规律是“三流循环”，那么工人自然应该向社会展示控制每个流的力量。对煤炭工人来说，就是展示控制煤炭流的力量。对其他产业工人来说，就是展示控制相对应的产品流的力量。

翻译为白话就是，既然所有人的衣食住行都依赖工业体系，那好，我现在把流掐了，你还不屈尊坐下来听一听我的诉求？

一旦格局打开，煤矿工人马上就发现，原先压迫他们的“隔离空间”，现在反而成为他们团结斗争的优势。道理不复杂：矿井下的生活太苦、太危险，老板和监工很少涉足，这反而赋予矿工以自由。当时井下作业的流程是，矿工先开挖一段煤层，然后留下一些岩柱或岩墙支撑洞穴防止塌陷。所以，煤层挖多少，留下多少岩柱或岩墙，是他们自己可以决定的事情。他们完全可以告诉老板，因为岩石太硬，所以一天挖不了多少。

因此，如果老板和监工自己不下井，那就拦不住矿工摸鱼。就算下井，也不可能一直盯着矿工干活。这样，矿工就可以控制煤矿的产出，并借助这种手段迫使老板们屈服于他们的意志。[15]

1909 年，埃米尔·普热（Emile Pouget）将这种经验总结进《破坏》（*Le Sabotage*）一书出版，告诉工人，制造一点小故障、拖拖拉拉办事、按照规矩死板地处理工作、打破正常流程，诸如此类的小技巧，就可以停止一台火车头、破坏一台蒸汽机、放缓整个工厂的生产，最终迫使老板和政客低头。[16]

矿工的这种生存经验，后来转化成整个工人运动历史上的有效斗争经验：只要能够控制能量流的走向，就可以迫使那些有权有势的人倾听自己的诉求；否则，他们就要面对汽车无法开动、工厂无法运作、轮船无法航行的窘境。

这涉及政治斗争的一个奥秘：**主义是说给所有人听的，但事情一定是少数人办的**。

牛津大学人类学家罗宾·邓巴（Robin Dunbar）曾根据自己的田野考察成果，提出过一个“150定律”（Rule Of 150）。他根据猿猴的智力与社交网络推断，人类能够拥有稳定社交网络的人数大概是150人。这个数字的生理基础是，人的大脑新皮层就那么大，它提供的认知能力只能让一个人维持大概150个私人朋友。[17]

这里要解释一下。所谓“稳定社交网络”，指的是不因学习、工作或其他组织化生活，而纯粹因为自己的私人生活建立的朋友关系。你会关心他最近生病了没有、感情生活怎样、赚钱有没有困难，还可能会关心他的兴趣和理想，甚至跟他在深夜里饮酒痛哭，而你认识这样的朋友的生理上限是150人。根据这个定律，尽管政治组织（政府、党派、军队）通过体系化的手段可以使得一个人指挥成千上万人，但能深刻影响这个负责指挥的人如何做决断的也不会超过150人。

一个社会由大大小小的组织构成，根据“150定律”，位于这些组织权力网络中心的人的人际关系网的上限，就是一个最多由150人组成的小集体。由此，政治斗争的核心就是争取到这些小集体内部的人为你服务。

尽管产业工人在多数情况下是被指挥者，但如果善用“控制能量流”的手段，比如，让炉灶无法点燃、汽车无法开动、轮船无法出港，对这个小圈子形成威慑力，那就有可能把他们逼到谈判桌上。

这正是 19 世纪末产业工人运动带来政治变革的真正逻辑。

从 19 世纪晚期到 20 世纪早期，煤矿工人是工人运动中最有力量、斗争效果最明显的群体之一。

1889 年，德国的煤矿罢工浪潮震惊了新皇帝威廉二世，迫使他摒弃俾斯麦强硬的社会政策，开始支持劳工权利改革。

同年，格拉斯哥码头的煤炭运输工人用消极工作的方式赢得了提高工资的斗争。

1902 年，比利时列日省煤矿工人爆发的无领袖的自发罢工，推动了当时比利时左翼政党工人党（Parti Ouvrier Belge,POB/Belgische Werkliedenpartij,BWP）发起争取普选权的全面总罢工。这场运动值得多说两句，因为它让很多理论家也大跌眼镜。在此之前，许多社会主义理论家兼运动领袖以为，普遍大罢工是搞不成的，其中就包括著名的社会主义运动领袖罗莎·卢森堡（Rosa Luxemburg）。但比利时罢工成功后，卢森堡总结经验，承认煤矿产业有其特殊性：一是地域集中度特别高（“隔离空间”的效果），二是对生产环节影响特别大。[18]

1914 年，美国矿工联合工会针对科罗拉多煤矿恶劣的劳动条件实施总罢工，结果煤矿工人遭到该州国民警卫队和科罗拉多燃料与钢铁公司私人卫队的屠杀。作为报复，矿工们武装起来，袭击了数十个反工会机构，并与国民警卫队交火。

这起事件在公众面前曝光后，控制煤田的洛克菲勒家族受到一致谴责，美国国会还发起针对这场屠杀的调查，极大地推动了后来童工法和八小时工作制的施行。

不仅如此，煤炭能量流对第一次工业革命实在太过重要，所以煤矿工人运动对世界政治版图的构造也有很大影响。

拿我们比较熟悉的开滦煤矿工人大罢工来说，毛泽东就曾在《中国社会各阶级的分析》中专门指出："他们所以能如此，第一个原因是集中。无论哪种人都不如他们集中。"1922 年，开滦工人达到 37,000 人，占当时中国采煤工人总数的六分之一。正因为有这样的集中度，中国共产党创始人之一李大钊还曾前去组织，并收到极好的效果。

同一年爆发的，还有安源路矿（安源煤矿和株萍铁路）工人大罢工，领导者有李立三、毛泽东和刘少奇，参加人数达 20,000 人。这次罢工最终迫使路矿当局屈服并签订了协议。后来，中共组织的工人俱乐部被武力解散，一部分矿工还南下广东参加国民革命军北伐，其中，在叶挺独立团中路矿工人就占到总人数的三分之二。此外，秋收起义中也有许多安源路矿工人参加。[19]

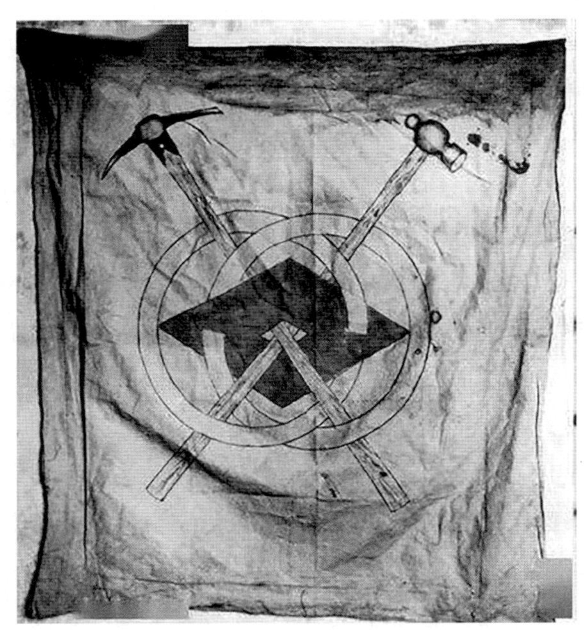

开滦煤矿工人罢工时使用的旗帜[20]

东方的工人运动领袖与煤矿有紧密关联，西方也不例外。

詹姆斯·凯尔·哈迪（James Keir Hardie）是一名来自苏格兰拉纳克煤矿的矿工，出生于 1856 年，10 岁起就下矿井工作。这个自小挖煤的男孩有天生的好口才，在矿井中向工友们布道，广受欢迎，后来被选为矿工的发言人。再后来，他组织成立劳工代表委员会（Labour Representation Committee），该组织以民主社会主义为信条，后来改名“工党”，成为 20 世纪英国最大的两个党派中的一个。

美国历史上著名的劳工领袖约翰·刘易斯（John L.Lewis），也是从小就生活在爱荷华州卢卡斯镇的一家煤矿。他长着一颗狮子脑袋，顶着满头乱发，有着煤灰一样粗黑的眉毛和方形坚毅下巴，看上去不太像是我们通常印象中的工会领袖，而更像是一名外表粗野，但内心算计精明、擅长弄权的黑社会教父。他直率的讲话风格为他在宾夕法尼亚和美国中西部各州的煤炭和钢铁工人中赢得广泛的好感。他最为人津津乐道的，是跟议员也用这种风格说话：

> 先生们，我为了矿工的家人跟你说话……他们的小孩子们还坐在桌子周围，没有东西可吃。他们要的，不是像你的价值 10 万美元的游艇（说这话时他往往用雪茄指着在场的一个人），也不是像你的劳斯莱斯汽车（指着另一个人），他们要的只是一片面包。[21]

1920 年，他被选为全美矿工联合会（UMWA）主席，当年就号召和组织美国第一次大型煤炭工会罢工，但时任总统伍德罗·威尔逊以参与第一次世界大战为由颁布了禁令。刘易斯号召工人们遵守禁令，并且说：“我们不能与政府为敌。”

刘易斯不仅有工人的支持，而且也懂得见好就收，这使他成功扮演了“中间人”的角色。美国政府认为他可以帮助自己与工人斡旋，

刘易斯在美国国会大厦（1922）

而他则利用政府对自己的信任，帮助工人争取到加薪、假期和更好的工作环境。

1932 年的美国总统大选，竞争双方分别是赫伯特 · 胡佛和富兰克林 · 罗斯福。这是大萧条之后的第一次大选，意义极其重大。四年前，刘易斯支持过胡佛，但他现在站在了罗斯福一边。作为回报，罗斯福接受刘易斯的意见，在新政举措中特别注意了劳工福利问题。

在刘易斯的推动下，1935 年，美国通过《全国劳资关系法》(National Labor Relations Act of 1935)，有力地保障了矿工的工资标准、劳动时长和安全措施。1936 年，刘易斯领导的矿工联合会向罗斯福的竞选活动捐助超过 50 万美元，是罗斯福连任竞选的最大一笔捐款。

罗斯福新政经常被许多经济学家解读为政府对市场失灵的调节，发挥了政府的产业政策作用。但很多人忽视了罗斯福政府对于最低工资和劳工福利的强调，而这在经济危机期间是有重要作用的：现代经济中每一个人花出去的钱就是其他人赚到的钱，因此最有效的经济刺激政策，其实是让人敢于消费。这就是最低工资和福利保障的意义，二者有力地帮助美国渡过了大萧条。

1930年代，刘易斯领导的矿工联合会已经有40万成员，但他觉得还不能止步于此。1938年，他与其他几个产业的关键人物，包括钢铁工人联合会主席菲利普·穆雷（Philip Murray）、美国联合服装工人协会主席悉尼·希尔曼（Sidney Hillman）和国际女装工人工会主席大卫·杜宾斯基（David Dobnievski）等人一道成立了产业工会联合会（Congress of Industrial Organizations），并担任第一任主席。在他的领导下，工会甚至在没有罢工的情况下就赢得了与通用汽车和美国钢铁公司这两家最强大的反工会公司的谈判。不得不说，刘易斯，这位矿井牧师的孩子，的确可以逼迫最有钱的资本家在他面前低头。

刘易斯在全美矿工联合会主席任上待了四十一年，直到1960年才退休，可以说是从“一战”做到了“冷战”。但那时，石油已经开始全面取代煤炭，其所捍卫的煤矿工人群体也已经无可挽回地萎缩了。

这四十一年里，刘易斯像一个独裁大家长一样管理着这个队伍，把自己的家人和朋友安插进工会，蛮横地否决异议，压制跟他不同的声音，但这个大老粗也从不放弃任何一个用罢工、抗议和公开演讲为劳工争取权利的机会。他去世后，伊利诺伊州劳工联合会主席鲁本·索德斯特罗姆（Reuben Soderstrom）这样评价他：“他让五十万贫穷的、毫无保障的煤炭工人成了全世界薪资最高、保护措施最好的矿工。”[22]

所有以上趋势，以及那些工人运动领袖和组织，正是我们后来在20世纪目睹的全民普选与现代福利国家制度的支柱。虽然这些并不是促进普选制和现代民主的唯一动力源（后文我们还会讨论其他的动力源），但也是毋庸置疑的进步力量。

如何治理复杂社会：福利体系的诞生

在传统分析框架下，我们把以上的故事叫“阶级斗争”。但放在“三流循环”的框架下，我认为它们是因为能量革命以后自然发生的“集中隔离”造成的。

一旦技术为集中隔离创造了条件，集中隔离很快就会被上层阶层运用起来。这是弱肉强食法则下很容易发生的事。那么，应该如何解决呢?

如果运用阶级斗争学说，那解决方案当然只有阶级革命。然而问题在于，从古典的阶级斗争学说来看，阶级革命从来不会取消阶级差异，而只会创造新的掌权阶级和新的受损阶级，不论新阶级实施的政体是君主制、寡头制还是民主制。换言之，阶级革命只是改变了问题的形式，但没有解决问题。

解决问题的真正思路在哪里呢?

我认为“解铃还须系铃人”，造就产业时代巨大社会问题的是技术进步，解决产业时代的社会问题也需要以技术进步为基础。但是，这必须是一种有方向的技术进步。我把它称之为“打造有产业基础的共同社区”。

社区是人类共同生活的古老形式。部落、宗族、村庄、城镇和自治市都是社区的不同表现。社区存在有两个基本条件：一是这些人是否感受到彼此之间存在一种超出利益关系的情感纽带，二是这种情感纽带是否能够使社区中的强者自愿接受某种道德束缚，承担更多责任，并照顾弱者。

在传统村落、宗族社会和自治市镇，我们可以看到很多这种例子。例如，全世界各个文明，包括原始文明在内，都基本发展出了成年男性自愿牺牲以保护老人、女人和孩子的道德规范。在中国的宗族社会中，长久存在着同族成员互相救济的传统，一些取得成功的人士会兴建义学、提供助学资金或救济金给同族中需要帮助的成员。在中古时代的威尼斯，上层贵族和底层平民近距离生活在一起，由此产生的一个结果，便是中世纪威尼斯的社会互助组织十分发达，各种公益协会基本涵盖市民婚丧嫁娶的种种需求。

这些社区也许有其他各式各样的问题，但人情味和共情感，绝对是它们的巨大优势。然而在复杂工业社会中，由于技术进步，可能形成这样的局面：某个公司或某个行业因为在某个产品流领域掌握绝对优势，因而可能拥有强劲的实力掌握物资或财富，如果愿意，它完全可以公司或行业为单位，组织成为一个社区，实现有人情味的平等分配。

事实上，现代劳工待遇和福利制度正是这样产生的。它与第一次工业革命中两个至关重要的产品流行业有关，分别是钢铁制造和铁路运输。

先说钢铁行业。故事主角的名字是坐电梯经常看见的，蒂森克虏伯（thyssenkrupp），1999 年由蒂森公司和克虏伯公司合并而成。克虏伯，正是第一次工业革命时代赫赫有名的钢铁大王。

克虏伯家族源起于黑森林（Schwarzwald）地区，从 16 世纪起出现在历史资料上。很明显，克虏伯的某位先祖来到埃森（Essen），加入当地的商人行会，从此开枝散叶。

19 世纪早期，克虏伯家族的当家人去世，14 岁的阿尔弗雷德 · 克虏伯接班。当时，家族企业状况已经十分凄惨：欠着 1 万塔勒（Thaler）[23] 的负债，只剩下 7 个工人，后来还走掉了 2 个。为重

阿尔弗雷德 · 克虏伯

振家族企业，阿尔弗雷德想尽种种手段，其中一条就是今天中国人耳熟能详的一个名词：军事化管理。没错，灌输集体主义精神来培训员工的做法，可以明确追溯到的源头就是阿尔弗雷德 · 克虏伯。

他的发家也跟军事有关。克虏伯钢铁公司的转折点是 1851 年，这一年，英国召开第一届世界博览会，包括查尔斯·达尔文、卡尔·马克思、迈克尔 · 法拉第、夏洛蒂 · 勃朗特、查尔斯 · 狄更斯等社会名流以及各国皇室成员都参与了这场盛会。在当时人的心目中，它是人类正式进入工业时代的宣言书。阿尔弗雷德 · 克虏伯拿来展示人类工业成果的作品，是一门精致的、能发射 6 磅重炮弹的大炮。

暴力集团最喜欢的就是这种赤裸裸的武力展示。英国女王驻留在大炮前面夸赞不已；普鲁士宫廷要来这门大炮装点外交门面；拿破仑三世试射克虏伯大炮后，发给阿尔弗雷德一枚荣誉骑士勋章；沙皇亚历山大登基后试射克虏伯大炮，经过 4000 次射击后，一丝划痕都没有，还直接把这门炮送进了军事博物馆。由此，克虏伯家族一跃成为当时最顶尖的军火商。

克虏伯家族的钢铁铸造工艺，本身就是从产缘政治角度理解普鲁士统一德意志的一把钥匙，另外一把是铁路，我们会在后文详述，但仅从军火制造的角度看，1870 年的普法战争可视为克虏伯与施耐德的战争（对，就是我们耳熟能详的那家 1836 年成立的施耐德）。

这里有许多工业上的技术细节：施耐德的炮管是铜铸的，而且多为前膛炮，在保证炮手安全前提的火药用量之下，射程只有克虏伯大炮的一半。战争开始，普鲁士军队的作战流程就是用火炮摧毁敌人的炮击点，再消灭机枪兵，最后轻步兵上前占领阵地。

这一切都出自柏林普鲁士军队总参谋部的精密计算。在战前，法国人秘密分发了最先进的机枪，但是相关情报已被普鲁士部门截获。为此，他们专门延请军事专家计算火炮的射程，制定相应战术。[24]普鲁士在这场战争中对炮火的精确应用是史无前例的，而这恰恰是工业化的成就。

在色当城堡外的最后一场战争中，法国骑兵司令满脸血肉模糊，想要举起军刀，但已力竭。法军骑兵看着自己长官的惨状，怒吼着“为他报仇”，向普鲁士军队冲来，直到最后一个骑兵也倒在炮火之下。远处的普鲁士国王放下望远镜，低声说：“啊，真是勇士啊。”

这场仗既是普鲁士战胜法国，为统一德国扫平障碍的关键之役，也是工业化时代用数学、精密计算、工业能力，战胜传统贵族尚武、拼杀、爱国精神的关键之役。

但这并不是我在这里想讲述的重点。我想追问的是，像克虏伯这样的公司，会在工人运动的大潮中站在哪一方？是以“君父”的大业为重，号召工人无私奉献，“再苦一苦劳工”呢，还是以“君父”的爱民之心为重，站在工人一边，为他们的政治权利呐喊助威呢？

对许多企业家来说，这都是个触及灵魂的问题，而阿尔弗雷德这个老普鲁士商人则是这么处理的：他把自己看作一个大家长，工人则是他的子女。老式父亲在子女面前是严厉的，但同时也是充满仁慈和关怀的。

为了让工人明白自己的位置，他亲力亲为制定了一份明确给予工人福利和责任的“基本法”，也就是《克虏伯管理条例》。这是在1872年煤矿工人罢工之后通过的。

根据这份管理条例，一方面，克虏伯绝对不允许工人组织工会，参与罢工，或者加入社会民主党，投票反对最敬爱的皇帝和宰相。他曾明确下令，克虏伯不招收任何一个曾经参与罢工的工人，除非人手实在不足。一旦罢工发生，他也一定会采取无情的行动加以制止：

> 当局的所有力量必须用于镇压不忠和阴谋。那些犯有卑劣行为的人必须让他永远感到不安全，必须让他永远逃脱不了社会的羞辱。[25]

另一方面，克虏伯也为他的工人提供了在那个年代可以说是极其开明、先进的福利保障。工人可以要求公共医疗卫生服务、救济金、养老金、老年医疗服务和住房。克虏伯还发明了人寿保险制度，更是把克虏伯公司的总部改造成有史以来最大、最稳定的“公司城”：他自己掏钱修建廉价住宅房，并用克虏伯家族的祖先命名这些廉租房的小区；专门开办为工人服务的面包工厂、葡萄酒商店、屠宰场和旅馆；为受鲁尔河泛滥影响的穷人设立慈善基金；开了一间零售连锁店，不为赚钱，只是为了雇佣企业员工的家属。[26]

更重要的是，《克虏伯管理条例》后来还成为德意志帝国创设普遍福利制度的范本。我们今天熟悉的“五险一金”就是从这里来的。这里面还有一段政治博弈的故事。1880年代，为了缓解来自左翼工人政党德国社会民主党的政治压力，德意志帝国宰相俾斯麦想通过一手给予福利措施、一手阻碍政治权利的策略收买工人阶级。

他想到的方式就是把《克虏伯管理条例》变成国家法律与社会政策。1883 年、1884 年和 1889 年，俾斯麦先后三次推动社会福利立法，其中的大量条文都跟《克虏伯管理条例》基本一致。后来威廉二世皇帝也宣布，俾斯麦的社会政策受到了克虏伯的启发。[27]

我们在《商贸与文明》中介绍过，企业、行会和商人组织的自治规范曾经对人类的基本政治制度和宪法框架产生巨大影响。到工业时代，这种事情依然存在。《克虏伯管理条例》本质上依然是一种“商贸秩序”，但只要它有合理的一面，就可以塑造国家制度。

进一步说，克虏伯的这种思维，也是一个产业家看待社会治理的底层思维。克虏伯拒绝给予工人阶级应得的政治权利，这当然是反动的，但从具体的“办事”角度想一想，工人到底应该分到多少份额依然是必须回答的。只要不是只把这个问题当作纸面上的政治哲学问题来空谈，而是想要问一个切实的方案，就必须列出一个基本的物质产品列表，看一看一个人要完成“劳动力再生产”到底需要什么客观条件：多少面积的住宅、怎样的工资、是否会被房东随时驱逐、家人是否能找到稳定的工作、孩子是否有学上……

铁路工人的职业道路

与铁路企业相关的故事，则涉及另外一个重要的话题：现代社会的理性治理体系。

这个词看起来有点大，让我们先以 19 世纪的美国铁路产业为例详细解释一下。美国的铁路产业跟欧洲基本是同步发展的。在史蒂芬森于 1820 年成功运营赫顿煤矿铁路的六年后，美国的第一条蒸汽机车铁路，也就是位于纽约州的莫霍克和哈德逊铁路（Mohawk & Hudson Railroad）正式开始运营。[28] 从 1826 年到 1830 年，宾夕法尼亚州先后开通六条铁路，都是运输煤炭的；南卡罗来纳州和亚拉巴马州各开通一条铁路，都是运输棉花的。可以看到，早期铁路的盈利范围基本绕不开我们介绍过的产品流。

但是，美国铁路的真正迅速发展是在南北战争爆发（1861 年）以后。对此，历史学家还有一些颇为“阴谋论”的解释。

他们认为，北方的联邦政府发现铁路能够实现特别有效的运输动员（把部队送上前线），而当时美国的主要铁路设备供应商都在北方，所以北方联邦政府就对南方邦联政府打了一场“卡脖子”的产缘战争，禁止南方获取铁路设备。直到南北战争结束后，因为不再有政治上的障碍，北方的资本才开始利用资本和技术优势，在南方进行大规模铁路投资，重建和扩张原来的铁路网。1869 年，在中国和爱尔兰劳工的辛勤工作下，第一条横贯美国大陆的铁路实现通车。从 1870 年到 1890 年，南方铁路从 17,700 公里延长到 46,700 公里，几乎都是用于棉花运输。

不管怎么说，事实就是，19 世纪下半叶是美国铁路网发展速度最快、规模最庞大的年代。经过以 J.P. 摩根为代表的垄断寡头整合以后，到 1916 年，美国铁路里程达到峰值，长度为 409,000 公里。

不过，以上这些粗线条的描述，都只是供我们参考的背景资料。深入铁路运作的每个细节，我们会发现，铁路本质上是一套理性化的社会管理体系，在这套体系中，每个人按照自己在机器系统中的角色工作，依其技术素质获得回报。

仔细想一想，在铁路公司出现之前，人类组织还真没有能在“理性化”上达到如此之高的程度。

人类最古老的组织之一就是军队，而古代军队的组织原则经常是不理性的。古代很多军队能够组织起来，依靠的是对将领个人的忠诚。且不说亚历山大、恺撒、李世民、成吉思汗这些人，就是到 19 世纪，拿破仑的一句话就能让军队阵前倒戈。

还有一个跟军队差不多古老的组织，就是宗教，这就更不用说了。虔诚和信念这些价值本身就不是理性的尺子可以度量的。

工业社会诞生之前的企业，其实也没有多理性。古代社会的信任程度不足，生意往往是亲戚家人或者至交好友才能合伙一起做的事情。古代的企业要么是个体户，要么是家族企业，按照理性原则组织起来的非常少。

即便到近代早期，像煤矿和纺织厂这样的企业，理性化程度也没有达到铁路的水平。这是因为煤矿和纺织业的技术门槛本来就比较低，所以对劳动者技术素质的要求也不高，至少与火车司机、锅炉工、维修工和列车员的技术素养不能比。

仔细想想，既然詹姆斯·瓦特（作为蒸汽机工程师）在那个年代是顶尖技术人才，那么火车上负责开动蒸汽机的引擎师、维修工和锅炉工，怎么就不能算是“高技术行当”从业者呢？

那么，当时的“高技术行当”的理性治理，会表现出什么特征呢？

首先就是严格的规章管理体系。英国学者 E.P. 汤普森有句话说得很经典：“向着成熟工业社会的转型，意味着对工作习惯进行严肃的重构——要有新纪律，要有新激励，还要把人塑造出一种新天性，这样这些激励才能有效发挥作用。”[29]

这句话放在 19 世纪的美国铁路管理体系中是非常适用的。火车上的技术工程师一旦不按规章操作，那可关系成百上千乘客的性命。因此，19 世纪美国铁路系统的工作手册极其细致严苛，各种行为的分类、细节、规章和奖惩都被一丝不苟地列在表格上。

比如，当时的马萨诸塞州西部铁路规定，火车司机在离开车站时，必须确保装满一车厢水（a full tender of water，tender 指的是当时挂在机车后面存储水和燃料的车厢），油罐里必须装满油，车厢外还要再悬挂六个水桶、两个绞盘、斧头、撬棍、铁锨和一组工具箱，否则就要受到处罚。锅炉工必须按照引擎师的命令工作，由

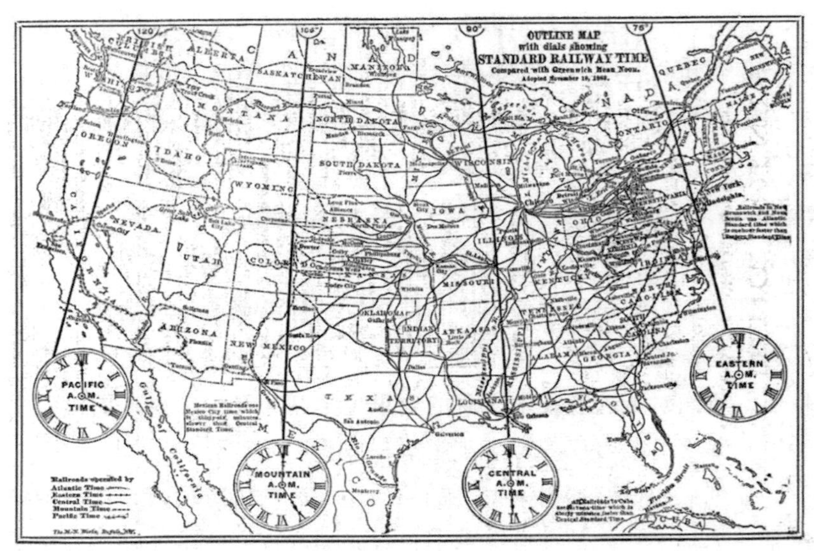

19 世纪美国铁路司机指导手册上的示意图

引擎师判断锅炉在点火前是否有足够燃料，点火时机是否恰当，引擎各部分的链接处是否加了足够的润滑油，信号线是不是跟电铃连接妥当。手册还特别禁止司机、引擎师、锅炉工等工作人员酗酒。[30]

但是，铁路系统与工人之间的关系并不是纯粹的管理–被管理关系。

一方面，这是因为铁路职工相对来说技术素质很高，他可以因为技术操作规范或者安全问题服从管理，这是合理的，但不可能忍受没有道理的苛刻规则。

另一方面，这是因为铁路职工也有本事创造一个“隔离空间”。

19 世纪没有移动电话，美国又是个很大的国家，一条铁路线从南到北或从东到西绵延几百上千公里，中途出什么意外都是有可能的。遇上大雪，大家要下车扫雪；遇上大风，大家要下车清障。一列火车就是一个小社会，而铁路职工就是这个小社会的天然带头人。

英文中管售票员叫 conductor，原意是指挥者，其实说的就是这个职责除了买票卖票之外，还兼管着各种组织事宜。

既然铁路职工是这个小社会的组织者，他们就有很多办法借机获利。如果铁路公司压榨过度，员工可以在其他方面找补回来。试想一下，司机、引擎师和锅炉工往家里顺几件工具谁知道呢？售票员在车上买卖一些沿途的农产品谁来管呢？甚至有人把卖票的钱往自己兜里揣，做笔假账，公司都不好查。

这些都是 19 世纪美国铁路系统运营的常态。公司不可能一味用大棒打击这些人，更好的方式是提供有吸引力的胡萝卜。所以，19 世纪的铁路公司除了给职工开具有吸引力的薪资之外，还绞尽脑汁设计了一些今天的我们看起来很眼熟的制度。

第一个制度是职级晋升体系。中世纪的行会确实有晋升制度，从学徒到熟练工再到出师，行会是要颁发证明的。但是现代工厂一开始其实并没有这项制度。道理很简单：纺织工和煤矿工的技术含量不高，老板哪天觉得你老了，没体力了，就直接辞退你招聘新员工，哪里有什么晋升呢？

但是对于铁路系统来说，一个忠诚的熟练技工的价值比一个新手大得多，因此公司必须给老人回报。19 世纪下半叶，新手司机的工资每月大概有 50—60 美元，而职级晋升之后的老牌司机则可能拿到 100 多美元。其余工种的收入水平也与此类似。[31] 这是什么概念？ 1870 年，美国缅因州、阿肯色州到加利福尼亚州的中产阶级住宅的建造成本大概是 3000—10000 美元，也就是说，相当于熟练司机 30—100 个月的工资。

第二个制度是奖金激励机制。除了职级晋升之外，铁路公司还想办法奖励表现好的员工。一名火车司机如果能做到一个月或几个月没出事故，或者开车消耗的煤炭比较少，就可以得到奖金。奖金多少要看管理层想发多少，比如，有的是 500 美元，有的是给块金表。

实在没有奖金的，公司也会挂张荣誉员工表，奖朵小红花。

第三个制度则是加班费。铁路上的工作跟其他行当不一样，机器如果出了事故，加班加点维修在所难免，否则就会影响第二天的运营。但是，19 世纪的美国不兴无偿加班这一套，要让职工肯干活，公司必须要付真金白银。这样，司机和职工也会乐得晚回家。[32]

就这样，职级晋升体系、奖金和加班费，共同构成了现代工人的职业发展体系。

如果没有这个体系，工作就仅仅是一种谋生手段，为的是挣一份糊口的工资。放到今天来说，就是今天去倒腾旧货，明天去肯德基打工，后天去当导游，不是说一定赚不了大钱，但是人处于这种状态，是不可能有对生活和未来的稳定预期的。

有了这个职业发展体系，意味着你可以把一份工作当作安身立命的事业。比如，你可能一辈子专精于铁路工程，或者互联网工程，或者生物医药，但无论哪个，你都可以预期在未来获得稳定的回报，筹划着何时可以升 P7、P8 还是 P9，当怎样级别的管理层，带领多大规模的团队，或者评什么级别的职称，当正教授还是副教授。有了这样的奔头，人才会安心钻研自己擅长的领域。

在古代社会，除了官僚、教会和职业军队有这样的晋升体系之外，几乎没有什么其他行当能保障一个不想赌博，只想掌握一门好技术的普通人有这种发展道路。但是，工业社会不一样，它给普通人提供了这个机会：稳扎稳打学好一门技术，一辈子都不用愁。最先建立这套体系的，就是铁路系统。

理性主义：真正的大众政治原则

一讲到工业时代的政治现象，很多人就会以为，工人运动、阶级斗争、普遍选举这些就是工业时代的政治。

其实，政治不仅关乎权力争夺，也关乎社会治理。或者进一步说，权力争夺也是为了给良好的社会治理创造条件。如果只有贫苦劳工的夺权，没有有效的治理措施，那结局也无非是像萨弗纳罗拉或者雅各宾派一样，即便夺了权，除了搞民粹主义和恐怖统治之外，也没有太多其他本事。

因此，从产缘政治的视角，我们不能忽略克虏伯和美国铁路系统在产业发展中自然生长出来的新时代治理机制，也就是前文所讲的福利制度和职业发展体系。尽管这些治理机制是聚焦微观层面的，没有左翼政党、工人运动、阶级斗争和国际革命那么激动人心，却是实实在在关乎大多数普通人的工作与生活。

在人类进入工业革命之前，古代社会的整体状况是贫穷、悲惨、充满暴力，饥荒、战乱、杀婴、卖妻鬻女的历史记录比比皆是，而作为古代世界里悲惨的“人下人”，自然不会对人生有理性和稳定的预期。

自文艺复兴和启蒙时代以来，诸多思想家、科学家和人文主义者奋笔疾书，呼吁理性的可贵。这固然造成了认知范式的巨大转变，但客观地说，这场转变主要还是发生在以知识分子为代表的精英群体内部。从伊拉斯谟、彼特拉克、但丁到伏尔泰、孟德斯鸠、狄德罗，他们的朋友圈也是“谈笑有鸿儒，往来无白丁”，但跟绝大多数的人口基本不发生关系。

因此，我个人认为，真正让绝大多数人感到理性的实际作用，并且形成新的社会规范和道德标准的，正是工业革命。

19 世纪晚期的社会学家、经济学家托尔斯坦·凡勃仑（Thorstein Veblen）有这样一个观察，他说，一个工业社会的最上层和最下层有一些精神气质是相通的，比如，崇尚武勇，喜欢掠夺，相信命运的反复无常。但是，绝大部分参与工业活动的普通人阶层，他们的气质则与前两者相反，他们爱好和平，相信理性，习惯用因果关系理解事实并联系事实。造成其中区别的原因就在于，工业活动以机械操作的细节，把理性和量化因果的关系刻到了他们的骨子里。

> 工业操作，不论从整体还是从细节上来看，都是一个量的因果关系过程。对工人或对一种工业操作的指导者所要求的“智慧”，并没有什么别的，只是对于从量上来决定因果关系的理解与适应，必须具有一定程度上的熟练。拙劣的工人所缺少的就是在理解与适应上的这种熟练程度；如果教育的目的是在于提高他们的工作效能，则这种教育所追求的目的就是在于增进这种熟练程度。
>
> ……
>
> 传统式的农业同手工业的情况相类，两者所要求于劳动者的，在性质上彼此极为近似。在两者的情况下，劳动者自身都是它们主要依靠的原动力，而有关的自然力量，则被认为是不可捉摸的、难以预料的动作力，它的动向是劳动者所无法控制或无法自由处理的。在一般的理解中，这类生产方式与工业操作不同；在工业操作中，对于整个机械过程的决定性趋向，必须依据因果关系来理解，工业的进行与工人的动作必须与之相适应，而在这类生产方式中，则这样的情况比较少。随着工业方法的发展，手工业者的那些长处，越来越难以抵消其所存在的智力不足或接受因果关系的看法时的迟疑不决这类缺点。工业组织越来越具有一种机械结构的性质，作为一个工业人员，他在这里的任务是辨别和选择会产生对他有用的效果的自然力量。工人在工业中所处的地位已经不再是一个原动力，他的职能是对量的关系和机械事实加以抉择和评价。他对于在他环境内的因果现象应当有提出明确的理解和公正的评价的能力，这一点的经济意义越来越重大；在他的思想习惯的复合体内的任何成分，如果掺入了跟上述能力不相容的

> 偏见，将成为越来越重大的一个干扰因素，足以降低他在工业上的效用。对于日常事态的观察，如果不以量的因果关系为依据而别存偏见，即使偏差甚微或并不显著，其对民众的习惯态度所发生的累积性影响，也足以显著降低社会集体的工业效能。[33]

由此，我想说的是，这可能才是我们应理解的“大众政治”的真意。

从 19 世纪最后的几年到 20 世纪最初的一二十年，西方国家开始推行允许绝大多数成年男性公民投票的普选权，随后数十年，这一权利又惠及女性。当然，这个过程中伴随着大量的工人运动、群众运动、示威抗议、议会斗争，如此等等。作为观察者和记录者，我们的目光很可能会被政治博弈中的这些高光时刻所吸引，从而把这些理解为“大众政治”的唯一内容。

但是，“大众政治”仅仅是这些高光时刻吗？大众真的是从开始投票，开始参与议会辩论，开始组建无产阶级政党，就瞬间从传统精英手里把权力夺过来了吗？

不是的。

很多朋友都清楚，从公司政治到国家政治，任何政治都不是只在舞台上表演的，甚至可以这么说，政治的主要部分并不发生在舞台之上，而更多地在聚光灯之下。冰山在水面上的部分只有水下的七分之一，河流在转弯之处迸发出的湍急浪花也不到总水量的百分之一。**公投、抗议、游行、示威、暴动、革命，这些戏剧性的事件经常只是表现而非原因，是病症而非病因，是水面下巨大的社会系统之间相互碰撞产生的浪花**。

工业体系对人的塑造，工业规律使人感受到的量化因果关系，工业经济使人产生的和平感、秩序感和组织感，从而造就的理性、规则和服从，可能就蕴含了水面下的真谛。

毕竟，罗马教皇宫、凡尔赛宫、白金汉宫、冬宫或紫禁城内发生的故事，无论从人数还是空间规模，也许只与人类社会百万分之一的群体有关。要讨论从精英政治到大众政治的转变，我们可能首先要讨论是什么样的系统才能真正把这些宫墙之外的亿万民众联系起来，而不是让他们分散地生活在各个低密度能量社区内，不知有汉，无论魏晋。

复杂工业社会就是这个切切实实将普通人联系在一起的系统。**工业标准在每个人内心深处根植下的理性种子就是我们与他人进行互动的最大公约数**。尽管我们每个人各有各的生活，各有各的视野，各有各的不超过 150 人的朋友圈，但如果我们是按部就班地领“工资”生存的，在日常工作环境中被教育了不要违规操作、不要超速、不要酒后驾车、不要不消毒就使用手术刀、不要不戴安全帽进入工地……而且，不仅如此，我们还被教育了这背后的因果联系，那么，在面对其他复杂到我们无法想象的社会系统时，我们才会感到安心。

这其中的道理不复杂，因为我们也会把他人看作按照理性法则生存、可以理性对话的同伴。倘若我们不能有这样的信念，“大众政治”这件事本身就不可能发生。

对于极少数控制了暴力，因而可以坐上征服者宝座的“人上人”来说，他们固然可以把“公器”当作私用之物，以一人之心夺天下人之心，以一姓之尊荣拂兆民之好恶，但对大众来说，国家公器既存，那就应当以理性原则改良之、修缮之、变革之、进化之。

如果我们承认可以用理性原则去想象社会，我们是否可以把复杂工业社会理解为一台精密运转的机器？如果我们可以这么理解，我们是否可以把国家、族群和文化看作由不同要素连接起来的部件，因而就像修理机器一样，也可以按照理性原则使其表现得更好？

这不是人文教授群体之间经常发生的，能否用机械主义原则理解社会有机体运作的玄学争论，而是人类进入工业时代后的事实：

工厂和工厂之间的产品需求对接，要精密准确；某个公司的机制或章程有问题，应本着理性原则修改；A 公司的工程师离职后，有机会选择去 B 公司相应的岗位上发展……

如果这些都可以，那政府为什么不可以按照这样的原则去改造，去重新调整，去适配全新的，但符合理性原则的方案，以之解决或缓和人类社会数千年来固有的种种问题，比如军备竞赛、贫富差距、社会不公……如此等等？

这不是我个人的空想，这样的想法在 20 世纪上半叶就曾经被提出来。在我看来，这代表了那个时代，人类在迈入工业社会一百年后对理性和科学表现出的极度自信。在当时，这种代表思潮被称作“技术治理”（technocracy）。

这个术语是由一批工程师类的专业人才创造的，带头人叫霍华德·斯科特（Howard Scott），是一名建筑师。霍华德·斯科特没有受过精英教育，也不擅长公众演讲，但他有一个质朴且不无道理的想法：人类社会迄今为止有那么多的问题，是不是因为我们没有充分理解技术原则，没有充分利用好我们已经掌握的巨大产业力量呢？

1931 年，霍华德·斯科特成立了一个名叫“技术治理”的组织。他自己解释说，这不是一个政党，不想追求选票或影响力，只想为下面这样一种人提供咨询服务：他们想用人类掌握的技术能力彻底改变社会治理方式，从而解决很多显而易见的问题。

“技术治理”的基本哲学是：从工程师的角度，治理的基本前提是满足人类生活的物质需求；而从能量转化的角度，当时人类社会的技术条件已经完全可以覆盖这些目标。他们计算说，当时美国已经安装的发动机功率已经超过 120 亿马力，但其中只有 7% 用于采矿业、制造业和铁路运输，剩下的则主要用于汽车；因此，如果在所有生产和物流中使用的发动机多一倍，美国就会有 2000 万成年人可以从繁重的生产劳动中解脱出来。如果苏联人也采取这样的技术治理原则，他们甚至都不会在五年计划中走弯路。

所以，在“技术治理”看来，真正的问题在于整个社会的“操作系统”（operating factors）没有跟上来，具体说来就是，政治家、法学家和历史学家的头脑没能够跟上工业和技术的潮流。他们基本都把关注点放在了所有制上，但真正的问题在于操作系统。换句话说，如果你不用工程原则重新设计我们的社会系统以解决铁路、高速公路、电力网、供水系统、污染、水土流失和生活问题，那无论怎样的党派得势，我们还是会一样头疼。[34]

霍华德·斯科特提出这些想法的时候，恰好也是美国人经历大萧条的年代。所有人都对社会问题心有戚戚，而擅长用工程思维思考社会问题的斯科特提了一个很有创意的设想：用能量单位（尔格、焦耳或卡路里）为标准重新设计社会的货币体系。他说，一美元的购买力在 1929 年和 1933 年完全不同，但是功率单位则不会产生什么变化。所以，应该用能源证书取代美元：这种货币的总量可以相当于国家净能量预算，而其标的的能量可以在整个北美大陆平均分配。他认为，用这种方法可以保证每个人得到相应能量生产的物质财富，从而消除失业、债务和社会不公。[35]

第一次读到霍华德·斯科特这个说法的时候，我脑海中一下就想到了马克思的学说。马克思从大卫·李嘉图那里继承的劳动价值论就认为，所有商品中都凝结了无差别的人类劳动。霍华德·斯科特则认为，**所有商品中都凝结了无差别的能量**。

他的这个观点是可以得到物理学支持的，他关于社会总能量生产的计算也是正确的。甚至，我们今天的某些交易体系，比如碳排放交易体系，还反映了他的基本理念。

所以如果是这样的话，问题就来了：我们从物理原理和工业设计中能够得到的一个思维方式就是，如果计算正确，数学原理正确，逻辑正确，那它本质上就是没有问题的。既然霍华德·斯科特的这套原理看起来是可行的，那为什么它在历史上默默无闻，乃至销声匿迹了呢？

历史与工程的一个相似之处在于：某项东西的失败，未必意味着原理或设计方案的失败。比如，19 世纪想要运用纯粹机械原理打造计算机的巴贝奇，尽管他的原理和设计方案都是正确的，但限于当时的材料和加工工艺，他还是造不出来。

就我自己对历史的粗浅理解，霍华德·斯科特的方案之所以未能生效，原因不在于他自己的错误，而在于人类这种生物本身的思维、路径和活动轨迹太过混乱了——社会机制的混乱和无序的程度完全超出了工程师的想象，而且，工业的力量不仅强化了人类活动中那些理性的部分，也强化了人类活动中那些不理性化的部分及其后果，也就是地缘政治、冲突、阴谋诡计和战争。

注释

1　关于“高级金融”，可详阅张笑宇《商贸与文明》，第 286—291 页。

2　Timothy Mitchell, *Carbon Democracy:Political Power in the Age of Oil*,Verso, p.15.

3　影响生育率的因素比较复杂，与收入、产业属性、经济压力、政策均有显著关系。但可以确定，从农村迁移到城市这一决策本身可对妇女的生育意愿造成显著负面影响，而居住空间的压缩可能是负面影响中的一环。参见人口学家以加纳为案例进行的研究：https://www.ncbi.nlm.nih.gov/pmc/articles/PMC2834382/。

4　Barbara Freese, *Coal: A Human History*, Basic Books, 2016,p. 45.

5　http://www.scottishmining.co.uk/290.html.

6　http://www.scottishmining.co.uk/289.html.

7　Barbara Freese，pp.77-78.

8　http://www.scottishmining.co.uk/241.html.

9　Barbara Freese，p.78.

10　转引自 Barbara Freese，p. 72。

11 卡尔·马克思、弗里德里希·恩格斯：《马克思恩格斯全集》第二卷，中共中央马克思恩格斯列宁斯大林著作编译局译，人民出版社，2016 年，第 326 页。

12 卡尔·马克思、弗里德里希·恩格斯，同前，第 331 页。

13 卡尔·马克思、弗里德里希·恩格斯，同前，第 335 页。

14 苏格兰最高法院的宣判书中引用了《格拉斯哥和克莱兹代尔作业矿工友好联合会章程》，内容如下：现在可以确定，格拉斯哥和出口市场每年需要 750,000 车煤，每周约为 14,423 车，因此有必要防范任何可能会破坏所获得价格的侵权行为，这是如此温和、公正、合理。据此，商定以下条款，形成协会各项工作的局部安排。

第一，十岁以下男童不得在煤壁（采煤工作面）上工作；十到十三岁期间，他将获得正常工人工资的四分之一；十三岁到十五岁期间他将获得二分之一，十五到十七岁将获得四分之三，并在十七岁后，在提前六个月发出通知的前提下，他将被接纳为本协会的成员。

第二，本协会的任何人不得让任何以前从未参加过该协会的人学习成为煤矿工人，除非他向协会支付七英镑，并为他的主人服务两年，然后服从本协会的规则。

第三，不得收养十三岁以下的中立男孩（neutral boy，没有查到，疑为非矿工家庭出身）；十三岁到十五岁期间他将获得成年人工资的四分之一，十五到十七岁将获得二分之一，十七岁到二十岁获得四分之三。若在上述期间，他向协会缴纳的会费累积达到七英镑，如第一条所述，在发出通知后，他将被接纳为该协会的成员。

第四，任何一个满十七岁的中立者（neutral man），支付七英镑（先付一半，另一半则在学徒期支付）可以学习为煤矿工人，条件是他在第一年只能获得正常人工资的三分之一；第二年获得三分之二；第三年全额，但在三年期满前不得接纳为协会会员。

第五，年满十八岁者，第一年应获得全额工资的三分之一；第二年上半年获得三分之二；下半年获得全额。前提是他总共付给协会七英镑。

第六，作业煤矿工人的孤儿在任何情况下都应按照与第一条相同的原则接收，就像他们的父亲在世一样。

第七，达到第四条规定年龄的煤矿工人的儿子，可能曾从事其他工作，但选择作为煤矿工人学习的，应在该条规定的期限内任职，并向协会缴纳十先令和六便士，然后应被接纳为该协会的成员。

第八，任何没有拿足全额工资的人，应支付两先令（在工资高于两先令的前提下）给予本协会使用。

结论：严格遵守上述条款，作业矿工绝不会像过去几年那样，因为工资低而出现生活中的起伏波澜；相反，他们可以通过适度而稳定的工资来教育他们的孩子。如果没有这些教育，他们就像是肥沃的土壤中的野橄榄树；事实上，由于缺乏教育，我们所遭受的所有这些或多或少的罪恶都已经出现了：无知、贪婪、暴政和野心。（参见 http://www.scottishmining.co.uk/483.html）事实上，该份文件还保留了相当程度上的传统行会痕迹，例如允许使用童工、要求矿工渡过学徒期等等。但饶是如此，当时的煤矿主和检察机构依然不能接受工人自组织工会的行为。

15 Timothy Mitchell，pp.20-21.

16 Timothy Mitchell，pp.22-23.

17 https://en.wikipedia.org/wiki/Dunbar’s_number.

18 Timothy Mitchell，p. 24.

19 http://dangshi.people.com.cn/n1/2017/0822/c85037-29485966.html.

20 旗帜由镐头和锤头组成。镐头是井下工人刨煤的工具，锤头是井上工人维护设备的工具。

21 C. L. Sulzberger, *Sit Down with John L. Lewis* , Random, 1938.

22 Carl Soderstrom, Robert Soderstrom, Chris Stevens, Andrew Burt, *Forty Gavels: the Life of Reuben Soderstrom and the Illinois AFL-CIO. Vol. 3*. Peoria, IL: CWS Publishing. p. 320.

23 塔勒，在现代早期到 19 世纪中下期，曾是被广泛使用的极其重要的欧洲银币名称，也是一种很值钱的货币单位。

24 威廉 · 曼彻斯特 :《克虏伯的军火 : 德国军工巨鳄的兴衰》（上），姜明新译，社科文献出版社，2012 年，第 145 页。

25 威廉 · 曼彻斯特，同前，第 187 页。

26 威廉 · 曼彻斯特，同前，第 187—188 页。

27 威廉 · 曼彻斯特，同前，第 188 页。

28 这条铁路在早期铁路线中是一条罕见的客运铁路线，因为它能够帮助乘客快速绕过河流上的科霍斯瀑布群（Cohoes Falls），所以人们愿意为它付费。

29 E. P. Thompson, *Time, Work-Discipline, and Industrial Capitalism*, Past and Present 38:57.

30 Walter Licht, *Working for the Railroad: the Organization of Work in the Nineteenth Century*, Princetion University Press, 1983, ch. 3.

31 Walter Licht，ch. 4.

32 以上关于美国铁路系统职级晋升和工资待遇的数据，皆可参见前引章节。

33 索尔斯坦·凡勃仑:《有闲阶级论》，蔡受百译，商务印书馆，2017 年，第 219—221 页。

34 https://web.archive.org/web/20090422182206/http://www.technocracy.org/Archives/History%20%26%20Purpose-r.htm.

35 Howard Scott, *Technology Smashes the Price System*. Harpers Magazine, vol. 166, January 1933, pp.131-132. 转引自 Ernst Berndt, *From Technocracy to net energy analysis: engineers, economists and reccuring evergy theories of value*, 1982。

第十二章　产业塑造国家

以上讨论的内容，主要还是围绕第一次工业革命中的产业形态展开的。我们可以看到，这些产业力量已经开始全面地改变人类社会的组织形态。

但是，如果说第一次工业革命只是产业力量塑造人类社会组织形态的开始，其中还有很多受到社会传统的影响，呈现出“产业”与“文明”的相互塑造过程，那么到第二次工业革命时代，我们几乎可以说，这种力量基本上已经完全按照自己的意图和逻辑，展开对文明的全盘改造。

我个人认为，这个改造最重要的标志，就是产业力量对于国家机器的改造。接下来，就让我们沿着“资本流—能量流—产品流”的顺序讲述这个改造过程。

落伍的中央银行

我们已经反复讲过，货币是社会信用的符号化。“正增长秩序”发达的首要标志是有足够多的商品可供交易，这样，社会就不会去交易暴力（以梁山好汉打家劫舍的名义出现）和人身依附关系（以合法奴隶、家仆、媵妾等形式出现)，因此也会是一个信用程度比较高的社会。

既然社会越发达代表信用等级越高，而货币又是社会信用的符号，所以一个简单的道理就是，社会信用等级越高，对货币的需求量也就越大。

在金本位时代，这个趋势可以通过黄金持有量很明显地反映出来。

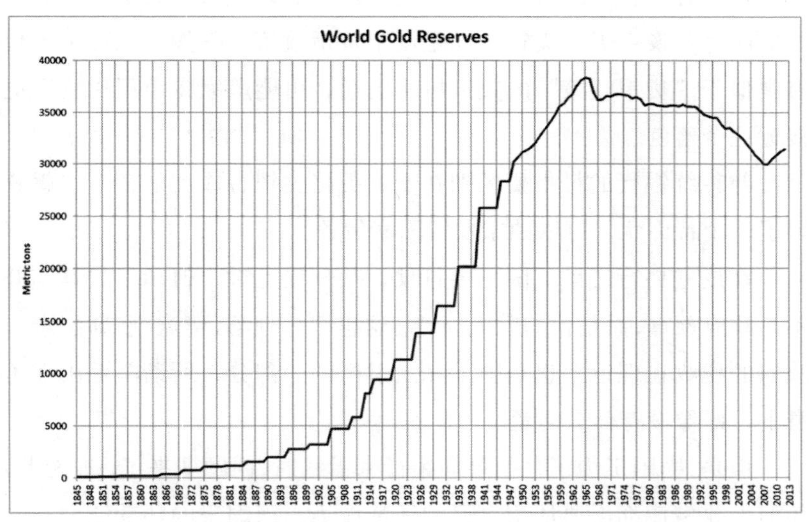

1845—2013 年的世界黄金持有量，以吨为单位[1]

这反映在经济学中，其实就是费雪公式：MV=PQ。其中，M 代表货币供应量，V 代表货币流通速度，P 代表商品价格，Q 代表商品数量。显而易见的是，从长历史周期来看，P 和 Q 相对增加，自然带来对货币的需求扩大。

不过，我们这里不是要展开经济学专业范畴的探讨，只是想讨论一件事：资金流的管理者和货币政策的制定者，也就是中央银行这个机构所扮演的角色，可能在过去数百年中一直是落后于时代的。

让我们从中央银行的诞生开始说起。

在《商贸与文明》中，我们曾讲过这个故事。最早扮演类似“央行”角色的机构，是14世纪热那亚成立的圣乔治商行，它的作用是为城邦的公共债务提供资金支持。由此脱胎的机构最后演化成现代中央银行的前身：英格兰银行。

但是，1694年成立的英格兰银行跟我们今天熟悉的央行还有很大差别。首先，它的所有者并不是国家，而是私人。其次，它的主要职能并不像今天的央行一样是制定货币政策——如果说那个年代有类似于“货币政策”的决策机构的话，可能皇家铸币厂比央行更接近这个角色。

与传统银行的最主要区别在于，英格兰银行成立之初，它就获得了一个特许状，可以独家发行国家债务。

在成立央行之前，国王要打仗，从理论上讲，他动用的其实并不是政府预算，而是他的私人财产。这也很好理解，毕竟“朕即国家”，政府的税收在理论上也是国王私人财产的一部分，所谓羊毛出在羊身上，好像没有什么问题。

但是，当国王为了打仗要向银行家借钱时，问题就来了。理论上，任何人要借债都需要证明自己的还款能力，而国王的还款能力——除了他名义上的个人财产之外——是以政府税收为担保的。然而，如果国王笃定要欠债，或者宣布破产，那么银行家作为债主又能怎么办呢？他能接管政府，把税收直接装进自己的口袋吗？显然做不到。因此，从经济理性上来讲，国王借债打仗不是个合理的模型。

真正合理的模型应该是：把国王的个人意志剔除出去，将他作为国家机构的一个职位来看待，而整个国家机构则受法律约束。如果银行家无法从政府那里收回自己的贷款，那么他就可以在代议机构表达自己的意见，甚至控告政府，要回自己的欠款。

这就是为什么 18 世纪的主流大国中，只有英格兰银行发行的国债是最有信用的：英国国王的权力受到法案的约束，大家相信法律管用，国王遇到商业规则也要低头，因此才肯借钱给国王。

但是仔细想一想，此时的英格兰银行发挥的真正作用是什么呢？它是管理英镑发行和调节英国宏观经济运行的机构吗？

很明显，它都不是。它只是一个有着“替政府发债筹钱”这一职能的商业银行而已。除了能为政府服务之外，它的地位也并不高于其他银行，区别无非是它的客户大，其他银行的客户小罢了。

从 18 世纪到 19 世纪的这两百年里，尽管人类的技术突飞猛进，产业蓬勃发展，世界发生了翻天覆地的变化，但是中央银行的角色并不如同我们想象得那么万能。它并不是一只伏在蛛网中心的蜘蛛，经济运行的哪一条线索震颤一下，它就能够感受到，并且做出反应。它只是众多线索中的一根，本质上跟其他线索没有太大区别。

那么，货币政策到底是由谁来管的呢？这就需要讨论金属货币和纸币之间的关系问题了。

就金属货币来说，一国政府能够采取的“货币政策”很有限，因为金银并不会被某一国政府所垄断，甚至并不会被政府垄断。理论上，只要控制了白银，就可以铸造自己的货币，而且只要它是真金白银，自会有人使用。

因此，政府对金属货币能够做的最主要的事情，就是把控铸币的质量，也就是保证贵金属含量，好让多数人愿意使用这个国家发行的货币。至于国际货币霸权，以及“劣币驱逐良币”的故事，我们前文已经讨论过了，这里不再赘述。

其实，把控铸币的质量，与其说是英格兰银行的任务，不如说是皇家铸币厂的任务。皇家铸币厂最主要的职务有两个，一是铸币局局长（Warden of the Mint），二是铸币大师（Master of the Mint），前者的主要职责是管理具体的货币成色，后者则是这个机构的总负责人。著名的牛顿爵士就曾担任过前者，尽管他曾犯下影响深远的错误，但依然是最成功的铸币局局长之一。

简言之，这与其说是个经济学问题，不如说是个工程学问题。对此，物理学家和化学家要比经济学家和政治家有用得多。

但是，如果说到纸币，那就是另外一回事了。

纸币的本质其实是一种票据。它诞生的源头是金银的短缺。在15—17 世纪欧洲的“价格革命”中，商人们需要真金白银，但有时金银的流通量依然不能满足商人的需求，于是一些商人就开具票据，并担保用这些票据一定能换到金银。如果这些商人的信用足够好，那么用这些票据也可以偿还债务。打个比方就是，如果今天的你我手上有比尔 · 盖茨的欠条，然后用它来还债，那么债权方大概率也会接受。这样，票据就可能会流通起来，变成类似于货币的交易凭证。

1694 年英格兰银行成立后，票据业务也就伴随着发行国债而产生了。道理很简单：票据就是小面额国债。在金本位时代，倘若你手上有一张 100 镑面值的票据，那就意味着英格兰银行欠了你相应价值的黄金，只要你去银行兑换，它就必须兑付给你。这个时候，票据就变成了纸币。所以，从理论上讲，英格兰银行并不是在“发行”纸币，而是通过印制票据，把你本应挣得的黄金白银借走了，并许诺你一定会还上。

也正因如此，英格兰银行的管理者并没有怀着“管理宏观经济运行”的初心来“发行”纸币。或者说，它只是在印制票据，并且确保这些票据能被市场接受而已。

有不少人会认为，所谓的社会精英之所以会占据显赫位置，是因为他们十分优秀而且高瞻远瞩，背后有海量专家的精确计算，因此他们的决策必定有很高的合理性，你我无须理解，只要服从就好。然而真相很可能是，他们的工作本质跟销售、线长或者商贩并没有什么区别，只是涂了一层看起来“高大上”的花脸来做这些事而已。

就像英格兰银行“发行”货币的行为，本质上也不过是在推销理财产品。

我这样说，可能不少朋友会觉诧异，其实，研究央行史的历史学家约翰·伍德编著的《英美中央银行史》也是这么认为的：

（中央银行家）大部分曾是银行家，而且在银行家的环境中运作。他们很难发现在一家机构可行的惯例为何不能在另一家应用。对银行董事们来说，英格兰银行不过是一家大银行，因其规模对金融稳定负特殊责任（在该方面他们不是一直兢兢业业，这是对银行家行为的另一反映），但是对类似价格水平的宏观经济变数不负任何责任。管理者的职位是兼职的，而且行长和副行长每届任期两年，是短期中央银行家，几乎不能与其银行业务和贸易机构分离。[2]

总结一下就是，中央银行的银行家们（至少在19世纪以前）并不是人们想象中的熟谙经济规律的科学家，未必真的很懂社会经济怎么运行，只不过是在央行任职，按照自己在私人银行的从业经验“当一个官”而已。

1810年，英国金块委员会对英格兰银行的质询报告（可能由当时著名的经济学家桑顿撰写）是这么写的：

当与硬币的可兑换性不再能限制纸币过度发行的时候，银行董事们没有发现：没有这种限制后，通过完全可靠的票据获取的贴现可能会导致过度发行纸币。你们委员会非但没有发现这一点，还表明他们以极大的自信坚持相反的学说……而该学说极其错误，这一点你们委员会毫不怀疑。该学说的谬论是不区分向商人预付的资本和向使用通货的大众提供的货币。[3]

这段报告的最后一段话，其实差不多就等于在说，英格兰银行的董事们不是对价格水平持错误理论，而是根本没有理论，因为他们完全没有能力思考英格兰银行的行为对宏观经济的影响。

比较嘲讽的是，从根本上说，英格兰银行管理者的行为又是跟当时主流的经济学理论——也就是自由放任理论——恰好一致的。自由放任理论的本质就是承认任何个体（不管他有多么学识渊博和聪明过人）都不可能凭一己之力理解整个经济系统的运行情况。所以，按照这个理论，出现经济危机也是不可避免的，就像自然界会暴发天灾一样。因此，管理者在面对危机时，很可能也不需要做太多干涉，而是等到市场自然出清（意味着供求平衡），让经济规律自行发挥作用，淘汰掉低效率企业，一切事情就会自然变好。

事实上，英格兰银行成立之后的两百多年里，它大致上也就是这么运作的。不光英格兰银行如此，当时大多数扮演这个职能角色的机构也都是这么做的。[4]

就像某首歌曲中唱的那样，如此生活多年，直到大厦崩塌。在 20 世纪的第二个和第三个十年，人们就先后迎来了第一次世界大战和大萧条。

凯恩斯主义

关于第一次世界大战如何毁灭欧洲文明，以及凯恩斯批判《凡尔赛和约》如何为第二次世界大战埋下伏笔，我们后文会详细讲述。接下来的这段故事，我想从“大萧条”开始聊起。

不少读者对“大萧条”的印象是：这是一场始于美国，蔓延到欧洲的巨大经济危机。它终结了战后短暂的繁荣，暴露了资本主义世界“生产过剩”造成的根深蒂固的矛盾，比如出现把牛奶倒掉这样的事情，如此等等。

但这种理解是错误的。由“生产过剩”引爆的危机，其实只是一个美国问题。第一次世界大战结束后，有资格“生产过剩”到把牛奶倒掉的社会只有美国。欧洲面临的主要问题是战后重建的动力不足，是生产不足，而不是过剩。

当然，这场在美国爆发的经济危机的确蔓延到了欧洲，不过这主要是因为“一战”以后，美国一跃成为全球最大债务国，欧洲许多国家，尤其是德国，需要靠美元贷款才能生存。美国的银行业出现危机，欧洲国家当然也要面临危机。简单说就是，倘若一个人的金主倒掉，他自然也要面临危机。

我特别强调这一点，是因为这关系到我们对这场经济危机的本质原因的理解：这场危机的背后，实际上关系到第二次产业革命的成果，进一步说就是，这场危机之前的“繁荣”，恰恰是由化石能源和电气化在美国引发的产业进步促成的。

这并不是我个人的观点，而是约翰·凯恩斯的解释。1931 年 6 月到 7 月，凯恩斯在美国芝加哥做了三场报告，运用他 1930 年出版的《货币论》（*A Treatise on Money*）中的基本原理，对“大萧条”的原因做出了系统的解释。

他认为，1925—1928 年间的繁荣，其最主要的特点是“在高利率的条件下过量地借贷新的投资资金”；由此而引起的繁荣基于全球的电气化建设，以及相应的公路和汽车事业的发展，随之从美国蔓延到整个世界，但英国除外；通货膨胀所起的作用小得惊人，随之而来的大萧条不是由于过量投资所带来的负面影响，而是“极其愚笨”的政策造成的。经济条件要求利率下降，美联储反而提高利率以遏制华尔街，而美元一旦升值，就会对全球各地产生极其不利的影响。[5] 这就是对大萧条的全部解释。

这段话的意思是说，我们之前介绍的能量流和产品流的变革（以汽车和电气化为代表的产业革命）让许多人看到了巨大的经济机会，他们自然有巨大的动力向银行借贷，进行新的投资。这并不是“过量投资”，而是有信心支持的。

然而，美联储却提高了利率，打击华尔街的放贷行为。结果就是，企业无法获得新贷款，甚至无法延期旧贷款，投资被踩了急刹车，而这自然会引发巨大的经济危机。

那么，为什么美联储在借贷紧缺的时间点反而会提高利率呢？

答案是金本位制。

当时的《联邦储备法案》（Federal Reserve Act）规定，美联储发行的票据必须有相当于面值金额 40% 的黄金支持。在信心充分的年代，这个规定并不会真正发挥作用。但一旦信心不足，人们想要把票据兑换为黄金，就自然会引发大规模挤兑。为了避免这种情况的出现，美联储自然又会限制信贷的规模，从而恶化经济状况。

金本位正是凯恩斯一直重点反对的对象，他称“金本位制”为“野蛮人的遗产”。为什么凯恩斯会对金本位如此深恶痛绝？这需要联系我们上一节的内容来讲。

黄金和白银并不由哪个政府垄断，而是被全世界商人公认的货币。一手交钱，一手交货，这也是千百年来商人们默认的自发秩序，不容干涉。倘若政府获得随意印制纸币代替黄金的权力（这样的事情不是没有发生过），就等于破坏了神圣而伟大的自然秩序。所以，古典经济学主张的是放任自由，不加干涉，而金本位制正是这种信条的体现。

但是，凯恩斯认为，“自由放任”并不是天然、神圣的“自然秩序”，而是特定历史和社会环境下的产物。19 世纪的英国能够采取“自由放任主义”，一部分要归于当时欧洲的和平与安全，一部分则要归于英国普通人勤俭节约的习惯，这种习惯使他们能够抵御经济危机的风险，阶级矛盾进而得以缓和。所以，每次经济危机后，虽然人们暂时承受了痛苦，但他们还能坚持到整个市场“出清”。

不幸的是，第一次世界大战把这些条件都毁掉了。一方面，国家间彼此惊恐的竞争很难允许和放任自由市场出清；另一方面，“一战”也让普通人对精英的信任直线下降，阶级矛盾已不可能靠自然趋势缓和下去。因此，凯恩斯相信，政府有必要也有能力做一些技术上的干预。

1936 年，凯恩斯出版了《就业、利息和货币通论》(*The General Theory of Employment, Interest, and Money*，简称《通论》)。正是这本书奠定了凯恩斯之所以为凯恩斯的地位。在其中，他挑战了古典经济学的整个思考模型。

他声称，以李嘉图为代表的古典经济学模型有三个基本假设：(1) 实际工资等于现行就业量的边际负效用；(2) 不存在严格意义上的“非自愿”失业；(3) 供给会自动创造自己的需求（在产出和就业的任何水平下，总需求价格都与总供给价格相等)。

凯恩斯说，这三个假定条件其实说的都是一件事，也就是第三条的内容：总供给 = 总需求。第三条也被称为“萨伊定律”。凯恩斯要反驳的就是这个“萨伊定律”。他认为，它不是普遍现象，而是在极其特殊的条件下才能达成的。

相应地，凯恩斯在自己的经济学模型中增加了三个基本假设：(1)边际消费倾向规律；(2)资本边际效率规律；(3)流动性偏好规律。

他认为，“萨伊定律”的根本问题就在于，它想象了一个没有心理预期的“均衡世界”，而自己提出的这三个假设，就是要把“心理预期”补充到经济学模型中。

现在，让我们结合具体实践，把经济学理论中的争论翻译成普通人能听得懂的话。

“萨伊定律”，或者古典经济学的一般均衡理论，其实是在说，“自然界”（自由放任的资本主义经济体）本不存在经济危机，出现危机其实是人为误差（比如对市场形势判断错误，或仍在坚持老旧的生产方式）的结果。因此，在危机出现时不需要做什么，只要坚持“出清”就好。

“出清”这个词看起来很中性、很技术，但实质上很残酷。仔细想一想就会明白：一旦发生经济危机，企业“出清”的一般手法是什么？削减工资。当然，裁员也是削减工资的一种办法。

按照古典经济学的均衡理论，企业削减工资，说明劳动者供给过多，因此劳动者此时应该认清形势，在跟企业谈工资时主动降低要求，这样，企业就可以降低成本，恢复利润，增加供给。企业增加的供给又会转化成需求，把劳动者的工资再提上去，从而让整个经济系统恢复均衡。

请注意，这不是我对古典经济学的理论推导，这是历史事实——相信古典经济学均衡理论的决策者，真的是这么做的，他们会制定缩减政策，甚至发布降薪指导。比如，在“一战”期间，英国暂时放弃了金本位制，但是到 1920 年前后，英国决策界展开了一场讨论，核心就是要不要恢复金本位制。

恢复金本位制，就意味着要把“超发”的货币给强硬地回笼，减少贷款，企业因而也必须被迫降薪。当时，英国的财政大臣是温斯顿 · 丘吉尔，他把支持金本位制和反对金本位制的都请到了唐宁街，搞了一晚上辩论，凯恩斯也在其中。但最后，丘吉尔没有听从凯恩斯的意见，还是实施了恢复金本位的政策，而凯恩斯也马上写了一本小册子，名字就叫《丘吉尔先生的经济后果》（*The Economic Consequences of Mr. Churchill*）。跟《和约的经济后果》一样，这本小册子很快成了畅销书。在其中，凯恩斯这样抨击丘吉尔的政策：

除了故意地增加失业以外别无他法。银行信贷的紧缩旨在从企业主手中撤走在现有物价和工资水平上雇佣工人的资金。这个政策只能用无限制地增加失业来迫使工人就范，在严酷现实的压力下接受降低的工资……通货紧缩并不能“自动”地降低工资，只有造成失业才能降低工资。[6]

对此，凯恩斯给出的理论解释是：如果把心理预期纳入考虑范围，我们首先会发现，在就业和收入增加时，消费也会增加，但是比就业和收入增加的幅度要小。这是因为人有八种可能增加储蓄的天性（谨慎、远虑、筹划、改善、独立、进取、骄傲和贪婪），所以，实际需求量和实际消费量之间首先会出现一个差值，这个差值就是储蓄。

有这个差值存在，消费就会总是小于供给应该创造出来的需求。打个比方，你在腾讯上班，腾讯发展得很不错，搞出来很多赚钱的产品，等于创造了巨大的供给，你的工资也涨了，股票也涨了，那么照古典经济学的均衡理论，这些收入应该转化为消费，去吃米其林三星，去旅游，而这些花出的钱也就会变成别人的收入，整个社会的经济都会持续增长。但是，你出于种种心理预期，并不愿意把挣到的钱都花出去，而总是要存一部分。这就意味着，腾讯通过技术进步或者商业垄断创造的供给，并没有都转化成有效需求，这样社会经济的增长就可能会放缓。

怎么解决这个问题呢？答案只能是把储蓄转化为投资。比如，你挣了钱，发现放在银行里不合算，不如去继续买腾讯的股票，或者去买房，那么走到这一步，你就进入了凯恩斯的第二个概念，也就是资本边际效率规律。简单说，就是你愿意去投资，一定是看到投资品能为你赚到钱。但如果人人都去投资，投资品的供给又增加了，那么投资回报率就会下降。这时，储蓄转化为投资的动力也会受阻。

换成现实世界的例子，就等于说，如果商品房放开供给，投资房产的回报率反而会下降，那么这时人们就没有动力去投资更多的房产了。[7]怎么办呢？按照古典经济学的主张，这个时候只有降低利率，也就是让钱变得更便宜，促进投资。

但是，如果你选择这样做，又会陷入凯恩斯的第三个概念：流动性偏好规律。“流动性”这个词翻译过来，就是一样东西有多么“值钱”，从而被更多人认可。衡量货币有多“值钱”的标准，是利率。用白话说就是，我想开家餐馆，但我的钱不够，所以找你借钱，那么，利息越高，就越证明“钱”这个东西很值钱。如果利息变低了，你反而更愿意把钱留在手上，而不是放贷出去增加投资，这就会进一步抑制投资。

现在，我们把凯恩斯的逻辑再简单梳理一遍：

有效消费需求总是小于收入，因此，消费不足是必定出现的现象。消费不足，则必须通过投资来弥补。投资增加，又会导致资本边际效率降低。要想解决资本边际效率降低，只能采用降息的方法，但这又会陷入流动性陷阱。因此，资本主义经济并不是什么不会出现经济危机的“自然界”，相反，经济危机注定要发生。

但是，凯恩斯认为这倒不是资本主义经济的问题。毋宁说，这是人类社会的本质属性：世界本来就不是完美无缺的，社会结构本身就是有问题的，倘若因为说它有问题就要把它推倒重来，这是“清教徒”不切实际的理想主义道德观。所以，重点不在于如何取消资本主义，而在于如何化解危机。

首先，危机到来之际，我们会发现，金本位本身会成为最大的阻碍。因为政府肯定要增加货币供给，而货币发行如果绑定黄金的话，政府当然就没有办法按照需求增加供给。所以，“金本位”是第一个要被改革的对象。

其次，由于“资本边际效率”和“流动性偏好”的存在，单靠政府增加货币供给，也不能完全解决问题。化解危机的最好方法，是政府直接下场，增加消费。他甚至认为，政府可以采用直接产生“负效用”的手段，比如盖了房子再拆掉、把多出来的钱埋在地下让工人来挖等。

这个说法看起来很反直觉：正常来说，一个人考虑自己的理财计划时，他肯定要在收入下降的时候减少消费，怎么会增加消费呢？既然如此，为什么政府反而要在经济下行周期多花钱呢？

微观经济和宏观经济是不一样的。

对于大多数普通人来说，劳动所得就是唯一的收入来源，因此需要量入为出，在收入下降时缩减消费，这是合理的。但对于整个社会来说，最基本的一个道理就是，在供求平衡的情况下，一个人花的钱就等于另一个人赚的钱。所以，最重要的是要有人消费。你把钱放在自己手上，不拿去花掉（即需求减少），另一个人的供应就会出现问题（即供应过剩）。如果没有人消费，政府就必须通过央行和财政手段来消费。因为只要有人花钱，有人赚钱，整个经济系统持续运行的机制就可以维系下去，而“创新”这件事就有可能发生。

所以，凯恩斯的方案可以用另外一个视角来解释：**只要我们不遗余力地维系正增长秩序的运作，正增长秩序就会自己拯救自己。**

就像萨缪尔·哈特利伯说过的，现代社会财富的源泉是“知识炼金术”。只要科学家和工程师的知识能够给他们带来财富，就会有人被激励往这个方向投入。只要技术不断进步，不断商业化，那么经济危机就能够被克服。

但如果整个社会不再消费，科学家和工程师没有挣钱的着落，那么他们就有很大概率会被暴力集团雇佣。这样的话，他们的研究成果就可能不再是汽车和计算机，而是坦克和导弹。整个世界也会在这种力量的导引下，更偏向于用战争解决问题。如此一来，人类社会积累的财富、知识和经验，也会因此而中断。

从这个意义上，凯恩斯主义相对于古典经济学“均衡理论”的优势，其实就在于，如果要等待市场“出清”、经济体自我修复这个自然过程，那么你怎么能防止像是在经济危机期间，严重的阶级矛盾把希特勒这样的人推上主席台这样的副作用呢？

这就是1930年代大萧条之后，主要国家的货币政策都放弃了古典经济学的一般均衡理论，转向凯恩斯主义的根本原因。

为约翰·凯恩斯作传的历史学家罗伯特·斯基德尔斯基，这样评价凯恩斯的思想：

> 在19世纪的最后25年中，时代的风尚有所变化。“自由放任”的失灵已经显而易见，而政府的能力和公正性大有改善。民主制度的发展对政府的压力加大，要求它能够“解决”或至少减轻种种社会问题。达埃西所称的“集体主义的时代”初露曙光。催促集体主义生长的是日益发展的社会科学，以及同时兴起的推崇行动的知识精英阶层。
>
> ……凯恩斯得出一个结论：除了银行政策以外，没有任何东西能使经济得到稳定。经济秩序不是一个自然秩序，必须由人来创造。这当然是现代主义和集体主义思潮的一个组成部分。然而，凯恩斯不否认经济生活的一大部分是有序的，自我调节的。政府干预最终不过是限制在一点上：保证需求水平与充分就业的一致性。[8]

我认为，他对凯恩斯思想“现代主义”和“集体主义”特性的归纳完全正确。

概而言之，汽车的商业化、生产的电气化和大规模流水线的普及，还有1929年的经济大萧条，以及凯恩斯主义在1930年代的崛起，这些之所以会在那个时间点集中爆发，并不是偶然，而是时代特性的鲜明要求。

用一句话总结就是，自然秩序也未必解决得了复杂工业社会需要资本流循环系统的问题。在凯恩斯之前，人们理解的市场经济不过是斯多葛式自然秩序的延伸，它过分简单了。在这个新的时代，我们需要新的复杂思维方式。

看得见的手

借着凯恩斯的这个想法，我们接下来讨论这样一个问题：我们有关“自由市场”的理解，到底是如何被第二次产业革命的组织形态彻底改变的？

亚当·斯密有一个家喻户晓的著名比喻，是“看不见的手”。他说的是，市场在调配资源中起到的无形作用，就好像一只“看不见的大手”一样。其实，这只“看不见的手”是以一种企业的组织形态为前提：在亚当·斯密的时代，企业的组织形态是“简单企业”，可以简单理解为“个体户”。

比如，詹姆斯·瓦特的企业就是个体户。最早是他自己做老板开了家修理店，带几个学徒单干。后来是一个叫约翰·罗巴克（John Roebuck）的钢铁厂老板，看好他的技术专利，邀请他成为钢铁厂的合伙人。再后来罗巴克破产，瓦特又跟另外一个铸造厂老板马修·博尔顿（Matthew Boulton）合伙，企业就叫博尔顿和瓦特公司（Boulton&Watt）。

这种企业的结构非常简单：一本账簿，一个仓库，也不需要什么人力资源，几个人就把它开起来了。

在亚当·斯密的时代，所有企业基本上都是这种形式。可以想象，这样简单的个体户必然是“看不见”整个市场的成本、售价、需求和库存等信息的，只能根据自己看到的一小部分做判断。换句话说，整个市场的活动是靠它们的自发反应调节的。

亚当·斯密主张的自由市场理论的本意，其实并不是说这种安排就是最合理的，而是说，政府不能用强权扭曲这些自发安排。因为政府跟这些个体户一样，也是“看不见”整个市场的，如果它下场扭曲价格或者扭曲信息，就会造成市场机制的失灵。

然而，到了第二次工业革命时代，比个体户远为复杂的大型工商企业出现了。19 世纪下半叶，随着铁路网的完善和电报等技术的出现，人类有了长距离的运输和通信技术，公司的业务可能横跨数个国家甚至大洲，需要设立有着独立资金核算的分公司、分部，还要配备专业的财会和人力资源部门。这就是企业史学家小艾尔弗雷德·钱德勒（Alfred D.Chandler）总结的“大型工商企业”的出现。他把大型工商企业的基础总结为“大量生产”和“大量分配”：

> 大量分配的出现，主要是通过组织上的革新和改善，以及运用新型的运输和通讯方法而成功的。但大量生产则除了组织上的革新外，通常还需要技术上的突破。虽然技术上的改变通常在定义上包括组织上的改变，不过将两者加以区分看来还是必要的。为了做到这一点，可以把生产和分配在技术上的改变归结为在材料、动力来源、机器和其他的人工制品方面的创新。组织上的改变则可以归结为对这些人工制品的安排方式上，以及对工人、经理的活动和行为的协调及监督方式上的创新。
>
> ……
>
> 当潜在的生产技术许可时，依靠技术的创新、组织设计的改进和人员技能的趋于完善而导致通过能力提高后，就可以大大减少生产一定数量的产品所需的工人数。而每一单位产量的资本—

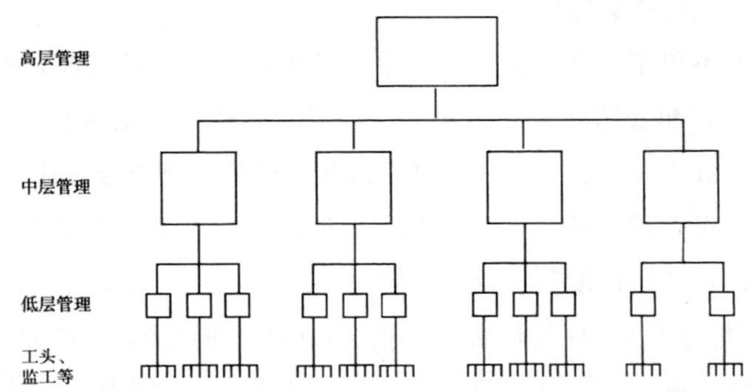

现代工商企业结构

> 劳力比率、材料—劳力比率、能源—劳力比率，以及经理人员—劳力比率等都会提高。像这样的高产量工业很快就成了资本密集型的、能源密集型的和经理密集型的工业。[9]

也就是说，如果“大量生产”和“大量分配”出现，那么围绕这两种活动的组织制度、组织专家和机构也会出现，而且最终可以被整合到一个框架里面。这个框架就是现代工商企业。

仔细想一想，在 19 世纪工业革命快速发展的年代，现代工商企业内部的每一个部门就是一个组织完整的小国度，可能有自己的生产、销售、财务和人力资源部门，其规模要比亚当 · 斯密年代的个体户大得多。

由此建立起来的巨头，其组织的严密性，对产业链上下游、商品成本和销售的熟悉程度，也要比亚当 · 斯密年代的个体户强得多。如果说在亚当 · 斯密的年代，每一个个体户企业因为自己的渺小、收集信息的有限、认知的局促而看不到自由市场那只“看不见的手”，那么到第二次工业革命时代，难道现代工商企业也看不到自由市场的全貌，不清楚供应商的利润，不知道销售渠道的成本，不能打通上下游实施价格联盟吗？

它们不仅不会看不清楚那只手，甚至它们自己就是那只手。

标准石油公司就是一个典型。洛克菲勒认为，把所有石油产业交给他，由他来组建一个大家庭，像教父一样合理管理，避免竞价、商战、内卷等情况的出现，才是最好的。他为达成这个目的而想的办法是建立“托拉斯”。

“托拉斯”，本身就是商业信托（Trust）的音译，指的是在一个行业（商品领域）中，通过生产企业间的收购、合并以及托管等形式，由一家公司兼并、包容、控股大量同行业企业，以达到企业一体化目的的垄断形式。

1882 年 1 月 2 日，洛克菲勒正式批准《标准石油公司托拉斯协定》。他为这个信托成立了一个董事会（董事是标准石油信托的四十一名股票持有人），并赋予其对十四家全部股票属于信托的公司和二十六家部分股票属于托拉斯的公司实施“全面监督权”。信托有一个中央办事处，负责协调、处理不同企业之间的经营活动，内设内销委员会、出口贸易委员会、制造委员会、桶料委员会、输油管委员会和润滑油委员会，甚至还设有生产委员会和诉讼委员会。

看看这些部门的名称，是否觉得似曾相识？我不知道你怎么想，第一次看到这段史料，我就想起了列宁在成立苏维埃时期设立的那些部门：人民委员会、内务人民委员会、农业人民委员会、劳动人民委员会、工商业人民委员会……除了多加了“人民”两个字，其余部分很相像：列宁把国家经济分为一系列环节，设立相关部门予以协调掌控；洛克菲勒则把石油产业分为一系列环节，设立相关部门予以协调掌控。

一个是资本主义的巅峰，一个是社会主义的先锋，然而在组织形态上，两者却有莫大的亲缘性，究其原因，正在于第二次工业革命造就的经济单元形态的变化：**大工业生产的组织形态，本质上正**

是“计划经济”的源头。

这个变化又是在“能量流”领域率先展开的。

我认为，在第二次工业革命时代，因为企业组织形态发生的这种巨大变化，亚当·斯密年代的古典自由市场理论已经部分失效了。人类对于自身行动的理性计划的要求，自然而然地需要大型工商企业这种组织来抵消市场竞争的不确定性，就像人类对于安全的需求自然而然地需要国家来抵消丛林法则的不确定性一样。但是，这并不代表“自由市场”的概念就完全无用了，或者说要转身去探讨计划经济的可行性方案：在复杂工业社会中，坚持“自由市场”理念是有效对抗“理性主义的自负”的一种方式。

控制能量，控制人民

“看不见的手”取代“看得见的手”，这种组织形态的改变继而引发的，是第二次工业革命期间劳资关系的改变。

我们在第一次工业革命年代讲过“集中隔离”这个概念。由于矿产资源或者产业工厂在空间上的集中，资本家有手段把工人集中在某个很小的区域内部（比如矿井下面或者厂房中间），这些工人不论过成什么样子，外界都很难了解他们的悲惨状况，剥削和压迫就会经常发生。

但是，集中隔离本身也会为工人的团结和自发组织创造条件。正因为矿井下的工作环境过于恶劣，监工不愿意下井，工人就有了自发组织消极抵抗的空间；正因为工厂的生产环境过于集中，工人就有了自发团体，能够向政府或资本家发起谈判。

而且，在第一次工业革命中，煤炭作为能量流，对整个工业体系的影响至关重要，所以直接管理煤炭运输的矿工和铁道工人，手中就握有了向整个社会议价的“人质”。如果他们的条件得不到满足，工厂就会缺少能源，机车就会缺少动力，社会经济运行就要停摆。

然而，同样的剧本并没有发生在第二次工业革命时代。之所以如此，一个很大的因素是煤炭和石油的技术属性的区别。

首先，石油是液体，可以通过输油管道运输，而输油管道这项技术可以实现煤炭运输做不到的事情——将石油与石油工人相隔绝。石油在输油管道上的运输，只依赖于阀门，不依赖于工人：石油工人不像煤炭工人那样全程把控煤炭的装车、车辆的开动和卸货，不可能对石油有控制权。

其次，与煤炭不同，石油的分布集中在少数几个地方。这是一种更大意义上的“隔离政治”：当看到自己国家的工人因为运动而被镇压，人们会天然地同情和支持这些工人；但是，当看到某个中东国家的工人因为运动而被镇压，人们可能更感叹于这些独裁国家何等野蛮，然后漠然地变换电视频道。

也就是说，当石油把阶级问题变成国际问题、民族问题或宗教问题，阶级斗争的力量就会被削弱，工人运动成功的概率就会降低，经济和社会公平的议题就会更复杂，而资本家则会有更多浑水摸鱼、渔翁得利的机会。

这反而会削弱石油工人在工人运动中的议价权和抵制能力。而且，石油这种能量越是普及，对社会的重要性也就越大，工人运动的意义反而会越小。

1920 年代以后，工人运动在全球范围内的数量和质量比起巅峰时代（19 世纪晚期）有所下降，不能说没有这方面的原因。

我们可以经由两个故事说明这一点。

第一个跟巴库油田有关。

巴库（Baku）是阿塞拜疆的首都，也是其最大的城市。19 世纪后期，这里归属俄罗斯帝国管辖，是其最大的油田。掌控这个地方的资本家是诺贝尔家族和罗斯柴尔德家族，他们通过丰厚的利润跟俄罗斯帝国当权者绑定在一起。

20世纪初期，巴库油田的劳工生活和劳动状况极为悲惨。在巴库劳动的工人没有家室，常常一天要劳动十四个小时，再强迫加班两小时。如此高压的政策，使巴库成为“里海革命的温床”。[10]

当时巴库石油的开采技术跟后来的油井还有较大区别。巴库的百余家工厂聚集在几平方英里的空间，井架林立，露天储藏坑密布，蒸汽机比比皆是。这种密集的生产网络跟后来的石油生产不那么相像，倒是跟煤炭工业的分布比较类似。因此，当地聚集起来的工人还能拥有破坏区域能源供应能力的力量。[11]

巴库地处高加索，是一个有很多民族聚集的地方，阿塞拜疆人、亚美尼亚人、格鲁吉亚人、鞑靼人、俄罗斯人和其他欧亚民族形成各自的小范围聚居区，且语言习俗互不相同。这就为秘密革命团体的形成奠定了基础。

20世纪初，巴库的鞑靼人聚居区有一个很大的地下室，是著名的“尼娜”的基地。“尼娜”像“喀秋莎”一样，是当地人对秘密大型印刷机的昵称。列宁的革命报纸《火星报》就是从欧洲经过波斯秘密运到这里印刷，然后沿着石油产业遍布全俄国的销售系统发往俄国内地的。这个销售网络也为培养布尔什维克领袖提供训练基地，从这里走出的人有后来的苏维埃主席米海伊尔·加里宁和苏联元帅伏罗希洛夫等。其中最优秀的也是对世界历史影响最大的一位“毕业生”，是来自格鲁吉亚的一个鞋匠的儿子，上过神学院，名字叫约瑟夫·朱加什维利，早年曾用化名“科巴”（土耳其语“不屈不挠”的意思），后来则改称自己为约瑟夫·斯大林。

约瑟夫·斯大林从1901—1902年就成为巴库油田主要的社会主义革命家，策划多起罢工游行，曾八次被捕。在1920年代登上权力巅峰前，他回忆说：“在石油工人中做了三年革命工作把我锻炼成一个富有经验的战士和地方上的领袖。”“我当时第一次发现领导大规模工人群众的真正含义。我在巴库的革命斗争中受到第二次洗礼，在那里我成了革命的熟练工。”[12]

但是，与容易向工人妥协的英美资本家不同，沙俄政府有更多的暴力手段和阴谋诡计对付起义的工人运动领袖家。

巴库是一个各种民族杂居的地区，族群之间在宗教信仰、文化习俗、政治主张方面有很大的冲突。因此，沙俄政府有各种办法破坏工人罢工。

1904 年，日俄战争爆发，俄国舰队在对马海峡一战中全军覆没。随后，圣彼得堡的工人发起游行，向沙皇递交请愿书，要求修改劳动法和进行政治改革。当军警向工人开枪的消息传到巴库后，油田工人发动了大罢工。

为了破坏罢工，沙俄政府开始向鞑靼穆斯林提供武器，让他们去杀害信奉基督教的亚美尼亚人，其中就有大批石油工业和罢工工人的领袖人物。由此，大规模的民族和种族冲突代替掉了社会主义运动。

鞑靼人见到亚美尼亚人就杀，纵火焚烧亚美尼亚人躲藏的房屋，掠夺财物。一位幸存者这样写道：

> 燃烧的油井火焰直冲天空，像是笼罩地狱的可怕烟幕……我生平第一次体会到“鬼哭狼嚎”这句话的含义。人们在大火中逃脱不了被鞑靼人枪杀的命运……我想这幅情景很可以同庞贝城的末日相比拟。但是枪弹的呼啸、油库爆炸的轰鸣、杀人者凶残的吆喝和被害人临死前的呼喊比庞贝城的末日有过之而无不及。[13]

与此同时，大型跨国石油公司对民族和种族冲突却无动于衷，反而想方设法运用新技术以确保石油源源不断地供给海外市场。他们发现，泵站和输油管道可以取代铁路，高效安全地把石油运输到生产地点或者港口。这些运输方式不需要工人在每个路口装卸油桶，或者连续操作引擎、开关和信号。这就降低了石油工人将罢工作为抑制能量流武器的可能。

尽管工人运动依然可以破坏油管，比如1905年英国驻巴总领事在给国内的报告中就说，“革命者已经把大量的管道钻漏了，这些管道（暂时）无法发挥作用”。然而，比起运输煤炭的铁路，油管更难破坏，也更容易被修理，这些破坏“不会维持很长时间，管线们很快就可以再度工作”。[14]

也就是说，民族冲突和输油管道一起绞杀了工人运动，而且收到了很好的效果。

第二个故事则跟温斯顿·丘吉尔有关。

丘吉尔出身勋爵世家，早年当过从军记者，后来从政。他在1910年，也就是三十六岁那年当上英国内政大臣，一年后又去做海军第一大臣。这个故事就跟他在这一年内的急剧变化有关。

1903年，为了应对国内愈演愈烈的工人运动，英国引入国家养老金制度。1908年，又引入国民失业和伤残保险、医疗保健计划和其他福利制度等。那么，这些福利制度的钱从哪里来呢？议会的主流想法是削减海军预算。丘吉尔本人就是削减海军预算的主力之一。他当时认为，英国和德国之间的经贸关系如此发达，因此不必担心德意志帝国发动战争，破坏经贸收入。因此，他全力支持当时的财政大臣劳合·乔治（David Lloyd George）订立《英德海军协定》(Anglo-German Naval Agreement)，削减海军预算，把省出来的钱留给社会改革。

但是，1911年7月，德国“豹”号炮舰（SMS Panther）驶抵摩洛哥的阿加迪尔港（Port of Agadir），宣称德国要在非洲拥有立足点。丘吉尔的观点立刻发生了转变，他认为，德意志帝国的狼子野心昭然若揭，英国必须反击德国的威胁，扩大海军。然而问题是，扩大了海军，工人福利怎么办？更进一步说，如果预算被拿去扩大海军，社会改革不能持续，导致国内的工人运动与罢工，又该如何收场？东墙和西墙，哪个该拆，哪个该补？

丘吉尔的答案，从他 1911 年采取的一系列举措中可以看出来。

1910 年，英国南威尔士的煤矿工人要求支付一笔最低工资的罢工，点燃了 1910—1914 年期间英国的工人大罢工。丘吉尔当时担任内政大臣，正是处理此事的最前线。他警告说，工会团结了煤矿工人、铁路工人和码头水手，正在形成“新力量”。

1911 年 8 月，罢工从煤矿蔓延到铁路。丘吉尔违背当时的法令，断然出手，用骑兵和军警控制铁路线，并向罢工工人开枪。工党领袖质询并谴责丘吉尔，认为他完全可以用和平手段结束罢工。丘吉尔的辩护理由是：他认为铁路的性质属于军用，军队有权获得“沿铁路线不受限制调动的权力”。他说，铁路创造了“密集的……聚集在大城市中的劳动力人口”，这些人完全依靠铁路获得燃料和食物，罢工威胁到“民众赖以生存的整个社会和经济结构”，因此动用军力避免大规模灾难的出现是合理的。[15]

1911 年 9 月，英国首相任命丘吉尔为海军第一大臣。走马上任之初，丘吉尔一定对一个月前的骚乱和冲击记忆犹新。工人罢工的问题还没有解决，运动还在持续，而南威尔士的煤炭正是英国海军所需的重要燃料来源。

丘吉尔的应对方案是马上成立皇家燃料和发动机委员会（Royal Commission on fuel and Engines），研究如何将皇家海军的军舰从燃煤和燃油蒸汽机转为完全依赖燃油的内燃机。为此，他把英国海军动力源从煤炭切换到石油的许多好处逐一列出，比如，当时福特的汽车产业正在扩大，内燃机技术日新月异，不仅可以有效提升舰船动力，而且给内燃机加油比给蒸汽机加煤所消耗的人力要少得多。

> 当一艘烧煤的舰只燃料用尽的时候，就要动用许多人力，必要的时候还要把枪炮手调动来铲煤，把煤炭从操作不便的较远的煤舱搬运到锅炉附近的煤舱内或直接加到炉内，这样一来很可能会在作战的危急时刻削弱了舰只的战斗力……用石油作燃料有可能使各种类型的舰船减少体积和成本，从而具有更大的火力和速度。[16]

从技术上来讲，这些理由当然是站得住脚的，但问题是，像丘吉尔这样的天才人物，他会只聚焦技术细节，而不去算政治的大账吗？因此，我愿意相信，在推出军舰更换动力计划时，他眼中盯的并不只是烧煤动用多少人力这些细节，而是这样一笔大账：如何既扩充英国海军，又让国内的工人运动不至于威胁到军事战略？

对此，唯一的选择就是从蒸汽机切换到内燃机。

在丘吉尔的推动下，英国海军于1912、1913和1914年三次大规模扩充舰队。这是英国有史以来最大规模的三次扩军，而这些扩充中建造的军舰全部都是用石油作燃料的。

那么，问题又来了：石油从哪里来？

答案是波斯（今伊朗）。

1901年，波斯的沙阿（Shah, 万王之王Shahanshah的简称，最高统治者）穆扎法尔丁·沙·卡扎尔（Muẓaffari'd-Dīn Shāh Qājār）把波斯大部分地区60年内的石油勘探权，以2万英镑的价格（加上未来公司的股份和16%的利润）卖给了伦敦富商威廉·诺克斯·达尔西（William Knox D'Arcy）。后来，达尔西又引入格拉斯哥的布尔玛石油公司（Burmah）做股东，并于1908年在波斯马斯吉德苏莱曼（Masjed Soleyman）一处大型油田勘探出了石油，然后成立英波石油公司（Anglo-Persian Oil Company）[17]，负责开采当地油田。

威廉 · 诺克斯 · 达尔西

这很快就引起壳牌公司的注意。在当时，壳牌公司已经引进荷兰皇家公司作为股东，资金实力雄厚，想要收购达尔西的股份和开采权。不过丘吉尔认为，国之重器，决不可假于他人之手。他在议会发表演说，敦促政府注资英波石油公司，以与皇家壳牌竞争：

> 如果我们得不到石油，我们也就得不到谷物，得不到棉花，得不到许许多多保持大不列颠经济活力所需的商品。[18]

1914 年，英国政府向英波石油公司注资 220 万英镑，获得 51% 的控股权。

由政府向一家私人企业注资并获得控股权，在 1914 年之前的英国历史上只有两次，第一次是本杰明 · 迪斯累利（Benjamin Disraeli）决定注资苏伊士运河公司，第二次就是丘吉尔决定注资英波石油公司。

这两次注资证明了两件事：其一，英国人绝不是自由放任主义的教条执行人，如果有必要，他们不惮于动用政府的力量获取关键企业的控制权；其二，产缘政治博弈已经取代地缘政治博弈，成为大英帝国的全球战略重点。

仅仅是能量流技术属性的一个转变，就对 20 世纪的政治格局产生了隐秘而重大的影响。马克思与恩格斯的阶级斗争叙事本来是理解第一次工业革命的利器，然而到第二次工业革命时代，却被迅速“异化”：一国之内的统治阶级与无产阶级之间的斗争，变成了世界范围内的殖民者、被殖民地的“人上人”和“人下人”之间的博弈。换句话说，**工人在很快占领煤炭时代能量流的政治高地以后，又很快在石油时代失去了它。**

这正是现代社会结构受产业和技术影响而瞬息万变的案例之一。

“消费主义”与美式意识形态

但是，政治是关乎平衡的艺术。工人在掌控能量流上失掉的东西，理应在其他方面得到弥补。想出弥补方案的正是“大规模流水线生产”的主角之一，亨利 · 福特。

在我看来，亨利 · 福特对于 20 世纪历史的重要性被严重低估了，他不仅是成功的企业家，而且是 20 世纪美式意识形态的奠基者。进一步说，我个人认为，**20 世纪美式意识形态的核心不是民主主义，不是自由主义，而是“消费主义”。**

今天流传的消费主义，指的基本上是“过度消费主义”。套用百度百科的定义来说，消费主义指的是这样一种生活方式：消费的目的不是为了实际需求的满足，而是不断追求被制造、被刺激的欲望的满足。简单说，消费主义就是毫无节制、追求欲望的代名词。

但是，“消费主义”这个概念刚诞生的时候，并不是这个意思。古往今来，不管东方还是西方，很多传统道德都批判过“消费”，认为耽于消费会造成铺张浪费，勤俭节约才是持家处世之道。但是，到17世纪资本主义兴起，这种观念遭到了挑战。因为突然有聪明人意识到，掌控暴力资源的“人上人”勤俭节约过吗？——好像从来没有。自古以来勤俭节约的，都只有“人下人”。

那么，如果商贸的繁荣能让“人下人”都开始消费，让经济滚雪球一般向前进，有什么不好呢？

就这样，伴随这种观念的萌芽，“消费主义”思潮诞生了。

从思想史的角度，出版于1705年的《抱怨的蜂巢》（*The Grmbling Hive: or, Knaves turn'd Honest*）是消费主义思潮的一部有代表性的著作。它的作者是英国哲学家伯纳德·曼德维尔（Bernard Mandeville）。这部作品是一首讽刺诗，讲了一个很有意思的寓言：一个蜜蜂王国虽然蜂蜂自利，社会却繁荣有序；后来蜜蜂们良心发现，痛改前非，决意成为毫无私心、克己奉公的正人君子，结果却是商业凋零、社会倒退，原来的乐土成为荒原。

曼德维尔后来加上一些评论和论文，集结成《蜜蜂的寓言》（*The Fable of the Bees*）出版，引发了轰动。在当时，他在书中提出的观点可以说是新锐非常，震撼人心：

> 人们一旦处于成文法律的管理之下，其他问题便很快迎刃而解了。在这种情况下，财产、生命及后代的安全便可能有了保障，而这自然会使众人热爱和平，并使和平广为扩散。一旦人们享受到了安宁，任何数量的人群和任何个人都不必惧怕自己的邻人，即使他们不学习也会渴望自己的劳动成果被分享和再分享。
>
> ……

> 我方才提到过，人天生喜欢模仿别人的行为，而这就是野蛮民族都做事雷同的原因。这妨碍了他们改善自己的生存条件，尽管他们一直想改善它。可是，倘若一个人专门制作弓箭，另一个人专门提供食物，第三个人专门建造草舍，第四个人专做衣服，第五个人则专事制作器皿，那么，不仅他们会变得彼此有用，而且，在同样长的年代里，他们从事的那些行业和手艺本身的改进，也会比没有专人从事它们所取得的更大……[19]

曼德维尔以上的说法，比亚当·斯密在《国富论》(*An Inquiry into the Nature and Causes of the Wealth of Nations*) 中提出的"社会分工论"和"看不见的手"还早了七十多年。所以，我们可以说，**"消费主义"概念的出现是现代市场经济的先声**。它嘲讽了当时欧洲天主教秉持的旧有观念，认为消费才是让社会繁荣和进步的根本保障。翻译为白话就是，如果一个社会不够好，那是因为大家还没有足够的底气去消费。

肯定"消费"这种行为的观念，对后来"效用主义"(uitilitarianism) 哲学体系的出现产生了巨大影响。

效用主义哲学是 18 世纪苏格兰启蒙运动的一部分。随着亚当·斯密、杰里米·边沁和约翰·密尔这些泛苏格兰启蒙意义上的思想家对英语世界乃至整个世界产生的巨大影响，效用主义的基本原则也渗透到现代伦理和政治中，成为现代世界的基本规范之一。

人生活的最高目的是"幸福"，这是效用主义的基本理念。"幸福"在一定程度上应该是可量化的，这样才能成为决策者制定社会政策的准绳。有些人当然可以像颜回"一箪食，一瓢饮，在陋巷，人不堪其忧，回也不改其乐"，但如果一个国家把"箪食瓢饮"当作国民幸福的标准，我们还能说这是一个好国家吗？"幸福"的量化，可以成为限制人上人拿走太多的准绳。

THE
FABLE
OF THE
BEES:
OR,
Private Vices
Publick Benefits.

LONDON:
Printed for J. ROBERTS, near the Ox-
ford Arms in *Warwick Lane*, 1714.

1714 年版《蜜蜂的寓言》
副标题为“私人的恶德，公共的利益”

据此，效用主义的开创者杰里米·边沁发明了一套“幸福算法”(felicific calculus)，用以衡量生活中大大小小的事情带来的幸福感。这套算法包括七个变量：

1. 强度：快感有多强？
2. 持续时间：快感可以持续多久？
3. 确定性：快感出现的可能有多大？
4. 易得性：快感多久会出现？
5. 产生能力：行为是不是可以很容易产生类似快感？

6. 纯度：快感是不是容易被相反的感觉替代？

7. 广度：有多少人会受到影响？

他认为，只要我们用这套算法把生活中一切事物带来的幸福感计算清楚，那么社会政策也可以简化为一项公式：只要一项政策能够让最大多数人累加的幸福感得到提升，那么这项政策就是好的，我们就应该去执行。[20]

这套哲学尽管看起来并不高大上，但是原则实在很简明清晰。今天，它已经成为绝大多数政府的基本公共哲学。其中最显而易见的一个例子是关于私人财产权的。早些年有很多朋友坚持认为，西方国家对于私人财产权施行的是一种绝对保护，但仔细观察下来，绝大多数政府对财产权的态度实际上是功利主义的：如果政府能够论证征用一个人的私有财产对集体有好处（比如修铁路或管道），那么只要给予足够补偿，就可以征用。这正是“拆迁款”后面的原理。

但是，如果把这套哲学贯彻到底，我们会发现一个显而易见的问题：能够为绝大多数人创造绝大多数幸福感的变量是政策吗？——显然不是。尽管制定了拆迁制度，但现实中能享受到足够拆迁款补偿的，始终是少数。

相比起来，真正能够为绝大多数人创造绝大多数幸福感的变量，是消费品。用抽水马桶比自己清理茅坑要干净整洁，用洗衣机比自己用搓衣板要省时省力，用微波炉比自己做饭要方便快捷，这些才是幸福感的来源。

这就能够解释，为什么 20 世纪最提倡消费主义对社会有利的人物是亨利·福特。

亨利·福特发明大规模流水线生产后，遭到很多舆论与文艺界人士的嘲讽。当时，有一个流传很广的笑话，说的是福特的一个工人把扳手掉在了地上，当他捡起扳手抬头看时，他已经错过 16 辆汽车。藏在这个笑话背后的理念是：流水线生产是把人变成机器和

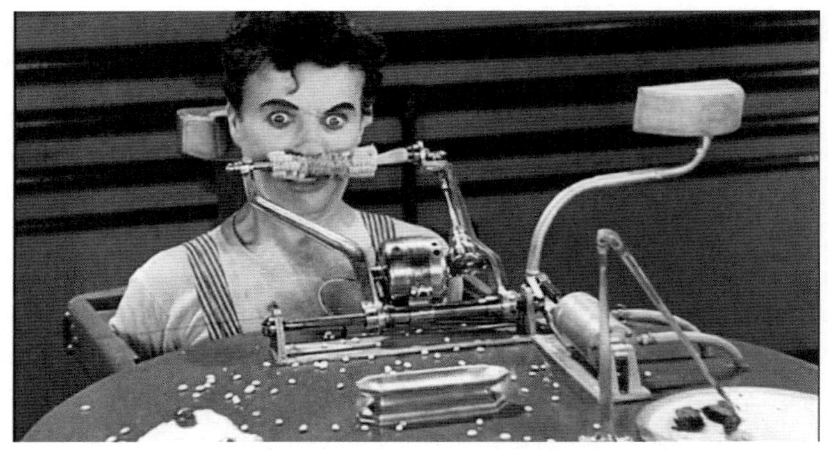

《摩登时代》剧照

奴隶的一种系统性压迫。

当时对流水线生产嘲讽最有力的，是喜剧大师查理·卓别林在1936年拍摄的电影《摩登时代》。在其中，卓别林扮演的主角是工厂流水线上的一名工人，因为拧螺丝成了习惯性动作，只要在流水线上跟人稍微争吵就会错过十几个产品，甚至，为了节省工人的吃饭时间，还有人发明了"自动喂饭机"。

面对这些质疑，亨利·福特的回应是一套完整的消费主义哲学。

早在1922年，福特就出版了自传《我的生活和工作》(*My Life and Work*)，对当时许多人的攻击给予一一回应：

他辩称，流水线能够带来正义感。在福特工厂的管理体系中，每个岗位的职责是清晰的，这就意味着，"头衔"代表的不是权力大小，而是职责不同；工头管理工人不是因为有权力，而是因为这是他的职责。如果工人能够证明工头不称职，工头就会被撤职。比起旧工厂里大大小小的头衔形成的官僚主义，这要强得多、公平得多。[21]

他辩称，流水线上的重复工作并没有扼杀人性，反而是顺应人性的。福特公司允许工人自由选择不同的生产线来工作，这样他们就可以变换工作方式，不用总是机械重复几个动作。然而实际情况是，多数人在申请换岗几周后或几个月内，又申请调回原先的岗位，因为新工作会改变他们的劳动记忆，他们并不习惯。[22]

他辩称，“再没有比工资更重要的问题了，因为这个国家的大多数人都是靠工资生活的。他们的生活的提高——即他们的工资增长率——决定着这个国家的繁荣。作为领导者，雇主的目标应该是比同行业的任何一家企业都能给工人更高的工资”。福特的流水线式生产，可以在生产效率最大化、成本最小化的基础上，留出更多利润给工人发工资。[23]

这倒不是福特吹牛，他的公司待遇之好是当时公认的。当然，这也不是他主动的，而是工人争取而来。1913 年，工人不满于流水线高强度的劳动，开始旷工或罢工。当时，每招 900 名员工，最后留下的只有 100 人。福特对此的应对办法，是在 1914 年 1 月 5 日宣布，福特公司将把劳动时间从 9 小时缩短到 8 小时，而且还将大幅提升工资——一个年龄在 22 岁以上的工人，每天最少可以得到 5 美元的报酬。这是当时平均工资的 2 倍。新闻发出去没几天，就有一万多人前来应聘。

这就是八小时工作制如何诞生的故事。

据此，我们可以看出，福特其实是有一套完整的社会构想的。他认为，大众生产时代的来临也意味着大众消费时代的来临。他把汽车的价格从 1500 美元降到 440 美元，为的就是让工薪阶层也买得起。消费能力提升，工厂盈利提升，这就会形成一个良性循环。

在泰勒的《科学管理原理》中，“施密特”可以靠 1.15 美元的日工资买一块盖房子的地，说明 5 美元的日薪很不算低：以日薪 5 美元的报酬在福特公司干上一年的工人，的确可以攒出钱买一辆福特汽车。这个经济模型不能说不现实。

结合我们前面讲的克虏伯工厂，就会发现，这种社会治理方式是有相通之处的。更进一步说，它也属于一条更悠久的文明线索。

中世纪最繁荣的商贸城市，例如威尼斯、佛罗伦萨等城市，同时也是公共慈善机构起源最早的城市。许多城中的商人和行会发起公益组织，帮助老百姓解决战乱伤病、婚丧嫁娶带来的经济冲击。

在 19 世纪末、20 世纪初，一大批大型公司（在福特汽车公司之外，还有标准石油公司、美国钢铁公司、国际收割机公司等）为其员工提供了许多服务，包括带薪假期、医疗福利、养老金、娱乐设施和教育场所等。

其实，这些也可以看作中世纪“商贸秩序”的延续。这些企业家自发努力的成果，后来得到国际组织和各国政府的认可。1919 年，《国际劳动宪章》正式写入 8 小时工作制。今天，绝大多数国家已经将其作为一项法律予以落实。

简言之，在福特这样的实业家看来，消费是一个社会前进的动力源。消费、更多的生产和更高的工资，组成一个不断向前的机制，社会才能蒸蒸日上，欣欣向荣。福特在他的一生中不断发表观点，支持消费，支持产业资本主义的繁荣，抨击金融资本过分逐利甚至在国家间制造冲突和战争。他认为，如果没有这些冲突和战争，人类可以把更多的精力用在技术进步上，进而消灭贫困和疾病，取得更多进步。

如果考虑到福特起家的 1910 年代，那时的欧洲还有许多事实上的奴仆，更不用说世界大多数地方还盛行着奴隶制。在许多社会，“劳力者”和“劳心者”之间的区别不是事实上的，而是身份等级上的。仆人应当穿某些种类的衣服、说某些种类的话，决不能表现出对主人的僭越，这些都烙印在许多人的灵魂深处。所以，在那样的年代，提倡以“消费”为动力，让更多人进入工厂参与身份平等的劳动，以涨工资的方式分享工业化红利，不能不被公正地评价为一种进步。

当然，从另一个角度讲，用“消费主义”作为社会驱动力，让工人满足于用重复机械劳动换取更多工资，其实也是一种“赎买”。不要忘了，我们前文讲过，那个年代的一个根本前提是“集中控制”，是石油产业的地理分布和技术变化让工人运动的效果不再那样显著。

虽然还没有证据证明石油产业的“集中控制”模式跟消费主义的大行其道之间有因果关联，但我认为，这两种因素的出现的确能够共同组成一个较为平衡的社会系统：如果工人不能通过运动彰显自己的政治影响力，为自己争得更多选票和代表权，那么接受工资的提升和福利的增长，恐怕也是无奈之下不得不接受的一个结果。毕竟，“有面包而无权利”比“无面包也无权利”还是要好过一点。

系统化政府与算法治理

从 20 世纪开始，人类社会产生了这样一种趋势：政府机构越来越向着“系统化”的方向演进。

换句话说，人们对之前的政府往往有一种“人格化”的想象，比如，国王怎样怎样，皇帝怎样怎样，但是 20 世纪以后，人们对政府的印象则往往是海量专家和精确计算，依据经济学、社会学、生态学和空间地理等这些普通人完全不熟悉也不理解的科学原理颁布种种政策，治理国家。

这种朴素的认知的背后，实际上反映的是古代政府与现代政府之间的巨大区别。

在《商贸与文明》中，我曾举过这样一个例子：明代宛平县（今北京大兴、丰台一带）有 8 万人，但是政府官员却只有 43 个，其中 5 个在编，38 个没有编。也就是说，政府能力实际非常有限，在绝大多数情况下，社会要靠自组织运行。这也是为什么宗族和乡绅总是发挥极大的作用。

仔细想一想，古代中华帝国的“六部”（吏、户、礼、兵、刑、工），真正跟国家治理有关的有多少呢？吏部主管官员任用和考核，但官员到了地方（宛平），只有 5 个在编公务员（其实做不了什么治理工作）；户部主管税收，也就是吸血；礼部主管皇帝婚丧嫁娶的家事和祭天祭祖等仪式性工作；兵部主管打仗；刑部主管刑罚；工部负责皇宫、京城、驰道和运河等一些基础设施建设，算是最接近现代意义的“治理”工作了，但其实也仅限于对保卫政权而言最重要的转运路线而已。古代政府嘴上说着重农，落实下来，对于农业生产起到最大促进作用的，可能也就是钦天监发布的历法了。

但即便如此，古代中国的政府体制也已经以系统化和体制化而著称。13 世纪以前的西欧政府，多数只是暴力集团的延伸，国王在内阁无非是有几个大臣，负责管理一下税收，处理与封臣之间的关系，其余工作大都与社会治理没有太大关联。

一句话，除商贸城邦以外，绝大多数的古代政府，其实就是“零增长秩序”下凌驾于社会之上的暴力集团，既无能力也无兴趣治理社会。

即便在近代立宪改革后，政府能掌控的范围也十分有限。我们前面讲过，19 世纪的政府，正是名副其实的“小政府”，除了关税以外，实在也没有什么其他收入来源，对大多数经济生活也都采取放任自由的态度，每当遇到战争，就只好采取向民间发行国债这样的措施筹措资源。

但是，20 世纪的政府，从能力到治理职责范围，都发生了天翻地覆的变化。政府建立监管部门，收集经济数据，制定产业政策，协调交通和通信，管理科研基金……其对社会治理渗透的广度和深度，是 20 世纪之前完全无法相比的。

这种转变正是由流水线生产和泰勒式管理直接推动产生的。

请注意，我这里说的不是间接影响，不是理念和文化上的亲缘性，而是一种非常直接的因果关系：**20 世纪的行政学改革，正是由泰勒式科学管理原理直接推动的。**

行政学的奠基人是 1913—1921 年间担任美国第二十八任总统的伍德罗·威尔逊（Woodrow Wilson），他曾经担任普林斯顿大学校长，是美国唯一一个有博士学位的总统。国内教科书往往把他描述成一个充满理想的知识分子，但其实与此相反，正是他在“一战”后提出的“十四点计划”（Woodrow Wilson’s Fourteen Points Speech）成为肢解奥匈帝国和奥斯曼帝国的利器，为英美企业浑水摸鱼、掺沙子挖墙脚提供了极为便利的条件。不过，这些不是我们要讲的主题。

1887 年，还在费城女校布林莫尔学院（Bryn Mawr College）教书的时候，威尔逊就发表了一篇题为《行政研究》的文章，被看作公共行政学的奠基之作。

在这篇文章里，这位未来的总统写道：“行政研究的任务首先是发现政府能够正确地、成功地做到什么，其次是它如何能够以最有效的、最节省金钱和能量的方式来做这些正确的事情。”他还列举了后来成为行政学原理的四条原则：(1) 区分政治与行政；(2) 对政治性组织和私营组织进行比较分析；(3) 用商业实践办法和态度提升行政工作的日常效率；(4) 用科学管理、职业公务员和择优评估的办法提高公共服务的有效性。[24]

简单说来，威尔逊的逻辑是这样的：他相信现代社会越是发展、越是复杂化，政府就应该承担越来越多的职责，从禁止童工到监督工厂的卫生条件，从妇女保障到禁止工厂强迫工人加班，这些都需要政府扩大组织机构，提升行政效率。政府最值得学习的对象，其实就是企业。

在威尔逊的号召下，有志于研究公共行政学的学者整理了一个书单，其中就有弗里德里克 · 泰勒的《科学管理原理》。很显然，泰勒的“科学管理原理”中蕴含着一整套公司培养员工、职级晋升、制定标准和规则监督员工工作的办法，而这些办法同样可以用在公务员身上。

我们之前曾经介绍过小艾尔弗雷德·钱德勒的一个说法，叫“看得见的手”。钱德勒的意思是说，19 世纪下半叶，因为产业崛起和技术进步而发展壮大的现代工商企业，拥有完整的内部构架、高度的分工和科学的管理，按照采购、生产、营销区分部门，培养职业经理人管理团队。

这样，巨型现代工商企业的发展趋势就与“公共行政学”的兴起这股浪潮合流了。你也许还记得，我们举过的洛克菲勒石油信托的案例，洛克菲勒的石油信托就像政府一样设置了各个部门。这说明，现代企业管理和现代行政管理的道理是一致的。

钱德勒说，现代工商企业的管理体系造就了一批“职业经理人”，而且他们其实并不需要真正深入一线，了解模具怎么压制，螺丝怎么拧紧。职业经理人的任务就是“管人”，制订合理的生产流程，给员工定好 KPI，监督他们生产。如果是这样，那把公务员的“公共服务”也看作一种生产的话，给企业员工制订 KPI 跟给公务员制订 KPI，又有多少本质区别呢？

也正因为“职业经理人”这个群体的形成，今日的西方政治，特别是美国政治生态中，才会出现为利益集团牟利的“旋转门”（Revolving door）现象。也就是说，一个人昨天还是企业高管，今天可能就会去政府部门担任公职。比如，富兰克林 · 罗斯福的农业部长亨利 · 华莱士（Henry A.Wallace），以前是农业公司的高管；杜鲁门的商务部长威廉 · 哈里曼（William A.Harriman），以前在银行就职；特朗普的能源部长丹·布鲁耶特（Danny R.Brouillette），以前是福特公司的副总裁……诸如此类，不一而足。

仔细考察国家制度的演化历史是很有意思的。大卫·格雷伯（David Graeber）认为，早期王权国家可能是在祭祀仪式中形成的；哈罗德·伯尔曼（Harold J.Berman）在《法律与革命》（*Law and Revolution*）中认为，近代国家仿照教会制度，而现代国家行政机构则是跟现代大型工商企业学来的。这乍看很新奇，但仔细想一想，其实也自然。强力机构并不需要发明和独创什么东西，只是学习和选择社会上已有的成熟做法，择优使用，方便自己的管控和治理而已。

总而言之，我们看到，现代产业的进步，不仅变革了生产模式，也变革了相应的管理模式。现代行政机构，恰恰就是在这种管理模式下诞生的。现代国家政府只要拥有这样一套行政机构，就能像武侠小说里的主角练就"九阳神功"或者"小无相功"那样，挟千千万万受训公务员之 KPI，令其或发展经济、或治理疫情、或指导企业、或维持治安，如身使臂，如臂使指，化用之妙，存乎一心。**自此，人类告别自由主义心目中念念不忘的"小政府"，转身投向大政府、科学政府和精确治理政府的怀抱**。

当然，20 世纪系统化政府的治理手段，并没有止步于伍德罗·威尔逊的行政管理，从 20 世纪中叶到下半叶，还有很多关于它的故事可以讲。这些故事有很多都跟国人耳熟能详的一个"神秘机构"有关，它的名字叫"兰德公司"（Rand）。

其实，它的神秘只是因为互联网上有很多关于它的传言罢了。兰德公司本身并不神秘，它只是一家智库，就像咨询公司一样出报告讨生活而已。当然，这家公司的"履历"优秀得惊人：在其七十多年的历史中，有八位员工和顾问获得过诺贝尔经济学奖[25]，而且其中至少四位的获奖跟兰德公司的职业生涯有直接关联。除此之外，它的“优秀员工 / 顾问”还包括计算机之父约翰 · 冯 · 诺依曼、政治学者弗朗西斯 · 福山、美国前国务卿康多莉扎 · 赖斯和前国防部长唐纳德 · 拉姆斯菲尔德等。

兰德公司之所以如此优秀，与一门现代学科的诞生密切相关，这便是运筹学。

运筹学（Operations Researc），又称作业研究，是应用统计学和数学模型方法，寻找复杂问题中最佳或近似最佳答案的学科。运筹学经常用于解决现实生活中的复杂问题，特别是改善或优化现有系统效率，例如机械动作合理安排、计算机多线程运行、高层建筑材料合理分配、不同动植物的共同养殖以及仓储和物流的合理利用等。

运筹学最初诞生于军事领域，起源于第二次世界大战期间英美两国对军事作业规划的研究。它的最初倡导者是英国物理学家、1948 年诺贝尔物理学奖得主布莱克特（Patrick M.S.Blackett）。

1941 年，布莱克特率领团队前往英国海军海岸司令部调研。布莱克特的研究小组发现，英国飞机发现德国潜艇后击毁的成功率只有 1%，究其原因，当时空军的战术指令认为，深水炸弹对潜艇的最佳爆炸深度是 100—150 英尺。布莱克特小组建议将最佳爆炸深度的指令改为 25 英尺，将击毁潜艇的成功率提高了 10 倍。[26]

受英国空军的影响，美国海军也迅速组建自己的运筹学研究小组。为协助这一小组，普林斯顿大学相关小组负责人约翰 · 威廉姆斯（John Williams）找到了知名数学家、人工智能的创始人之一沃伦 · 韦佛（Warren Weaver）。

沃伦 · 韦佛在 1946 年发表了《广义空战理论刍议》（General Theory of Air Warfare），对自己在战争期间领导应用数学研究组获得的经验予以总结和深化，以通用指标、函数和变量为基础，为现代空战建立起一套数学模型，改进并完善军事决策。

他设想，等到“广义空战理论”发展成熟，机构、策略和技术要素都建立了模型，就可以把林林总总的社会变量和技术变量转换成一个单一数值(称为“军事价值”),用它来表示战争的得失。由此，决策者就可以从众多选项中，把能够获得最大回报即最大边际效益的挑选出来。

韦佛的这个设想，成为“兰德计划”（Project RAND）出台的契机。约翰·威廉姆斯为了将韦佛的“广义空战理论”付诸实践，说服分管陆军航空兵研发工作的柯蒂斯·李梅（Curtis E.LeMay）将军组建了兰德研究小组。这就是兰德公司的前身。

“兰德计划”出台后不久，接到的第一个大项目就是关于空军战略轰炸系统的分析。这个项目的主要任务是对当时美军已经部署或者即将完成开发的武器装备进行评估，分析它们用于远程空袭的可行性和局限性。为此，兰德计划部飞机研究组组长鲁特设计了十种执行轰炸任务的模式，而且把每种模式称为一个“轰炸系统”，然后对所有这些模式进行分析和比较，这就被称为“系统分析”。

那么，兰德公司的这段历史跟我们这里要讨论的产业与产缘政治有什么关系呢？其中的关键就在于亨利·福特——兰德公司的方法论跟他有直接联系。

1940 年 12 月，美国总统罗斯福发出号召，以产业援助的形式参与第二次世界大战，“把美国打造成民主国家兵工厂”。为响应罗斯福的号召，福特修建了一个巨大的专用飞机工厂，在 1942—1945 年间生产了 9000 架 B-24 轰炸机，巅峰时期每 58 分钟生产一架。而且，福特的孙子亨利·福特二世还在战争期间加入了美国海军。

1943 年 5 月，福特的长子和接班人埃德塞尔·福特因病去世，7 月，亨利·福特二世离开海军，加入福特公司管理层，两年后，正式接任公司总裁。上任总裁不久，他就宣布，从空军统计团队引入十名“神童”(Whiz Kids)。这十位神童的来源，就是兰德公司参与的空军研究项目：用运筹学的方法计算合理的军事资源分配。亨利·福特二世在军队中显然接触了这套思维方式，并且相信，如果它能用于打仗，那么它也能用于商业。

事实证明，亨利·福特二世的直觉判断是正确的。这十名“神童”参与福特公司治理后，不仅用运筹学方法把财务和管理搞得井井有条，还根据当时的市场数据和报表分析，在 19 个月内成功设计并生产出了“福特 1949”这款车型，上市当天就获得 10 万份订单，让这家老企业在市场上打了一个漂亮的翻身仗。

这十名“神童”中，有七个人成为福特公司高管，其中有一个后来又回到政界，他就是罗伯特·麦克纳马拉（Robert McNamara)。1960 年，约翰·肯尼迪当选为总统，任命麦克纳马拉出任国防部长。

麦克纳马拉特别重视兰德公司的运筹学分析法，并以其为基础搞了“(麦克纳马拉）军事革命”，重塑了国防部。在麦克纳马拉任职期间，兰德公司的运筹分析法协助美国军方成功进行了预算削减和武器采购的合并计划，以及建立起危机处理的快速反应机制。1962 年古巴导弹危机期间，麦克纳马拉迅速成立了执行委员会，就古巴危机给出了四种不同的替代策略：封锁、空袭、入侵或这些方式的组合，最终协助肯尼迪确定了应对策略。

麦克纳马拉担任美国国防部长期间，是兰德公司历史上最为辉煌的年代：以兰德公司为代表的私营智库知识分子和文官系统在军事战略研究中的主导地位，在全世界都是独一无二的。当时的英国和法国的战略研究还是由军方垄断，美国几乎是唯一特例。

但是，麦克纳马拉和兰德公司代表的这种骨子里只看数字计算，不看人心的运筹学思维，也遭遇过一次重大挫败，这便是越南战争。

1959 年，美国五角大楼就开始委托兰德公司研究如何处理第三世界国家左派革命的问题，比如古巴、危地马拉、委内瑞拉、哥伦比亚、刚果和老挝等，虽受到美国保护，但总是有此起彼伏的反美起义爆发。

兰德公司的研究结果表明，对这些国家，最好的办法是支持当地的军事独裁者进行军事管制，因为在军队的协助下，这些国家可以快速实现现代化，传播工业化和世俗价值观，稳定当地政局。此外，军人还可以坚定支持美国的利益和价值观，以此换得美国的慷慨援助。

正是基于这些原则，在越战期间，美国政府表达了对南越军政府的坚定支持。但是，随着战争的开展，南越政府腐败无能的一面暴露得越来越明显，越来越不得人心，而北越的支持者则表现出坚定的信念。1962 年，兰德公司华盛顿办公室召开关于镇压革命的讨论会，来自反游击队战役一线的军事专家指出，最强悍的游击队员都是理想主义者。一位非常熟悉越南情况的爱德华·兰斯代尔（Edward Geary Lansdale）少校指出，越共不是土匪，而是一群有原则的人，愿意为理想而抛头颅洒热血。如果南越政权的情况不加以改变，他们将继续斗争下去，直到流干最后一滴血。

但是，美国政府不能接受这个结果，要求分析家找出一种可以打败越共的方式，而不是去理解越共。最终，一位叫罗伯特·科默（Robert Komer）的人满足了美国政府的需求。科默从统计数据中发现，屠杀能够震慑当地居民，减少他们为越共提供支持的动机和意愿。于是，他发起“凤凰计划”，支持南越政府对越共成员进行严刑拷打和杀害。但是，这种反人类的做法反而激起了越南人民对殖民者和南越政府的反感，使越共获得了更大意义上的支持。

因为美军深陷越南战争泥潭的情形难以挽回，麦克纳马拉于 1968 年被迫辞去国防部长职务。失去高层支持后，兰德公司的地位开始下降。1969 年，兰德公司原职员、分析师丹尼尔·艾斯伯格（Daniel Ellsberg）秘密制作了兰德公司机密文件的影印本，并于

1971 年将其透露给媒体，这就是历史上著名的“五角大楼文件”泄露事件。这些文件引发了公众对越战的激烈反对，最终促成美国从越南撤军。此外，尼克松还曾考虑全面封杀兰德公司，但是他由于水门事件而很快下台，使兰德公司逃过一劫。

兰德公司对美国政治和社会治理的影响，并没有因为泄密事件而止步，实际上，它还广泛地参与了 1960—1970 年代的美国的社会治理和改造。

1960 年，约翰 · 肯尼迪当选美国总统，提出“新边疆”纲领，号召美国人民勇敢地面对“未知的科学与空间领域、未解决的和平与战争问题、未征服的无知与偏见、尚无答案的贫困与生产过剩问题”等，推动国会实施一系列有助于缓解美式社会矛盾的政策，包括增加失业赔偿、提高最低工资、改善城市环境、减税和民权法案等等。

1963 年，肯尼迪遇刺身亡，副总统林登 · 约翰逊继任总统。约翰逊继承肯尼迪的遗志，提出了“伟大社会”（Great Society）概念。他说：“美国不仅有机会走向一个富裕和强大的社会，而且有机会走向一个伟大的社会。”“我们会收集一些世界上最精辟的见解和最广博的知识去找到答案。我计划成立专门的工作组以准备一系列会议——关于城市、自然美景、教育质量，和迫在眉睫的挑战。我们通过研究，向伟大社会起步。”[27]

林登 · 约翰逊说的“世界上最精辟的见解和最广博的知识”，就包括兰德公司。1968—1969 年间，兰德公司协助纽约市政府采取系统分析法改进警察局项目，治理纽约警局的严重腐败和效率低下。此外，兰德公司还研究纽约住房政策，建议纽约在稍加限制的基础上让自由市场决定房租价格。1970 年代后，兰德公司曾协助美国政府就公共福利和医疗服务机构的费用分摊效用进行研究，其健康研究部的项目不仅是美国最大的健康政策的私人研究和分析项目，也是世界最大的研究项目之一。[28]

从军事运筹学，到福特公司的管理科学，到冷战，再到“伟大社会”计划，分属战争、商业、政治和社会四个不同的领域，但背后却是一套人马、一个智慧：收集数据，统计，制定科学方法，用有效的组织确保实施。

这就是现代社会的运行方式。**从牛肉罐头，到福特汽车，到 B-24 轰炸机，到空军的战略部署，到住房政策和社会福利法案，到健康医疗保险，所有这些商品与服务，都是用这套方式生产出来的：工人与公务员都在流水线边上服务，只不过有的产品是汽车，有的产品是正义，有的产品是健康。一切都是成本与收益的计算。**

这就是冷冰冰的产缘政治，这就是理性计算的现代社会运营体系。它冷漠无情，但有效。套用现代人比较熟悉的一个概念，我们可以把它称之为“算法治理”模式。

有些朋友可能以为“算法”是移动互联网和人工智能兴起后才产生的概念，其实并不然。赤裸裸的理性计算，在 19 世纪就产生了。在泰勒式管理的工厂中，在伍德罗 · 威尔逊的现代行政机构中，在兰德公司周密而复杂的运筹学计算中，这些早就产生了。

这里有必要强调的是，“算法治理”所依赖的数字理性，同启蒙时代思想家高喊的科学与理性是不一样的。

无论卢梭还是伏尔泰，其所心心念念的理性是古典理性，而根据柏拉图的学说，古典理性是灵魂内在的数种品德中最珍贵的一个。古希腊人承认人有激情，有欲望，但是可以用理性统筹之。一个具备古典理性的人，是无论何时我们都可以称之为“绅士”或“君子”的人：他也有七情六欲，会哭会笑，会爱会恨，但是，他可以克制自己的怒火，驯服自己的欲念，以中正平和的心态跟别人讲道理，最后办成事。

然而，数字理性并不是古典理性。数字理性首先要求把人看作一系列数据的集合，收入水平，消费水平，有几个孩子，上班要开多久车，喜欢上哪些网站，去哪里旅游……进而在这个基础上，计算我们自己也不知道的选项，然后得出政策结论。这个过程不需要什么沟通，不需要什么心平气和的交流，你的意见也不重要，因为你的计算不如类似兰德公司的专家搞出来的运筹学系统精准。所以，数字理性算出来的，对你来说就是最好的。

这听上去可悲吗？比这更可悲的，是它的确有效。

林登·约翰逊因其“伟大社会”政策取得的成功，被认为是20世纪对美国政治和社会改造最有力的三大总统之一，其余两位则分别是提出现代行政原理的伍德罗·威尔逊和实施新政的小罗斯福。

来自哲学与美学的教育，使我对“算法治理”取得的成功感到鄙弃与悲哀，但来自社会科学的教育，却又使我对“算法治理”取得的成功不得不表示服膺与感叹。或许，就像霍布斯说过的那样，语词太过虚伪，所以是没有价值的。真正能够驱动人类的动机，只有两件事：欲望和恐惧。

“算法治理”正是清理掉友爱、仁慈、勇气、信心与正义这些变量，只留下可以数字化的欲望和恐惧，所以才能取得这样的成功。

自17世纪以来，经由人文主义学者、自然法学家和启蒙运动思想家前后数百年奠定的许多大历史框架，比如，经典的自由市场观念、经典的大众民主观念、经典的启蒙运动理性价值，却在第二次工业革命的巨大冲击之下，有些已经失效或部分失效了。

当然，人类是一种非常善于伪装的动物。今天的学界与舆论主流依然在使用这些话语，假装它们没有失效，许多人好像也相信着它们没有失效，其结果就是它们的确还没有失效——至少在话术和大众心理层面确实如此。但是，如果不考虑各种主义的势力范围或意识形态的政治正确，而是对自己的思考成果坦诚相对的话，那么我能说的就是：一百年来我们口头上宣称自由市场，是为了掩盖事实上的监管经济；一百年来我们口头上宣称大众民主，是为了掩盖事实上的竞争式精英党；一百年来我们口头上宣称启蒙价值，是为了掩盖事实上的价值冷漠。

我们终有一天会为此付出代价。

“三流循环”与工业时代的周期律

当把人类社会尽可能还原为按照特定规律运行的物理社会，我们大致可以从中获得关于复杂工业社会的两个洞察。

第一个洞察，是我们如何理解科技革命与产业革命之间的关系，以及工业革命时代的周期。

科技革命未必引发产业革命，其中道理我们已经通过“漏斗—喇叭”模型予以说明。任何技术进步要大范围改造社会，必须成功实现商业化。鼓励新技术通过商业化漏斗的最好方式是提供充裕的资本，使企业家有动力广泛采取新技术。

第一次工业革命和第二次工业革命，充裕的资本均是流向能源领域，从而引发大规模的能量革命创新。为此，我简要勾画了两张图，借以概括两次工业革命中三流之间的转化关系。

这两张图是对本章所讲述的“三流循环”之间关系的简单梳理，从中或许可以窥探工业时代的历史运作机理。

其一，在具体的产业关系间，可以看到为什么划分出能量流、产品流和资金流，因为这三者之间的作用关系是不一样的。

如果资本流的充裕能够导致能量流的技术创新，那么，能量流的技术创新经常会引爆一连串产品流的技术创新。在企业史研究中，这个现象被称为“瀑布效应”，也就是一个创新点的突破会引发一

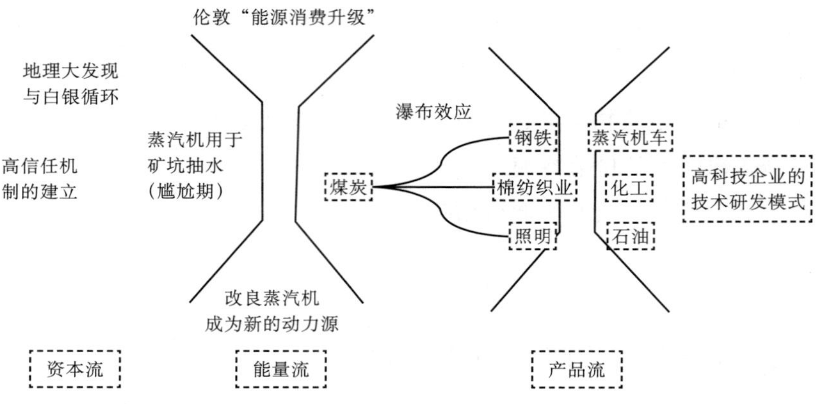

第一次工业革命“三流循环”示意图

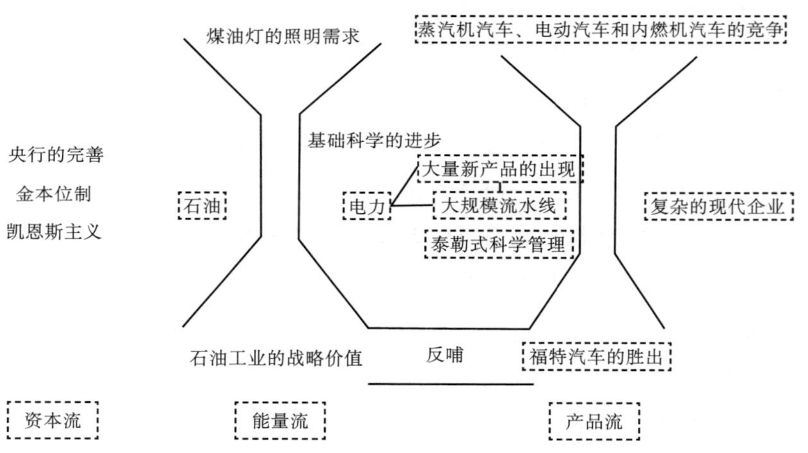

第二次工业革命“三流循环”示意图

连串创新点的突破。在第一次和第二次工业革命期间，两次源头都来自能量革命。这是因为，从物理学的角度，能量提升对做功效率的提升影响最大。

因此，资本、能量和产品之间，本身存在一个传递与相互影响的关系。

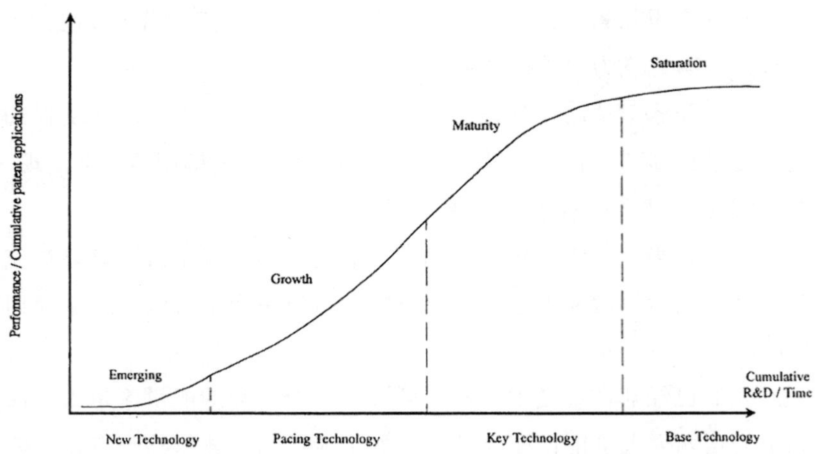

S 型增长曲线

其二，在能量流和产品流的内部，创新成功者遵循典型的“漏斗—喇叭”节奏。而且，“漏斗”的形成，往往还在新技术出现之前。

煤炭行业内部的这个节奏非常清晰：16 世纪前后伦敦居民的燃料“消费升级”，引发煤炭行业的崛起，然后才有蒸汽机的技术创新。

产品流时代的各个领域，包括钢铁、蒸汽机车、化工产业等，也在不同程度上反映了这个规律。为简化起见，我就不再分别标注，改为用一个统一的“漏斗—喇叭”作为替代。

这个模型跟科技和投资界多信奉的“S 型增长曲线”模型有一定区别。

“S 型增长曲线”的观察视角，依然是跟着新技术本身走的。也就是说，由此所能观测的技术成功模型，其实还是一种“事后诸葛亮”。

但是，仔细观察技术史和产业史后，我们会意识到，在关键创新出现之前，为使创新科技的成本降低、盈利能力增强，从而能支持该科技经过发展后带来大面积革新，就需要在已有的社会消费需求中找到应用场景，让这个新技术先挣到钱，才有可能通过进一步的改进，孵化成为“关键创新”。

让新技术颠覆时代的前提是需求的存在，且这个需求所支撑的消费力足够高到让新技术渡过初步的“尴尬期”，关键创新才会出现，“S 型增长曲线”的故事才会展开。

其三，当“三流循环”中的“产品流”和“资本流”循环被充分调动起来后，由此催生的新需求之中可能孕育下一波技术革命周期的源泉。

我们已经非常清楚地知道，第二次工业革命的能量流是由石油和电力这两大关键能源驱动的，而发电能源的主体依然来自化石能源：比起直接运输煤炭，燃烧煤炭发电，再以电线输送能量的效率明显要高，由此，电力产业才兴旺发达。

所以，真正标志第二次工业革命的化石能源，其实就是石油。石油产业的兴起则来自煤炭革命促成的照明需求。

这也就是说，如果我们盯着已经催生技术革命的领域继续创新，其实未必能够推动技术革命。反而是在不知缘何而起的消费需求中，有可能诞生下一次技术革命的源泉。就像今天石油化工领域的专家，他们研究如何提升燃煤和炼油的效率与环保程度，这些当然都非常有意义，但是大家相信的是新一代能源革命将从新能源领域中产生。

当然，人们为满足照明需求发现了石油的价值，后来又进一步发掘出石油作为动力源和化工原料的价值，这也有相应的前提，那就是化工产业为人类开拓出“花钱养科学家随便他们‘玩’，从‘玩’中诞生创新”这样一种模式。

这种模式其实是需要大量的资金流为支撑的。科学家的价格很贵，他们的“玩具”也很贵。今天基础科学研究方面最贵的玩具之一是粒子对撞机，中国计划修建的大型对撞机的造价是 300 亿人民币，而欧洲核子研究中心公布的新型对撞机的计划造价更是达到

210 亿欧元。

因此，产业、科研人才和能够调动大量资金的金融机构 / 国家部门需要紧密配合，才可能把这个模式继续下去。这一点，我们在第二次工业革命时代看得更清楚。

第二个洞察，是在复杂工业社会的结构中，真正能够理解社会权力分配奥秘的切入点是产业关系。

比如独裁与民主、专制与共和、贵族与民众等这些古典社会诞生的分层结构，是有相当问题的，因为它们并不是权力关系的来源。产业社会中的权力关系来自产业，有机会掌控资本流、能量流和产品流的群体，就有机会掌控社会资源。煤炭工人在第一次工业革命时代阶级斗争中的关键作用，石油产业在第二次工业革命时代中的技术控制力，都有效揭示了工业关系对社会结构的作用，而不是相反。

沿这一思路，我们也可以进一步揭示复杂社会的治理机制，即，它也是围绕产业时代得到巨大提升的生产能力诞生的。我这里将之称为“重建产业化社区”的能力。值得注意的是，新时代的科技公司，尤其是互联网公司未能发展出这种能力，相反，它们构建这种能力的意图在全球化时代被极大地削弱了。这一点是我们在思考当下的社会状况时，尤为值得关注的。

注释

1　数据来自 https://en.wikipedia.org/wiki/Gold_holdings#/media/File:World_Gold_Reserves.png。

2　约翰 · H. 伍德：《英美中央银行史》，陈晓霜译，上海财经大学出版社，2011 年，第 14 页。

3　约翰 · H. 伍德，同前，第 19 页。

4　事实上，中央银行在多数国家设立的时间是很晚的。法国 1800 年才有了法兰西银行，比英格兰银行晚了快100年。德意志帝国银行是1871年设立的，日本银行是1882年设立的，美联储是1913年设立的，其余国家的央行设立时间甚至比它们还晚。

5 罗伯特·斯基德尔斯基：《凯恩斯传》，相蓝欣、储英译，生活·读书·新知三联书店，2006年，第500页。

6 转引自罗伯特·斯基德尔斯基，同前，第407页。

7 中国的商品房供应实际上一直受到土地出让政策的限制，供给从来没有放开过，这是房价高企的本质原因。

8 罗伯特·斯基德尔斯基，同前，第511页。

9 小艾尔弗雷德·D. 钱德勒：《看得见的手》，重武译，商务印书馆，2017年，第312页。

10 丹尼尔·耶金：《石油风云》，政协上海市委员会翻译组译，上海译文出版社，1992年，第149页。

11 转引自Timothy Mitchell, *Carbon Democracy:Political Power in the Age of Oil*,Verso, p. 34。

12 丹尼尔·耶金，同前，第149—154页。

13 丹尼尔·耶金，同前，第151页。

14 Timothy Mitchell, p. 36.

15 转引自 Timothy Mitchell，同前，p.63。

16 丹尼尔·耶金，同前，第183页。

17 1935年，英波石油公司易名为英伊石油公司；1954年，成为英国石油公司，是现代BP（英国石油）的前身。

18 丹尼尔·耶金，同前，第188页。

19 B. 曼德维尔：《蜜蜂的寓言》第二卷，肖聿译，商务印书馆，2016年，第270—271页。

20 边沁：《道德与立法原理导论》，时殷弘译，商务印书馆，2000年，第86—89页。

21 参见亨利·福特《我的生活与工作》第六章，梓浪、莫丽芸译，北京邮电大学出版社，2005。

22 参见亨利·福特，同前，第七章。

23 参见亨利·福特，同前，第八章。

24 Woodrow Wilson, The Study of Administration, 1887.

25 肯尼斯·阿罗（Kenneth J. Arrow）、约翰·纳什（JohnF Nash）、加里·斯坦利·贝克（Gary Stanley Becker）、保罗·萨缪尔森（Paul A. Samuelson）、埃德蒙·费尔普斯（Edmund S.Phelps）、托马斯·谢林（Thomas C. Schelling）、弗农·史密斯（Vernon L. Smith）和威廉·维克瑞（William Vickrey）。

26 参见真溱《国家智囊：兰德公司如何影响世界》第二章，电子工业出版社，2019年。

27 https://web.archive.org/web/20020602041420/http://www.lbjlib.utexas.edu/johnson/archives.hom/speeches.hom/640522.asp.

28 以上兰德公司内容，参见真溱，同前，第七章。

第三部分

产缘政治

第十三章　如何理解国家-社会关系

在前两部分，我们追问和反思的是理解复杂社会时经常产生的两种思维：一是技术如何驱动社会演化，二是怎么理解复杂工业社会的真正结构。

在这一部分，我们继续追问和反思第三种，也是最重要的一种思维：如何在复杂工业社会中理解国家的真正角色。

看地图的正确方法

在进入主题之前，首先讨论一下常见的对国家的错误理解。

国家是什么？政治学的经典定义是，国家是在一片空间范围内对最高暴力行使权进行合法垄断的机构。这个定义的来源是让·博丹（Jean Bodin）。他在1576年写作的《共和六论》（*The six books of the Commonwealth*）中说，主权是绝对的、永久的、不可分割的、至高无上的，主权者只对上帝负责。

但是，博丹的定义讨论的是一种理想模型，现实中的国家与其相去甚远。仔细想一想，国家真的能够完全垄断疆域范围内的暴力行使权吗？这在技术上真的可行吗？

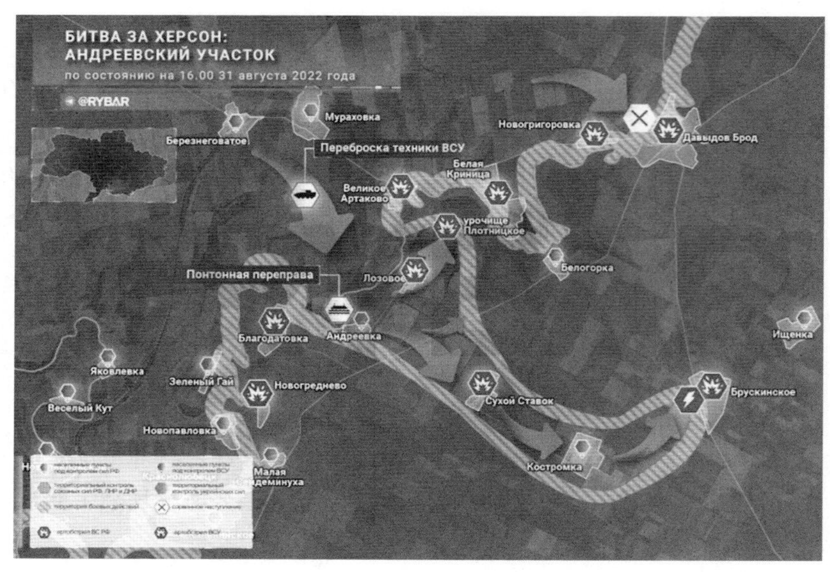

2022 年 9 月，俄乌战时状态下赫尔松地区局势图
图片来源：https://t.me/s/rybar

我认为，如果一个人会看地图，他就会意识到，一个能够真正垄断暴力的国家只存在于纸面上，就像一个完美的圆只存在于数学计算中。

为什么？我这里用 2022 年爆发的俄乌战争的两张示意图说明一下。

第一张是媒体上常见的描述两国战时状态的示意图。分界线以西代表乌克兰军队控制的地区，以东代表俄罗斯军队控制的地区。开战以来，我们在绝大多数媒体上看到的都是这种地图。不幸的是，它对现实的反映是相当不精确的。

此次战争中，在双方进行大规模动员之前，俄罗斯投入的士兵数约为 20 万人，而乌克兰部署在前线的作战士兵差不多也与此相当。[1] 乌克兰面积为 60 万平方公里，战线长度超过 1000 公里。40 万人看似很多，但是匀到每个城市，可能就只有几千几万人。拿

2022 年 11 月比较重要的赫尔松争夺战来说，俄军最终从此撤出大概 3 万人左右的部队。这已经是很大规模的数字，但如果分布在一个城市中需要占据多少空间呢？作为对比，卡塔尔世界杯的比赛场地之一卢塞尔体育场可以容纳 8 万人，也就是说，3 万人的部队甚至填不满一个体育场。所以，对于城市面积来说，3 万人简直是沧海一粟，在地图上仅仅是一个小点。

从技术上讲，依靠如此之少的人，完全控制如此之大的城市也是不可行的。交战双方都是如此。因此，我们在地图上看到的所谓双方实际控制区，其实有着大量的真空地带。作战双方需要反复侦察、巡逻、试探这些真空地带，然后才交火。所以，像上面的那种作战示意图，就远不如后面这种显示兵力分布点和交通线的作战图来得精确。我们从中可以明显看到，真正属于双方部队的控制区，只有部队所处的几个点和火力覆盖范围内的交通线。谁能真正控制这片土地，取决于谁能将这些点和线连成面。

战争时期军队与实际控制区域的关系是这样，和平时期国家政权与实际控制区域的关系也是这样。如果还想不明白，只要回忆一下《水浒传》就可以了：贵为大名府知府的梁中书送礼物给自己的岳父蔡京，但中途总是会被抢走。杨志接受护送任务时说，这一路去东京要路过紫金山、二龙山、桃花山、伞盖山、黄泥冈、白沙坞、野云渡、赤松林，都是强人出没的地方，单身客人亦不敢独自经过。换句话说，这些地方并不处于大宋朝廷的实控区，也推行不了大宋的法律。

这正是古代国家的真相。罗马帝国并不能对全部疆域都实行有效控制，经常必须依托于堡垒提供的军事覆盖半径。因此，欧洲的许多城市名称与军营（castrum）或城堡（castra）有关，比如卡斯特尔、兰开斯特、曼彻斯特等。同样的，古代中华帝国亦不能对全部疆域实行有效控制，也需要依托军事堡垒或营地进行统治，由此在地名

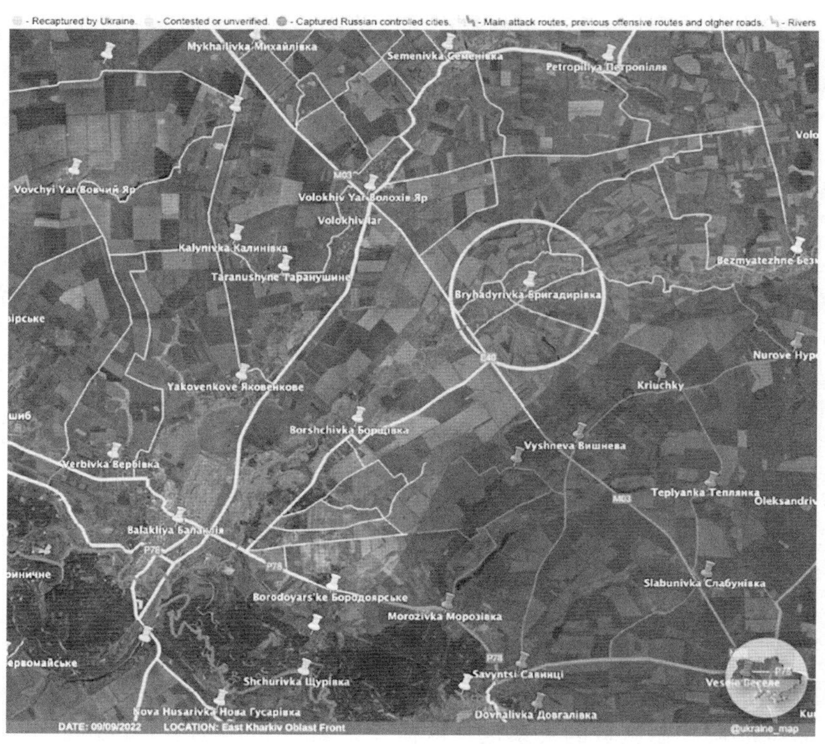

俄乌兵力分布点和交通线

中留下的痕迹是某某屯或某某卫。这些地名的背后，暗示的是古典帝国秩序与暴力能力紧密联系在一起的事实。

《大明王朝 1566》中有句台词写得特别好："朝廷也不过是几间房子几个人。"正是如此，概念上绝对而主宰一切的主权国家，在现实中要贯彻自己的意志（不管从事战争还是维护治安），那是要靠具体的房子（比如警察局）和人（比如官吏）的。对这些人来说，替国家打工也只是一份工作而已。在古代社会的技术条件下，国家政权能组织的军队人数有限，官吏人数有限，它的实际控制力也就有限。我常举《宛署杂记》中的数字说明，宛平县一共 80,000

人，代表公权力的人员却只有 43 个，其中还只有 5 个是有编制的官员，其余 38 个是编外人员。依靠 43 个人怎么可能从技术上实现对 80,000 人的完全控制呢？这根本就是做不到的。

对于绝大多数国家来说，其政权有能力像给地图填色一样真实有效地控制大片地理空间，这是工业革命之后才成为可能的事，尤其是邮政系统和铁路诞生以后。

邮政文书可以高效地把地方上的人口和财税信息集中到中央政府手中，而火车可以高效地把大规模军队和警察运输到需要的地方去保卫国家或平定叛乱，这样，国家意志才能真正有效地得到贯彻。

从这个意义上说，**现代国家依托于现代产业而存在。**

产缘政治

既然现代国家汲取资源和贯彻意志的能力依赖于现代产业，那么，为什么就不能以产业的视角来理解国家的任务、战略和意图呢？

为此，我模仿“地缘政治”术语，尝试提出“产缘政治”这一新概念：如果在地缘政治的视角下，我们能讨论一座山峰、一条河流、一个半岛或一片海洋对人类以国家为单位进行的政治博弈的影响，那么在产业革命已经开展的条件下，我们为什么就不能讨论一条产业链、一项先进技术、一系列企业和一大批工程人才对人类共同生活、组织形态和国家间政治博弈的影响呢？

如果可以把产业世界中煤炭、石油、运力、金钱的流向，比作现实世界中山川与河流的走向，那么在产业大地上发生的事关这些流向的纠缠、博弈和斗争，是否与在平原、山地和河畔发生的一场场战争类似？是否围绕关键性的技术、产业和运输路线产生的博弈，就像是围绕关隘、河口和半岛打的包围战或突围战一样？

我真切地认为，由于工业革命已经全面改变人类的国家和社会组织形态，由于工业革命已经全面改变了“正增长秩序”，因此我们必须有一种新的分析框架帮助我们重新理解工业革命之后的人类文明。“产缘政治”就是这样的分析框架。

我并不是第一个提出这种理解视角的。早在20世纪初期，就有一批工程师认为，人类社会如果由纯粹的科学原理和技术原则统治，可能要比交给总统、议员或者宗教领袖好得多。这种观念被称为“社会工程学”或“技术统治”（technocracy）。

20世纪末期到21世纪初期，随着技术的飞速进步，有学者开始提出以“技术—地缘政治学”（techno-geopolitics）的概念重新理解地缘政治学的研究思路。[2]自此以后，这个术语的影响力逐渐扩大。2019年，兰德公司前研究员格列高里·特莱弗顿成立了“全球技术政治论坛”（Global TechnoPolitics Forum）。2021年，大西洋理事会、IFRI等著名智库和一些学者开始用相关术语描述中美间的技术竞争。[3]

但是，相比“技术—地缘政治学”，我更偏好使用“产缘政治”这一术语和概念。之前我们就讲过，关键的问题并不是技术，而是产业。没有产业化的技术，等于没有用的技术。只有把分析眼光放在产业层面，才能发现真正决定成败的关键变量。同时，我之所以更偏好使用“产缘政治”，还是想要特别强调一件事：“地缘政治”分析框架在近现代社会已经逐渐落伍。

其实，仔细想一想，“地缘政治”的分析框架本身就是产业革命的结果。

熟悉地缘政治这一概念的朋友，大概也都听说过“海权论”和“陆权论”。“海权论”的萌芽是1861年美国海军军官阿尔弗雷德·马汉在玻利维亚、智利和秘鲁打“太平洋战争”期间产生的，而“太平洋战争”本来就是化工产业兴起后，这三个国家为争夺硝酸盐矿区挑起的。等到马汉写成他的著作时，海军军舰正要从蒸汽机驱动转变为内燃机驱动，无线电技术也将使大规模海战成为可能。换句话说，如果脱离化工产业，马汉的海权论也就失去了时代意义。

同样的道理，英国地理学家哈尔福德·麦金德是在20世纪初欧洲开始密布铁路网之后提出“陆权论”的。他认为，铁路技术的发展会逆转15世纪以来欧洲航海家利用海权包围中亚陆地强权的历史，逆转俄罗斯等大陆国家与欧洲的实力对比。因此，脱离铁路产业谈陆权也是没有意义的。

马汉、麦金德一代人算得上“地缘政治”概念的开山祖师爷，但我们要看到，正是因为有宏大的想象力和理解人类事务的正确思路，所以他们才特别关注和强调技术与产业的背景。因为地理条件对人类活动的影响，最直观地体现在对物质运输、能量传递和火力投放的时空影响上，而这种时空影响，本质上又是受技术和产业条件限制的。

我们这里可以举个最简单的例子。拿新加坡来说，很多人认为它的崛起是因为地理环境太好——马六甲海峡太重要。但其实，在马来半岛和苏门答腊/爪哇岛之间的海峡上，还有许多港口有类似的地理和水文条件，为什么独新加坡崛起呢？

这背后就是商业环境和产业条件的力量。本质上，你的货船来到某个港口，不是把东西运到就完事的，你还需要补给，需要检修，需要便利的清关（即办理海关申报、查验、征税、放行等手续）流程，甚至需要某些金融服务。假设你的船在海上走三天，清关要三天，那么你花在清关上的时间成本就等于你花在路上的交通费。

换言之，技术进步其实已经抵消或者重置了地理条件对人类活动的影响，而决定技术力量如何重置地理因素的，其实又是产业。

以“产缘政治”作为分析框架理解自1870—1920年代欧洲政治博弈的得失，我们会发现一条非常简单的原理：地缘政治博弈胜负的前提条件是产缘政治的博弈胜负；赢得产缘政治的国家，也会赢得地缘政治的胜利。

产缘政治与地缘政治有一个最大的不同点：在人一生有限的寿命内，山川、河流、平原、高原和半岛基本不会发生变化。我们无法想象太行山会在五十年内消失，第聂伯河会在五十年内干涸。但是，技术却有可能在五十年内发生翻天覆地的变化，推动产业进化到想象不到的地步，从而改变不同群体之间的相对实力。

因此，**在工业革命时代，是产缘政治决定地缘政治，而非地缘政治决定产缘政治**。

我们之前更是已经总结过，在工业时代，决定技术进步的主要框架是“漏斗–喇叭”模型，也就是什么样的技术最有可能改造社会，必须要经过自由市场竞争中的商业化检验。

如果一个国家的企业在自由竞争中，通过自己的努力赢得一片市场，那么这个国家就有更大的优势在地缘政治的博弈（战争或冲突）中赢得这一片空间。正如19世纪下半叶英国企业控制了印度的棉花与纺织市场，英国自然就会有更大的优势在中亚和东亚的“大博弈”中胜过俄国。

如果一个国家拥有更强有力的企业和生产组织形态，其政府和军事力量也更适配于这些产业力量，那么这个国家就有更大的优势在战争中胜出。正如在普法战争中，拥有更优秀的钢铁工厂和更适配铁路时代军事组织的普鲁士胜过了传统大国法国。

如果一个国家有更优秀的营商环境，培育出更优质的企业，那么这个国家就有更大的优势在长时段的竞争中胜出。正如在第一次世界大战中，陷入地缘政治争端的英、法、德等国家的企业（比如一系列著名的化工企业），不得不前往北美开展业务。这也意味着，第一次世界大战的真正胜利者，其实是美国人。

产缘政治的出发点是：现代国家依赖现代产业而存在。因此，

“产缘政治”的胜负才真正决定“地缘政治”的胜负。以“地缘政治”博弈服务于“产缘政治”的国家，长期来看会胜过以“产缘政治”博弈服务于“地缘政治”的国家。

接下来，我们将用一系列近代史上的精彩故事说明这个观点。

注释

1 https://en.wikipedia.org/wiki/2022_Russian_invasion_of_Ukraine.

2 Hamidreza Malek Mohammadi, “Techno-Geopolitics; a pro classical geopolitics challenging critical approach” , *Geopolitics Quarterly*, Volume: 10, No 4, Winter 2015, PP. 109-121.

3 https://www.ifri.org/sites/default/files/atoms/files/pannier_europe_geopolitics_technology_2021_.pdf;https://www.atlanticcouncil.org/content-series/geotech-commission/exec-summary/;https://researchportal.bath.ac.uk/en/publications/techno-geopolitics-us-china-tech-war-and-the-practice-of-digital-.

第十四章　棉花战争：决定政治版图的产业力量

第一个故事与我们熟悉的大清王朝息息相关。在这之前，我们从未用产业的视角来看待这与其相关的一系列地缘政治博弈。

从产业革命的视角，一切源头竟然是一种普通到不起眼的作物：棉花。

棉花与奴隶制

在产业革命以前，棉花是一种地域分布极其狭窄的作物，因为它太娇贵，对环境的要求太高。它喜光喜热，耐旱忌渍，生长期内气温不能低于 10 摄氏度，只有在连续 200 天没有霜冻、年降雨量在 20—25 英寸之间的地区才能很好地生长。

世界上的棉花分为四种：树棉（G.arboreum）、草棉（G.herbaceum）、陆地棉（G.hirsutum）和海岛棉（G.barbadense）。树棉起源于印度、巴基斯坦等热带、亚热带地区，公元前 3300—前 1300 年，哈拉帕文明就开始种植；草棉则起源于阿拉伯半干旱地区的黎凡特及撒哈拉以南非洲。在人类历史的绝大部分时间里，这两种棉花是棉纺织业最主要的原材料。

但到今天，原产自墨西哥的陆地棉占到全球棉花产量的90%，原产自厄瓜多尔及秘鲁海岸的海岛棉则占到总产量的5%，而曾经广受欢迎的树棉和草棉则只能合伙瓜分剩下那5%。

造成如此巨大变化的，就是产业革命。

用当时英国业内人士的说法，产业革命导致“对棉花史无前例的需求，以及相应的棉花的高昂价格，使得在所有能种植棉花的气候和土地上，棉花种植都出现了增长，商业世界的所有力量都在满足我们的需求”。[1]

不过，这里并不是要讨论产业革命的物种影响（这当然也是一个很重要的话题），我们更关注的是这个物种如何影响人类的社会组织形态。

棉花是一种很娇贵的植物。比如，为防止棉花苗得病，棉农需要反复松土破除板结；为保证营养集中充分供给棉桃，棉农需要及时修剪叶枝；棉花盛开后，为把干枯的叶子筛摘出去，棉农必须小心谨慎地手工采摘。因此，这个产业必然要虏获大量劳动力，让他们每天顶着太阳工作十几个小时，伺候好这些娇贵的白色金子。

那么，最有效的虏获大量劳动力的办法是什么呢？

答案是奴隶制。

自欧洲人开启大航海时代以来，有一项商品的国际贸易额就飞速提升了。这项商品就是人类。今天，很多理想主义者看待奴隶贸易时，往往会批判欧洲人的血腥残酷，欧洲奴隶贩子的血腥残酷当然是事实，但是这并没有道出全部真相。

奴隶贸易的真相是，非洲和欧洲的“人上人”合伙贩卖非洲“人下人”。

其实，在19世纪发明机枪之前，因为害怕疾病和当地部落的攻击，欧洲人并不愿意深入非洲内陆，因此更多是非洲的奴隶贩子绑架当地人口，或者非洲的部落酋长将罪犯和战俘转卖给欧洲人。

所以我们不能忘记，人类历史上绝大多数外民族对本民族的压迫，其前提是本民族内部存在骇人听闻的压迫。从绝大多数历史来看，殖民问题和阶级问题向来纠葛在一起，不能分开对待。

黑白“人上人”一道造就的结果，就是奴隶贸易额屡创新高。从 1500 年到 1800 年，总共超过 800 万奴隶被从非洲贩运到美洲。

最初，他们是被送到烟草或蔗糖种植园的。但是产业革命之后，旧世界对棉花的需求大量增长，被送到棉花种植园的奴隶开始变得越来越多。

1697 年，英国棉纺商消耗了 204 万磅原棉；1781 年，这个数字上升到 510 万磅；1790 年，原棉消耗量膨胀到惊人的 3,060 万磅；1800 年，则达到 5,600 万磅。1789 年，法国的棉花消费量也上升到 1750 年的 5.3 倍，达到 1,100 万磅。相应地，在 18 世纪最后二十年，圣多明哥、牙买加、格林纳达、多米尼克等殖民地的棉花出口量几乎就是以十年翻一番的速度在增长。这还不是增速最大的，从 1768 年到 1789 年，巴巴多斯的原棉出口甚至增长了 10 倍多。

棉花产量增加的结果，便是奴隶的大规模消耗。从 1492 年到 1888 年，近四百年间，在所有被卖到美洲大陆的奴隶中，有近一半（46%）是最后一百年（也就是“骡机”发明以后）到达美洲的。[2]

但是，请注意以上这些增长年份——它们都还是发生在棉纺织业广泛采取蒸汽动力之前。第一台蒸汽机驱动的棉纺织厂，是 1785 年才投入运营的，而带来巨大效率提升的罗伯茨机，直到 1830 年才出现。

这也就意味着，在蒸汽动力化之前，仅仅是珍妮纺纱机和骡机的应用所创造的巨大需求，就已经驱动美洲殖民地大规模推行奴隶种植园了。由此可以想象，蒸汽机被广泛应用后，棉纺业对棉花的需求更是要暴涨到一个天文数字。

如此巨大的需求，谁能够填补它呢？答案是一个所谓代表着人类自由和民主希望的新生国家——美国。

直到1780年代之前，北美都还不是棉花的主要产区。据记载，1785年，一艘美国船只驶入英国利物浦港，船上的棉花还被当成走私物品扣押，原因是利物浦的官员认为美国不出产棉花。[3]

但其实，美国南部大片区域的气候和土壤非常适合棉花种植。所以不难想见，在利润的驱动下，大批商人必然会在美国南方开发大量棉花种植园。乔治·华盛顿和詹姆斯·麦迪逊也都认为，美国未来将成为世界上最主要的棉花种植国之一。而且，这两位也都曾经大量蓄奴。

18世纪最后短短的二十年，美国棉花种植面积高速增长，尤其是陆地棉，因其适应美国的气候，开始成为棉花种植业的新贵。

为了扩大棉花生产，美国南方种植园主开始大批引入奴隶。1790年代，佐治亚州的奴隶数量翻了一倍，达到6万人；1790年，南卡罗来纳棉花种植区的奴隶数量是2.1万人，到1810年代增长到7万人，四个内陆县的黑人比例也从1790年的18.4%上升到1860年的61.1%。同时，南卡罗来纳和佐治亚的棉花产量占美国总产量的比例，从1811年的1/16上升到1860年的3/4。

相应地，美国棉花产业的规模也后来居上。1790年，美国出产了150万磅棉花；1800年，这个数字增长到3650万磅；而到1820年，更是达到16,750万磅。作为对比，1860年，美国人口约有3000万，中国人口是4亿，但美国出产的棉花已经跟中国一样多了。[4]

这背后隐藏着的，是所谓自由世界的罪恶史。在政治学史上，19世纪的美国被认为是历史上最为自由的国度之一。当时的美国政府是字面意义上的“小政府”，因为它根本无法在当时的技术条件下统治、监管或照料其人民。美国种植园主拿起枪，骑上马，不断西进，去到政府官员根本不知道的地图疆界之外，划一片土地，开发一片种植园，管理一批奴隶，这片土地就归他所有，国家无权介入。

但在这些土地内部，尤其是南方以种植园为主的经济结构中，无数看不见的奴役、欺凌和压迫每时每刻都在发生。

在“离群索居”的条件下，自由往往意味着强者对弱者无底线的压迫。虽然我曾在《商贸与文明》中提出，暴力精英和商贸精英的互信是现代国家诞生的重要基础，但我们同样不能忽视的是，对19世纪的非白人族裔来说，北美白人政府与白人土地主的互信实在是一场灾难。

佐治亚州的原住民有克里克人（Creeks）和切罗基人（Cherokee），田纳西西部的主人是奇克索人（Chickasaw），阿拉巴马和密西西比州广泛分布着乔克托人（Choctaw），佛罗里达州的棉花种植地区原属塞米诺尔人（Seminole）。正是在19世纪上半叶，在南方各州议员的推动下，联邦政府出动军队赶走了他们，帮助棉花种植园主攫取了大量土地。

以往在讨论美国时，不少人往往忽视一个历史事实：在人类历史上，美国是领土扩张最快的国家之一。

1789年，美国刚独立不久，领土还只有东海岸十三州，面积大致相当于美国今天国土的四分之一；1803年，美国从法国政府手里买下路易斯安那；1818年，美国获得英国在加拿大以外最后一块北美领地；1845年，从墨西哥独立出来的得克萨斯加入美国；1848年，美国战胜墨西哥，获得今天的加利福尼亚州、内华达州、犹他州和亚利桑那州的大部分地区。至此，美国拿下了除今天的阿拉斯加州以外的绝大部分疆域。稍做计算便知，短短五十来年，美国领土扩张了三倍，吞并五百万平方公里的土地。其扩张速度在人类历史上，可能仅次于蒙古帝国和大英帝国。

然而，很少有人会想到，这背后最重要的驱动力之一，却是棉花这种普通的植物。更黑暗的一个事实是，美国的这段历史雄辩地证明，奴隶制是发展经济的有效手段。

人类历史上有过很多奴隶制国家，但像古埃及、商代中国、巴比伦、波斯和非洲酋邦实施过的奴隶制，或者与蒙昧时代的血腥屠杀和原始信仰有关，或者与根深蒂固的等级制传统有关；而美国的奴隶制，却是理性计算、追求利润和财富最大化的结果。

著名经济史学家富格尔与恩格尔曼在1974年出版的《苦难的时代》（*Time on the Cross*）指出，南方的奴隶种植园之所以比自由农业和家庭农场更有效率，其背后的原因在于规模经济：劳动力成本越低廉，棉花产业和整个产业链就越向南方种植园聚集，由此带来的结果便是，种植园越有经济效益。经计算，在1840—1860年，南部人均收入比北方增长更快，甚至南方奴隶的物质生活条件也比北方白人更好。[5]

虽然富格尔和恩格尔曼对奴隶物质生活水平的估计是有争议的，但是他们的核心论点，也就是南方种植园是一种有效率的经济模式，确实是立得住的。[6]所以，尽管现代化的基本动力是“有钱”这个基本论断或许没错，但我们也不得不承认，以牺牲道德和健康的社会制度为代价，也的确可能在短时期内挣到大量的钱。

在《商贸与文明》中，我们曾反复阐述，在正增长秩序中培育出的商贸集团可以成为抵御传统暴力集团的中坚力量，但倘若新生的商贸集团又通过奴隶制的大范围使用而蜕变成暴力集团呢？或许，我们可以在这个意义上重新理解亚伯拉罕·林肯的伟大。尽管他的确把“维护联邦统一”置于“废除奴隶制”这个目标之前，但他也的确在南方邦联开了第一枪，意识到内战无法避免之后，转而赋予内战一个高尚的道德责任，也就是解放奴隶。

1862年，内战开始一年半之后，他签署了《解放黑奴宣言》，并说，“这是我一生中所做的最正确的事”。最终，联邦部队解放了三百万奴隶，并在第二年招募了二十个黑人团。美国经济的黑暗走向因此而全盘改变。

这里顺带说一下，尽管我在研究历史时喜欢提出各种简明模型，并以此来提炼因果关系，但这必须是以承认历史的价值多元性和复杂性为前提的。所谓价值多元，并不是说A价值好，B价值也好，大家都好；而是要深刻意识到，人类所追求的不同价值，归根结底可能是相互抵触的。比如，追求进步过多，也许必将导致平等过少；而追求民主过多，也许必将导致自由过少。

自古难有两全其美之法，何谈多全其美。但也许正因如此，我们反而该时时反思自省：也许人类共同体确实不应该把经济增长视为唯一的标准、最高的合法性来源，以此来判断一个政府、一个国家和一个文明的进步与否。

即便19世纪上半叶的美国是经济增长最快的国家，但一个将种植园变为巨大监狱、用持续不断的羞辱剥夺黑人人格尊严、用暴力长期压制黑人奴隶以至于让他们甚至无法反抗剥夺生命的文明，有何进步可言？

不这么做也许会牺牲一时的经济利益，甚至是很重大的经济利益，但正如两千年前的儒家经典《大学》所言："国不以利为利，以义为利。"

来自中亚的弯道超车

但是，跨国奴隶贸易仅仅是棉花与地缘政治故事的一部分。这段故事的另一部分与奴隶无关，与美国无关，甚至与新大陆无关。它与我们中国人的历史记忆有关。只是在棉花这种植物的阴影下，整段故事呈现出与传统理解完全不同的样貌。

让我们还是沿着美国的棉花产业说下去。

1861年爆发的美国内战当然造成了很多历史影响，但其中有一条已经为大多数历史学家所忽略：这场内战对全球棉花产业链造成了意想不到的打击。

当时，为了迫使英国承认自己，南方邦联政府禁止了所有棉花的出口。但是，此举没有起到胁迫欧洲国家的作用，反倒促使欧洲国家严肃思考：如果把供应链全部建立在对美国南方的依赖上，对自己的经济安全而言，是否反而是一种威胁？

1862 年，英国的棉花进口比上一年下降了 50% 多，从美国的进口则下降了 96%。而且早在 1861 年 11 月，兰开夏郡的棉花工厂已经停工 6%，剩下的工厂有 2/3 缩短了工时。到 1863 年，失业工人开始上街暴动。

1863 年，法国诺曼底织机的 3/5 处于闲置状态，大约有 25 万纺织工人失业。

1861—1864 年，德意志关税同盟地区的 30 万棉花工人中，有 1/3 完全失业，剩下的人灵活就业。

1863 年，俄国莫斯科棉纺织业有 75% 的工厂关门停业。[7]

供应链危机引发了全球从业者的焦虑，而各国政府也纷纷展开了重组供应链的行动。对一些国家来说，这既意味着经济安全，也意味着新的产缘政治优势：有些政府觉得，谁要是能找到新的棉花产地，谁就能从美国南方手里把这盘巨大的蛋糕抢过来。因此，有不少国家迅速开始了行动。

其中一个行动者是当时的俄国，它看上的棉花产地位于今天的中亚。

从叶卡捷琳娜大帝以来，俄国就开始逐渐向中亚和东亚扩张。早在 19 世纪初，俄国不少精英就把中亚看成俄罗斯棉花产业潜在的原材料产地。高加索俄军总司令罗森男爵（Baron G.Rossen）在 1833 年就设想，中亚的棉花种植者“就是我们的黑人奴隶”。[8] 但是，1860 年之前，中亚的棉花产业发展速度都慢于俄国人的想象。直到

1857 年，中亚也只是满足了俄国工业棉花需求的 6.5%。

美国内战爆发后，俄国认为，这是中亚棉花产业崛起的好机会。中亚贸易协会（Central Asia Trading Association）的一群商人在莫斯科向帝国决策层游说，要求政府进一步夺取中亚的领土，以创造俄国商品市场和棉花原材料来源。[9] 莫斯科上层认可了这个判断，响应商人们的诉求，派出军队继续东扩。

1860 年以后的中亚，本来在玩的是另外一场“权力的游戏”。这场游戏的主要参与者，是中亚的蒙古汗国（主要是浩罕汗国和布哈拉汗国）与清帝国。

清朝是一个有着渔猎–草原–汉地多重属性和身份的帝国，早在入主中原之前，皇太极就既是女真族的首领，又在击败蒙古帝国（北元）大汗林丹汗后，按蒙古传统在忽里勒台大会上被选举为“博格达汗”，成为草原民族最高统治者。数月之后，他又按照习惯，自称皇帝，确立国号为“大清”。

因此，蒙古习惯法和政治传统对理解大清立国之后的战略方向极为重要，由此我们才能理解，为什么清帝国连续三代（康雍乾）最高决策层均把消灭准噶尔当作国家战略严格执行。[10]

在消灭准噶尔后，清帝国基本解决掉了传统蒙古部落内部对“可汗”的认同问题。但是，它也开始面对一个新的身份认同敌人：皈依了伊斯兰教的草原汗国。

蒙古帝国分裂之后，控制了阿拉伯、波斯和中亚区域的伊尔汗国和察合台汗国等，也都很快伊斯兰化了。这些汗国分裂重组之后，伊斯兰教也成为当地草原汗国重要的身份认同来源。这其中，被准噶尔汗国吞并的叶尔羌汗国（位于今新疆北部地区）就是一个以伊斯兰教为国教的蒙古汗国，只不过准噶尔汗国是信藏传佛教的，还没来得及解决宗教问题就被清帝国消灭了。

但是，在消灭准噶尔汗国之后，清帝国马上就面临一个新问题：

如何面对来自中亚的伊斯兰教压力。这里的压力直接来自一个叫浩罕汗国的国家。

浩罕汗国是1709年创立的，位置就在民族关系最为复杂的费尔干纳盆地（今乌兹别克斯坦、吉尔吉斯斯坦和塔吉克斯坦的部分地区）。它的建国者叫沙鲁克汗，自称是帖木儿–巴布尔一脉的后裔。这是从布哈拉埃米尔国（Emirate of Bukhara）独立出来的一支贵族，本身实际上是乌兹别克人。

在清帝国于1755年消灭准噶尔后，浩罕汗国就等于与清帝国直接接壤了。它利用伊斯兰教的脉络，直接插手了新疆的地缘政治事务。实际上，"和卓"（Khoja）这个头衔，就是伊斯兰教苏菲派教团领袖的称呼。这个头衔是世袭的。在中亚许多草原汗国的政治体系中，汗是世俗世界的领袖，和卓是精神世界的领袖。

1826年前后，浩罕汗国支持昔年发动"大小和卓之乱"的大和卓波罗尼都之孙张格尔（Jahanghir Xoja）纠集一支部队，起兵反清，攻占喀什噶尔、英吉沙尔、叶尔羌与和阗四城。这场叛乱被道光皇帝于1828年平定。道光皇帝可能早知后世会因为输掉鸦片战争而给他差评，还专门在遗诏里希望大家记得打赢张格尔是他的功劳。[11]

1861年，同治回乱爆发。顷刻间，自陕甘至新疆的大片国土上纷纷林立起由穆斯林势力建立的割据政权。1864年8月，柯尔克孜族伯克（Beg，波斯语"老爷"之意，即"巴依"的变体）司迪克（Sadic）攻下喀什噶尔的回城疏附，却迟迟未能攻下汉城疏勒，便派人前往浩罕汗国求援。1865年初，浩罕汗国派出张格尔的儿子布素鲁克率军进攻，以为凭张格尔的名号就能够"光复故土"。

故事讲到这里，看起来还像是中亚地区常常上演的民族–宗教–地缘政治冲突。但是，这个逻辑被突然想要插入中亚的俄国给打断了。

1864年，俄国少将米哈伊尔·切尔尼亚耶夫（Mikhail Chernyayev）率领1000名士兵，穿越突厥斯坦大草原，直切浩罕汗国的奇姆肯特，并在那里与来自西伯利亚的另一支俄国部队会合，于1865年夺取了浩罕汗国最富有的城市塔什干。

1904年，哈尔福德·麦金德（Halford Mackinder）发表了《历史的地理枢纽》（*The Geographical Pivot of History*），这可以作为对俄国向草原扩张的事后总结：

> 但是现在横贯大陆的铁路改变了陆上强国的状况；铁路在任何地方都没有像在闭塞的欧亚心脏地带，像在没有木材或不能得到石块修筑公路的广大地区内所发挥的这种效果。铁路在草原上创造了更加伟大的奇迹，因为它直接代替了马和骆驼的机动性；发展公路的阶段在这里被省掉了。[12]

后来成为英国海军大臣和主管印度事务国务大臣的L.S.艾默里（Amery），在麦金德论文的讨论会上这样评价说：

> 拥有广大草原地区的俄罗斯帝国，已经不在古老的草原人民的手中，而是成为真正的农业世界的一部分，经济上它已经征服了草原，并且正在把它变成一个伟大的农业工业强国。[13]

俄军进入浩罕汗国的1864—1865年，恰好是浩罕汗国派出布素鲁克汗这个时间点，这就跟我们之前讲的故事连上了。

1864年，浩罕汗国还在跟清帝国纠缠着旧时代的部落认同、宗教信仰和跨境渗透的问题，然而已经接触到产业革命前沿技术的俄国军队，仅用一千人的力量，就插进了它的心脏。由此形成的是一个浩罕汗国和清帝国从来都没有想到的地缘政治局面。

在浩罕汗国原先的计划中，他们会支持张格尔的儿子布素鲁克在清帝国的新疆发动叛乱。按照苏菲派的传统，他是和卓的血脉，

阿古柏

可以在当地获得广泛的支持。然而，因俄国入侵浩罕汗国，原计划就没能贯彻实施，结果布素鲁克反倒成为一个意外人物的工具和傀儡。这个人就是中文史籍里记载的阿古柏（Yaqub Bek，其实是“雅各布巴依”的意思）。

阿古柏出身贫寒，年轻时在塔什干街头流浪，职业是娈童，也就是靠出卖男色为生。据说，他的叔叔耻于他放荡的生活，曾把他送去当织布工，成了我们前文描写的棉纺织产业链中的一分子。但是，阿古柏很快就厌倦了这种生活。后来，他搭上了自己一位顾客老板的线，成了一名侍从官，还节节攀升，在军队里有了位置。

同治回乱爆发后，浩罕汗国本来是要派阿古柏作为军官领袖帮助布素鲁克回新疆夺权。但是，俄军入侵浩罕汗国，造成阿古柏在事实上失控了。这个从底层爬起来的军官趁机把布素鲁克作为自己的傀儡，靠着他的宗教影响力纠结起军队，攻城略地。其时中国西北正处于动荡浩劫之中，阿古柏便乘机攻占了喀什噶尔、和阗、叶尔羌、阿克苏、库车、库尔勒和扬吉沙赫七城，建立了哲德沙尔汗国（Yettishar），意为“七城之国”。

1867 年，阿古柏干脆连布素鲁克这个傀儡也不想要了。他废除了布素鲁克汗的地位，自立为“毕杜勒特埃米尔”（中文译“洪福汗”），入侵北疆，一度将整个新疆分裂于清帝国疆界之外。

只是谁会想到，因为俄国的中亚商人寻求棉花产地，莫斯科才东进各个汗国，结果，由此引发的连锁反应竟导致了一个娈童一度窃取了清帝国的新疆。

左宗棠与李鸿章之争

这段因棉花而产生的故事还没有结束。

美国内战开启之后，大英帝国印度殖民地也在奋力推进棉花产业。1857 年印度大起义之后，英国政府结束了东印度公司在印度的财产权，将印度殖民地划归政府治下。几年后，美国内战造成的棉花供应链紊乱也刺激了身处印度的英国殖民政府官员和英国商人。孟买商会认为，美国奴隶的解放对印度棉花产业的未来至关重要。1858—1914 年，印度的棉花产量从 2.6 亿磅增加到近 12 亿磅。1860 年后的三十年间，欧洲大陆对印度棉花的消费量增加了 62 倍。[14]

俄国对中亚棉花产地和英国对印度棉花产地的重视，终于导致两个大国在中亚地区的相遇。不管是从浩罕汗国还是从新疆出发，只要穿过阿富汗的兴都库什山脉就可以很快到达印度。当年莫卧儿帝国的创立者就是沿这条路线拿下印度的，因此，英俄两大帝国都小心翼翼，紧张万分：俄国害怕英国从阿富汗北上，英国害怕俄国从阿富汗南下。英俄都试图通过争取中东和中亚的当地政府，或者扶植代理人或挑起地缘政治冲突，尽可能地为己方多攫取土地与利益，阻碍对方在当地的前进步伐，同时又不至于引发两国的正式战争。

19 世纪下半叶，英俄分列一南一北，以亚洲大地为棋盘，以当地政权为棋子的这场权力游戏，被历史学家称为“英俄大博弈”。从某种意义上讲，这可以说是 19 世纪的“冷战”。

从浩罕汗国出走的阿古柏恰巧就处在这场大博弈的夹缝中间，左右逢源。俄国和英国都在外交上承认了他的国家，试图把他拉拢到自己的一方。但阿古柏本人最认同的帝国，其实是奥斯曼，说白了就是穆斯林同气连枝。哲德沙尔汗国承认奥斯曼帝国为自己的宗主国，以此为条件换取奥斯曼帝国为其提供武器、制服、顾问，甚至一些军队。阿古柏之所以与英国和俄国有外交联系，主要目的是希望这两个国家能够帮助他对付清帝国。

但是，英俄只是同样赠给阿古柏一些武器装备，最终还是没有选择站在阿古柏的一边。

俄国的想法是好好消化一下已经拿到手的中亚数个汗国，认为暂时无须花钱动兵，及时修通铁路和建立棉产区才是正道。俄军虽然于 1871 年打着“帮清帝国收复失地”的旗号占领了伊犁，但数年后，俄国与奥斯曼开战，左宗棠遂派遣曾纪泽前往圣彼得堡签订《伊犁条约》，收复了故土。俄国后来还有不少军官认为这是莫斯科耻辱的外交失败。

英国没有反对清帝国，当然是因为它已经在那里有了股份。在左宗棠出兵新疆的这个时间点上，英国早已迫使大清先后签订《南京条约》《天津条约》与《北京条约》，攫取了大量利益。

英国人赫德已于 1863 年掌管清帝国海关总税务司，是正三品的大官，而这项任命也得到了英方的赞许。因为赫德将英国的海关制度推广到清帝国的各处海、河港口及内陆关口，严惩腐败，做到了条理化、透明化。他的举措，在保持清帝国作为当时关税最低的国家之一的同时，也为清帝国税入相当于每年财政收入三分之一的白银。换句话说，英国在清帝国已经初步建立起一个现代化的，同时自己有高度话语权的商贸秩序。它实在没有太大必要为了一个娈童出身的乱世枭雄丢掉自己已得的利益。

但是，英国不会明确支持阿古柏，却也不会明确支持清帝国收复新疆。实际上，英国人曾经邀请时任驻英国公使郭嵩焘和阿古柏的儿子坐下来，和平协商哲德沙尔汗国的问题。郭嵩焘的反应则是坚持民族气节，绝不肯承认阿古柏政权的正当性，宣布除非阿古柏将新疆交还，否则谈无可谈。

郭嵩焘硬气的背后是左宗棠的授意。

1875 年，清廷决策层爆发了一场著名的战略方向辩论，名为“海防与塞防之争”。辩论的一方是李鸿章，另一方是左宗棠。

辩论的前一年，日本挑起台湾牡丹社事件。李鸿章觉察到日本的狼子野心，请求清廷放弃新疆，专注海防。左宗棠对此激烈反对，在《复陈海防塞防及关外剿抚运粮情形折》中，他用“新疆不固，蒙部不安”八个字成功说服了慈禧太后。

如果固伦的蒙部不得安宁，势必会进一步影响清帝国的政治法统。因此，慈禧站在了左宗棠的一边，令其全权节制三军，收复新疆。

但是，李鸿章的反对也不是因为他要丧权辱国，而是有着切实的政治考量。无论对阿古柏、浩罕汗国还是清帝国来说，1864 年都是一个关键的年份。这一年，阿古柏被派去支持布素鲁克篡夺新疆，浩罕汗国遭到俄军千里突袭，清帝国则刚刚结束太平天国战争，国库极为空虚。实际上，太平天国战争期间，清帝国就已经无法再为平叛军队提供有效的财政支持。曾国藩组织的湘军最主要的财政来源不是中央的财政拨款，而是地方政府收取的商业税（釐金）[15]，可谓杯水车薪。也因此，湘军的军纪败坏闻名天下——既然发不起工资，就只能纵容官兵掠夺财物，以维系军心。

太平天国运动虽然被平定了，但西北乱局还在继续，清帝国实在掏不出银子。朝廷派左宗棠当陕甘总督平定回乱的时候，给了他极大的自主权，根本原因其实是没有钱，军饷要他自己去筹集。

左宗棠筹集军饷的对象恰恰就是英国银行。这是因为，清帝国的海关握在英国人赫德的手里，按照英国财政体系整饬盘点，稳定度远超清政府的其他收入。这样，左宗棠以海关税入作抵押，就很容易得到英国银行的借款。

李鸿章的反对，其原因也在于他熟知清帝国的财政系统。左宗棠平西北要靠海关税入，李鸿章平定台湾和震慑日本也要靠海关税入。海关税入就那么点，怎么能同时支撑两张饥饿的嘴呢？后来的事实也确实证明，二十年后，甲午海战爆发，清帝国的水师确实敌不过日本军舰。

但回到 1875 年这个时间点上，清帝国还是做出了必须守住新疆的战略抉择。既然如此，那也没有什么好争辩的了。

左宗棠收复新疆之役在战争史上是极为经典的，从 1876 年 4 月出兵到 1877 年 3 月阿古柏兵败自杀，总共打了不到一年的时间。但是，战事之所以如此顺利，实则是他在财政和后勤补给上做了充分的准备。

自 1875 年左宗棠被慈禧太后委任为钦差大臣，全权处理收复新疆事务后，他委托熟悉洋务的沈葆桢计划向西洋银行借款 1,000 万两。这在当时是最大的一笔对外借款项。而且，当时朝廷向洋商借款，还是要拿海关税收作抵押，这等于给财政进一步加码了巨大压力。因此，沈葆桢权衡再三，否决了如此之大的借款数额。最后，慈禧太后裁决，户部为左宗棠拨付二百万两，各省财政拨付三百万两，左宗棠可自行借用洋款五百万两。[16]

但是，在实际借款时，左宗棠遭遇洋行坐地起价，高的时候年息 18%，低的时候年息 9.75%，比通常利息高出一倍到两倍以上。

这些借款引发了左宗棠政敌的攻击，左宗棠没有办法，转而向国内商人借款。他委托胡雪岩成立乾泰银行，办理借款事宜，并辩驳说，这样财富就不会外流到洋人手中。但实际上，胡雪岩筹借的商款还是有一半来自西洋贷款，左宗棠此举不过是把压力转移到了民间商人身上而已。[17] 结果，胡雪岩此举得罪了一直主张将资源投入东南海防而非西北塞防的李鸿章，李鸿章令上海道观察使邵友濂打击了胡雪岩的资金流，令一代红顶商人财尽人亡。

抛开这些金融周转的细节不论，左宗棠当时筹借外国贷款的对象，主要是英国汇丰银行，而胡雪岩的乾泰银行筹借的商款，来自汇丰银行的贷款也不在少数。究其原因，鸦片战争后，掌管海关税务总司的是英国人赫德，对外借款都须以海关税入为抵押，因此借款最方便的对象当然是对清帝国海关知根知底的英国金融资本。

从这个角度，阿古柏是沙皇俄国在挺进中亚获取棉花产地时最终抛弃的一根鸡肋，而清帝国的金融体系则是大英帝国东亚资金流中的一个分支。

左宗棠平定新疆期间，阿古柏的部队装备着俄国和英国援助的火枪与大炮，而左宗棠的部队装备的则是用从英国人那里借来的钱购买或生产的德国人的步枪与开花大炮。

这让人很是感慨。

在 19 世纪的中国，李鸿章和左宗棠都是中国精英中的佼佼者，其世界眼光、本土经验、实践智慧与报国情怀，当世难有同侪。他们关于“海防”与“塞防”的战略抉择辩论，也是清帝国战略决策中有预判、有谋略、有大局的一场经典辩论。而且事后证明，两个人可能都没有错，因为左宗棠所言“新疆不固，蒙部不安”是一个已被连锁地缘政治事件证明了的事实，而李鸿章对日本狼子野心的判断，也于二十年后在令清帝国动摇根本的“中日甲午战争”中被证实。

为什么清帝国必须要在“海防”与“塞防”中二选一？为什么左李这样的牛人也无法找到两全其美之道？道理其实不复杂。19 世纪的战争已经是产业时代的战争，要想获得胜利，就要有先进的步枪大炮；要买得起步枪大炮，就要有工业产出作为财政支撑。在农业时代，清帝国有广袤的土地，确实能靠编户制度积聚起一支大军，但到了工业时代，用步枪大炮武装这支军队要花费多少成本？“巧妇难为无米之炊”，无须走上战场，也能预知这场战争的结局。

左宗棠平定阿古柏最终靠的是从德国进口的开花大炮。为了不让英国人过分染指他的军务，他选择向我们前文介绍过的克虏伯购买新式大炮。然而，这一切的根基有两条：第一，清帝国依旧能靠海关收入作抵押向银行贷款；第二，大英帝国为了对抗俄国，愿意贷款给清帝国。换句话说，如果没有独立自主的产业能力，想保全自己的领土完整，就要仰赖别人的鼻息。

注释

1　斯文·贝克特：《棉花帝国：一部资本主义全球史》第四章，徐轶杰、杨燕译，民主与建设出版社。
2　斯文·贝克特，同前，第四章。
3　斯文·贝克特，同前，第五章。
4　斯文·贝克特，同前，第五章。
5　Fogel and Engerman, *Time on the Cross: The Economics of American Negro Slavery*, W. W. Norton & Company, 1974, pp.4-6.
6　乔纳森·休斯、路易斯·凯恩：《美国经济史（第 7 版）》，北京大学出版社，2011 年，第 206—210 页。
7　斯文·贝克特，同前，第九章。

8 斯文 · 贝克特，同前，第十二章。

9 斯文 · 贝克特，同前，第十二章。

10 准噶尔部是卫拉特蒙古（中文称为“瓦剌”）四部之首，昔年明成祖朱棣击败本雅失里可汗后，曾扶植卫拉特部控制全蒙古，把黄金家族变成自己的傀儡可汗。既然清帝国把博尔济吉特氏视为法统重要支柱，当然就不能放任准噶尔部的壮大。

11 《道光皇帝遗诏》：“溯自西陲小蠢，出师挞伐，旋致敉平，何敢自矜武略。迨后东南濒海之区，因贸易而启纷争。朕惟古之君子，爱人为大，何忍无辜赤子，惨罹锋镝？是用捐小忿，成大信。绥疆柔远，于今十载，卒使毒焰自消，民夷各安生理，此朕孳孳爱民之隐衷。”

12 哈 · 麦金德：《历史的地理枢纽》，林尔蔚、陈江译，商务印书馆，2009 年，第 66 页。

13 哈 · 麦金德，同前，第 12—13 页。

14 斯文 · 贝克特，同前，第 253 页。

15 王闿运《湘军志》：“湘军起贫苦、同饥饿，转战五千里，饷皆釐金给之。”

16 刘增合：《左宗棠西征筹饷与清廷战时财政调控》，《近代史研究》，2017 年第 2 期。

17 刘增合，同前。

第十五章　铁路：改变欧洲政治版图的力量

现在让我们结束东方的这段故事，转向欧亚大陆的另一端。

差不多与左宗棠平定阿古柏同一时间，普鲁士也在为自己的统一之路打一场战争。

普鲁士统一德意志与左宗棠平定新疆的故事有一个共同点：它们表面上看起来是地缘政治战争，实际上同时也是一场产业战争。

为了说清楚这段故事的来龙去脉，让我们从德意志人的历史开始说起。

德意志统一问题

德意志人（Deutsche Volk）并不像"英国人""法国人"或"日本人"一样有着比较明确的政治边界。这个词与其说是"德国人"，不如说是"说德语的人"。在今天的瑞士和奥地利也有很多"德意志人"。这恰恰反映了我们不能用 19 世纪以后的民族国家视角来理解"德意志人"的历史。

还在罗马时代，历史学家塔西佗就在《日耳曼尼亚志》里说过，在莱茵河以东，被罗马人称为"大日耳曼尼亚"的这片土地上，其人民生活自由，平等相处，其领袖不以权威压人，而是以身作则使人服从。

到了罗马帝国衰落之后的中世纪，德意志人则以村镇、自由城市、教区或封建领地为单位，按照小共同体为单位活着。这些小共同体按照受国王或皇帝节制的程度来看，在当时的西欧可以说是最低一级的单元。

如果要在中世纪给这批不愿意服管的人民找一个主权国家，那应该就是东法兰克王国—德意志王国（regnum Alamanie）—神圣罗马帝国一脉。查理大帝建立起法兰克帝国，按照日耳曼习惯法分给了三个儿子继承，其中的东法兰克王国演变成德意志王国，而德意志王国加上其他部分领地又在奥托一世时期并入了神圣罗马帝国。

但正如我们前文讲过的，中古欧洲的真实政治状况是“一个富二代开很多车”。神圣罗马帝国的地盘虽然大，头衔虽然吓人，但是德意志人共同体的这些“小车”却都不大服管。这也是伏尔泰说神圣罗马帝国“既不神圣，也不罗马，更非帝国”的原因。

这个状况是我们理解“德国统一”问题的基本出发点：在欧洲人的观念中，“主权国家”是要有法统基础的，类似于蒙古的“黄金家族”血脉或者传国玉玺。总而言之，你要为它提供一个依据。

对英国或法国这样的国家来说，主权国家的法统很好找，他们的国王一直以来就被认为是合法统治者了。但对于德意志人来说，他们的主权代表者究竟应该是谁呢?

其实,比起“德意志怎么统一”,“德意志的主权代表者应该是谁”才是近代以来的德意志人更关心的政治归属问题。

如果是 18 世纪以前，这个问题的答案其实也很简单：在那个大家都认为被“人上人”当车开很正常的年代，多数人会觉得，就看哪个“人上人”愿意接管“德意志人”这个群体就好。比如，从 15 世纪晚期到 16 世纪早期，哈布斯堡王朝对神圣罗马帝国进行了

“帝制改革”（Reichsreform），想把它变得更像一个真正的“帝国”。为了增强德意志人对皇权的认同，神圣罗马帝国皇帝开始使用“德意志人的国王”（deutscher König）这个头衔。翻译成白话就是，哈布斯堡王朝要当德意志人的“人上人”，这样你们的主权认同就有归属了。

这条道路在16世纪还是走得通的，但到了18世纪就不行了。法国大革命后，拿破仑战争把自由、平等和博爱的理念传播到了凡他的铁骑所到之处，使得许多“人下人”第一次意识到，自己原来可以像人一样活着，而不必被“人上人”当车一样开。

因此，从政治理念上讲，接受了启蒙观念的德意志知识精英，大声地喊出了这样的观念：德意志人应当建立体现德意志人民意志的主权国家。从现实政治上讲，拿破仑战争又确实给德意志人创造了一个政治空档：曾经的“德意志人的国王”，也就是神圣罗马帝国皇帝这个头衔，事实上被拿破仑终结了。

拿破仑在奥斯特里茨战役（Battle of Austerlitz）击败神圣罗马帝国皇帝弗朗西斯二世（Francis II）的部队后，双方在普雷斯堡签订了和约，原先附属于帝国的几个王国获得了独立主权，弗朗西斯二世也在几个月后放弃了神圣罗马帝国皇帝的头衔。因此，能够代表“德意志人民”的主权者，现在又不存在了。

对此，拿破仑设计了一个办法，就是组织一个名为“莱茵邦联”的共同体代替主权国家发挥作用。后来拿破仑战败，维也纳会议又用一个名为“德意志邦联”（Deutscher Bund/German Confederation）的组织来代替“莱茵邦联”。但这两个组织的确立，并不是真的要给德意志人民一个主权国家。其实是谁都不愿意承担“德意志人民”各个邦国的国防义务，但又都不愿意看到这个地方崛起一个真正强大的、可以组织起强大军事力量的主权国家。所以，维也纳会议就用“德意志邦联”这个名目说服利益相关方凑笔份子钱来完成维护当地秩序的任务。

其实，如果仔细看过维也纳会议确定德意志邦联诞生的第九号文件[1]，以及之后的两部附件式法律《邦联战争法》与《邦联兵役法》，就会很明白地得出这个结论。

这些文件里除了约定一个邦联会议，以及各个邦国在会议中的投票权和各邦“人上人”所应享受的特权（比如养老金）外，就只剩下所要承担的军事义务。第九号文件中没有邦联人民所应享受的基本权利，没有关于人身和财产权利的保护，没有各种自由的条款，没有确定接下来要制定何种法律使德意志人民过上现代社会的生活，什么都没有。

甚至，在发挥军事职能上，德意志邦联都弱得过分。因为制定邦联机制的大国巧妙地用一个条款限制了它的集权作用：法兰克福议会有权利任命军队最高指挥官和单个军团的指挥官。用网民的话来说，就是议会有“微操权”。这就把议会里的政治斗争直接延续到军队里了。这正是权力政治里标准的“众建其地而少其力”的游戏。

所以，德意志邦联是一个假装主权机构的松散联盟，是一个被安排的联邦会议，德意志人民当然不愿意接受。

他们也是有榜样的：在 1815 年这个时间点上，美国已经独立并成功制宪快三十年了。美利坚人民通过自己的革命而非别人的安排，获得了确立代表自己的主权者的机会，而且他们也最终做成了这件事。因此，美国成为当时许多德意志自由派知识精英心目中的典范：邦联议会中有不少自由派知识精英，希望按照美国的建国方式，产生代表德意志人民的主权国家。

最初，这些想法只是由知识分子在大学课堂上讲述，在朋友圈的沙龙中宣讲，在小范围内传播。但是，随着民智渐开，群情激荡，自由派知识精英们终于盼来了一个机会。

这个机会就是 1848 年在整个欧洲爆发的革命浪潮。

1848 年革命，又被称为“人民之春”或“民族之春”，是工业革命催化人类进入大众政治年代之后，引发的一场震荡全欧洲的变革。

拿破仑战争结束后，欧洲各国迎来了工厂扩散的年代，从巴黎到勃兰登堡到维也纳，铁路也开通了，新的蒸汽机车间和棉纺织厂也盖起来了，人类旧的生活状态受到了进一步的冲击。原先在村庄里自给自足的织工们的成果被廉价工业制成品给冲垮了，她们不得不来到城市，到工厂找一份“996”的工作，忍受工头的欺虐和机械劳动的折磨。或者，原先为小村子服务的面包师，在蒸汽机磨坊冲击下也破产了。工业体系把他跟巨大的市场相连接，而市场又带来了经济的周期波动，他不得不承受经济危机的冲击，忍受失业的困苦，而这是之前他在农村熟人社会里所不曾有过的体验。

由此，1848 年欧洲革命获得了它的阶级基础：第一批被工业化生产卷进来的人。

除了阶级基础之外，媒介手段也准备好了。

19 世纪的蒸汽机同样改变了印刷业。报纸、书刊、杂志的产量大增，而启蒙时代的理念乘着这些载体，将自由主义、民族主义和社会主义等观念投送入许多人的大脑。第一批在工厂夜校里学习了读书识字的工人们，在这些思想的鼓动下，猛然醒觉自己也可以追求言论自由、投票权与结社自由。

最后，1830—1840 年代，传统特权阶级，也就是那些“人上人”，也已经感受到了历史大势即将带来的变化。托克维尔的《论美国的民主》就是在 1835 年出版的。托克维尔认为，工业化已经让大众政治成为不可逆转的历史趋势。

比如，在巴登州，民间到处都在组织政治俱乐部（Vereine）。这些俱乐部把官员和审查人士都发展成为会员，把权威政治渗透得千疮百孔。在奥芬堡，民众开始呼吁实现真正的民主制度。在普鲁士，弗里德里希·威廉四世履行了他父亲的承诺，批准召开议会。议会原定的任务是就税收和政府贷款进行辩论和投票，但等到开会，议员要求的是新闻自由、投票权、人权法案和议会立法权，并且拒绝了国王的贷款要求。威廉四世不得不关闭议会，但这引发了更多的不满。

最后，1845—1846 年，由于土豆疫病的传播，爱尔兰、苏格兰和莱茵河地区的粮食歉收。[2] 原先在传统经济条件下，歉收引发的可能是当地的大饥荒；但在工业化体系将大家都联系在一起的条件下，歉收引发的却是大规模食品通胀。但是，巴黎、柏林和维也纳的普通人不会认为这是天灾的结果，而是整个社会体系不公的体现。因此，粮食歉收就像火柴投入油桶一样，引发了普遍的示威和革命。

1848 年 1 月，意大利西西里岛爆发了反对波旁王朝统治的革命。

1848 年 2 月，法国爆发了革命，结束了路易-菲利普的君主立宪制，建立了法兰西第二共和国。

1848 年 3 月，德意志各邦国爆发了大规模的民众集会和群众示威。他们之间虽还缺乏统一的协调组织，只是互相受鼓舞而激发出来的，但共同点是要求新闻自由、集会自由，国家应该实现“德意志人民”的意志。

这一切都让德意志自由派感到，时刻到来了：在这个时间节点，挟民众运动之威，有机会说服“人上人”按他们的方案重新安排国家，实现统一。

他们甚至想好了，要提前制定一份宪法，把他们想要的关于自由、民主和统一的想法，关于人的基本权利，关于议会的立法权和财政审批权，都列在里面。然后，他们走到“人上人”面前，告诉这些贵族老爷，接受它，否则就面对人民的怒火吧。

自由派的立宪努力

在1848年3月这个时间节点上,确实有不少贵族老爷被吓住了。一些小邦国的领主和公爵解散了自己的保守派政府，用更加自由派的委员会取而代之。

3月10日，邦联议会任命了立宪委员会。

3月20日，邦联议会督促各邦实施制宪会议选举。

3月31日—4月3日，准备起草宪法的预备议会在法兰克福圣保罗教堂举行会议，商定正式的国民议会召开日期与流程。

5月以前，德意志多数邦国都举行了自由选举，选出制宪会议的代表。有大概85%的成年男性参与了选举。

5月18日起，制宪会议正式召开。因为是在法兰克福圣保罗教堂举行的，故而称为“法兰克福议会”。其中，“体制内成员”，也就是公务员、大学教师、法官或检察官占到多数，有436人；体制外的律师、医生、记者和神职人员，有149人；中产商人，有大约60人；大地主和大商人非常少，几乎可以忽略不计。由于这样的比例构成，此次制宪会议又被称为“教授议会”。

中国有句老话是“秀才造反，三年不成”。事后看，这个“教授议会”的愿望和方向虽然是好的，也符合历史的前进趋势，但他们毕竟精通的是文字工作和理论研究，而不是实际的政治斗争。

然而，政治本质上是一门关乎切实权力斗争的科学，但他们在大学讲堂和俱乐部里讨论的，最多是这门科学的一些现象和理论。他们中的绝大多数人并没有实践过政治权力斗争本身。

因此，他们接连犯下了三个关键性的错误。

第一个关键性的错误，是他们虽把民众的示威当作自己的谈判筹码，但实际上并没有足够的组织力和影响力。他们天真地设想特权阶级的“人上人”会迫于民众压力，从而通过法兰克福议会制定的宪法。但是他们没有想到的是，这种设想意味着某种“交易”：国王和公爵们是一方，制宪者则是另一方；前者应当以承认宪法的方式让渡自己的一部分权力，而后者在满意于权力让渡之后，应当让民众各自回到家中，满意于宪政的实现。

把制宪视为一场交易，其实也没有什么不对。本质上，“社会契约论”不就是这样一种理论吗？约翰·洛克和让–雅克·卢梭主张的自然权利不就是交易凭据吗？但是，制宪的教授们却忽略了一个巨大的事实：人民并不是他们组织起来的，示威和游行也不是他们能够平息的。换句话说，他们根本没有办法把民意当作自己的谈判筹码。

道理很简单：你必须向对方证明你有提供合同约定内容的能力，如果给不出来，对方有什么必要跟你签合同呢？难道就因为你说合同是符合道德规范和历史潮流的，对方就会割自己的肉给你吗？

只要过了被革命惊吓的初期阶段，熟谙权力游戏的王公贵族们就会很自然地明白这个事实，然后采取“拖下去”的策略，静观事态发展。

事实证明，没有强而有力的组织，仅靠民众的被压迫感和热情，革命是不可能持久的。毕竟，就算不公存在，生活还是要过。到1848年7—8月，各地的示威游行声势渐弱，而且王公们发现，那些落后、保守地区的农民还把城市工人阶级的行为看作大逆不道，反而更同情被他们千百年来奉若神明的“人上人”。以普鲁士为代表，国王从农村地区召来的士兵显然更加忠诚于保守派，而不是自由派。“人上人”获得了安全感，就再也不愿意做出让步了。

由此产生的第二个错误与组织架构有关。

把时间点拉回到1848年3月，自由派们不是没有机会成立一个强而有力的组织。

如果你真的想让自己有谈判能力，真的把组织深入到民众之中，把他们变成革命的动力，首先要满足一个前提条件：有钱。

兄弟们去游行示威耽误了工作不要紧，我补；被抓进警察局不要紧，我来养活你的老婆孩子。咱们干的是正义的事业不假，但我不会让你白白牺牲。只有打出这样的气势，才可能在险恶的政治斗争中存活下来。

那么，法兰克福议会有没有这样的机会呢？本来是有的。因为它是直接由德意志邦联议会任命的立宪委员会产生的，邦联议会完全可以在自己的权力范围内授权它成立一个临时政府，解决过渡时期的社会秩序问题。当然，首先要解决钱的问题。但以“人民的名义”来说，这不是不可以解决的，直接征用财产就好了。后来俄国和中国的革命，都采取的是类似办法。

但是，法兰克福议会一开始却坚持：一、通过宪法草案，而这必须通过全体有关邦国的一致签署才能实施；二、成立中央政府，但这也必须等到宪法实施后才可以。

尽管这很符合程序正义原则，但从权力运作的科学规律来看，事实就是，等你走完这些程序，黄花菜都凉了。毕竟，“革命不是请客吃饭，不是做文章，不是绘画绣花，不能那样雅致，那样从容不迫、文质彬彬，那样温良恭让。革命是暴动，是一个阶级推翻一个阶级的暴烈的行动”。

到 1848 年 6 月，教授们终于发现，程序正义真的解决不了许多迫在眉睫的问题，这才投票决议成立临时中央政权，授予奥地利的约翰大公“摄政王”的头衔。但这个摄政王只是个空架子，因为他没有任命部长的权力。

从权力控制的角度，议会如此设置摄政王是合理的。但很不幸，就在这个节骨眼上，他们遇到了第三个问题，这也是他们的最大障碍：他们没有办法像旧时代的国王一样，有效地运用暴力。

国家本质上是暴力机器。无论左派还是右派，自由派还是保守派，如果不能意识到这一点，实在很难说真正了解了政治科学的基本内容。

尽管在《商贸与文明》中，我曾反复强调“正增长秩序”对现代社会诞生的重要性，但我们也必须明白一个道理：国家当然应该拥抱和捍卫商贸秩序，但是，这不代表商人、知识分子或其他不专业的组织能够很容易地代替专业暴力集团。

18 世纪德语世界影响力最大的哲学家康德曾经提出过一个概念，叫“永久和平”，大意是说，如果每一个国家的公民宪法都是共和制的（在当时的语境下就是代议民主制），那么，依民众心中爱好和平的天性，法律跟和平就是一致的，由此，所有国家都可以产生完全和平的国际法，战争本身就是非法。

这个理论很符合启蒙时代知识分子对理性的高度讴歌，但对“教授议会”来说，它这时应当接受的逆耳忠言是：不要把理论预言的最终理想状态，当作一个已经发生的现实状态呀！

法兰克福议会期望通过自由立宪的方式实施“德意志人建立的统一主权国家”，但是，那些在现实中有德意志人和其他民族混居的邦国怎么办？

1848 年就真的发生了这样的实质性问题，也就是石勒苏益格问题。

石勒苏益格是德意志和丹麦相邻的一个公国，这里的居民由德意志人和丹麦人组成。1848 年 1 月，弗雷德里克七世继任丹麦国王后，马上签署宪法，要在丹麦实施君主立宪，而同意这个宪法的公国，可以在保留自治权的同时，成为丹麦不可分割的一部分。

这样一来，石勒苏益格的丹麦人自然是希望加入丹麦王国，但是德意志人则不服气，遂爆发了起义。1848 年 4 月 1 日，丹麦军队部署了 7000 名士兵准备镇压起义，理由很充分：你凭什么阻挠丹麦人的自由？

法兰克福议会成立的临时中央遇到的就是这个问题。教授们这才终于意识到打仗需要钱，便在 1848 年 7 月控制了联邦要塞预算(Budesmatrikularkasse)，勉强凑出了一支舰队。但是，为了组建海军，预算很快花光了，而要取得正式财政预算，不完成立宪又不行。

这就给了代表保守势力的国王们一个可乘之机：只要借这个机会向德意志人民证明，他们在捍卫主权完整上优于自由派议会，民众的情感就可能会倾向于特权阶级。

这就是 1848 年 7 月普鲁士王国做的事：普鲁士军队列阵石勒苏益格与丹麦军队对峙。但丹麦人找到了俄国人撑腰，最后在大国调停下，双方握手言和。所以，尽管普鲁士国王也没能完全扬德意志国威，但他至少证明了自己比法兰克福议会有用。

网络上关于《水浒传》有句很经典的调侃：当黄文炳污蔑宋江想造反时，有麻烦的是宋江；当宋江真的有能力造反时，有麻烦的是黄文炳。同样的道理，当法兰克福议会想建立一个国家时，丹麦国王真的把它当成一个国家，要跟它在武力上掰掰手腕。这种时候，法兰克福议会最好真的有一支军队。但是很遗憾，它真的没有。

经过石勒苏益格事件的冲击，法兰克福议会的权威遭受了巨大的打击。在冷酷的现实面前，自由派人士也终于认清，没有武力做后盾，自由立宪的国家只是知识分子的幻想。

结果就是，原定于 5 月召开的立宪会议到 10 月才开始起草宪法，到 1849 年 3 月，完整的宪法才得以通过。只是，这部宪法与自由派原先以美国为蓝图设想的方向相去甚远：宪法最终确定的建国方案是，由议会产生一个合法的世袭皇帝头衔，将其授予一位有资格取得这个头衔的德意志邦国国王。

从国家实力看，当时最有资格的两个国王，一是普鲁士国王弗里德里希·威廉四世，一是奥地利皇帝弗朗茨·约瑟夫一世。但是，威廉四世当面婉拒了这个头衔，背后则嘲讽说，法兰克福议会在“给出他们没有资格给出的东西”；奥地利外长则强硬地宣称，这个头衔跟奥地利的主权完全不相容，德意志邦联应该按照奥地利的需要来构建，根本没有权利给奥地利不想要的东西。

到这里为止，法兰克福议会的努力完全落了空。

当然，自由派知识分子往往是好人，想要按照理性、和平和自由的原则为德意志人建立一个主权国家，只不过，政治事务的本性辜负了他们：政治的核心是权力，权力的基础是实力。倘若只抱有理想与热情，却找不到获得实力的办法，知识分子的讨论注定是镜花水月。

李斯特反对亚当·斯密

在19世纪，有一个既怀有理想，又在认真地讨论建立新国家的实力从何而来的德意志知识分子。他的名字叫弗里德里希·李斯特（Georg Friedrich List）。

李斯特出生在符腾堡州的罗伊特林根（Reutlingen），早年是个自由派，倡导政治改革，结果被判监禁和苦役。为了逃避刑罚，他选择移居美国，靠农场生意发了财。

美国虽然并不是第一个工业化国家，却是第一个提出工业时代政治理念与经济思想的国家。因此，在我看来，**美国是工业文明在国家意义上的真正开端**。关于这一点，我会在后文再加详细论述。这里，我们还是先回到李斯特。

可能在去美国之前，李斯特就已经有了贸易保护主义的观点[3]，但亚历山大·汉密尔顿的国家主义和贸易保护主义理念的顺利实施，也一定增强了他对此的信心——1833年返回欧洲后，他变成了一位彻底的经济民族主义者和贸易保护主义者。他反对亚当·斯密的自由贸易理论，他说，英国人是靠着国家介入、贸易保护和高关税起家的，现在他们成了世界第一，却反过来教育其他国家要搞低关税的自由贸易：

> 这本来是一个极寻常的巧妙手法：一个人当他已攀上了高峰以后，就会把他逐步攀高时所使用的那个梯子一脚踢开，免得别人跟着他上来。亚当·斯密的世界主义学说的秘密就在这里。他伟大的同代者威廉·皮特，以及所有在他以后在英国执政的人的世界主义意向的秘密，也就在这里。
>
> 任何国家，如果靠了保护关税与海运限制政策，在工业与海运事业上达到了这样的高度发展，因此在自由竞争下已经再没有别的国家能同它相抗，当这个时候，代它设想，最聪明的办法莫过于把它爬上高枝时所用的梯子扔掉，然后向别的国家苦口宣传自由贸易的好处，用着那种过来人后悔莫及的语气告诉它们，它过去走了许多弯路，犯了许多错误，到现在才终于发现了自由贸易这个真理。[4]

弗里德里希·李斯特反驳亚当·斯密的第一点是，**不要以为我们活在一个平等、均质的世界里**。一个国家的经济发展是有历史上的来龙去脉的。

李斯特说，英国人的崛起和汉萨同盟的衰弱，恰恰证明了这点。本来，汉萨同盟治下的汉萨城市已经因工商业的发达而欣欣向荣，而且包括英国在内的各个君主国，一开始也确实受益于这些商贸城邦。这些大国的天然资源很丰富，却没有同样生机勃勃的商人予以开发，在这种情况下，进口外国工业品、输出本国农产品，是发展自己生产力，使原来习于怠惰、散漫的国民养成勤勉习惯，使其地主和贵族对工业形成兴趣，使其商人具备创业进取精神的有效方法。

但是，这些君主国靠着自由贸易从商业城邦那里获得这些好处之后，就意识到，它们新建成的国内工业要想与国外成立已久的工业在自由竞争中获得胜利，是没有希望的。套用网民们经常引用的一句话来说就是：不要用你一代人的努力，跟人家三代人的积累相比。所以，有效办法反而是先实施限制、特惠和补助等措施，使本国产业发展起来，再在同等的水平上与外国展开竞争。

英国就是这样崛起的，从爱德华六世到伊丽莎白再到亨利八世，英国国王原先鼓励和欢迎外国商人和技术工人入境，现在却反对他们入境。德意志人的祖先，也就是汉萨商人们，曾经是英国的座上宾，后来却被英国政府动用国家力量予以打击制裁，在国际贸易中丧失了自己原先的优势。这不是双标，反而是处在不同发展阶段的合理之举。

简言之，英国正是这样才挣得了如今的富强地位。既然如此，英国人以"自由贸易"为由打断德意志人眼下的发展，就是不公之举：

> 现代德国，既缺乏一个有力的、统一的商业政策，在国内市场又有一个处处胜过它的工业强国跟它进行竞争，它在这个竞争力量之前毫无掩护，一方面在国外市场则受到霸道的、往往变幻莫测的限制政策的排斥，就它文化发展的程度来说，在工业上已有的进展与应当达到的进展，实际上相差得极远，因此种种，它甚至不能保持它原来已经取得的地位，它就像一个殖民地一样，竟被一个国家所任意利用，那个国家也就是在数百年前被德意志商人以同样手法利用的。[5]

由此出发，李斯特反驳亚当·斯密的第二点在于，亚当·斯密忽视了一个在英国已经默认的，但在德意志却不能当作已经具备的前提条件：一个国家能够实现对个人利益的保护，恰恰是以政治制度的建设为前提的。翻译成白话就是，只有强国家，才可能保护强市场。

这就暴露了18—19世纪自由贸易派经济学家的空想性。李斯特举了让·巴蒂斯特·萨伊（Jean-Baptiste Say）的例子。萨伊甚至告诉读者，自由贸易是一门考虑全人类共同福祉的学说，而为了理解“普遍自由贸易”这个概念，人们必须想象一个世界范围内的共和国是存在的。李斯特对此进行了嘲讽：

> 如果像流行学派所提出的那样，我们的确有一个包括一切国家在内的世界联盟作为持久和平的保证，那么国际自由贸易原则似乎是完全正确的。就个人来说，他争取个人发展时所受到的束缚越少，同他自由往来的那些人人数越多，财富越大，他个人活动的范围越广，则为了争取进一步发展，对于他先天的禀赋、后天的知识和才能以及供他支配的自然力量，利用时就越加容易。个人如此，就各个社会、地区和国家的情形来说，也是如此。就美国的各州、法国的各县、德国的各联邦来说，说是与其把它们联合起来彼此进行自由商业往来，不如用内部地方关税把它们互相隔开更为有利，只有傻子才会这样想。[6]

可问题是，现实世界根本不是这样运作的。还不存在一个世界共和国，也不存在一个“全人类经济”。尽管自由主义把这个目标当作远景也许确实是正确的，但把还没有发生的事情当作当下经济活动的条件，就有问题了。

> 在目前世界形势下，实行普遍自由贸易的结果是不会产生一个世界范围的共和国的，情形将适得其反，比较落后的国家将普遍屈服于工商业与海军强国的优势之下。……要使一个世界共和

> 国（按照亨利四世和圣皮埃尔神甫所理解的），也就是世界各国彼此承认有同等权利、放弃单独采取纠正行动的广泛同盟成为现实，只有多数国家在工业与文化、政治修养与权力达到尽可能近于同等的程度时，才能办到。只有当这样的同盟在逐渐形成的过程中时，普遍自由贸易才能发展。[7]

如果把国家强盛与否的政治力量也纳入经济考量的话，那么，我们会发现自由贸易学派犯的第三个错误，就是**把生产价值与生产力混为一谈**。

李斯特解释说，生产价值是一个纯经济学概念，意思是指生产出来的商品能够换得多少钱。但是生产力是一个政治经济学概念，可以大致将其理解为议价权。很明显，蕴含更多精神价值（包括技术、制度和理念）的产品（例如高科技产品），议价权要高于仅靠普通劳动力生产出来的产品（例如农产品）。

因此，对一个国家来说，如果要提升生产力，最好的方式是在制度上仿效实施自由立宪的国家，同时在经济上重视工业生产，以保护性关税来捍卫本国产业部门。

之所以要在制度上实施自由立宪，是因为工业生产本质上依赖于技术进步，而技术进步本质上是一种人类的精神活动，以不受限制的思想解放为前提。因此，自由制度本身也可以成为一国的生产力来源：

> 只需看一看英国的，然后再看一看西班牙的历史。司法公开、陪审制度、国会立法、公众监督行政、地方自治、言论自由、有益目的的结社自由——这些都足以使立宪国国民以及官员获得一定程度的精神力量，这种效果是难以用别的方法取得的。任何法律或公法上的决定，对于国家生产力的增减，或多或少总是有些

影响的；说是全无影响，这个情况是难以想象的。[8]

关于在经济上重视工业生产的意义，在我所读到过的篇章里，比弗里德里希·李斯特讲得更加全面、细致和充满激情的并不多见，因此，我决定大段引用他的原文，以充分说明工业生产对一个国家的重要意义：

> 工业是科学与技术的成果，也是科学与技术的支持者和保护者。我们可以看一看，在原始农业的情况下需要科学与技术这两者的地方多么少，它所使用的粗陋工具用得着两者中任何一者的地方又是多么少……在工业国家，群众的工业获得了科学的启发，反过来，科学与技术又受到了群众的工业的支持。任何种工业同物理学、力学、化学、数学或图样设计等等多少总有些关系。这类科学方面的任何发展或新发现、新发明，必然会使许许多多的工业操作获得改进或革新。因此在工业国家，科学与技术必然会普遍流行。
>
> ……
>
> 科学与工业结合以后产生了一种巨大的物质力量，这种力量在新的社会状态下代替了古代奴隶劳动，它对于大众的生活状况，对于未开化国家的文化，对于人口向无人迹地区的移植以及对于原始文化国家的力量，无可避免地发生着莫大影响——这就是机械力量。
>
> 工业国家利用机械力量的机会比农业国家多得何止百倍。一个有残疾的人操纵一架蒸汽机时，他所能完成的工作量就比一个赤手空拳的壮汉多百倍以上。
>
> 机械力量加上现代的完善运输设备，就可以使工业国比纯农业国具有无比的优越性。运河、铁路和轮船只有靠了工业力量才

能产生，也只有靠了它才能扩展到全国各地。在纯农业国家里，每个人所生产的大部分用来供应他自己的需要，每个人所消费的大部分就是他自己所生产的，他们中间只能经营少量的货物和客运，这就不可能有数量足够巨大的客运和货运来负担建立和维持运输机构的费用。

在纯农业国家里，新发明和改进并没有多大价值。在这样的国家，从事于这类工作的人，他们的研究和努力往往劳而无功；而在工业国家，要获得财富和地位，最便捷的一条路却莫过于发明和发现。因此在工业国家受到重视、获得厚酬的，首先是天才，其次是技巧，再次是体力；而在农业国家，除了公家职务以外，照例是适得其反的。

工业既有利于国民智力的发展，对于体力发展也有良好作用，它对劳动者提供了娱乐方法，使他们有了发挥体力的动机，利用体力的机会。在工业发达的国家，工人从精美的机器和工具所得到的帮助且不谈，就是除开这一因素，他在一天之内所完成的工作比在纯农业国家要多得多，这一点也是无可否认的。

还有一层，工业国比农业国总是更懂得爱惜时间，这一情况也足以说明劳动力在前者是属于较高地位的。要衡量一个国家的文化程度和劳动力的价值，可以从它对时间重视的程度来看，再没有比这个更准确的标准了。一个蛮族中的野蛮人，会整天躺在茅屋里虚度着光阴。一个放羊的，整天只是靠了一支笛子，靠了睡觉，来勉强度过他的生活，时间在他简直是一个负担，叫他又怎样能懂得光阴的可贵呢？一个奴隶、农奴或小农，他的劳动是在强迫下执行的，对他来说，劳动是惩罚，偷懒是收益，这又叫他怎样能懂得珍惜时间呢？国家只是通过工业才认识到时间的宝贵的。现在的情况是，争取时间就是争取利润，丧失时间就是丧失资财。工业家是要尽可能最高度地利用时间的，这种热情会逐渐传布到农民。工业使农产品的需要有了增加以后，地租、因此地产价值也有了增长，耕作方面的投资也有了增加，利润也有了增加，这就必须使土地产生更多的农作物，以供应增加了的地租和资本利息，以供应提高了的消费量。一方面是工资有了提高，一方面是工作也要求多做。这时工人开始感到，他有的是体力和运用体力的技巧，这是可以改善他生活的手段。于是他明白了，为什么英国人常说，"时间就是金钱"。[9]

或许，在弗里德里希·李斯特对自由贸易学说的批评中，我们可以更加深刻地理解，如何看待西方在现代化过程中对自身经验和思想资源的取精用宏。

过去百年来，因为文明、制度、思想等各方面的巨大差异，中国人必须先建立起对西方文明的基础性理解，才有条件做进一步的细致区分与梳理。然而，在这个过程中很容易犯这样一种错误：**在做基础性理解时，用粗线条的主义把诸多丰富学说一概而论；而在细致区分和梳理时，又陷入烦琐的考据和对末节的挖掘，不能把细节与整体框架结合起来。**

很多人对德意志流行的经济民族主义与相关的政治经济学正是持这样的态度：简单地把它看作国家主义，与英式自由主义对立起来。赞同者说，这是有助于后发国家实施追赶策略的一种思潮；反对者说，这将最终滑向极权主义。

但是，仔细看看经济民族主义的初代集大成者，看看《政治经济学的国民体系》的作者李斯特真正想要说什么，我们可以发现，他并不是简单地反对了某项主义，支持了另一项主义，而是建立了**一个有时间性的发展模型**：一个曾经实施封建制的、沿袭中世纪保守思想的、人上人阶级占据过多利益的国家，应当**先以政治上的自由主义为原则实施立宪改革**，这是没有问题的。因为如果不能树立基本的保障个人财产权与政治权利的现代社会体系，思想活力便无以释放，科技水平无以进步。这是基本前提。

但是，这个国家若在工业化进程中处于后发状态，那就应当**由自由政府实施强有力的产业政策，保护初生的产业集团**，使本国有创造力的商人与实业家不至于在别国的经济优势面前败下阵来。只有这样，才能为国内民众建立起稳定的改革预期。若不能如此，这个国家的转型必将陷入动荡。

最后，若所有国家的政治自由度和工业力量发展到水平相差无几的地步，那时，人类再去讨论如何落实自由贸易者关于普遍和平和生产要素自由流动的文明理念，自然也是合理的。

今天的主流经济学已经不再在意李斯特这本书的主要结论，这是可以理解的，我也会在后文详细解释。但是，今天的世界经济之不平衡程度，较之李斯特生活的那个年代也没有相去太远，照旧存在着大量后发国家，甚至是还没有普遍实现工业化的国家。所以，参考一下人类社会刚进入工业化时代的经验教训，我认为还是很有裨益的。毕竟只参考最成功者的局面，很可能回答不了这样的问题：我们都知道如果能一直成功当然很好，但是一个失败者如何才能成功呢？

李斯特的答案，大略就等于说，失败者也是有权利先建立起保护自己的能力，然后再向成功者看齐的。

铁路的军事意义

看起来李斯特讲的很有道理，那么，普鲁士政府实施了他的理论，富强了起来，并且赢得了统一战争的胜利吗？

很遗憾，现实世界不是童话故事。

很多知识分子的悲剧在于，为了厘清人类行为的科学规律，他不得不耗费大量时间仔细考察历史与现实，考据各种记载是接近还是远离真相，排查各类假说是否探究了真正的因果联系，以至于在获取财富、功名或权力的道路上处于劣势；而普遍相信“成王败寇”，崇拜“胜者即正义”的民众，则多会以此为由指责他不谙世事、不通实务、两耳不闻窗外事，就像网络上说的那样，“念了北大博士，为什么还买不起房？”

倘若他的发现真的言之有物，揭示了一般性规律，又被“人上人”阶级看中，则常常会发生第二重悲剧：“人上人”阶级看中他理论中的部分内容，把它拿来作为实现自己意志、扩张自己权力与利益的工具，加以功利主义的改造与应用，甚至于完全违背了他的本意——就像秦国国君利用了墨家的组织技术，却抛弃了墨家平等主义的大同思想一样。

比这还要悲剧的，是“人上人”利用完知识分子的部分理论（抛弃了另一部分），造成了悲剧性的后果，但后人在反顾这段历史时，往往会夸大知识分子对暴力集团的影响，让他的理论为不由他控制的历史进程背锅，批评之，排斥之，遗忘之。

李斯特的悲剧，就介于第二重与第三重之间。他揭示了产业发展与国家政权的一般性规律，但是普鲁士“人上人”阶层却只利用了他的部分理论巩固了自己的军事存在。理性的国家政权应该严格遵循产业发展规律，以国家机器巧妙地维护一国的产业利益，但只为自己统治考虑的“人上人”阶级则利用并消耗一国的产业优势，为自己的军事扩张野心服务。普鲁士“人上人”在统一德意志的过程中，主要利用了他所描述的产业力量的军事部分，这其中最重要的一个产业领域，是铁路。

李斯特对德意志铁路事业的发展有着重要贡献。他总结过，铁路产业对一个国家有四大好处：一、它是国防的重要手段，有利于军队的集中、分配与定向部署；二、它是发展国家文化的重要手段，把各种各样的人才、知识和技艺带入市场；三、使社区免于死亡和饥荒的侵害，并且能够防止生活必需品的过度波动；四、促进国族精神的形成，因为相互孤立、地域偏见与夜郎自大都会导致一种“非利士精神”（Philistine spirit）[10]，但铁路技术有摧毁这种精神的倾向，有助于各民族团结如一体。

本着这样的认知，经过多年调查研究，他在 1833 年以一个业余爱好者的身份，绘制了自己心目中的德意志铁路网规划图。这张规划图与后来德国实际修建的铁路网络基本一致。

李斯特对产业发展和铁路网络的重视也影响了一批德意志技术官僚。

19 世纪上半叶，投资铁路还是一门非常昂贵的生意。当时，欧洲铁路网络的最大投资人是以金融产业著称的罗斯柴尔德家族。这个家族在拿破仑战争中靠着给英国政府借贷挣到了大钱，后来成为铁路建设的积极推手。

1835 年，萨洛蒙 · 罗斯柴尔德说服奥地利首相梅特涅同意修建维也纳与博赫尼亚之间的铁路。同年，罗斯柴尔德银行参与法国巴黎—圣日耳曼之间的铁路项目。1838 年，罗斯柴尔德家族作为合伙人参与了德意志南部的法兰克福铁路项目。

在李斯特发展出经济民族主义理论之前，还没有哪个欧洲国家利用国家机器实施大规模投资的。自然，君主因为拥有巨额财富而对某个公司进行投资，或者委托自己的宠臣家仆开办公司或投资某项产业，这种事情是常有的。但是，以国家机器为组织者，采用有效率的官僚制度创设国有公司，投资某项产业，这的确是极少数。

但是，李斯特的理论说明了这种做法的合理性：既然企业本质上就是依照某种组织形式，运用某种技术进行生产，那么为什么公务员不可以这样做？

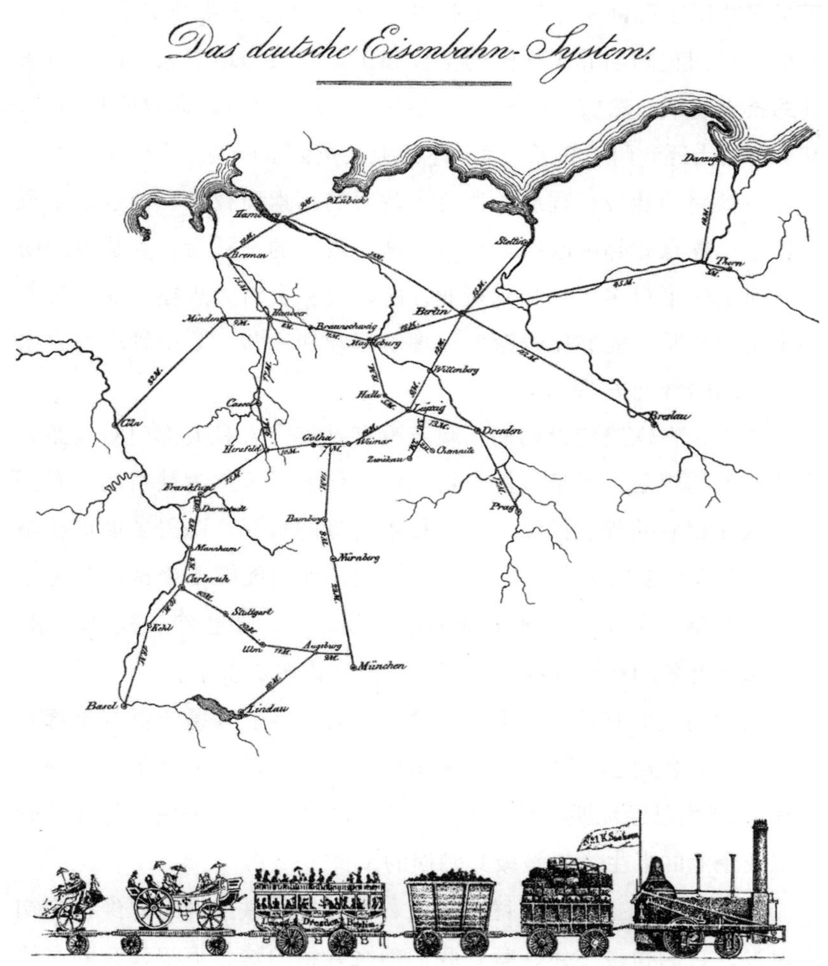

李斯特绘制的德意志铁路网路线图

这正是19世纪德意志铁路网在缺少统一政府的前提下得以快速建设的重要原因。

早期德国工程师对英国铁路技术的引进，其背后就有政府的支持。当时英国政府已经开始重视知识产权保护，限制技术出口，所以很多德国工程师实际是以工业间谍的方式从英国那里偷取技术的。他们旅行到英国培养工程师的学校和工厂收买当地工人，以获得关键的技术图纸，然后带回德国。这些旅行费用是可以向政府报销的，甚至普鲁士还专门成立了一个技术工业委员会来协调这类间谍行为。

在铁路的建设过程中，德意志政府的高素质技术官僚也起了很大作用。德意志邦国政府在经过拿破仑战争的洗礼后，为建设国防工业而接管了很多矿场和制造业，所以公务员对大规模产业发展有很丰富的经验，能够比较深刻地理解国营和民营、集中管理与自由市场之间的辩证关系。

比如，在铁路建设初期，政府没有直接介入私人部门对线路和运营能力的规划，而是保持密切关注。他们很乐意为铁路建设者提供贷款和相应的资金保障。这些技术官僚的表现，赢得了熊彼特略为夸张的赞誉："（公务员们）非常高效，他们能够不受诱惑，完全独立于政治，除了在图表中施加自由裁量权，还在修正推进计划、维持谨慎财务和稳定推动进步等方面做了许多许多事。"

当时的政府官员也自豪地表达过这种观点。普鲁士财政部部长和海外贸易公司主管冯·洛特（von Rother）在1840年的一篇报告中写道："我已经证明，那种认为公务员不能像私人公民那样成功管理工业企业的老生常谈是极其错误的。"[11]

所以，在普鲁士统一德国之前，德意志的铁路网络已经得到初步建设。它的建设主体，就是我们前文介绍的法兰克福议会的主体构成者之一：公务员集团。这些人不但教育水平很高，而且有实务操作的经验。

可以这么说，普鲁士的统一事业不是德意志发展铁路网的前提，而是后果。它把铁路网引入铁血的军事斗争，击败了曾经在维也纳会议上试图定义"什么是德意志"的其他大国，把"德意志"的定义权握在了自己手里，从而实现了帝国的统一。

俾斯麦的崛起史

让我们继续接着 1847 年这个时间节点来讲关于普鲁士的这段故事。这个时间不仅对那些想要通过立宪建立统一德意志的自由派很关键，也对另外一个人物的政治生涯极其关键。如果没有这一年发生的一件事，这个人很可能不会在历史上有如此的盛名。

这个人便是俾斯麦，而这一年发生的事，就是组建联合议会(Vereinigter Landtag)。那么，什么是联合议会？普鲁士的联合议会，其实就相当于法国的三级会议。

1789 年，法国大革命爆发之前，为解决财政预算问题，路易十六召开了最后一次三级会议。三级会议的所有代表来自三个等级：第一等级是教士，第二等级是贵族，第三等级是平民。尽管教士和贵族等级的代表各自只有 300 人，平民等级的代表有 600 人，但会议的最终结果却是每个等级投一票决定的。这样，前两个等级的意见加起来就是多数（两票）。对此，第三等级极其不满，此事也为导火索，引发了后来的法国大革命。

其实，三级会议不是法国独有，而是欧洲很多国家的传统做法。在君主专制国家，议会对国王来说只是个咨询机构，国王没有义务服从议会的决议。但国王如果要筹钱，尤其是要对占人口多数的第三等级增税，那还是要开个会通过一下，至少也要统一下思想。这就是三级会议的作用。

普鲁士的情况就是这样。普鲁士一直是个君主专制国，从法律上讲，国王没有必要召开议会，议会产生了决议也可以当没发生。但是，在 1806—1815 年拿破仑战争时期，普鲁士国王为了筹钱，承诺要给予人民在各地方政府及中央政府层面的代表权，毕竟事态紧急，如果不肯给“人下人”一点权利，换取他们痛快交税，可能“富二代”就要从司机的位子上被赶下去了。

拿破仑战争好歹是顺利打完了，普鲁士国王的王冠也保住了。但这一保全了王冠，他就不太愿意再提这一茬。站在“人上人”的角度，这也可以理解：当时所有欧洲国王都看到了路易十六开了三级会议之后是什么下场。尽管人人嘴上都尊敬伏尔泰，认可启蒙理念，但是谁也不愿意革命发生在自己头上。只是“君无戏言”，完全不认账也不是事儿。作为折中之道，1820 年，普鲁士国王威廉三世宣布了一道敕令，说今后借公债之前，国王必须先征求等级会议（Reichs-Stände）的同意，算是有了个交代。

威廉三世的年代，国王没办过什么大事，没有借过公债，这条法令自然也就没有激活过。但是到了 1847 年，国王威廉四世真的要借钱办件大事了，要修铁路。

如前文所述，作为工业革命时代的后发国家，由政府出面搞产业政策来建铁路也是合理的。但问题在于，你不能用国民利益当借口忽悠普鲁士人无偿出这笔钱。如果你重视的真是普鲁士民众的利益，那就应该让普鲁士人来参股，具体说来就是，制定法律，召开真正的国民议会，让民众代表能够商议这笔钱要出多少，该怎么花，以及谁来监督。

但是，1847 年普鲁士国王威廉四世下的敕令，是先由每个省按照三级议会的原则组建一个省级议会（Provinzial-Landtag），再由这些省级议会组成一个总议会，也就是“联合议会”，并由这个议会来商讨公债修铁路事宜。

这道敕令一下，普鲁士民众顿感受到了欺骗。结果参与联合议会的代表们每天讨论的不是怎么修铁路，而是怎么改革这个议会，以让它变成真正的民意代表。毕竟当时距离英国立宪改革已经过去了 157 年，离法国议会宣布《人权宣言》已经过去了 58 年，普鲁士落后得已经够多了。

此外，当时国王为了证明自己借钱的合法性，还下令允许报刊如实报道议会辩论内容。当民众在报纸上读到这些代表们谈论的事情，更是群情激愤，这大大激发了公共讨论的活力。

即便是国王，面对巨大的舆情压力和民众的攻势，也要暂时低头。但是，威廉四世的内心深处是不想真正启动政治改革的，他需要有人站出来，为他说话，占到普遍民意的另一边，给他留下以保守手法处理舆情的回转余地。

这个人就是奥托·冯·俾斯麦。

俾斯麦的父亲是传统容克，母亲则出身文官家庭。容克虽然有钱有权，但本质上还是地主，许多人从小就在庄园里长大，除了骑马打仗什么也没有学习过。但俾斯麦的母亲受教育程度很高，她的父亲还曾给腓特烈二世当过内阁秘书，知识丰富，见识广泛。俾斯麦本人自小从母亲那里接受了当时一流的知识精英教育，终其一生，俾斯麦都是在用顶尖知识精英的视野和头脑，捍卫自己坐在容克阶级一边的屁股。[12]

俾斯麦也参与了 1847 年会议。他是最顽固的那批保守派的代表，并用自己从中产精英那里学来的话术嘲讽自由派，惹怒他们。联合议会在否决铁路贷款之后就闭幕了，但是俾斯麦的表现获得了国王的注意。所以，当 1848 年 3 月普鲁士发生革命，民众吁求政治权利和劳工利益的时候，俾斯麦就直接杀到柏林勤王了。

他当时是真诚地反对革命的。他是容克地主，生活的地方是一个很简单的乡土社会，人上人拥有土地，收取地租，给“人下人”主持家长里短的公道。对贵族老爷来说，这一切是很自然的：农民不识字，没受过教育，不知道君臣父子的大道理，需要权威的引导和教化。要是有谁不服，拖出去打一顿是最有效的办法。

当时的柏林虽然在文化科教上还落后于伦敦、巴黎等城市，但是莱布尼茨在柏林开设科学院也已经有 150 年了，康德的自由主义理论也已经有很多读者了。俾斯麦的这套东西，跟商人、市民和知识精英是格格不入的。当时的自由主义领袖说，他身上寄宿着一个中世纪的灵魂。[13]

然而，正因为他立场上的极端保守，国王才觉得此人就是他所需要的人。用《大明王朝》里的话说，皇上不能因长江之水清就偏爱之,黄河之水浊就偏废之。既然民意都倒向自由派代表的“清流”，那么皇帝就更要找到一个关键人物来代表少之又少的“浊流”，与清流抗衡，扩大君王的行动空间。

这正是俾斯麦得到君王宠幸之道。从这个角度讲，他代表的恰恰不是“保守主义”一词蕴含的中正平和的政治智慧，而更接近于马克思所讲的“反动势力”。正像恩格斯说的，俾斯麦推翻了法国的波拿巴制度，却在德国恢复了它。[14]

1849 年,法兰克福议会将“德意志皇帝”的头衔授予普鲁士国王，却被普鲁士国王拒绝了。民众对此极其失望，于是，俾斯麦马上在议院发表了反对法兰克福议会所制定宪法的演说，替国王承担了大部分攻击。作为回报，国王宣布解散普鲁士下议院，恢复三级议会，这样，俾斯麦就有机会在议会里得到议员席位。

对于普鲁士君主来说，俾斯麦当然是一个好用的工具。对于俾斯麦来说，虽然这能保障他在政途平步青云，却也极其危险：既然他的保守态度在朝中为自己树立了大批敌人，那他就必须不断证明自己永远正确，他的敌人永远错误。

俾斯麦为自己选择的道路，就是用战争手段来完成法兰克福议会原本想用和平手段实现的事业：统一德国。尽管从人民的角度来讲，两者都是实现统一大业，但是从“人上人”的角度来讲则完全不同：从法兰克福议会手中接过“德意志皇帝”的头衔，就意味着你认可人民主权的合法性，你的权力来源是民选代表，他们说话，你得听着；但是，通过战争创造“德意志帝国”这个政治实体，“人上人”却能拿到百分之一百的原始股。

1861 年，普鲁士国王弗里德里希·威廉四世去世，他的弟弟威廉·弗里德里希（哥哥和弟弟的前两个名字恰好是颠倒的）即位，是为威廉一世。威廉一世即位时，自由派在议会中占据优势地位，但国王还是想保持普鲁士的君主专制制度。他环顾四周，同盟军寥寥无几，有治国理政才能的更是少之又少。最后，国王选择了俾斯麦担任宰相。

1862 年，俾斯麦到议会就职，做的第一件事就是否决了自由派提出的预算案。有人在议员委员会上问他下一步打算干什么，他就发表了那篇著名的演说《铁和血》，其中最关键的句子是："当代的重大问题不是通过演说和多数派决议所能解决的（这正是 1848 年和 1849 年的重大过失），而是用铁和血来解决。"

这篇演讲在当时引发了轰动，但不过是负面意义上的。其实平心而论，俾斯麦说的没有错。统一德意志的本质就是创造代表"德意志人民"的主权国家。君王已经否定了人民有自己创造它的权利，那当然要由君王自己来创造它。在"神圣罗马帝国皇帝"这个头衔已经不复存在的情况下，君王要创造它，就必须解决已经存在的"德意志邦联"，而"德意志邦联"来自法国、俄国、英国、奥地利等大国在维也纳会议上的安排，因此，要推翻这个安排，最直接的方式就是打赢大国。

具体来说，俾斯麦为自己规划的目标是先后击败三个主要对象：丹麦、奥地利和法国。

要击败丹麦，是因为在法兰克福议会立宪之时，丹麦人对石勒苏益格的进攻给全体德意志人民留下了深刻印象。击败丹麦，就等于向德意志人民证明，自由派做不到的事情，我能做到。

要击败奥地利，是因为奥地利皇帝曾经是神圣罗马帝国皇帝，最有号召力，而且奥地利也是德意志邦联内负担国防职责最多的国家，如果不能击败它，普鲁士就很难对其余德意志邦国真正拥有号召力。

要击败法国，是因为从黎塞留时代以来，法国对德意志的最高策略就是分而治之，让它保持四分五裂的状态，这样，法国的北方就不会出现一个在陆军上能够威胁到它的强敌。因此，德意志要统一，最大的敌人其实是法国。在这一点上，俾斯麦看的比当时几乎所有人都透彻。

一件非常复杂的事情，因为俾斯麦的非凡头脑和敏锐的政治意识，被分拆成了明确、清晰的任务。现在，这个任务看起来逻辑链很清晰，执行性很强。

那么，问题就只剩下一个了：实力。

普鲁士，一个欧陆二流强国，凭什么能连续击败三个国家，而且其中还包括法国这个国力明显强过自己的一流强国呢？

答案我们已经说过了，铁路。

铁路时代的战争形态

熟悉 19 世纪国际政治的，大都听过一个著名的历史故事：埃姆斯密电。

此事发生于 1870 年。当时西班牙王位空缺，想请霍亨索伦家族的利奥波德亲王来当“司机”。一旦此事成功，普鲁士和西班牙两台车就都归霍亨索伦家所有，而法国就会腹背受敌。因此，法国表示坚决反对。

当时，普鲁士国王威廉一世其实并不想触怒法国，但俾斯麦怂恿他说，我们早晚都是要跟法国开战的，长痛不如短痛。威廉一世最终并没有听从俾斯麦的建议，还是在电报中表露了希望与法国缓解紧张关系的意图。然而，俾斯麦篡改了威廉一世给法国大使的电报，删去了电文中“还可在柏林从长计议”一句，在结尾部分加上了这样挑衅的话："国王陛下以后拒绝接见法国大使，并命令值日副官转告法国大使，陛下再也没有什么好谈的了。"

在篡改电报的当天，俾斯麦把德军总参谋部部长老毛奇叫来，问他如果与法国开战，是否能获胜？老毛奇给出了肯定的回答，说我们一定能赢。然后，俾斯麦就把这封挑衅的电报发给了法国人，并如他所愿挑起了战争。最终普鲁士也打赢了法国，如愿以偿地实现了自己的战略目的。

那么，总参谋部（General Staff）是什么？老毛奇何许人也？

人类历史上有许多闻名遐迩、璀璨如星的名将，亚历山大、汉尼拔、恺撒、成吉思汗、拿破仑……他们的事迹广为流传，人尽皆知，许多人把他们当作历史的英雄，崇拜的偶像。但是，打仗这件事本身的绝大部分内容，却是极其枯燥无味的。战争不是从战场上排兵布阵厮杀的那一刻开始的，而是在此之前很早就展开了。读一读戚继光写的《纪效新书》就知道，军事统帅的绝大部分工作是琐碎的细节，比如，安排士兵训练，告诉他们旗语的意义，让他们练习布阵，以及后勤等诸方面的细节。这些工作有时候要细致到什么程度呢？比如戚继光在布阵时，他还要考虑哪个地方的兵因为性格问题而更适合在阵型里担任进攻还是防御的角色。

这明显是非常烦人的事情，但你又不得不做。战场瞬息万变，也许只是一个很小的差错，就会导致你输掉战斗。所以，我有时候相信，所有伟大统帅内心深处都住着一个老妈子。

但是，自从有了总参谋部以后，这些琐碎的工作就不再是名将自己的事情，而变成了参谋部军官的工作。

总参谋部会把一批在军事学校里受训的军官集合起来，让他们充分考虑战场上有关后勤、阵型、装备、士兵训练等一切细节，甚至提前制定好几个作战方案。这样，主帅肩上的担子就大大减轻了。

1870 年的普鲁士总参谋部，在当时欧洲国家里是制定计划最严密、水平最高的一个，原因就在于他们制定的计划与工业时代是充分契合的。我们在前文介绍克虏伯的时候，曾讲过一个细节：当时普鲁士总参谋部提前截获了法军装备武器的数据，并获知克虏伯大炮的射程相对于施耐德大炮的射程是有优势的，然后为此制定了相应战术。

但这其中，对普鲁士总参谋部制定战术影响最大的，还是铁路。

这就要说到老毛奇了。老毛奇出身军人世家，从小就在宫廷当侍卫，念的是军校，但他对铁路技术极其着迷。1840 年前后，他是柏林—汉堡铁路的首批董事之一。1843 年，他曾发表名为《决定修建铁路路线时应该考虑什么》（What Considerations should determine the Choice of the Course of Railways?）的文章，讨论的就是铁路对军事的重大意义。[15]

在老毛奇这位职业军人的眼中，铁路至少会给一国的军事行动带来两个重大的变化，一是动员上的，二是指挥上的。

动员上的变化很好理解：铁路极大地加强了一国运输自己士兵和武器装备的能力，自然会成为新时代每支军队都要重视的力量。但是，这背后还涉及一个非常关键的细节：它需要更高水平的协调指挥系统。

仔细想一下就会明白：在铁路出现之前，从 A 地调动一支部队去 B 地，唯一的办法就是走着去，士兵要自己带上自己的盔甲、武器、随身装备，可能还有干粮。最多再带一些骡马辎重。

在古代，即使是骑兵部队，在长途调动时也不是骑战马出发的。因为骑兵部队要保证在战场上的最高机动性，所以除非情况实在紧急，或者他们有很多备用马匹来节省马力，否则他们还得走路去目的地。

但是用铁路来调兵，情况就不一样了。因为人、物、粮、马所占的空间是不一样的，所以最高效率的运输方式一定是专列专运，一节车运士兵，一节车运武器，一节车运弹药，一节车运粮草，到了当地再分别由人认领。

但这样的话，或者军方要自己来主导铁路运输系统，或者军队跟铁路系统之间要有一个协调联动机制，否则，追击炮部队领了榴弹炮炮弹是打不了仗的。

在总参谋部，老毛奇就着重建设了这套机制。

1864 年，他在总参谋部直接建立了铁路部门，要求每条线路有两个参谋部官员来负责。纳入这个系统的铁路线被称为“战略专线”(Strategische Bahn)。这个机制在普奥战争时代就发挥了重大作用：奥地利人把部队派到波希米亚时，只有一条路线，而普鲁士人有五条路线。

同样，在 1870 年的普法战争中，也是铁路运输系统发挥了至关重要的作用。

作为欧陆第一强国，法国的陆军与指挥系统可不是白给的。皇帝拿破仑三世在战前制定了很完整的作战计划，按照这个计划，法军将御敌于国门之外，取得大胜。

然而问题是，双方宣战之后，法军花了六个星期才完成动员，而普鲁士军队只花了 24 天。[16] 也就是说，不到 20 天，一个大国就败给了一个小国，历史进而被彻底改变。

战争开始时，普鲁士集中了 462,000 名士兵，但法国只集中了 27 万。普鲁士的总参谋部制定了详尽清晰地铁路动员计划，但法国的铁路系统却完全是商用的，没有军方统一协调指挥：军官们说征用火车就征用了，结果士兵坐上车之后才知道还要换乘；运输人的车厢被运输货物的车厢堵住，也没人负责引导车皮；许多法国预备役士兵堵在火车站要军粮，然而粮食车皮也不知道堵在了什么地方。[17]

时间过了，人、枪、弹药、粮食没到齐，再好的计划也没有用。但普鲁士人却可以选择在哪儿打，怎么打，打你哪个位置，而法军只能被动应战。

再来讲指挥上的变化。

在经历了普奥战争之后，老毛奇悟出了铁路时代的战争指挥精髓。简单说，就是主帅是跟不上事态发展的。

铁路运输军力的效率实在太高了，距离实在太远了，主帅对另一个地方的状况很难及时知情。而且，当时最先进的通信技术是电报。但电报系统更多是在防御战争中发挥作用，对进攻的意义很小。道理很简单：到敌国领土上去打仗，敌军不可能把他们国家的电报线给你用。

所以，战争指挥的关键，就是让军队在主帅不在的情况下，也能发挥能动性。用现在流行的话说，叫“分布式”。

当然，19 世纪的军队不可能完全变成分布式，像当代美军一样以营为独立作战的最小行动单位。军令如山，下级首先要无条件服从上级命令，这些指挥基本原则不可能被违背。那么，如何在这个执行系统中加入“分布式”呢？

答案是“任务导向战术”（Mission-typed tactics/ Führen mit Auftrag/Auftragstaktik）。

这个术语的德语原文是 Führen mit Auftrag，直译过来差不多是“带着使命指挥”。它的具体含义是，上级领导人给下级单位一个目标，一般包括本级作战单位战役的意图，能够拥有的时间、人数和火力等。下级单位必须在这些给定的条件下，自己分解作战意图，告诉上级你能做到什么，由他认可后，你就可以通过自己的方式来完成任务。

这种战术就是专门适配于铁路产业时代对外作战的产物：因为铁路运输效率极其发达，作为统帅，你必须把手头的部队尽可能投放到战场，以形成兵力优势；但是，在缺乏电报通信手段的条件下，军力投放之后，你又没办法“如身使臂，如臂使指”地指挥部队，

威廉一世在凡尔赛宫镜厅加冕

所以必须给他们一定范围内的自主权，让他们按照自己的想法实现你的战略意图。[18] 老毛奇有句名言："任何作战计划，除了在你第一次与敌军交火时管用之外，其他时候都不会管用。"这句话正是以上原则的体现。

在老毛奇的系统化培训下，19 世纪晚期的普鲁士部队是贯彻"任务导向战术"最成功的欧洲陆军。据美国军事史家崔佛·杜佩（Trevor Duppuy）的计算，德军在两次世界大战中的作战能力差不多相当于盟军 150%—300%（即在所有条件相同的情况下，盟军的损失是德军损失的 1.5—3 倍）。[19] 这正是老毛奇缔造的陆军战斗力之由来。

总而言之，在 1870 年交战的那个时刻，普鲁士虽然弱小，但它的军队是一支从动员到指挥到装备都完全适应了产业时代的军队。法国虽然强大，但它的军队却完全相反。

结果既令人吃惊，又在意料之中。战争，不是文人的想象，不是凭意气、热血和浪漫决定的事务。战争的本质是科学，虽然也存在士气、信念等科学无法计算的领域，但在产业时代，相比科学能够计算的，这些实在微不足道。

1870 年 9 月 2 日，拿破仑三世向威廉一世呈上了自己的佩剑，宣布投降。9 月 4 日，法国发生政变，欧仁妮皇后出逃英国。

1871 年 1 月 18 日，开进巴黎的普鲁士军队护佑着威廉一世在巴黎凡尔赛宫镜厅加冕为德意志皇帝。由于这个新帝国是在排除了奥地利的条件下成立的，所以威廉一世跟他的前辈一样，没有接受“德意志的皇帝”(Kaiser von Deutschland)，而是用“德意志人皇帝”(Deutsche Kaiser) 的头衔加冕。

普鲁士就是这样完成了统一大业，俾斯麦也是在那一刻登上了他的人生巅峰。

注释

1 https://en.wikisource.org/wiki/Final_Act_of_the_Congress_of_Vienna/Act_IX.

2 Jonathan Sperber, *Rhineland Radicals: The Democratic Movement and the Revolution of 1848*, Princeton University Press, 1992.

3 David Todd,Free Trade and its Enemies in France, 1814–1851,Cambridge University Press, 2015.

4 弗里德里希 · 李斯特：《政治经济学的国民体系》，陈万煦译，商务印书馆，1997 年，第 307 页。

5 弗里德里希 · 李斯特，同前，第 103 页。

6 弗里德里希 · 李斯特，同前，第 109 页。

7 弗里德里希 · 李斯特，同前，第 112—113 页。

8 弗里德里希 · 李斯特，同前，第 123 页。

9 弗里德里希 · 李斯特，同前，第 173—176 页。

10 非利士人是《圣经》中记载的古民族，与以色列人为敌，德语文化中以此指代重视物质、忽视精神、俗鄙偏狭、对知识和艺术没有追求的人。

11　Geoffrey L. Herrera, *Technology and International Transformation: The Railroad, the Atom Bomb, and the Politics of Technological Change*, SUNY Press, 2012, p.65.

12　他在自传里不肯承认自己是容克利益的坚决维护者，但如果仔细探究他早年在议会中的发言，我们会发现这不是事实。至少当年他是真心实意为容克利益说话的。

13　埃里克 · 埃克 :《俾斯麦与德意志帝国》，启蒙编译所译，上海社会科学院出版社，2015 年，第 13 页。

14　“波拿巴制度”或“波拿巴主义”，指的是拿破仑 · 波拿巴以给予中产阶级法治权利和经济发展为代价，换取他们支持自己君主专制的一套施政方案。参见恩格斯《俾斯麦先生的社会主义》，《马克思恩格斯全集》第十九卷，中共中央马克思恩格斯列宁斯大林著作编译局译，人民出版社，2016 年。

15　Trevor Dupuy, *A genius for war: the German army and general staff ,1807–1945*, Imprint unknown, 2002.

16　Geoffrey L. Herrera，p.85.

17　Michael Howard, *The Franco-Prussian War: The German Invasion of France, 1870–1871*, New York: Routledge, 1961.

18　Gerhard P. Gross, *The Myth and Reality of German Warfare*, University Press of Kentucky, 2016, p.37-38.

19　参见 Trevor Dupuy，同前。

第十六章　帝国主义战争：复杂社会的崩溃

故事并没有结束。让我们再来盘点一下李斯特的理论。

李斯特是符腾堡的罗伊特林根人，在历史上，罗伊特林根是施瓦本同盟的一员。这个同盟的性质跟汉萨同盟很类似，所以，他对历史上汉萨同盟被英国政府强硬驱逐，最后终于衰落的历史耿耿于怀。

因为这种类似的情感因素，所以，他着重批评亚当·斯密的自由贸易理论不仅忽略了市场经济的政治基础，也忽略了经济发展与国家政治实质上是交织起来、相互影响的。站在德意志人的角度上讲，这些批评是很合理的：当年英国人才是破坏自由贸易原则，用政府力量强制实施保护主义的罪魁祸首，而汉萨同盟则是受害者。

我们在前文已经简要总结过，李斯特提出的理论是一个“三步走”的后发追赶策略，认为一个封建主义传统很浓厚的国家，要想通过改革快速富强起来，应该：

一、在国内以政治自由为原则实施立宪改革，树立保障个人财产权与政治权利的现代社会体系，以求释放思想活力，实现科技水平进步。

二、对外实施强有力的产业政策，保护本国落后的产业集团，使其不至于受到先进国家产业的过分冲击，为民众建立起稳定的预期。

三、在大多数国家的政治自由度和工业力量发展到水平相差无几之后，再去讨论普遍和平和自由贸易的文明理念。

其中，一和二很显然是现实政治中的首要任务，三则是远景目标。而且，李斯特本人最强调的是第二个部分，即由国家政府实施的强有力保护政策。

富国强兵的囚徒困境

从理论角度讲，李斯特的讲法显然更有厚度，也更能得到历史案例的支持。对一个后发国家来讲，这无疑是非常理性的发展方略。但是，从人类政治事务的实际情况来看，作为一名知识分子，李斯特还是低估了“人上人”扭曲利用他的理论为自己牟利的力量。

这里的关键在于，国际贸易本身就有着巨大的利益空间。那么，如果想要实施强有力的保护性政策（在19世纪那个时间节点上，主要就是关税），基本前提是什么呢？

是你的硬实力能够作为保护性关税的支撑。套用坊间流传的一句话讲：“你要搞保护性关税，你有几个师？”

因此，从国家理由（Ragione di Stato）的角度讲，要实施保护性关税，就等于说要把其他国家的工业产品本来能赚取的利润砍走，以此留出足够的经济空间保障本国产业成长。当本国产业崛起，并满足本国市场需求后，最好又能强迫他国对本国产品放开，使本国企业享受到额外利润。

以上两个目的，如果缺乏了“炮舰外交”，恐怕是断难实现的。

与“炮舰外交”相关的上层集团，其中既包括暴力集团，也包括为其服务的“高级金融”集团，恐怕是不会放过这个机会的。他们会充分利用经过李斯特这样的学者辩护过的理由，来扩张自己集团私利，将国家机器变成为自身服务的工具。

当事情演化到这一步时，李斯特期待的理性民族国家，就会蜕变为帝国主义。这正是约翰·霍布森（John A.Hobson）在1902年出版的《帝国主义》中所阐明的机理。

经过初步的计算，英国在1900年前后，包括利润、工资、租金和来自各个方面的收入，总计大概是每年17亿英镑，但其中直接来自海外贸易的年度收入只是略多于3800万英镑，占总收入的1/45。换句话说，英国直接从海外殖民地得到的经济收入其实是很少的。[1]

这是因为，像印度这样的殖民地虽然土地广阔、人口众多，但贫富差距实在太大，普通人的消费能力实在不足以支撑英国本土的工厂生产。

与之相对比，英国军队每年的军费则是6000万英镑。而且，军费的增长与海外贸易的得利不成比例。1855—1859年，英国对外贸易额和对殖民地贸易额在进出口贸易额中的比重，与1895—1898年相比几乎没有太大变化，但是军费开支却有了明显的增长。[2]也就是说，并不是英国人每多花一点钱在海军上，就会多挣到一点钱。

既然如此，为什么还要维持帝国主义的外交政策呢？霍布森解释说，这是因为围绕帝国主义外交政策，形成了巨大的利益集团：

> 在过去30年里，帝国主义作为一种商业政策而饱受诟病，一则因为这项政策耗资巨大但所开拓的市场却既小又不安全，二则因为它所激起的民族怨恨已经危及自身国民财富的安全，我们不禁要问："英国是如何被诱致从事这样不合算的事业的呢？"唯一可能的答案是，国家整体的经济利益屈从于把控着国家资源管理权的特定阶层的私人利益。这没什么可大惊小怪的，也无须苛责，因为这是各类政府的通病。托马斯·莫尔爵士所写的名言至今还是真理："我见到的无非是富人狼狈为奸，盗用国家名义为自

己谋利。”

……

帝国主义能直接带来什么经济收益呢？耗费巨额财政支出于舰船、大炮、海军装备和战略物资，当战争来临或警钟敲响的时候大获其利；国内外证券交易所发行的新公债和巨幅波动的行市；增加的士兵、海员以及使领馆职员；随着英国国旗取代其他国家国旗而增加的海外投资；获得出口市场，并为英国相关制造行业提供保护和支持；工程师、传教士、炒矿者、牧场主和其他移民获得就业。

从帝国主义支出或其相关结果中获得巨额回报的某些特定利益集团，于是起而反对公共利益，并且本能地基于强烈的互相认同而联合起来，去支持每一次新的帝国主义掠夺。

如果把6000万英镑作为和平时期最低限度的军备支出而加以仔细分析，其中大部分支出直接流向某些大公司的钱柜。这些大公司从事于建造军舰和运输船只，并给它们进行装备和提供燃料，制造各种枪炮、弹药、飞机和汽车，供应军需的马匹、车辆、马具、食物和被服，承造兵营和其他大批非常规的日用品。通过这些主要渠道，数百万英镑养活了许多附属行业，其中大部分人很清楚地知道是在执行军需合同。这里我们就触碰到了商业性帝国主义的重要核心。其中一些业务，尤其是船舶制造、锅炉制造和军火制造业务，都是由实力雄厚的大公司经营，这些大公司的首脑都很清楚如何运用政治手段谋求经济利益。

这些人都是帝国主义的信徒；他们为了自己的利益而采取扩张的政策。[3]

霍布森的这个论断相当有名，列宁的帝国主义理论就是在此基础上发展而来的。而且，这本书出版后的第十二年，第一次世界大战的爆发也验证了霍布森关于帝国主义扩张前景会带来高度危险的预判。

从文化和心态上说，第一次世界大战几乎摧毁了19世纪欧洲文明取得的一切成果，让曾经认为自己处在黄金时代、进步年代和未来社会前沿的欧洲人从此一蹶不振。直到今天，欧洲许多历史学家还认为，过去数百年来对现代社会影响最大的一次战争是第一次世界大战。[4]

但是，从另一个角度讲，霍布森对“帝国主义利益集团”的批评，也可能有些过于阴谋论了。因为霍布森的批评还是只着眼于英国国内，并没有讨论其他国家。到19世纪晚期，英国一国的军费增长的数字固然十分惊人，但与法国、德国、奥匈帝国等国家相比，就不算突出了。

英国历史学界会定期组织历史学家举行面向公众的辩论，其中的一场就是有关“英国是否应该投身第一次世界大战”的。在这场辩论中，正方选手指出很重要的一点是：站在当时的时间点上，虽然战争不是英国挑起的，但英国必须为了维护自己签下的条约的神圣性，站在盟友一边，对德国宣战。[5]

换句话说，站在当时的时间点，被霍布森指责为“帝国主义利益集团”的那批人，他们扩充军备、增加军费的决策也并不能完全说是不合理的。因为英国暴力集团面临的对手，也就是法国、德国和俄国的暴力集团也在做同样的事情。对手扩军备战，而你却无动于衷，这本身就是取败之道。

所以，第一次世界大战的爆发，并不是具体哪一方面的道德责任的问题，而是一场囚徒困境。

也就是说，在这场权力游戏中，每个国家都旨在运用武力，尽力支撑自己产业利益的扩张，同时恐惧于对手武力的扩张。最终结果则是所有人都投入大量武力，并且神经紧绷，只等一颗火星点燃，所有人就都被卷入了世界大战。

这正是李斯特未曾设想过的，自己所提出的“经济民族主义”被普鲁士这样的军国主义集团利用之后，最终将导致的灾难。

你以“铁和血”为由，以民族的战争力量捍卫产业发展，那么别的民族自然也有同样的权利以此为理由来针对你。最终，每个民族都不得不变成战争机器。

这背后的逻辑，在我看来，就是统治者的简单思维引发了“复杂社会的崩溃”。

工业革命以后，人类社会已经演化成一个超级复杂的综合体，公司、城市和国家之间通过纵横交错的供应链连接在一起，有的专司粮食，有的专司煤炭，有的专司肉蛋奶，有的专司钢铁，有的专司木材，有的专司法律服务……千千万万条供应链，千千万万个职业路径，职业心理不同，工作习惯不同，世界观不同，思维方式不同……是庞大的自由市场和全球化的产业链关系把他们连为一个整体。

没有哪个思想家、哪个企业家或者哪个皇帝能够把握这个复杂体系中的一切。所有人都只能看见自己小世界中的一个截面。这本来没什么，现代社会就是由一个个铁笼连成一体的。然而，若有某一个铁笼中的人，完全从自己小世界中的简单思维出发，认为自己的逻辑就是唯一逻辑或最高逻辑，而同时他确实又不幸地拥有强制他人服从的威权，那么他的一意孤行，很可能就会引发复杂社会的崩溃。

这正是追求强权者在工业时代经常引发的历史悲剧。

地缘政治 v. s. 产缘政治

都说铁血宰相俾斯麦是近代德国第一流的政治人物，但在我看来，他正是“因地缘政治方面的简单思维而引发社会崩溃的人”中最有代表性的一个。

当然，就他前半生的政治生涯而言，他已经努力避免在错综复杂的国际关系间犯错。

从 1862 年当上普鲁士宰相到 1871 年国王威廉一世加冕，俾斯麦在 1864 年、1866 年和 1870 年先后发动了三场战争，而从 1871 年到 1890 年被威廉二世罢黜，俾斯麦一场战争都没有发动过。

这当然是很有政治智慧的：从他本人的政治生命讲，年轻时他是靠跟着君王一条道走到黑上位的，而且也确实在这条道上打下一片天地。现在功名皆备，自己的声名已经可以与当年的拿破仑相比肩，实在没有必要犯险。

而且从德国的国运讲，普鲁士的统一本身就是“逆天改命”的结果。既然成功了，就不要再妄自尊大，而是应该好好消化已经取得的政治利益。

我们前面讲过，统一战争以前的普鲁士本身就有着浓厚的军国主义传统，其国民的动员比例和承担军事义务的强度，远超法、奥、西等传统欧陆国家，遑论海洋国家英国。在同一时期做对比的话，可能只较俄国略有不如。

负担如此之大的军事义务，老百姓在普鲁士被迫承受的压力也自然远超在欧洲传统国家。也正因如此，普鲁士才对维系“容克体制”如此在意。因为只要容克地主维系着对基层的控制，农民就会被驯化成为不读书识字、受传统束缚，认为老爷和国王统治他们是天经地义，并为国王取得前所未有的历史功绩、加冕为皇帝而由衷地高兴的人，他们也就不会意识到自己身上的桎梏究竟有多么沉重。

俾斯麦的统一战争，其实等于是说，利用新兴产业崛起的机会，在 1871 年这个时间点上，把普鲁士一直以来的军国体制优势一把变了现，先后击败丹麦、奥地利和法国这样的传统强国。只是这些战争的胜利并不是普鲁士本身大国实力的体现，而是特定条件下的产物，可以偶一为之，但最好不要期望这种事总是发生。

而且，德意志其他邦国的生活传统、政治习俗和文化氛围，也是很难接受普鲁士式军国体制的。如果继续采取穷兵黩武的方针，将军事重担强加在这些刚被纳入帝国的邦国头顶上，势必会引发国内的激烈反弹，甚至撕裂刚刚成立不久的帝国。

简单说就是，逆天改命的国家得了便宜就不要卖乖了，闷声发大财是最好的。

俾斯麦本人是彻底的现实主义政治家，对内对外均是如此。他心知肚明自己的胜利是如何得来的，因此任务一旦完成，就跟从前的自己一刀两断。

原先为了发起战争，改变欧洲地缘政治版图，他非常愿意利用激进革命家（比如匈牙利独立运动分子克罗普卡、意大利的共和派领袖马志尼）这类人物作为牵制奥地利皇帝的手段。但统一战争完成后，俾斯麦又很快地抛弃了他们，转而致力于巩固“三皇同盟”这样的保守主义联盟，即俄罗斯、德意志和奥地利三个帝国结成的同盟。这正是 1815 年反对拿破仑的神圣同盟（俄罗斯、普鲁士和奥地利）的延续。

但是仔细分析这个联盟，我们会发现它也有不稳固的地方。在这个联盟中，从皇帝的个人感情来说，关系最好的是俄国沙皇和德国皇帝。两个人本来就是亲戚，而且普法战争爆发时，俄国沙皇亚历山大二世还想要出兵支持普鲁士国王威廉一世。因此，两个人的情谊应该说是经历了革命考验的。

奥地利则不同，不仅曾在 1866 年被普鲁士击败，而且还与俄国有着利益纠纷。虽然 1805 年以后奥地利已经放弃了恢复神圣罗马帝国荣光的想法，这样德国和奥地利之间的矛盾就不会演变为世仇，但是把这三方绑在一起，尤其是要处理好奥地利跟俄国之间的矛盾，还是会让人煞费苦心的。

而且，皇帝威廉一世对德奥联盟并不感兴趣，这是俾斯麦一手促成的。

那么，为什么俾斯麦一定要这么做呢？

答案在他自己的回忆录里有所揭示。跟托克维尔一样，他也认为君主制和共和制的斗争已成为19世纪欧洲历史的主线脉络，每个人都必须对此做出抉择。他的抉择，众所周知，当然是站在君主制的一边：

> 按照今天的概念，我可以称它们一方为以君主制为基础的制度和秩序，另一方为社会共和国。在这种社会共和国的政体下，反君主制的发展趋势总是在缓慢地或飞跃地减弱，直到由此造成的难以忍受的状况使失望的人民愿意接受以暴力回复以帝制为形式的君主立宪制度为止。我认为，避免这种恶性循环并尽可能使当代人或其后代免遭此种恶性循环，较之为向居住在巴尔干半岛上各民族的碎片施加影响而进行的角逐，对于还有生命力的君主们来说是更为迫切的任务。如果各君主国政府不懂得为了国家的和社会的制度的利益必须团结起来，而是被本国臣民的沙文主义情绪所指使的话，那么我担心正在进行决战的国际的革命斗争和社会斗争将会变得更为危险，而君主制秩序的胜利也将会变得更为困难。我从1871年起就指望三国皇帝的同盟和努力使意大利的君主制原则牢固地依靠这一同盟成为反对这些斗争的最切近的保险。[6]

这段话本身说得十分赤裸裸：君主的根本利益在于维系君主制，为达到这个目的，本国国民，即便是怀着爱国主义而主张对其他国家发动战争的，也不能让这些人的情绪左右外交决策。

在当时，对德意志帝国统一欢欣鼓舞，主张扩张德国势力，把东欧尽皆“郡县之”的德国人是为数不少的，而奥地利人主张对普鲁士进行复仇的也是大有人在。俾斯麦认为，如果国家政策被这批人绑架，使君主之间兵刃相见，而忽略了他们共同的敌人——共和主义，那就得不偿失了。为此，必须用权威压住爱国之士的表现欲。

考虑到从 1848 年起，俾斯麦就始终站在反自由派、反民主、反社会主义的一边，我们可以认为，对他来说，这段话是发自真心的。但是，这段话也同时说明了，在他内心深处，指导他作出抉择的底层政治哲学，依然是一种简单思维模式的产物。

俾斯麦也没有完全弄清楚根本问题所在。虽然他因为权势上的优势，靠着普鲁士优越的军事力量，击败了法兰克福议会派，击败了普鲁士内部的自由党，但他并没有把目光放在当时刚刚崛起的产业力量上。他没有意识到，这才是会左右未来世界走向的真正力量。

1870 年后期，在美国，因内战造成的混乱局面，已经基本被稳定住。被纳入美国版图的广大西部草原，也很快被开发成为优良的农田，再加上机械化的力量，美国很快就出口了大量的粮食。其结果便是，整个世界的粮食价格开始下跌。

德国的农业根本承受不住美国廉价农产品的冲击，很快就变成了小麦和黑麦的净进口国。许多德国农民开始失业，不得不涌向城市寻找工作，而城市的恶劣工作环境又使他们很快转向社会主义运动。1875 年组建的德国社会主义工人党（其纲领即马克思批判过的哥达纲领）很快成为德国第一大党。

相比于当年俾斯麦战胜的法兰克福议会代表的中产阶级（太过温文尔雅，只依赖于合法的议会斗争，对军事和暴力手段完全不在行），工人政党的斗争力极强，发展极为快速。正如马克思和恩格斯说的，无产阶级在斗争中失去的只是枷锁，而他们获得的将是整个世界。

对此，俾斯麦倍感压力，不得不进一步依赖容克阶级。但容克阶级也受到了美国廉价农产品的冲击。地主的经济来源主要是农业，农产品受冲击后，收入下降，自己土地上的佃农又遭遇破产，不得不进城打工。老爷缺少了下人，也就不再成为老爷了。因此，容克阶级发出呼吁，要求政府提高关税，保护德国农产品。

1876 年，容克阶级成立了税收与经济改革协会（Association of Tax and Economic Reformers），要求政府制定农产品关税。1878 年，他们与新成立的德国工业家中央协会（Central Association of German Industrialists）一道，呼吁政府制定高关税，保护工农产业，史称“铁麦联姻”。

俾斯麦抓住这个机会，站在“铁麦联姻”的一边，换取他们支持自己通过《反社会党人法》(Anti-Socialist Law)。1878 年，议会通过法律，宣布社会主义工人党为非法。同时，俾斯麦也宣布自己支持提升关税：

> 自由贸易理论家们声称的，在国际商贸中全然实施自由主义政策，这是否有利于德国的利益，我觉得暂且可以存而不论。但是，既然我们与之开展贸易的国家都已经用关税壁垒把自己给围起来了，而且这个趋势还有着继续上涨的趋势，那么在我看来，把我们自己的手脚捆住，让德国产品不能胜过其他国家产品那么一点点，让我们不能受惠于由此带来的财政利益，就是既不公平的，也无益于国家的。[7]

1879 年，议会最终通过了提高关税的法令。这个法令保护了容克阶级和大实业家的利益，却令工人餐桌上的食物价格上涨。不过，这还不是最致命的。最致命的一点在于，德意志帝国保护农产品的关税，打击了它本来想要联盟的对象——俄罗斯帝国。

19 世纪的俄罗斯帝国的工业化水平，比起德意志帝国来说，还是差不少的。沙皇能够依赖的主要阶级也是地主阶级，而且他还没得选——如果威廉皇帝和俾斯麦不是这么保守，而是能够团结中产阶级，德意志帝国还是有改革方向的；但是沙皇如果不依赖地主阶级，他的权力马上就会岌岌可危。

而且，19 世纪的工业化，对俄国农业来讲，反而是个机会。俄国农奴普遍活在地主的压迫下，其劳动力成本比美国高不了多少。在铁路修通之后，俄国广大农村的农产品可以更顺利地销往欧洲，就跟美国的廉价农产品一样，有着强大的竞争力。

所以，俾斯麦这样做的结果便是，为了讨好容克阶级所采取的关税政策，反而在国际上打击了自己想要拉拢的盟友。

1879 年的法令只是德俄在经济政策上交恶的开始，其后关于农业和土地生产的斗争，在两个国家之间更是愈演愈烈。

1885 年，俾斯麦发起了“普鲁士驱逐运动”。这场运动的主要对象是居住在德意志帝国东部，原普鲁士境内的波兰人和犹太人。著名社会学家马克斯 · 韦伯为这场运动作辩护说，波兰小自耕农代表了落后的自给自足生产方式，而且由于德国东部土地的贫瘠，他们不是凭着吃苦耐劳的精神，而是“凭着对物资和精神生活的低要求立足于东部的”。

> 我们看到了一个独特的物竞天择过程：一个民族兴盛，一个民族衰落。哪个民族更能够适应既定的经济和社会条件，就能获得胜利。
>
> 各民族适应能力的差别，似乎是既定的。最初造成这种差别的，无疑是长期的遗传（breeding），并且还会因世世代代的际遇不同而产生变化。无论如何，就目前情况而言，我们应该把不同民族的适应能力视为既定。
>
> 物竞天择的结果，并不一定像我们当中的乐观者所想的那样，

> 总是使更高等、或更有经济头脑的民族胜出。这一点我们刚刚才看到，人类历史上，劣等民族胜利的例子实在不少，当一个人类社群出于社会组织的原因或种族特征的原因，无法适应环境时，其知识和精神方面的光芒就会消失。[8]

简单说，马克斯 · 韦伯认为，如果俾斯麦不出手，德国东部就会出现“劣币驱逐良币”的现象，能够适应贫瘠土地的低等波兰自耕农就会在“物竞天择，适者生存”的竞争中胜过高贵的日耳曼自耕农。

总之，就是出于经济上的民族主义政策，俾斯麦在 1885—1890 年间先后驱逐了近 3 万名波兰和犹太农民。但这相当于一耳光扇在了沙皇脸上。因为原波兰王国在 1795 年已被俄、普、奥三国瓜分，沙皇已经把波兰人视为自己的臣民。

俾斯麦采取政治手段解决经济问题，对波兰人施以这种霸凌，沙皇必须予以回应。

1887 年，为孤立法国，俾斯麦与俄国新沙皇亚历山大三世谈判签署德俄联盟《再保险条约》(Reinsurance Treaty)，但就在这期间，沙皇颁布谕旨，禁止任何外国人在俄罗斯保有土地资产。当时在俄国拥有最多地产的外国人就是德国人，此举无疑是对俾斯麦驱逐波兰人的报复。

尽管俾斯麦靠外交手段最终谈成了《再保险条约》，但是双方在经济政策上的敌意已经形成。德国报纸刊载文章，猛烈抨击柏林证券交易所买进俄罗斯国家债券的行为，说一旦德俄交恶，沙皇会随时没收德国人的在俄资产。

由于受到社会的普遍质疑，1887 年 11 月，德意志帝国银行和普鲁士州银行正式宣布，今后它们不再准许用俄罗斯债券作为贷款抵押品。结果就是德国投资者不再购买俄国债券。

然而，作为后发国家，俄罗斯对先进国家贷款的需求是相当强烈的。既然德国人不愿意再买俄国国债，那么俄国又能到哪里去筹措贷款呢？

答案是巴黎。

金融市场，一刻也不耽搁。德国央行刚刚于1887年宣布放弃使用俄罗斯债券做抵押不久，巴黎银行家就来到圣彼得堡（1888年）商谈贷款事宜。当年秋天，巴黎股票交易所全部认购了俄国需要的贷款。

对此，历史学家埃里克·埃克评价说：

> 这是具有极度重要的政治意义的新事态。金融纽带将两个国家联系到一起。俄罗斯的利益变得与法兰西的繁荣息息相关，连沙皇也不能长期保持对法兰西共和国轻蔑甚至漠不关心的态度，因为法国公民为他的帝国的军队、铁路和经济发展捐助了数百万的金钱。金融给法俄同盟铺平了道路。俾斯麦相信政治关系与商业、金融或者经济关系无关。事实证明这种理论错得多么严重。[9]

俾斯麦相信德国与俄国可以在意识形态的基础上成为盟友，但最终双方的产业利益违背了他的想法。

他终生被视为欧洲强力政治（realpolitik）的代言人，直到下台后，他还在回忆录里把未能跟俄国保持同盟的责任推给他的继任者，以打造自己完美无缺的政治大师形象。但仔细考察那个年代的产缘政治纠葛，我们会发现，导致德俄同盟无法维系的始作俑者，其实还在于坚定站在容克阶级一边的俾斯麦。

俾斯麦的真正问题在于，为了维系君主专制和保守主义，为了打倒自由派和工人政党，他必须要选择的容克阶级，在产业利益上跟他想维系君主专制而必须联盟的俄国沙皇及俄国地主阶级的产业利益是相冲突的。这正体现了复杂工业社会中利益关系交织在一起，你中有我、我中有你的特征。

用简单化的意识形态根本理解不了复杂工业社会中的这种利益交错关系。这正是俾斯麦犯下的最大错误。

1890 年，俾斯麦下台，他的继任者已经无法继续维系俾斯麦跟俄国签订的《再保险条约》。德国选择跟奥地利强化同盟关系，俄国选择跟法国强化同盟关系。1911 年，由于巴尔干战争的爆发，法国宣布，如果奥地利跟俄国之间发生冲突，法国将站在俄国一边。

1914 年，奥地利帝国王位继承人弗朗茨 · 斐迪南大公和妻子在萨拉热窝被塞尔维亚民族主义者刺杀。接着，奥地利对塞尔维亚宣战，德国宣布支持奥地利，俄国宣布支持塞尔维亚，英国和法国宣布支持俄国，第一次世界大战就此爆发。

前所未有的大战

从头到尾，第一次世界大战都表现出了人类社会的旧政治制度对工业时代战争的不适应性。也正因如此，它才造成了前所未有的灾难。

让我们从战前动员阶段开始说起。

在第一次世界大战爆发时，当时的许多学者认为，那些保留了传统君主制和自耕农的国家更有优势。比如，俄国这样的国家有很多自耕农，它的大部分人口可以自己养活自己，所以不依赖进口。但像英国这样的粮食高度依赖进口的国家，一旦战争爆发，就会陷入饥饿。[10] 然而，一开战，这些理论家傻了眼：相比英法这些已经工业化的国家，俄国的粮食产量的下降速度是最快的，城市很快爆发了普遍饥荒。

	谷物	马铃薯	牲畜	经济作物	作物总量
1913	100%	100%	100%	100%	100%
1914	83%	106%	102%	93%	92%
1915	93%	95%	97%	98%	95%
1916	79%	55%	87%	86%	78%
1917	81%	85%	82%	59%	80%
1918	53%	79%	73%	46%	61%
1919	44%	83%	63%	28%	53%
1920	38%	81%	64%	24%	50%
1921	31%	83%	59%	23%	45%
1922	53%	89%	46%	33%	54%
1923	52%	129%	55%	46%	62%
1924	58%	141%	89%	97%	81%
1925	82%	151%	95%	141%	99%

1913—1925 年俄国主要农作物产量变化图[11]

造成这种情况的根本原因是，高度工业化的发达国家，必然也是市场体系比较完善的国家。它的粮食生产者的心态与其说是农民式的，不如说是企业主式的。哪里能挣钱，他们就会多生产粮食卖到哪里。英、法、德的后勤保障体系都是市场化运作的，只要能多赚到钱，农民多生产就是。

但对于没有工业化的国家来说，一方面，暴力集团动员的不是产业工人，而是农民，那首先就要面临农业劳动力短缺问题；另一方面，暴力集团想要为前线供给更多粮食和物资，最主要的方式是征用。如此，在农业劳动力短缺和征用的双重打击下，农民反而会选择不参与市场交易，也就没有动力生产额外的粮食供给军队。

具体到当时的俄国，在 1917 年前，俄国有两种生产方式，一种是传统公有土地所有制管理的农场，俄国人称为“米尔”(мир，字面意思是“社会”)，对应中文的“公社”；还有一种是斯托雷平土地改革后建立的私人农庄。在和平时代，私人农庄愿意增加投入，买点拖拉机，买点牛羊，搞搞附加值高的肉蛋奶，还愿意多雇几个人来做工。这些牛羊要吃的草料，包括工人的伙食，又会带动其他粮食作物的销售。因此，在和平时代市场繁荣的条件下，私人农庄的生产效率要比公社高得多，成了粮食生产的主要来源。

但到了战争年代，因为农民不知道自己哪天就要被拉去入伍当兵，面临很高的不确定性，所以他们就倾向于降低负债，降低风险。他们会把拖拉机和牛羊卖掉，把雇工解散，甚至把私营农场也卖掉，回到公社，靠种植最基本的粮食过活。这样的经济行为会进一步降低所有人的预期，导致粮食生产下降，农业进入通缩和衰退周期。

在这样的前提下，沙皇越是靠政府的宣传和权威来强迫农民增加对前线的粮食供给，农民对不确定性的感受就越强，也就越不敢负债生产。即便生产了粮食，农民也不愿意拉到城市去卖。这就会进一步引发城市的粮食危机。有研究表明，战争期间，俄国农民的贸易行为，与其说像一个现代国家的公民，不如说像一个中立贸易国。这就好像是，如果跟德国政府展开贸易期间，丹麦突然发现德国政府即将破产，失去支付和偿债能力，那它还会继续跟德国做生意吗？同样的道理，如果俄国农民在跟城里人和政府打交道的时候，发现城里人和政府即将破产，那他们还会愿意卖出粮食吗？这就是“一战”期间俄国政府的窘境。[12]

俄国当时的观察家们认为，俄国农民多，人口多，不依赖于国家间贸易。其实，这恰恰是工业社会之前的旧经验作祟。

在前工业社会，产业技术水平达不到整体改造农业生产的规模，手工业本质上是农业经济的附属，是农业经济发达之后的产物。一旦手工业产出萎缩，领主们的经济来源又得退回到农业。在这种情况下，上述俄国观察家的判断是正确的。

但进入工业时代以后，农业本质上成了工业的附属品，粮食产量取决于农用机械、种植技术和化肥的施用。俄国农村被整合到国家经济中，恰恰是工业化的功劳，而俄国的工业化，又恰恰是外国资本输入和参与国际贸易的结果。一旦战争从源头上打断了这个秩序输入，农民们就必然退回到最为原始、封建、保守的乡土社会中，甚至拒绝国家对自己的动员。

所以，对于工业化时代的战争来说，低价值的土地和产业不但不是财富，反而是累赘。这正是沙皇尼古拉二世以整个家族被灭门为代价，向我们揭示出的历史教训。

接下来，我们再来说说已经充分工业化的国家——德国。

基于 1871 年普法战争的胜利经验，德军总参谋部认为，未来的战争形态是大规模运动战、歼灭战，铁路技术的革新将继续在未来战争中发挥重大作用，而德意志帝国在这方面已经积累的优势也会进一步扩大。以此为基础，总参谋部把整个国家的未来军事计划都建立在了铁路系统之上。

一方面，德意志帝国继续强调建设全民动员体系对备战的基础作用。这个体系的基本要义，就是在尽可能短的时间内尽可能多地动员士兵，然后用铁路送上前线，对敌人形成优势进攻能力，最后一鼓作气摧毁敌人，在短期内赢得胜利，避免战争拖垮国民经济。德国陆军元帅科尔马·冯·戈尔茨出版的《全民皆兵》（*Das Volk in Waffen*）讲的就是这套体系。

另一方面，在战略上，20 世纪初的德国总参谋部判断，一旦法俄同盟结成，德国人就不得不面对双线作战的劣势。如要赢得双线作战，唯一胜机就在于依靠德国强大、高效的铁路动员体系，先通过北部的卢森堡和比利时绕开法国的边境防御工事，击溃西边的法军，然后再通过铁路运输体系把军队快速转移到东部，迎击俄军。

这个计划，就是所谓的施里芬计划（Schlieffen-Plan）。

在事后检讨第一次世界大战时，很多朋友认为“施里芬计划”应该为德国的战败负责。对此，我不能完全苟同。克劳塞维茨讲得很清楚，战争是政治的延续，而不是政治的主人。施里芬计划很明显是一个命题作文，是给定了“必须双线作战”这个前提以后，再去确定如何打赢“双线作战”的产物，而“必须双线作战”又是以俾斯麦为代表的德国“人上人”坚决镇压国内自由派和工运时，得罪俄国“人上人”的产物。纯粹的军事计划显然不应该，也不能够为战略上的政治失误负责。

仅从战争计划制定和指挥策略实施的技术角度来讲，施里芬计划其实是成功的。问题在于，参谋长们忽略了两件事。

第一件事是，你懂得铁路的重要性，别人也不傻呀。难道法国和俄国这些传统陆上强国不会重视铁路对陆军动员的巨大作用？

当时欧洲各国普遍存在着“军事观察员”制度，也就是一个国家会派出职业军官到另一个国家的军队，观察他们对技术和制度的实施，如果有亮点，就加以效仿。

在普鲁士战胜法国之后，各国观察家都看到了普鲁士的战法和铁路动员体系的巨大作用，回国之后纷纷学习。各国政府也加大了对铁路的建设。1871 年到 1914 年间，欧洲大陆的铁路网规模从 65,000 英里增长到 180,000 英里，几乎是原来的三倍。这其中增长规模最大的国家，除了德国之外，主要就是俄国和法国。

由此导致的一个结果是，在 19 世纪的最后十年到 20 世纪的最初十年，欧洲各主要国家的军事动员能力都得到了数量级的提升。

我们以一百年为单位来对比一下：

第一次世界大战是 1914 年爆发的，从这个时间点往前数一百年，恰好是拿破仑战争的尾声。

拿破仑战争从 1805 年打到 1815 年，前后打了差不多十年，总共动员了 150 万人，其中动员规模最大的一场就是打莫斯科，法军总数约有 50 万人。一场正常的战争，每方投入的常规兵力大约不到 10 万人。

其实，这个数字到 1870 年代还没有太大变化：法军当时的总动员人数差不多就是 50 万人。但是，从各国开始兴建铁路，配套相应的动员体系后，情况就发生了巨大的变化。从 1815 年到 1870 年近 60 年的时间里，法国一次大规模动员的人数差不多就是 50 万；但从 1870 年到 1914 年，法国一次动员的人数已经可以到 400 万人。

在第一次世界大战中，第一梯队的大国动员本国士兵的总人数基本都达到了或近似于千万级别。具体来说，奥地利是 780 万，法国是 866 万，英国是 884 万，俄国是 1,200 万，德国是 1,325 万。

这是什么概念呢？这意味着一个国家动员军队的数量，已经达到了它的自然极限。比如，1910 年，德意志帝国的人口总共才 6492.6 万，动员 1325 万基本就是总人口的 1/5。再去除老人、儿童和妇女，这意味着成年男性基本都被动员上了前线，几乎不可能再增加了。

第二个事情就是，新出现的一种武器完全改变了战争形态，让大规模军事作战变成了对有生力量的机械化绞杀。

这种武器就是机枪。机枪和步枪都以“枪”命名，但性质完全不同。19 世纪欧洲军队普遍使用的步枪，每分钟射速只有 10—12 发。但 1884 年马克沁发明的马克沁机枪，射速则可以达到每分钟 550—600 发。这意味着，马克沁机枪的火力输出能力是同时代步枪的 200—300 倍。[13]

与步枪相比，机枪才真正是工业时代的产物。机枪是在美国诞生的。19 世纪初期，美国劳动力极其短缺，为了有效提高劳动者的生产效率，美国工厂十分注重发明新的机器，尤其重视机床产业。因为只有普遍采取机床生产替代手工生产，产品的零部件才能在加工精度上真正实现标准化。

实际上，早在18世纪末19世纪初，美国就已经出现了用机床生产标准化零件，再组装成完整步枪的生产方式。最早发明铣床和“可互换零件”概念的伊莱·惠特尼（Eli Whitney），就是最早用流水线方式生产步枪的人。在这个过程中，枪械生产者很容易产生一个想法：既然枪的生产本身可以用机器化的方式来完成，那么枪的工作原理，也就是上膛点火、发射子弹的方式，为什么不能用机器化的方式来完成呢？

一旦想到这一步，机枪的诞生就只是个时间问题了。第一款最可靠、最实用的机枪是加特林机枪，由美国发明家理查德·加特林（Richard Gatling）发明。在美国南北战争期间，加特林机枪成功实现了商业化，后来取得更大成功的则是马克沁。1914年，英国和德国都在使用基于马克沁专利的机枪，分别由维克斯和克虏伯工厂生产。

但是，在第一次世界大战之前，欧洲各国军方对机枪的态度都很保守，怀疑这种新技术的价值。因为，军官主要是旧式“人上人”，他们多半是从小就按照传统贵族的习惯和价值观培养的，轻视新贵，蔑视无产阶级，把工业的力量当作“奇技淫巧”，即便从事实上接受它，也会从道德上否定它。这样，他们自然也会轻视机枪这种工业时代的新式武器。

这就是人类历史上常常发生的悲剧：我们经常以为某个群体是专业人士，经过海量专家通过专业计算得出的结论，一定比门外汉靠谱。可问题在于，专门的学问的确比门外汉的想象靠谱，但围绕专门学问组织起来的专业群体却往往不一定能够按照专门学问指导的方式去运作。

人们都相信职业军官在战争议题上的专业性，然而19世纪的大量军官仍然相信精神力量能够战胜武器技术的进步，相信只要骑兵速度够快，步兵以足够团结的阵型前进，就会压倒对面军队的士气，让他们无法顺利瞄准，最终丢盔弃甲。

只是，战场上的现实，狠狠地打了这批“专业人士”的脸。

在 1916 年的索姆河战役中，英军采取密集阵型对德军发动冲击，遭到机枪大量杀伤，一天之内就损失了 57,000 人。当时参与作战的德军机枪手这样回忆：

> 当英军开始进攻时，我们十分焦虑，他们看起来肯定能穿越我们的战壕。看见他们徒步进攻时，我们都惊呆了，从未见过这般景象……他们的军官走在队伍前面。我注意到他们其中一个走得特别冷静，还拿着一根手杖。当我们开始射击时，我们只管不停地装弹，再装弹。他们数以百计地被击倒。我们都不用瞄准，直接朝人群中开火就是了。[14]

英国人自己的记载与这位德国机枪手说的大同小异。攻打弗里库尔村的两个营，在 3 分钟内被一挺隐藏十分狡猾的机枪悉数歼灭。攻打斯普瓦村的两个连队，则被 4 挺机枪在几分钟内扫射得只剩 11 人。参加过“一战”的诗人埃德蒙 · 布朗顿（Edmund Blunden）后来这样回忆自己的作战经历：

> 我们来到尚未剪破的铁丝网前，见到其后灰色的煤斗式的头盔涌动着……机枪吵闹的噼啪声此时转变成如同一百台引擎一起排气时的尖啸，立刻就再也见不着任何站立的人……整个旅，带着它的希望与信仰，在索姆河战场的北坡上找到了自己的坟墓。[15]

面对这样的情境，英法高级将领就像是无法理解现实的肇事司机，尽管已经撞上了别的车辆，还是条件反射般猛踩油门。后面的数个月，指挥机构采取的唯一行动就是不断增加兵力。整个索姆河战役持续到 11 月，英法联军把部队从 25 个师增加到 86 个师，而德军亦由 10.5 个师增加到 67 个。伤亡数字方面，英法联军伤亡 79.4 万，德军则损失 53.8 万，合计 133.2 万。英国首相劳合·乔治后来估计，其中有 80% 的人死于机枪。然而，反映在地图上，这 133.2 万条人命只不过把英法联军控制的战线推进了 5—12 公里。[16]

现在，把自己代入一线作战的士兵，想象一下究竟会是一种怎样的处境和心情吧。

你本来只是一个普通人，住在某个平静的城市里，靠着在纺织厂打工挣份工资，养活弟弟妹妹，也有个恋爱对象，计划着结婚。1914 年，战争突然爆发，你被征召入伍。出发前，报纸和广播里一遍一遍宣传着，你为德意志帝国或者俄罗斯帝国或者法兰西共和国战斗，是民族英雄，无比光荣伟大。你虽然怀着忐忑之心，但是很多大人物公开讲，战争很快就能结束，圣诞节前你就能回家。好吧，你踏上了火车，去到了前线。不过你可能不知道的是，全国近五分之一的人口跟你一样都上了前线。

但到了前线你傻眼了，你在前线见到的东西，跟他们的宣传全然不符。没打几个月，你邻居家的孩子汉斯、你的工友保罗、你从小玩到大的好朋友卡尔都战死了，死得一点也不光荣，死在充满泥泞和血腥臭气的战壕里，什么都没剩下。他们的新婚老婆要守寡了，他们的孩子成了孤儿。

他们是为国捐躯了吗？死了这么多亲朋好友，你所在的战线变动了多少呢？九个月变化了 5—12 公里——最窄的地方 5 公里，最宽的地方 12 公里。这叫为国捐躯吗？

仗越打越久，你越来越觉得这场战争其实没有任何意义。战前那些大人物对你讲的一切，都是在骗你。

最后，你忍不住了，爆发了。爆发的那一刻，你才知道，你是真正的裁判员，你吹响的是一个历史阶段的终场哨声。随着你的爆发，第一次世界大战，和战前欧洲快速工业化的半个世纪，都迎来了一场不光彩的、血腥的，但是一报还一报的清算。

复杂社会的坍塌

第一次世界大战是一场没有胜利者的战争，到了整场战争即将终结的时刻，几乎所有大国的军队都哗变了。

1917 年初，西线法军总司令罗贝尔 · 尼维勒（Robert Nivelle）发动进攻,五天之内又给军队带来了 12 万伤亡。攻势开始后一个月，法军第二师拒绝执行指令，发动大规模兵变。

5 月 16 日至 17 日，第 127 师的猎手营和第 18 师团发生骚乱。两天后，第 166 师的一个营开始示威。5 月 20 日，第 3 师第 128 团和第 18 师第 66 团拒绝接受攻击指令，第 17 师爆发不服从行为。在接下来的两天里，第 69 师的两个团选举出发言人，对上请愿结束进攻。5 月 28 日，第 9 师、第 158 师、第 5 师和第 1 骑兵师也发生了叛乱。到 5 月底，第 5、6、13、35、43、62、77 和 170 师的更多部队发生叛乱。整个 5 月份，共计 21 个师发生反叛行为。整个 1917 年，27,000 名法国士兵叛逃出部队。

这便是“一战”中著名的法军前线大哗变事件。消息传来，军队高层和法国国内都大为震惊。尼维勒于 5 月 16 日被解职，接任他的是贝当。贝当来到一线，军官和士兵对他说，你让我守住阵地，可以，但想让我往前迈一步，对不起，我不玩了，你自己上吧。贝当答应了士兵们的要求，兵变才没有发展为起义。

俄国的情况更惨烈。我们前面说过，俄国军队决策层根本没理解这是一场工业化时代的战争，还从农业时代的角度来看待俄国的动员优势，结果就是战争发动后不久，国内就陷入普遍饥荒。饥荒进一步导致前线补给不足，开战刚五个月，俄军就已经在战场上留下 39 万具尸体和 100 万伤员。

到 1915 年，俄军已经处在混乱中，叛逃、开小差和劫掠时有发生。俄军指挥官意识到攻势无法再维系,不得不组织所谓的“1915 大撤退”。结果，在德军和奥匈帝国军队的追击下，俄军有 50 万人死亡或失踪，100 万人被俘。

不仅前线士兵如此，俄国国内也开始面临经济崩溃、粮食短缺和通货膨胀。1915 年开始，俄国境内出现多次大规模罢工，其中有好几次罢工遭到镇压，造成巨大伤亡。1917 年 3 月，圣彼得堡产业工人发动大罢工，沙皇派出大批哥萨克军队镇压，然而，许多哥萨克军队与工人阶层同属旧礼仪派，军队遂反戈，二月革命（按俄历计算）爆发。

沙皇尼古拉被迫退位，国家杜马接管政府。与此同时，在海外流亡多年的列宁乘列车重返俄国,领导布尔什维克发动新一轮革命。布尔什维克之所以能获得胜利，是因为他们向市民承诺，一旦建立起社会主义体制，国家就可以为城市工人提供短缺已久的面包。

德国的状况也没有好到哪里去。俄国二月革命爆发后，德国工人也受到刺激，左翼组织“革命带头人”发起了有 30 万人参与的大罢工。十月革命后,列宁领导的苏维埃政府与德国签署停战协议,这使德军误以为自己能够取胜，于是继续发动攻势。但是，前线士兵的鲜血和后方中下层平民的怒火再也无法被轻视，大约有 100 万人参加罢工。

最后，真正的兵变发生了：这时美国已经参战，德国海军士兵认为德军大势已去，继续作战已经没有意义，决心起义。1918 年 10 月，海军士兵在基尔港发动起义，陆军士兵和工人很快加入进来，人数增加到 4 万。11 月 4 日，水手代表团散入德国主要城市，到 7

日就夺取了所有大型沿海城市及汉诺威、布伦斯威克、法兰克福和慕尼黑等工商业中心。德意志帝国的下属邦国原王室纷纷退位，革命者接管了越来越多的地区，并要求皇帝退位。9 日，威廉二世被迫退位，11 日，德国宣布无条件投降。

主要大国里，受兵变直接影响较小的国家是英国。英国与欧陆国家不同，英国没有像德国、法国和俄国那样采取大规模动员制度（conscription）。大英帝国在 1914 年其实只有 70 万人的部队，其中，25 万是正规军，25 万是自卫队（Territorials），20 万是预备役。直到 1916 年，英国才开始颁布动员令，到 1918 年战争快结束的时候，英国本土动员的军队人数大概在 400 万。

在英国，本土动员士兵人数的不足是靠殖民地来弥补的。其中，来自印度的有 14 万人，来自非洲的有 18 万人，来自加拿大的有 62 万人，来自澳大利亚的有 41 万人，来自新西兰的有 10 万人。这些数字只包括了正规参战的军队，还没有计算被动员起来参与后勤保障的劳工。

这些殖民地的士兵上了前线，顿时感受到了崩溃。在此前的战斗中，他们从来没有经历过如此高的伤亡比例。来自北美和新西兰的伤亡人数占到了总人数的 10%，澳大利亚士兵伤亡比例则接近 50%。

这就是为什么，战争结束之后，大英帝国的各个殖民地都纷纷要求独立。我为帝国立过功，我为女王流过血，但是我再也不想重复一次这种蠢事了。

与此同时，参加过战争，返回祖国的士兵也纷纷上街游行，要求选票。1884 年，在工人政党的议会斗争下，英国 21 岁以上男性有 60% 的人有了选票，但依然还有 40% 的人没有。英国议会本拟在 1915 年举行大选，但因为战争推迟。然而，在士兵的压力下，议会不得不向人民让步——毕竟现在人民手里有枪。

1918 年，英国议会通过了《人民代表法》(The Representation of the People Act 1918)，把投票权扩大到了 21 岁以上的男性（没有财产资格限制）和 30 岁以上的女性（有资格限制）。

也就是说，在中世纪理论家明确提出“人民主权”原则后近五百年，普通人才真正开始大规模地享受这一政治权利。

我个人认为，这是工业革命对英国社会契约带来巨大变革的收尾。

在 19 世纪之前，英国的政治结构其实是一个“有活力的寡头制”。我们前面曾经介绍过，1831 年英国有投票权的人口大概只占总人口的 4%。而且，这些有投票权的人实际上也不能真正决定国家大事的走向，因为英国实施代议制度，选民选出代表，代表们按照自己的意见来讨论大事走向，而不是作为选民的全权代理人行事。

同时，英国自 14 世纪起就实行两院制，上院贵族们的话事权长期高过下院。到 18 世纪早期，因为来自汉诺威的英国国王乔治二世只会说德语，不懂英语，英国事实上进入虚君共和政治，这之后，真正参与英国国家方向决策的是四百家左右的贵族。

如果把国家比作一个公司，把国家运用暴力机器发动战争比作这个公司的业务，那么当时英国的国家治理结构，就真的可以说跟一家股份制公司差不多。由四百家贵族控制的议会相当于公司董事会，而那 4% 有投票权的选民就相当于小股东。董事会决定公司产品的主攻方向（大英帝国要在哪里打仗），小股东投票表示支持或反对，形成多数决议后，公司予以执行。

尽管这么说有些不符合 20 世纪的政治正确，但这种治理结构却称得上是成功的。其核心就是我们在《商贸与文明》中讲过的“商贸秩序”。在历史上，大英帝国实力增长最快的年代就是 18 世纪，足见商贸秩序的治理框架对国家实力是有巨大贡献的。

这种治理结构跟当时的产业结构也是相吻合的。18 世纪，英国还没有开始工业革命，大量人口实际上是农业人口。农业人口与国家治理发生关系的主要方式其实是维系治安。也就是中国老话说的："日出而作，日落而息。凿井而饮，耕田而食。帝力于我何有哉！"尽管英国商贸极其繁荣发达，但这种繁荣发达完全是在少数商贸大都市创造出来的，跟广大农业人口并无多大关系。

但是，当蒸汽机开始转动，烟囱开始冒烟，农村人口来到城市成为纺织工人，他们就必然跟国家治理结构发生关系，尤其是这个国家要求他们拿起枪上战场的时候。他们又吃了那么大的苦，指望他们不要回报，这是不可能的。

所以英国议会在1831年后数次扩大选举权，跟工业革命的进展也是相适配的。但是，1914年的这次世界大战所带来的双重后果，即彻底赋予普通民众普选权和殖民地纷纷独立，恐怕还是出乎大英帝国精英预料的。但大势如此，无可挽回。1931年，英国议会通过了《威斯敏斯特法案》，确认所有自治领取得与英国同等的地位。随后，加拿大、澳大利亚先后脱离英国，宣布独立，大英帝国的荣耀也就只存在于"英联邦"这个象征性的机构了。

不过，跟同时代其他几个大国比起来，大英帝国"重签"社会契约的过程，却绝对算得上是平稳过渡。

1918年11月，基尔港水兵起义蔓延到全帝国，并且占据了柏林，为实施议会共和做准备。当年法兰克福议会的自由派知识分子通过和平方式想要争取，但被俾斯麦以强力政治、统一德意志的功业和权威压制住的权利，现在被工人与士兵争来了。威廉二世不但丢掉了德意志皇帝的头衔，也丢掉了普鲁士国王的头衔，霍亨索伦家族对普鲁士三百年的统治就此宣告终结。德国社会民主党主席弗里德里希·艾伯特（Friedrich Ebert）成为德国历史上第一任民选总统。威廉二世，则在其余生成为一个小丑，一边谴责希特勒这种人做事不讲规矩，没有精英气质，一边又指望希特勒恢复君主制。

不过，精神分裂的下场还算是好的了。奥地利哈布斯堡王朝的原定继承人弗朗茨·斐迪南被刺杀，他的侄子卡尔成为王位继承人，并于 1916 年继位，但奥地利此时正在无可挽回地输掉战争。1918 年 11 月 11 日，奥地利宣布停战，卡尔在奥地利和匈牙利两国发表声明，承认两国人民有权决定国家的形式，自己放弃对国家管理的参与，但拒绝宣布退位。1921 年，这位年轻人想要复辟，结果失败被捕，被流放到葡萄牙马德拉岛，于第二年去世，年仅三十四岁。哈布斯堡王朝对奥地利的统治，也就此宣告完结。

沙皇尼古拉二世于 1917 年二月革命期间退位，被临时政府安置在西伯利亚的托博尔斯克。十月革命爆发后，尼古拉二世家族被布尔什维克军队逮捕，并于 1918 年 7 月 16 日被全体处决。罗曼诺夫家族对俄罗斯的三百年统治，也就此宣告完结。

战争，兵变，社会崩溃，帝国瓦解，数百年甚至上千年的家族统治完结，这些历史事件在第一次世界大战结束后一个接一个地爆发，给欧洲人，尤其是知识分子造成了极大的冲击。

1918 年，德国哲学家斯宾格勒出版了《西方的没落》，他在书中宣称，每个文明都将如度过四季一样度过春夏秋冬的循环，而他们这一代人正在目睹的就是西方文明的冬天，是这个文明的没落。此书出版后迅速成为畅销书，整整一代欧洲人都感受到了他描述的衰世景象。

许多德国士兵在第一次世界大战期间就读到了《查拉图斯特拉如是说》，作者是 1900 年去世的尼采。这部书以先知断言式的语气说，上帝已经死了，世界的本质是虚无，未来属于超人。在尼采话语的蛊惑下，面临战争废墟和经济重负的德国人，成为右翼势力的支持者。

奥地利作家茨威格则是用最真诚的回忆，把这种打击感展现得最淋漓尽致的人。他在 1938 年离开纳粹化的奥地利，于 1942 年在

斯蒂芬·茨威格

巴西与妻子一道自杀，原因是对“精神家园欧洲”的毁灭感到痛心。在《昨日的世界》中，他苦涩地回忆说，对他这种普通文艺青年而言，第一次世界大战前的世界是个“万事太平的黄金时代”：

> 国家赋予自己公民的权利是由凭自由的意愿选举出来的代表民众的机构——国会用文书确认的；同时，公民的每项义务也都有详细的规定。我们的货币——奥地利克朗是以闪光发亮的硬金币的形式流通的，因而也就保证了货币的价值不贬。每个人都知道自己有多少钱或有多少收入，能干什么或不能干什么。一切都有规范、尺度和分寸。拥有财产的人能够精确计算出每年赢利多

少；公职人员和军官能够在日历中可靠地找到哪一年他将擢升和退休。每户人家都有自己固定的预算，知道一家人食住要开销多少，夏季旅行和社交应酬要花费多少，此外还必须留出一小笔钱，以敷生病和意外的急需。自己有住房的人都把一幢房屋看作为子孙后代留下了万无一失的家园。农家院落和商号都是代代相传；当一个乳婴还躺在摇篮里时，就已经为他以后的生活在储蓄罐或储蓄所里存下第一笔钱,这是为未来准备的一笔小小的“储备金”。在奥地利这个幅员辽阔的帝国里，一切都牢牢依靠着国家和至高无上的年迈皇帝。

……

在这种以为能阻止任何厄运侵入自己生活的深刻信念中，包含着一种巨大而又危险的自负，尽管人们生活得十分克勤克俭。十九世纪在自由派的理想主义之中真诚地相信自己这个世纪正沿着一条无忧无虑的康庄大道走向“最美好的世界”。人们用蔑视的眼光看待从前充满战争、饥馑和动乱的时代，认为那是人类尚未成熟和不够开化的时代；而现如今，只需要再用几十年的工夫，一切邪恶和暴虐就都会被彻底消灭。对这种不可阻挡的持续“进步”所抱的信念是那个时代的真正信仰力量;人们信仰这种“进步”已超过信仰《圣经》，而且他们这样的神圣信念似乎正在被每天每日科学技术的新奇迹雄辩地证实。事实上，在那个和平的世纪即将结束的时候，普遍的繁荣变得愈来愈明显、愈来愈迅速、愈来愈丰富多彩。照亮夜晚街道的已经不是昏暗的灯光，而是耀眼的电灯。从主要街道到市郊的沿街店铺都散射出迷人的新的光辉。人们已能用电话进行远距离的谈话。人们乘坐的车辆已不再用马匹拖拉，而是以新的速度在飞驰。人们已实现了伊卡洛斯的梦想，能在太空翱翔。舒适方便的设备已从高贵的府邸进入到市民家中；水已经不再需要从水井或者从水渠里去提取；炉灶生火也不再那

> 么费劲，到处讲究卫生，已不再满目肮脏。自从用运动锻炼身体以来，人们变得愈来愈漂亮、愈来愈强壮、愈来愈健康。畸形残废、甲状腺肿大、断肢缺腿的人在街上已日趋少见，而所有这些奇迹都是科学——“进步”这个天使所创造。社会福利也在不断前进：每年都赋予个人以新的权利；司法愈来愈温和与人道；纵然是一切问题的问题，即广大民众的贫困问题也不再显得无法克服。愈来愈广泛的社会阶层获得了选举权，从而有可能通过合法手段维护自己的权益。社会学家和教授们为使无产者享有比较健康乃至比较幸福的生活状况而竞相出谋划策——因此，这个十九世纪为自己所取得的成就而不胜自豪，并觉得每隔十年就会更上一层楼，这又有什么可奇怪的呢？人们不相信还会有像在欧洲各国之间发生战争这样野蛮的倒退，就像不相信还会有女巫和幽灵一样；我们的父辈们始终不渝地深信宽容与和睦是不可缺少的约束力。他们真心实意地以为，各国和各教派之间的界限与分歧将会在共同的友善中逐渐消失，因而整个人类也将享有最宝贵的财富——安宁与太平。[17]

但是，到了这本书的最后，时间来到1939年，那时希特勒已经撕毁条约，将犹太人关入集中营。茨威格也已经逃往英国，离开他深爱的故土。他的笔下流露出的则是哀婉和绝望之情：

> 我在那几个月已不在伦敦，我隐居在巴斯乡间。我在自己的一生中还从未像当时那样强烈地感觉到：我对世界上发生的事完全无能为力。我在伦敦是一个清醒的、有思想的、远离一切政治的人，我献身于自己的工作，锲而不舍地默默笔耕，把自己的岁月化为作品。但是也有另外一些少数人，他们待在某个看不见的地方，人们不认识他们，也从未见到过他们——那

些待在柏林的威廉大街、巴黎的凯道赛、罗马的威尼斯宫以及伦敦的唐宁街的人。这十个或者二十个人正在为人们所不知的事情进行谈话、写信、通电话、订条约。其中只有极少数几个人表现出特别的机智或才干。他们做出没有别人参与的决定，别人对那些决定中的细节一无所知，但他们的决定却最终左右着每一个欧洲人的生活和我本人的生活。此时此刻，我的命运掌握在他们手中，而不是掌握在我自己手中。是他们在毁灭或者在爱惜我们这些无权无势的人，是他们让我们拥有自由或者让我们去受人奴役，是他们为千百万人做出进行战争或者维护和平的决定。而我当时就像所有其他人一样坐在自己的房间里，像一只苍蝇似的无法抵抗，像一只蜗牛似的没有力量。然而，那是关系到生死存亡的大事——关系到内心深处的我和未来的我，关系到我脑子里正在形成的思想，关系到已经产生和尚未产生的写作计划，关系到我的起居，关系到我的意愿，关系到我的财产，关系到我的全部生活。我当时就像被判了刑的囚徒似的坐在自己的斗室里，茫然若失、面对四壁静候着，陷入无能为力的无谓等待之中。我左右的那些同伴们却在打听、猜测、瞎议论，好像我们中间的某个人知道或者能够知道那些做出决定的人会如何摆布我们似的。

……

骄阳普照着大地。正如我在回家的路上忽然注意到在我前面自己的影子一样，我也看到了眼下这场战争后面的另一场战争的影子。战争的阴影将会笼罩我们整个时代，战争不会再从我的身边消失；战争的阴影将萦绕我日日夜夜的每一个念头；战争的阴影大概也蒙住了这本书的某些章节。但是，任何阴影毕竟都是光明的产儿，而且只有经历过光明与黑暗、战争与和平、兴盛与衰败的人，他才算真正生活过呢。[18]

茨威格在1939年想起了1914年，他的感受是真实而强烈的。但是，让我们暂时把他优美而富于文学情感的笔调放下，怀着冷静而谨慎的心态来观察一下，第一次世界大战为什么并未给欧洲文明的没落进程画上休止符，而是成了另一场世界大战的前奏。

简单的加减计算

这就不得不提到在1918年底开始的巴黎和会上，提出与主流意见不同的看法，最后愤而退出的著名经济学家约翰·凯恩斯。

1918年，凯恩斯作为英国财政部的代表参加了"一战"结束后的和平谈判，也就是巴黎和会。凯恩斯的主要努力目标是让英、法、美三个主导谈判的战胜国对战败国德国的经济实施宽容政策，但是最终失败。他愤然辞职，退出和谈，并出版了一部名为《和约的经济后果》的小册子。他预言说：

> 如果我们的目标是让中欧贫困，我敢预测，我们肯定会得到报复。任何事物都阻挡不了保守力量和拼命挣扎的革命力量之间的最终战争，在这场战争面前，最近的德国战争的恐怖就显得不值一提了，而且不论最终的胜利者是谁，这张战争都会摧毁我们这一代的文明和进步。[19]

凯恩斯的逻辑其实不复杂，他认为，从产缘关系的角度看，中欧的经济生活完全依赖于德国，而巴黎和会签署的《凡尔赛和约》是对德国的全面产业掠夺，因而也必将陷整个中欧于普遍贫穷和动荡：

约翰·凯恩斯

欧洲人民从来没有在这样一个广阔的、人口众多的区域内如此长时期地享受过秩序、安全和统一等因素。这些因素为这台巨大机器的交通运输、煤炭分配、对外贸易等的组织化铺平了道路。而交通运输、煤炭分配、对外贸易等都是在新增人口密集的城市中心地区建立工业生活秩序所必不可少的条件。这些都是人所共知的，甚至于不需要用数字来进行详细证明。但是，我们仍然可以用煤炭的数字来证明，煤炭对中欧的工业发展就像对英国的工业发展一样是至关重要的。德国 1871 年的煤炭产量是 3000 万吨，1890 年上升到 7000 万吨，1900 年上升到 1.1 亿吨，1913 年达到了 1.9 亿吨。

欧洲的经济体系是以德国为中心支柱建立起来的，德国以外的欧洲的繁荣主要依赖于德国的繁荣和德国的企业。德国不断加快的增长速度为其邻国的产品提供了出路，这些邻国又可以非常低廉的价格从德国企业那里交换回它们所急需的产品。[20]

但是，《凡尔赛和约》等于要用极其严苛的对德条款毁掉这一切。条约的第121条和第297条（b）规定，协约国及其联盟国家有权没收在德国前殖民地上德国人及德国人所拥有的公司所有的财产、权利和权益。第53和74条规定，法国政府有权没收在阿尔萨斯–洛林的德国人的财产。

只要以产缘关系为轴线，这些条款的目的就可以得到很好的解释：阿尔萨斯–洛林是德国重要的煤炭产业中心和整个中欧产业的能源枢纽。德国的殖民地则是德国获取棉花等原材料以及销售其廉价工业品的网络。没收这些地方的德国财产，就等于法国和其他战胜国要剥夺德国产业掌控的关键能量流和产品流。

但是，和约在产缘关系上对德国的剥夺还不仅限于此。第45条规定：

> 德国将整个萨尔河流域的煤矿的绝对所有权和专有开采权无偿割让给法国，而且法国也不用承担任何相关债务，以此作为对法国北部煤矿损坏的赔偿以及德国应当支付的战争损害赔偿的一部分。

条约关于赔款一章的附件五的第2段规定：

> 在不超过十年的期限内，德国每年赔偿法国诺德和加莱海峡地区由于战争破坏而比战前减少的产量数额。这一赔偿额开始的5年内以2000万吨为限，在5年之后以800万吨为限。

条约关于赔款的一章还规定，赔偿总额中的一部分将以各种煤炭而不是现金来支付：

（a）德国10年内每年交给法国700万吨；

（b）10年内每年交给比利时800万吨；

（c）1919—1920年交给意大利的年增加量为450万吨，1923—1929年连续6年为850万吨；

（d）如果卢森堡需要，每年交给卢森堡的煤炭数量等于卢森堡战前对德国煤炭的年消费量。

以上数量加总在一起，大约是平均每年2,500万吨。

此外，条约还支持：

上西里西亚由公民投票的方式割让给波兰。该地区没有大的城镇，但是拥有德国最主要的一个煤田，其硬煤产量占德国硬煤总产量的23%。

这些数字加总起来是什么概念呢？

德国战前煤炭产量达到19,150万吨，国内消费量为13,900万吨。由于战争，到1919年，德国的煤炭产量缩减到10,000万吨，就算因为领土被割让给别国，人口和需求缩减，维持国内正常需求的煤炭产量也要11,000万吨。然而，按照《凡尔赛和约》的规定，战后德国却还要赔偿4,000万吨煤炭给协约国。

从这些数字中，我们可以看到《凡尔赛和约》的实质：它是对德国产业能力的摧毁和掠夺。

这就是用简单加减法的战胜国思维处理复杂工业时代战争的后果。

在古代欧洲，不在“正增长秩序”覆盖的绝大部分区域，它们的基本形态就是，封建骑士贵族凭暴力手段掌控一片领地，强迫领地上的农奴服从自己的法令，并要求农奴提供粮食和徭役服务。

因此，当领主和领主之间发生战争，产生战胜者和战败者之后，通常的结果就是战败者割地赔款，把领地和领地上的农奴转让给战胜者。所有这些，都是附属于古代农业自给自足的生产之上的，A 王国把某片领地割给 B 王国，不影响 A 王国其余领地的生存。

但是在工业时代，A 国各个地区的经济活动，实际上都被“三流循环”整合到一起了。打个比方，埃森的钢铁厂生产的产品，是要运到慕尼黑去制成挖掘机，再到阿尔萨斯–洛林地区的煤矿中使用的，所以，割让一片煤矿产区，其意义就不仅仅是割让这片土地，而且还是对整个经济体系完整性的破坏。

仔细想一想企业的本质就会明白，阿尔萨斯–洛林的煤矿企业不是为了把煤从地里挖出，而是为了把煤挖出来卖出去赚钱。现在，《凡尔赛和约》的要求是，既不准德国拥有原先那么多煤矿企业，又要求德国向战胜国赔偿那么多煤炭，由此造成的实际结果就是，德国每出口 100 万吨煤炭，就要关闭一家工厂（因为无法得到足够的商业收入，支付不起工人工资和设备成本）。这怎么可能呢？

所以，凯恩斯下结论说，《凡尔赛和约》本质上是一场欺骗。因为德国根本不可能付得起这些赔款。而且，法国、意大利还有其他战胜国的政治家，本质上是在迎合国内的选民，但如果真的让德国承担这么重的代价，结果一定是整个中欧的人都吃不起饭，最后迎来更具破坏性的战争。

事实正如凯恩斯所料。《凡尔赛和约》公布后，引发了德国民众的强烈抗议，认为这是被强加在脖子上的枷锁。事实也是如此：如果战胜国把德国民众赖以生活的企业给逼停了，工作给减少了，那不就是用钝刀子割肉慢慢耗血而死的死刑吗？辛苦工作的德国民众不就成了对手的农奴了吗？

所以，一些德国人把罪责归于 1918 年发动起义的士兵和工人们，还把他们的政治领导人，签署 11 月停战协议和《凡尔赛和约》

凡尔赛镜厅中签署和约的场景

的社会民主党人称为“11 月罪犯”（Novverbrecher）。后来纳粹党成立时，则把废除《凡尔赛和约》写进了党章。

在我看来，这正是对复杂社会进行简单处理的后果。

人类是一种很容易创造力量，但很难驾驭力量的动物。工业革命带来了巨大的经济繁荣，而支撑这种繁荣的血管和骨骼，正是错综复杂交织在一起的供应链。《凡尔赛和约》对战败国的苛刻处理，正是用简单思维快速摧毁复杂供应链的体现，它必将导致严重的后果。我这么说当然不是为希特勒做辩护，而是说，如果我们把希特勒、纳粹和极权主义视作一种必须严肃对待的疾病，那么复杂社会的崩溃才是这种疾病真正的名字。为此，我们必须深入诊断它的病因，揪出我们脑海中那懒惰的简单思维，代之以适应于复杂工业化现实的思维，这样，社会科学研究者才可以说尽到了自己的责任。

注释

1 约翰·阿特金森·霍布森：《帝国主义》，卢刚译，商务印书馆，2017 年，第 30—31 页。

2 约翰·阿特金森·霍布森，同前，第 34 页。

3 约翰·阿特金森·霍布森，同前，第 50—52 页。

4 参见 Lex Fridman 对 Niall Ferguson 的访谈：https://www.youtube.com/watch?v=xF6x1ftN-H4&ab_channel=LexFridman。

5 https://www.youtube.com/watch?v=BqO5CnnKLtA&t=3154s&ab_channel=IntelligenceSquared.

6 奥托·冯·俾斯麦：《思考与回忆——俾斯麦回忆录》，同鸿印、杨德友译，生活·读书·新知三联书店，2006 年，第 198—199 页。

7 Percy Ashley, *Modern Tariff History: Germany–United States–France*, New York: Howard Fertig, 1970, p.45.

8 马克斯·韦伯：《民族国家与经济政策》，甘阳译，生活·读书·新知三联书店，1997 年，第 85—86 页。

9 埃里克·埃克：《俾斯麦与德意志帝国》，启蒙编译所译，上海社会科学院出版社，2015 年，第 321 页。

10 S. Broadberry and M. Harrison (eds), *The Economics of World War I*, Cambridge University Press, 2005, p.17.

11 A. Markevich and M. Harrison, "Great War, Civil War, and Recovery: Russia's National Income, 1913 to 1928", *Journal of Economic History* 71(3): 672-703.

12 S. Broadberry and M. Harrison，ch. 1.

13 关于机枪及其与文明关系的详细梳理，参阅张笑宇《技术与文明》，第 236—241 页。

14 约翰·埃利斯：《机关枪的社会史》，刘艳琼译，上海交通大学出版社，第 129 页。

15 约翰·埃利斯，同前，第 131—134 页。

16 亦可参阅张笑宇《技术与文明》，第 246—251 页。

17 斯蒂芬·茨威格：《昨日的世界》，舒昌善译，生活·读书·新知三联书店，2018 年，第 1—4 页。

18 斯蒂芬·茨威格，同前，第 575—582 页。

19 约翰·梅纳德·凯恩斯：《和约的经济后果》，张军、贾晓屹译，华夏出版社，2008 年，第 186 页。

20 本条及以下关于《凡尔赛和约》的具体条款，均参阅约翰·梅纳德·凯恩斯，同前，第四章。后文不再赘注。

第十七章　关于石油的产缘政治

尽管第一次世界大战是对复杂社会的破坏，但是产业革命仍在进步，复杂工业社会仍在演进。

1900 年之前的产缘争夺，更多还是围绕棉花与铁路展开的。1900 年之后，另外一个重要的产业加入了产缘战争，并且成为 20 世纪最重要的产缘争夺战场。

这个产业领域就是石油。接下来，我们依然从基础开始介绍石油产业的来龙去脉。

石油帝国

跟煤炭一样，石油也是化石燃料的一种。它来自数亿年前的有机物质，比如浮游动物和藻类。这些有机物的尸体沉降在海水和湖底，被无氧水、泥浆或淤泥等沉积物覆盖，再在热量和压力的作用下转变为燃料。石油的生成条件很苛刻，需要特定范围的温度，低于这个温度就无法形成石油，高于这个温度就会变成天然气。

人类最早认识的石油形态，其实是沥青。四千多年前，巴比伦人就把沥青作为黏合剂用以建造城墙和高塔。两千多年前，中国人开始使用石油作燃料，《易经 · 革卦》里的“泽中有火”就被认为是对石油的描述。阿拉伯和波斯的化学家也一直保留着蒸馏原油的工艺。

但石油在现代工业中的初步商业化应用，如同我们之前讲述的，是照明。

工业革命开展后，工厂需要保持蒸汽机连续运作，以此降低关闭后再重复启动造成的浪费和损害，因此有了加夜班的需求。此外，为了培养没有受过教育的劳动者尽快成为合格工人，当时还兴起了各种夜校。市场对稳定的照明产生了巨大需求，而当时的煤油恰好能够满足这种需求，于是，最早的煤气公司兴起了。

煤油灯产业兴起后，科学家们很快发现，石油在照明上可能比煤油更好用，其效率更高、成本更低。1840 年代，苏格兰化学家詹姆斯 · 扬（James Young）从天然渗漏的石油中蒸馏出了一种灯油和机械润滑油，并于 1848 年成立了炼油企业。欧洲的第一口油井是波兰化学家伊格纳奇 · 武卡谢维奇（Ignacy Łukasiewicz）建造的。美国的第一口油井是我们前文讲过的埃德温 · 德雷克打出来的。

现代石油产业兴起的中心是美国，这是由资源禀赋决定的——美国是当时探明石油储量最丰富的工业化国家。1870—1880 年代，煤油出口占美国全部石油产量的一半，在美国全部出口货物中排第四位，在工业制品中排第一位。从产业结构看，19 世纪下半叶的美国，差不多就像是今天的沙特阿拉伯或者俄罗斯。

美国的大部分石油又是被一家公司掌控的，这就是约翰 · 洛克菲勒创立的标准石油公司。

洛克菲勒是一个时代的标志，有过很多传奇的故事，被很多人视为五百年以来世界上最富有的人。但是，如果没有石油，他这个人就不会有那么大的符号性意义。洛克菲勒之所以成为洛克菲勒，是因为他在正确的时间和正确的地点进入了人类有史以来最为重要又最为集中的能源产业领域。

1870 年，洛克菲勒改组了他和几个朋友合伙经营的公司，正式创立了标准石油公司。“标准”的意思是说，产品是顾客可以信赖的、符合标准的。标准石油公司从事的是中游，不控制产油区，但控制炼油商。当时，它已经控制了美国炼油工业的 10%，是举足轻重的玩家。

当时市场信息的传递很慢，炼油产业经常在供给的过剩和不足之间来回震荡，许多小生产商可能会因此破产。洛克菲勒便一边趁机收购破产公司，一边也警惕着自己遭受这种命运。这也促使他想把所有炼油商合并为一个巨大的联合体，以此来对抗产油端的波动。为了实现这个想法，他在 1872 年跟铁路公司达成秘密协议联合组成卡特尔（cartel），用抬高运费的方式逼迫产油区低头。

结果，产油区爆发了抗议，工人的愤怒指向了铁路公司、洛克菲勒和其他炼油商。但首要矛头是对准铁路公司的，洛克菲勒反而趁这个机会，把铁路公司放在前面做挡箭牌，进一步收购炼油厂。几个月后，他已经赢得了大部分克利夫兰和纽约炼油厂的控制权。

洛克菲勒控制炼油厂并跟铁路公司达成合谋，等于掌控了产油厂的销售渠道。产油厂怎么办呢？他们是这样考虑问题的：当时的石油主要是用桶或油罐来运输的，因此铁路才至关重要。那么，有没有可能直接用输油管来运输，摆脱对铁路的依赖呢？为了自救，炼油厂众筹资金，于 1879 年建成了一条从产油区到宾夕法尼亚州雷丁市的输油管道。

但是，他们的对手有“钞能力”。洛克菲勒迅速做出反应，马上建成了从油区到克利夫兰、纽约、费城和布法罗的四条管道。最终，标准石油公司还是赢得了这场胜利，控制了进出油区的每一英寸输油管。

产油区业主没有办法，最后只能上诉到宾夕法尼亚州法院，控告标准石油公司损害了竞争者。洛克菲勒的对策是给纽约州施压，拒绝宾夕法尼亚州要求的引渡。美国实行联邦体制，不同州之间法庭就管辖权引发争议实在是常事，跨州审判的难度经常不亚于今天的跨国审判。洛克菲勒就是利用这个制度漏洞，把大量涉及标准石油公司的案件放在纽约州进行审判。用今天的话来说，就是把自己变成"纽约必胜客"。这样，反对者们最后一条路也给堵上了。至此，石油帝国正式缔成。

洛克菲勒之所以能够建立起如此庞大的石油帝国，与产业革命成果迅速扩散之后带来的规模化和集中效应有关。

19 世纪后半叶，随着美国的快速工业化，集中式生产的组织形态很快渗透进每个城市。除石油产业外，煤炭、钢铁、铁路、银行、保险等行业都迅速建立了托拉斯（trust），每一个托拉斯坐镇一个行业，且彼此之间可能有连锁的投资人和董事，瓜分巨额财富。

铁路的拓展助长了这一切。有研究显示，19 世纪美国的铁路扩张也打击了小型零售企业，就像今天的网购和快递对实体门店的打击一样。这令社区感很强的美国人感到吃惊，他们觉得身边的一切都变了：过去熟悉的小制造厂，现在被连锁商摧毁了；过去各式各样的零售店，现在被大型超市取代了。他们感到不适应，并把这一切归罪于垄断寡头。他们相信，要想让美国经济成功且有活力，普通美国人必须有更好的创业机会。

1890 年，美国参议员约翰 · 谢尔曼（John Sherman）推动国会通过了《谢尔曼反托拉斯法》（Sherman Antitrust Act）。谢尔曼的名言是：**"如果我们不能容忍国王的政治权力，我们当然也就不该容忍国王控制任何生活必需品的生产、运输和销售。"**

洛克菲勒的标准石油公司当时就成了众矢之的。公众把它看作一个强大的、狡猾的、残忍的、固守地盘的、密不透风的，使人感到神秘莫测的企业，且只对一小撮傲慢的董事负责，无情地想摧毁

艾达 · 塔贝尔

一切挡道者。

最后发出攻击的是一位叫艾达·塔贝尔（Ida Tarbell）的女记者。她想方设法经由马克 · 吐温牵线，见到了标准石油公司信托的董事H.H. 罗杰斯。塔贝尔故意告诉他，她想为标准石油公司写一部历史。两个人就这样熟悉了两年，直到有一天，塔贝尔终于问出了自己的问题：标准石油怎样控制美国的立法。罗杰斯可能骨子里面为这些事很自豪，真的认为这种故事会让标准石油的历史很好看，于是说出了很多的关键故事。

塔贝尔的报道立刻引发了舆论的惊天骇浪，而且连载了两年，成为最受欢迎的公众读物之一。她还为此得到了一个外号，“洛克菲勒的女朋友”，是说两个人的名字总是形影不离地出现在新闻上，但是，在公共舆论关系上，艾达·塔贝尔显然是全世界最富有之人的死对头。

最终，这份报告惊动了当时的美国总统西奥多·罗斯福，为与富兰克林·罗斯福区别开来，中文也有称他为“老罗斯福”的。西奥多·罗斯福认为，跟寡头开战是他的职责，于是，他指示政府对标准石油公司发起诉讼。

1911 年 5 月，美国联邦法院大法官援引《谢尔曼反托拉斯法》，裁决标准石油公司必须被拆解。当时，这个巨无霸拥有美国原油全部提炼量的 3/4，美国宾州、俄亥俄州和印第安纳州石油产量的 4/5，美国油罐车的一半，美国铁路润滑油市场的 9/10，以及 78 艘蒸汽轮船和 19 艘帆船，实力可比一个小国家。

洛克菲勒的心血就这样一刹那被拆分为 34 个独立的实体，其中，最大的是新泽西标准石油公司（后来成为埃克森石油公司），其次是纽约标准石油公司（后来成为美孚石油公司，再后来与埃克森石油公司合并为埃克森美孚石油公司）、加利福尼亚标准石油公司（后来成为雪佛龙公司）、俄亥俄标准石油公司、印第安纳标准石油公司，等等。

但是，也不能把帝国的坍塌想象成皇帝的末日。其实在某种程度上，标准石油公司的分拆相当于是用金钱赎买了洛克菲勒的权力：这个分拆方案依旧允许洛克菲勒和其他股东在 34 家公司中的每一家都获得相应股份。也就是说，虽然他的控制力降低了，但是在股权上，却相当于被“拆股”了。其结果是他的个人财富反而增长了。1913 年，他的财富达到个人生涯的巅峰，也是现代历史上的巅峰：净资产值 9 亿美元，占美国当年 GDP 的 3%。[1] 按今天美国 GDP 的比值来折算，相当于 6897 亿美元，约等于今天的世界首富埃隆·马斯克身价的 2.5 倍。

约翰·洛克菲勒受惠了，美国经济也受惠了。原先在标准石油托拉斯的管理之下，许多炼油技术是秘不外宣的。因为垄断企业可以不靠技术创新盈利，他们尽管有很多钱来研发技术，却可以只注册专利，不研发相应产品，并且用法律武器打击其他的挑战者。

但是标准石油被分拆后，各个公司为了在竞争中存活，就只好继续改善产品。这其中，就有一种改进后的炼油技术，将原油提炼效率由原来的15%—18%提高到45%，为下一个时代的到来做好了准备。

总而言之，我想说的是，虽然受到了国家的规整，但是石油产业在20世纪的第一个十年是非常欣欣向荣的。而且也不要忘了，它的原生地就在美国。美国得天独厚的巨大市场为它创造了巨大的需求，而它的触角也从美国伸出来，蔓延到欧洲、俄国、中东再到整个世界。

在巅峰时代（1973年以前），所谓的“石油七姊妹”（英波石油、荷兰皇家壳牌、加利福尼亚标准石油、海湾石油、德士古石油、新泽西标准石油和纽约标准石油）控制了全球85%的石油储量。这些公司中，除了一家英国公司和一家英荷合资公司之外，其余五家全部是美国公司。

如果要为美国在20世纪的产缘政治霸权找根基，那么，我认为，美国资本和企业在20世纪初石油产业的垄断地位可能是其中之一。而且，与绝大多数人想象的不同，1970年代之后的美国不是通过中东战争确保了石油霸权，相反，中东战争是美国已经失去石油霸权的标志。

石油分布的巨大不均

石油可能是对地缘政治影响最大的一种能源。

造成这个现象的原因之一，是石油分布的高度不均衡性。

比较煤炭和石油的分布特性，我们会发现，煤炭的地质形成条件比较简单，所以，地球上多数国家境内都可以找到煤炭矿产。[2]对国家产业发展来说，这就意味着，一国只要获得了组建蒸汽机的技术，再有充分的煤矿，就比较容易建立起第一次工业革命时代的生产体系，其工业能力也可以很快获得增长。

但是到石油时代，这个特征就不存在了。石油在全球的分布是比较集中的。19 世纪下半叶石油刚刚得到勘探的时候，全球 85% 的石油产量集中于北美，剩下的 15% 则来自沙俄的巴库，也就是今天阿塞拜疆的首都，斯大林当年领导起义被捕的地方。

20 世纪的石油勘探改变了这个布局，但石油供给依然高度集中。除了北美、西伯利亚和委内瑞拉以外，全世界 48.3% 的石油储量集中在中东，而这部分储藏在历史上长期集中于美英石油寡头手中。这是英美两国在 20 世纪大部分时间里居于优势地位的重要原因。

石油资源对于英美两国的国家政治极为重要。我们前面介绍过，为了摆脱大英帝国海军对煤炭产业工人的依赖，丘吉尔坚决要将海军动力燃油化，而燃油化之后英国所需要的石油资源，主要是从波斯来的。

这就要先解释一下波斯地区，乃至整个泛中东地区在第一次世界大战前后的巨大变化。

在战争之前，地中海东岸最大的地缘政治玩家是奥斯曼帝国。19 世纪奥斯曼帝国的领土涵盖非洲北部、埃及、中东、小亚细亚半岛和巴尔干半岛的大部分地区。但是，奥斯曼帝国的实际国力其实已经在 18 世纪落后于哈布斯堡王朝和俄罗斯帝国，更不用说跟英、法这些在工业化时代占据先机的世界帝国相比。1878 年，英国宣称成为塞浦路斯的保护国；1882 年，英国又实质控制了埃及。

第一次世界大战爆发前，奥斯曼帝国加入了德国的一方，合力进攻俄国。英国派出海军攻击了奥斯曼的港口，虽遭到挫败，但是英国动用政治手段，发动了奥斯曼帝国的阿拉伯人参与大起义，从内部攻破了奥斯曼帝国的堡垒。阿拉伯起义压制了数万人的奥斯曼军队，防止他们进攻苏伊士运河或大马士革，也便于英国军队的反击。在这场起义的帮助下，英国军队又占领了伊拉克。

但是，到战争结束时，形势又发生了变化。英国国内的工人阶级开始领导反战游行，要求普选；美国总统威尔逊抛出了“十四点原则”，事实上支持了民族自决的权利；加拿大、澳大利亚、印度等英国殖民地纷纷要求独立；阿拉伯军队要求英国兑现战争期间许下的成立阿拉伯国家的诺言，但迫于法国的要求，英国又只能反悔。总而言之，大英帝国“保护”和占领的埃及、伊拉克和波斯，现在与其说是财产，不如说是累赘。

大英帝国该怎么应对这种变化呢?

从历史教科书或者公开科普读物中，我们读到的似乎是：帝国向民众和殖民地让步了，以前的殖民地独立了，民族自决成为大家都承认的原则。

但是，权力博弈没有这么简单。而且历史上也绝对不缺少这样的例子：即使是战争的输家，也不愿意轻易放弃自己已经夺到手的东西，何况英国还是战争的赢家。

在做足“民族自决”和“殖民地独立”的表面文章的同时，英国早已开始布局新形势下继续掌控这些地区——尤其是中东——经济命脉和社会结构的举措。

他们采取的第一个法子，是“技术种族隔离”。这个法子倒不是首先在中东，而是在南非使用的。

1880—1890年代，非洲南端的布尔人与英国人打了两次布尔战争。布尔人并不是当地黑人，而是荷兰殖民者的后裔，实际上是白人。也就是说，这个地方的恩怨实际上是三个种族的恩怨：布尔人、英国人和当地黑人。

英国的处理办法是，首先把四个布尔共和国合并为一个名为“南非联盟”（Union of South Africa）的国家，名义上属于大英帝国，实际上是个独立自治领。这个自治领的政治权利基本划归白人（布尔人和英国人）所有。其次，重组当地的大企业（主要是矿业企业），确保技术人员和管理层由白人担任，黑人只能做最低级的工作，杜绝他们掌握相关技术和管理科学的可能性。为了实现这个目的，他们甚至还从美国南方引入了许多管理人员，让他们把美国南方实施的那套种族隔离的“先进经验”介绍到南非来。[3]

这样一来，英国人既拉拢了布尔人，让布尔人站在了黑人的对立面，还确保了黑人很难掌握现代企业生产所需的技术与管理经验。布尔人为了控制黑人，就不得不求助英国人，而核心资本和技术则始终被英国人攥在手里。

这个模式对南非的影响一直持续到今天。1994 年纳尔逊·曼德拉当选南非总统并取消种族隔离后，南非经济下滑，产业萎缩，当时有些人就用这段历史来论证黑人治理国家就是不如白人。但这背后的种子，恰恰是英国人早在 1910 年代就已经种下的。不考虑这个历史背景就对曼德拉的历史地位妄下论断，是极不公道的。

南非的这个经验，也被英国人运用到了中东地区。只不过，在南非，英国人利用“技术种族隔离”制造了布尔人和黑人的矛盾，最后再由掌控关键资金和技术命脉的英国人调停；而在埃及、伊拉克和沙特阿拉伯，英国人利用的则是当地上层集团（埃米尔统治者、贵族世家和宗教领袖）和普通人民的矛盾，英国人自己则充当幕后的隐秘控制人——有时候则是拉美国人一起。

篇幅所限，我们这里只讲一个最有代表性的例子：沙特阿拉伯。

很多朋友看到沙特阿拉伯到现在还实施政教合一的君主专制体制，常常以为这是个古老的保守国家，但其实，沙特阿拉伯不但不古老，反而年轻得很。当代沙特阿拉伯政权是阿卜杜勒–阿齐兹·本·沙特（Abdulaziz bin Abdul Rahman Al Saud）于1932年建立的，而历史上的沙特也只能追溯到穆罕默德·本·沙特（Muhammad bin Saud Al Muqrin）与宗教领袖穆罕默德·伊本·阿卜杜勒·瓦哈布（Muhammad ibn Abd al-Wahhab）达成联盟后，于1727年建立的迪里耶埃米尔国（Emirate of Diriyah）。

要理解沙特阿拉伯，首先要理解的就是这个叫穆罕默德·瓦哈布的宗教领袖。

穆罕默德·瓦哈布是伊斯兰教中瓦哈比教派的创始人，而瓦哈比教派其实就是伊斯兰教“新教改革”运动的结果。很多朋友只是看到新教改革有利于西方文明走向科技和产业的一面，忽略了新教运动的另一面：它恰恰不是世俗化的，而是去世俗化的，是要求信徒们更虔诚、更原教旨地遵循《圣经》教义的指引。同样的道理，瓦哈比教派也是这个意思。瓦哈布认为，当时许多流行的宗教习俗（比如参观和朝拜穆斯林圣人的圣地和陵墓）其实是一种偶像崇拜，跟安拉的教导是相悖的。所以他主张更严格的社会改革，也支持更极端的政教合一。沙特阿拉伯这个国家就是他的宗教理念的载体。

沙特阿拉伯政权建立之后，就不断地对阿拉伯半岛进行征服，要求其他穆斯林教派改宗瓦哈比。最后他们于1802年占领了穆斯林圣城麦加。麦加此前在奥斯曼帝国控制下，是奥斯曼帝国伊斯兰信仰的合法性来源。麦加被占，奥斯曼帝国当然不能不做反应，它出兵汉志（又称希贾兹，英文为Hejaz，意为“屏障”），收复麦加，于1818年拿下沙特的首都迪里耶(ad-Dir’iyah)，处决了沙特伊玛目阿卜杜勒·本·沙特，第一沙特就这样覆亡。

流亡的沙特人在利雅得（Riyadh）建立了第二沙特，从1824年坚持到1891年，又被奥斯曼帝国灭掉了。再度流亡的王子阿卜杜勒–阿齐兹靠科威特埃米尔的支持，于1902年夺回利雅得，又趁着第一次世界大战爆发，奥斯曼帝国遭到削弱，于 1913—1927 年征服了阿拉伯半岛的大部分区域，也就是今天沙特阿拉伯的主要领土范围。

这其实是一个非常脆弱的社会结构：瓦哈比教派的历史并不古老，信徒也主要集中在沙特王室的小圈子内；而他们的敌人是当地更古老、势力更大、更盘根错节的传统伊斯兰教派，更不用说奥斯曼帝国强大的宗教压力了。在这种四面受敌的环境下，他们只能采取强力、残酷和血腥的手段来对付反对者。

比如，阿卜杜勒–阿齐兹 · 本 · 沙特有一支军队叫“伊赫万”(Ikhwan，意为“兄弟会”)，就是原教旨的瓦哈比信徒。他们遵循《古兰经》里的说法，认为周边的游牧民族没有开化，应该教导他们按照伊斯兰教的原则生活。在他们的理解中，沙特阿拉伯的扩张是圣战，是要教导周边的游牧民族成为“恰当的穆斯林”。这些伊赫万因“经常杀害男性俘虏而臭名昭著”，有时还会将“妇女和儿童置于死地”。[4]

这恰恰就为英国人把用在南非的手段复制到这里创造了条件。只不过，这一次英国人（与美国人一道）采取的隔离手段就不再是种族隔离，而是“信仰隔离”；英国人（与美国人一道）握在手里操纵沙特政府的线索也不是技术和资金，而是石油。

第三沙特的创建人、沙特国王阿卜杜勒–阿齐兹 · 本 · 沙特有个顾问，名叫圣约翰 · 菲尔比（St John Philby），是一名英国人。此人是 20 世纪最传奇的政治活动家之一，一生中分别为英国、沙特和美国的利益服务过，不少人怀疑他是多面间谍。他的儿子就是大名鼎鼎的“剑桥五杰”（“冷战”期间最著名的双面间谍团体）之一哈罗德 · 金 · 菲尔比（Harold Kim Philby）。做多面间谍这件事，可能有家学渊源。

1932 年，标准石油公司的“继承者”之一加州标准石油公司（即

圣约翰·菲尔比，又称“阿拉伯的菲尔比”

雪佛龙）签下菲尔比作为顾问。1936年，雪佛龙在沙特重组了一家公司，这就是大名鼎鼎的沙特阿美（Aramco），当今世界上最富有的公司之一。

菲尔比就是这家公司的董事之一。经他牵线，英国、美国和沙特达成了一个大体上的分工：英国人出武器军备和政治影响力，协助阿卜杜勒–阿齐兹打击反对派，巩固自己的统治；沙特与伊拉克等在英美保护下的国家维持和平关系，同时出人出兵，维护苏伊士运河到亚丁湾的航路安全；美国人出钱，拿走石油，跟大家共享利润。

石油公司背后的政治特权有多厉害呢？可以举个侧面的例子：当时的沙特阿美由四家美国公司持有，同时这四家美国公司还持有泛阿拉伯管道公司（Trans-Arabian Pipeline Company）。当年在联合国巴勒斯坦特别委员会上，巴勒斯坦共产党的书记萨缪尔·米库尼斯（Samuel Mikunis）作证说，伊拉克和泛阿拉伯石油公司享受一系列垄断特许权，包括“免于税收、进口关税或其他付款、费用或补偿的权利。它们可以穿过任何国家的部分铺设管道，征用土地及所需的建筑材料，不顾现有的移民法进口廉价劳动力，甚至可以建设和使用自己的港口、铁路、机场和无线电台，还有自己的警察力量”。[5]

沙特阿美也采取跟南部美国和南非一样的隔离政策：不从沙特阿拉伯本地，而是从巴基斯坦、伊拉克和其他地方雇佣工人。1956年6月，沙特阿美的员工举行了大罢工，要求沙特实施立宪改革，允许成立工会和工人政党，终结沙特阿美对政治的干预，并关闭美军基地。沙特阿美的安全部门直接把罢工领袖的信息告知了沙特安全力量，随后这些工运领袖就被沙特政府镇压了。[6]

类似的故事在伊朗和其他地方也都发生过。1945—1946年，伊朗的阿巴丹炼油厂发生罢工，英国代表团参与了调查，发现当地工人“看起来好像在沙漠里关禁闭的罪犯一样”，住宿条件“只比猪圈强一点”。随后，英国政府施压伊朗通过劳动法，回应了工人的一些要求，但同时宣布对产油地进行戒严，要求国家对工会进行强监管，试图粉碎当地的石油产业联盟。

1951年，伊朗政治家穆罕默德·摩萨台（Mohammad Mosaddegh）当选为首相。摩萨台是第一个从欧洲的大学拿到法学博士学位的伊朗人，上台之后，引入了失业补偿，命令工厂老板向病伤工人支付福利，禁止地主强迫农民无偿劳动，强制地主将地租收入的20%投入发展基金，在农村修建公共浴池和福利住房，并实施害虫防治。

看起来，这些执政理念非常先进，因此理应得到欧美先进国家

政变后接受审判的摩萨台

的支持。然而，1953 年，当他为给伊朗的医疗和公共卫生现代化提供资金，要求没收英波石油公司，将其国有化，实现伊朗经济和政治独立时，英国军情六处和美国中情局干脆策划了一场政变，把摩萨台软禁起来，粉碎了伊朗人想要回自己石油的努力。

当代最好的中东政治和能源政治研究者之一提摩西·米切尔（Timothy Mitchell）讽刺地评论说：

> 中东最世俗的政权就是那些最独立于美国的政权。跟华盛顿的结盟越紧密，政治就越伊斯兰化。纳赛尔统治下的埃及、伊拉克共和国、巴勒斯坦民族运动、阿尔及利亚、南也门共和国和叙利亚复兴党都是独立于美国的，他们都没有宣布自己是伊斯兰国家，相反还有很多在镇压当地的伊斯兰运动。相比之下，那些依赖美国的政府通常声称拥有伊斯兰权威，无论是声称先知后裔身

份的君主，如北也门、约旦和摩洛哥，还是声称自己是信仰的保护者，如沙特阿拉伯。[7]

这个画面看起来极其虚伪反讽，却揭示出了产缘政治时代权力博弈的真谛：看似宣扬伊斯兰原教旨的国家反而最亲美，看似世俗化的政权反而遭到英美的颠覆。这背后的原因恰恰在于，这是个四角关系，而不是二人关系：不是中东国家和英美两方面的事，而是中东国家"人上人""人下人"、英美政府和石油寡头四者之间的关系。中东国家的"人上人"越是宣扬伊斯兰原教旨，就越是说明他们需要用宗教观念来对冲"人下人"的阶级诉求；而他们越是在民众中得不到支持，就越是要从英美政府那里获得军备和技术支援。在这中间充当桥梁的，正是石油寡头们。

经济学中有个概念叫"资源诅咒"(resource curse)，意思是说，拥有丰富资源的国家，工业化水平反而会停滞不前，产业难以转型，政治十分腐败，经常出现寡头和独裁者。这是因为，像石油这样的资源，开采它既不需要很高的技术水平，也不需要很多工人，从而政府也就不需要花大力气搞技术培训和培养优秀技术人才，也不需要制定产业政策推动产业升级，只需要把自己的亲戚朋友安插在石油公司内部，在远离城市的地方围绕油井建立起一个"独立王国"，靠警察控制局面，就可以成功实施统治。其结果就是，石油从管道流走，大量的资金被国际资源巨头和本国独裁者及其亲属们瓜分殆尽，只有少数钱拿来给老百姓发一点福利，为的是防止他们造反。

然而，用政治学的眼光看，"资源诅咒"的产生恰恰与帝国的权力博弈是分不开的。正是殖民帝国教会了前殖民地的独裁政府们玩弄"技术隔离"这一套，让他们用宗教和民族矛盾，代替实质意义上的阶级矛盾，一边传播着最仇视西方的宗教意识形态，一边又跟西方寡头勾结在一起，维护自己的统治。

四方各取所需的交易，实在是再“公平”不过了:资源国的“人上人”得到了外部支持，英美得到了经济上的傀儡政权，石油寡头得到了钱，资源国的老百姓虽没有得到普遍接受教育并在工业化社会中找到工作的权利，但是可以在宗教的麻痹中把自己所遭受的苦难归罪于西方，真可谓“多全其美”！

所以，石油在新时代扮演的角色，恰恰与煤炭在旧时代扮演的角色相反。

我们前面介绍过，输油管道技术对产业工人的阶级斗争影响是十分巨大的。煤炭时代的工人阶级因为掌控“能量流”，从而能够成功地实现斗争目的。然而产业时代，输油管道却可以把工人与能量流隔离开来。这既适用于发达国家，也适用于石油产出国。

煤炭时代，南威尔士工人的罢工可以冲击威斯敏斯特宫，科罗拉多煤矿工人大罢工可以震撼国会山与白宫。但是石油时代呢？油田远在波斯的山谷、沙特阿拉伯的沙漠和伊拉克的腹地中心，与英美本国的工人无关。石油七姊妹可以把滚滚原油直接装进输送管道，送到港口，装上货轮，驶达欧洲和美国的各大城市，而整个过程与当地人民和欧美本国人民都不发生直接关系。

如此看待现代政治，我们会发现其中的虚伪之处。若你是生在欧美的普通人，处境还相对会好一点，因为石油寡头毕竟是害怕投票选举产生的议会的，毕竟是害怕滔滔民意的。但若是生为伊拉克、埃及、伊朗或沙特的劳工，处在技术、民族和地理的三重隔离之下，又有谁会去关心他们呢?

当然，也许你会进一步质疑：石油相比煤炭，它的地理分布和技术变化的确让工人处在很不利的局面上，但仅仅如此，就足以瓦解整个工人运动大潮，足以把这个时代命名为“集中控制”的年代吗?

我的回答是：的确可以。

因为在权力博弈中，从众心理会产生非常明显的杠杆效应。比如，蒙古人之所以要在战争中屠城，是因为他们要给反抗者树立一种恐惧感，告诉他们反抗的下场会何等严重。只有这样，他们才可能以那样少量的士兵建立那样庞大的帝国。

同样的道理，煤炭行业的工人罢工也许规模和效果有限，但切断能量流对整个社会的心理威慑力是相当巨大的。不然我们何以解释，丘吉尔要专门动用军队来镇压煤炭工人罢工，还要主导海军的能源变革呢？一旦整个社会对工人运动形成了这样的心理——必须听听工人的诉求，否则，我们的正常生活会被颠覆，那么，所有的工人运动就会变得顺利得多。

但与之相反的是，如果石油工人远在海外，跟我们根本不在同一个国家,那么整个社会受到“能量流”切断的震慑程度就要小得多，工人运动也就会困难许多。

人类政治活动受到小小输油管道技术变化的影响操弄如此，实在可悲可叹！

注释

1　美国 1913 年的 GDP 数据为 391 亿美元。

2　https://www.britannica.com/science/coal-fossil-fuel/World-distribution-of-coal.

3　Timothy Mitchell, *Carbon Democracy:Political Power in the Age of Oil*,Verso, pp. 71-72.

4　David Commins, *The Wahhabi Mission and Saudi Arabia*, I.B.Tauris,2009, p.85.

5　Timothy Mitchell，p. 105.

6　Timothy Mitchell，p. 107.

7　Timothy Mitchell，p. 202.

第十八章　新大陆掌控旧大陆

石油仅仅是工业时代的“帝国”以产缘政治方式掌控世界的表现之一。

这个“帝国”当然指的就是美国。关于“美国究竟为何成为美国”，有人将其归结为盎格鲁—撒克逊民族性，有人将其归结为《五月花号公约》和立宪传统，有人将其归结为新教文化，有人将其归结为资本与技术。但在我看来，必须补足“产缘政治”的图景，我们才能更深刻地理解美国发展的来龙去脉。

我想把时针稍微回拨一点，讨论一下这个在我眼中的第一个真正的工业文明国家的发展史。

第一个工业文明国家

这样说，跟主流历史叙事显然有很大不同。众所周知，工业革命的起点是英国，而不是美国。在 19 世纪中叶之前，如果看经济指标的话，美国整体上还是一个农业国家。1790 年，美国有 90% 的 GDP 来自农业，95% 的人口住在农村。直到 1850 年，美国还有超过 60% 的劳动力是农民。

但是，要公正地看待这个问题，只看经济指标是不够的。我们还应该分析一国政府、社会和经济部门对于产业的理解，他们的精神，以及他们实际推动的工作。

尽管英国的确是工业革命的诞生地，但是工业革命本身并没有对英国政治制度造成明显的改变。英国的精英群体注意到了科学的创新，注意到了技术革命和探索精神，注意到了世界正在迎来新时代，但是，他们并没有投入整个国家的力量来推动产业发展，推动政治机制和社会进入工业时代。

我认为，英国在工业革命之后，其政府和制度在很长一段时间里，仍然保持了商贸时代的惯性——自由放任。也就是说，相比威廉三世以来的年代，没有发生过于显著的变化。

但是，美国则不同。

美国是第一个在国家政策层面开始讨论推动制造业发展的国家。与今天很多人给美国贴上的自由主义标签不同，以国家机器的力量推动产业发展这种政策恰恰是由美国国父提出的。

我们前文所述的弗里德里希·李斯特的政治经济学思想和“国家应当是产业发展主角”的主张，其实来自美国，其具体来源正是美国宪法起草人之一、第一任美国财政部部长亚历山大·汉密尔顿。

汉密尔顿小时候父母离异，跟母亲过活。十几岁的时候，母亲去世，他实际上成了孤儿。从十四岁起，他就在商行打工，同时自学了数学、哲学、法学，以及拉丁文和希腊文。他的才华被当地商人发掘，大家决定凑钱把他送到纽约接受教育。

独立战争爆发时，还在大学念书的汉密尔顿果断决定弃笔从戎，二十二岁就成为华盛顿的助理。作为“第二首长”，汉密尔顿展现出了令人惊讶的管理才能。在战场上，他指挥过重要战役；而在政治哲学与公共舆论上，他还是对联邦制宪过程产生重大影响的《联邦党人文集》的作者之一。总之，在美国国父群体中，汉密尔顿是一个兼具聪慧头脑与实干精神，同时又文武双全、才华横溢的人物。

1790 年，汉密尔顿就任新政府的财政部部长，上任后先后发表了三份著名的国事报告，分别是《关于公共信用的报告》《关于国家银行的报告》和《关于制造业的报告》。其中，与我们的主题关系最密切的就是第三篇《关于制造业的报告》（*Report on the Subject of Manufactures*）。

在这篇报告中，汉密尔顿极具前瞻性地预示了制造业的未来，并且提出了把美国建设成为制造业强国的口号。

他首先论证说，制造业相对于农业更能够提高生产力，因而对于社会的进步更有好处。放在今天，我们可能觉得这是显而易见的常识，但是不要忘记，这篇报告发表于 1791 年，而瓦特改良蒸汽机，并把它第一次应用于矿井抽水之外的场景，也不过是在 1784 年，中间只隔了 7 年。也就是说，这是动力革命最早期的最早期。考虑到当时还没有电话和电报，跨大西洋间只能靠帆船通信，而美国人之前又一直在打独立战争，汉密尔顿在当时的这个判断，的确很有洞察力：

> 一个国家的土地和劳动的年产出只能通过两种方式增加——通过提高实际存在于该国的有用劳动的生产力，或者通过增加劳动的数量：关于第一类，工匠的劳动比耕作者的劳动更容易细分和操作更简单，因此它的生产力可以在更大程度上得到提高，无论是来自于获取技能，还是来自于巧妙机械的应用；因此，土地耕作所用的劳动就不会比制造业所用的劳动更有优势：关于第二类，也就增加劳动的数量，除了偶然的情况外，这主要取决于资本的增加，而这又必须依赖于那些提供或管理资本的人的收入储蓄，这些资本在任何时候都被使用，无论是在农业、制造业还是以任何其他方式。[1]

这一段分析已经很有现代经济学关于“全要素生产率”（TFP）概念的影子。“全要素生产率”是指在资本和劳动力之外对经济产出有影响的要素，包括知识、教育、技术培训、规模、组织管理等多个方面。这些要素如果用一个词来概括，就是“技术进步”。据此，汉密尔顿等于在说，制造业是“全要素生产率”最容易得到增长的一个部门。

汉密尔顿进一步说，促进制造企业，在以下方面对推动一个社会的生产和获利有着很大的好处：

1. 促进劳动分工；
2. 应用机械；
3. 在商业以外提供更多的就业机会；
4. 促进外国移民；
5. 为拥有多种才能和天赋的人提供发挥空间；
6. 为企业提供更广泛、更多元化的领域；
7. 为土地的剩余产品创造更稳定的新需求。

从国家利益的角度出发，汉密尔顿还特别论证了最后一点。我们之前已经说明，当时的美国主要是一个农业国，而它的农产品主要是供海外出口的。汉密尔顿认为，这对新成立的美国而言，是一个国家利益上的潜在隐患：

> 国内市场比国外市场更重要，因为它处在事物的本质之中，是更值得被依赖的对象。
>
> 国家政策总是寻求以自己土壤中产出的东西来满足自己的需求；而从事制造业的国族，只要条件允许，就总是从同一个来源来购买他们自身产品的原材料……外国对农业国家产品的需求在很大程度上是偶然的、随机的，而不是确定的、永恒的。由于这个原因，对美国某些主要商品的需求可能会造成怎样的伤害性影响，这是应该由从事相关商业领域的人士做出的判断；但安全的

> 假设是，这些伤害性影响有时会让人感到非常不便，而且这种情况并不少见。
>
> ……（因此），似乎有充分的理由认为，对商品供应的海外需求过于不确定，不能将之作为依赖，我们必须为其在国内市场找到替代品。
>
> 而为了保护这一市场，没有其他手段比推动国内制造业的发展最为便捷。制造业从业者是农业劳动力产出的首要消费者。

看看这些段落，我们完全可以说，汉密尔顿比李斯特更早地提出为了捍卫一国的国家利益，必须用鼓励制造业的手段为农业生产者找到稳定的市场。这也就是说，国家对制造业和贸易的干预是必要的。

在接下来的段落里，汉密尔顿继续他的辩论：既然制造业对国家利益非常重要，那么，没有政府帮助，而是让它在市场竞争中自由生长，这样做行不行呢？他断言说，不行，因为人性天生是习惯于模仿的，如果没有人迈出尝试的一步，那么整个共同体就会害怕尝试未知事物，美国也就会长期停留于农业经济。所以，由政府提供奖金、关税或者人为手段支持公民的这种尝试，就是很重要的。

因此，美国应该把支持制造业发展作为一项国家战略来推行实施：

> 只要合众国表现出对推进制造业的严肃态度，只要海外的技术人才认识到这片土地上的雇佣关系和鼓励政策是确定的，那么就会有大量的欧洲工人渡海而来，移民至此，保证我们计划的成功。但是如果这个国家没有提供多种多样的、强有力的诱因，支持他们到此创业的激情并使他们获得利益，以上这一切又怎么可能发生呢？[2]

既然美国国父之一、第一任财政部部长都非常明确地通过这篇公开报道说明，他并不是亚当·斯密自由贸易学说的信徒，那么，我们又有什么理由说美国从头到尾都是一个坚定捍卫自由市场经济的国家呢？

亚历山大·汉密尔顿的这篇制造业报告，使他当之无愧成为在近代历史上第一个明确提出产业政策的顶尖政治家。

他在报告里将当时主要的产业部门进行分类，列出了皮制品、铁制品、木制品……一直到火药的十七个类别，并主张根据不同的类别制定不同的政策，从限制关键原材料出口，到给予相应的产业家奖励，再到提高关税，如此等等，不一而足。

只是由于当时美国刚刚建国，国库并没有太多资产，国会并没有通过其中的奖励政策，但是，在之后的五个月里，涉及关税的主要政策都通过了。

而且，汉密尔顿在接下来还推动了1794年英美《杰伊条约》(Jay's Treaty）的通过。这份条约的主要内容是商讨美国独立后，英美两国在领土上的一些没能解决的纠纷、英国俘获的美国商船，以及两国间的通商贸易和海军合作问题。

纯从美国建国领袖的情感上来讲，这份条约是很令人震惊、很损伤部分国父感情的。因为在他们看来，美国独立战争的目的就是要摆脱英国的统治，而且在独立战争中，美国还得到了法国的很多帮助（有名的“老佛爷”侯爵)，按理说美国应当与法国建立稳定的关系，共同对抗英国。然而，现在英美却要媾和，还要共同对抗法国，这是他们情感上不能接受的。

但是，汉密尔顿的意志却很坚定。他认为，要让美国的产业继续得到发展，必须保证美国对英国的棉花出口，同时也需要英国转让资本和技术。因此，美国与英国搞好关系是大势所趋。[3]

为此，他说服了华盛顿来支持这个条约。华盛顿则动用自己的声望，说服其他人接受这个条约，甚至还因此而不惜跟托马斯·杰斐逊、詹姆斯·麦迪逊绝交。

国际政治没有永恒的朋友，也没有永恒的敌人，只有永恒的利益。在亚历山大·汉密尔顿看来，当时美国最重要的利益，正是产业的兴起。

因此，要讨论人类工业文明形态与国家的结合，起点必须放到美国。

普遍的富饶

让我们重新来看看北美洲这片新大陆。总面积接近 2500 万平方公里，从寒带一直跨越到热带，高山大川不断，大江大河遍布，水文条件优越，土地肥沃，矿产资源众多。

在哥伦布抵达美洲之前，可能有 380 万—1800 万土著居民生活在这里。数字范围之所以如此大，是因为资料十分缺乏，不同学者的估计很不相同。但无论怎样，相比当时的欧洲和亚洲，这个数字实在过于稀少。更不用说，北美土著并没有发展出欧亚文明那种高度集权、内卷和竞争激烈的农业社会，其人民对地力的消耗要远少于欧亚古代文明。因此，对于殖民者来说，这里实在是物产丰富的胜地。比如，保罗·约翰逊就在《美国人的故事》中富有感情地描述这片土地的馈赠：

> 上帝赐予给他们的那块土地，正像他们所相信的那样，的确是一块“应许之地”。所有的美洲土地中，如今已成为美利坚合众国的那片土地，是最大的一块适合人类密集而成功地实行殖民的土地。有证据表明，人类最有效地从事户外活动的最佳温度是

平均 60—65 华氏度，正午的平均气温是 70 度，或者略高。在室外气温平均为 38 华氏度、夜里有温和的霜冻的时候，精神活跃性最高。重要的是，气温要逐日变化：一天之内是恒温，以及温差有大的波动，都是不利的——理想的环境是适度的变化，尤其是空气要以一定的时间间隔频繁冷却。这片如今已经安定下来并有所扩大的领土，非常符合这些要求，年度平均气温在 40—70 华氏度之间，有一个暖和得足以让五谷丰登的温暖季节，也有一个凛冽得足以让人们为了过冬而奋力劳作并储藏食物的寒冷季节。平均降雨量也恰到好处。在旱地耕作尚未发展起来之前，小麦只有在年降雨量在 10—45 英寸之间的条件下才能顺利生长：美国的年平均降雨量是 26.6 英寸，而阿巴拉契亚山脉以东，在早期殖民地的范围内，年降雨量则是 30—50 英寸，近乎完美。就雨量和气温的变化而言，美洲比欧洲更大，但在本质上，它们都同样是一般性气候。那么，奇怪的是，相对较晚来到美洲大陆的英国人，竟然把欧洲人最有可能繁荣兴旺的地区抓在了自己的手里。

连续几代殖民者都发现，在美洲几乎能种植任何东西，而且通常都能获得巨大的成功。就种植常见的粮食作物而言，北美中部有世界上最好的土壤。这里尽管只有 40% 的土地适合耕种，但它却有可耕土地最好的结合物：天然的运输条件，以及可开采矿产。这里的土壤使得农作物的多样性成为可能，这也是该地区打从欧洲人来了之后为何再也没有出现过饥荒的原因之一。冰河时代曾经覆盖着新英格兰的北美冰川的作用，把某些地区切削成了裸露的岩石，但也留下了丰富的河谷，以及肥沃的沉积土。因此，康涅狄格河谷（英国人很快就渗透到了这一地区）被证明是新英格兰最富饶的地带，最后变得惊人地富庶，不仅仅是在殖民上，而且这里还盛产大学、出版社和美洲最早的高品质报纸。除了各种各样的家畜之外，殖民者们还带来了他们以前所种植的大部分经济作物。在新英格兰，朝圣者殖民先驱们从未犯过詹姆斯敦人所犯的那种错误：在他们本该种粮食喂饱自己的时候却去寻找黄金。他们发现了玉米，或称“印第安玉米”，这是神赐之物。它的产量比传统的英国玉米要高出两倍。它无需精耕细作，用粗糙的工具就可以种植，就连茎秆也可以用来做饲料。对一个新创建的殖民地来说，这是一种价格低廉而又容易得到的食品，玉米棒子后来成了美国富庶的一个象征符号也就不足为奇了——北美本地出产的火鸡也是如此，清教徒们发现这玩意儿很对他们的胃口。殖民者们还发现了大量的栗子、胡桃、灰胡桃、山毛榉、榛子和山胡桃等坚果，还有野李子、樱桃、桑葚和柿子，尽管大多数果树都是引进的。除了玉米之外，殖民者们还有南瓜、西葫芦、豆子、水稻、甜瓜、番茄、越橘、黑莓、草莓、黑山莓、酸果、醋栗和葡萄，全都是野生，或者很容易栽培。

……

矿产资源无与伦比，正像殖民者们逐步发现的那样。假如我们稍稍展望一下未来的话，就可以看到，在约翰·温思罗普的船队靠岸抛锚300年之后，美国仅占世界人口和土地面积的6%，却在出产着全世界70%的石油，和将近50%的铜，38%的石墨，各占42%的锌和煤，以及46%的铁——此外还有54%的棉花和62%的玉米。然而在当时，让这些最早的新英格兰人大吃一惊的是取之不尽的上好木材，而且用不着费多大力气就可以砍倒一大片。在17世纪早期的西欧，用于任何目的（包括做燃料）的木材越来越稀缺，越来越昂贵。普通的家庭用不起所谓的“海运煤”，从来都得不到足够的燃料。因此，殖民者们很高兴遇到了这些木材。1629年，曾走访过安角殖民者的使节弗朗西斯·希金森这样写道：“在这里，我们有大量的火用来取暖。……全欧洲都烧不出像新英格兰这么旺的火。这里的一个穷雇员（只拥有50英亩土

> 地)，他所能买得起的用于木料和生火的木材，比英国许多贵族所能买得起的都要多。对那些喜爱旺火的人来说，这里的生活真的很棒。”第一位美国博物学家威廉·伍德于1629—1632年间勘探了那里的森林，两年之后在《新英格兰勘察》(*New England's Prospects*)一书中公布了他的调查结果，详细列举了所有可资利用树木种类，事实上它们全都可以用来做家具，不过也可以用作木炭、染料和制肥皂用的钾碱。他还为树木的绝对数量而大吃了一惊，这于他来说也在情理之中。据估算，如今已成为美利坚合众国的那片土地，在17世纪早期，原始森林覆盖了8.22亿英亩的范围。这可以加工成一批约合5.2万亿平方英尺的适于销售的锯材原木。早期的美国，是一种木材文明，源自于它的木材，就好像盎格鲁—撒克逊的英格兰源自于它的原生林一样。在他们存在的头300年里，美国人消耗掉了这片巨大的森林地区中的3.53亿英亩，相当于4.075万亿平方英尺的锯材原木。华盛顿和林肯用他们的斧头把人们的注意力吸引到了典型的美国男性的活动上。[4]

从16世纪到19世纪，三百年的定居开垦，已经使北美社会的生活相对富裕、安逸。其实，在独立战争期间，也就是18世纪晚期，美国农民就已经有了（相对于欧洲农民来说）很奢侈的花钱习惯。农民的妻子不仅要喝茶，还要搭配好茶具，而商人们则在忙着置办马车。那种在简·奥斯汀的小说中属于英国中下等城市阶级的生活，在美国，则是属于农民阶级的。不仅如此，在欧洲，享受这种生活还代表着某种阶级特权，但在美国，只要有钱，老百姓也可以拥有丝绸手帕、羽绒床垫、订制服装和进口软帽。

独立战争后，美国开始了名为“西进运动”的快速扩张之路。如前文所述，在大概半个世纪的时间里，美国领土较之独立初期扩张了三倍，吞并了五百万平方公里，速度可能仅次于蒙古帝国与大英帝国。

而且，蒙古人和英国人都不可能把这片土地上的原住民抹除，但美国可以。白人当时看待这件事的主流观点是文化优越论，认为北美土著是劣等种族，自然可以不用尊重他们的权利。他们不仅占领土著的土地，还驱逐、捕获、猎杀他们。其结果就是，少数白人掠夺了大量原先不属于他们的土地，由此而造成的直接经济后果，用八个字来说，就是地广人稀，“藏富于民”。

美国当时的土地有多廉价呢？1796 年以后，美国已经通过立法实施购地制度，当时的标准是两美元一英亩，也就是 4000 平方米左右。不仅如此，这么低的价格还允许贷款，首付 25%，其余的四年内还清。所以，在当时，一个人差不多掏 160 美元的现金，就可以得到一个大农场。根据相关记载，在 19 世纪的头 11 年里，美国西北部和俄亥俄州各有 340 万和 25 万英亩的土地被出售给了个体农民。1815 年以后，伊利诺伊州每年向小农和中农出售 50 万英亩土地，亚拉巴马州有 60 万—228 万英亩出售。乔治亚州甚至用抽奖的方式向获奖者免费赠送 200 英亩土地。也就是说，美国在西进运动中攫取的广阔土地，确实以低廉的价格分给了那一代普通人。

对于当时的底层白人来说，美国是字面意义上的“应许之地”。除了土地便宜外，民众负担也很低。我们前面说过，18 世纪中叶，普鲁士的军队数量占总人口的 3%，法国是 1%，而美国则连千分之一都没有。即便到 19 世纪早期，美国的军队数量也只有普鲁士的五十分之一。而且，美国人均承担的政府花销只有英国的 10%，没有什一税，也没有国家教会收取的各种纳捐。此外，美国也没有贫民救济税，因为按照欧洲的标准，这里就没有穷人（限于白人范围之内）。据记载，当时一个拥有 8 匹马的农场，每年的税额只有 12 美元。

除了上述这些，美国人还可以享受很多其他福祉：没有强迫征兵，没有政治警察，没有审查制度，没有法律意义上的阶级差别，除了黑奴之外，没有人会称呼另一个人为主人。当时欧洲的“人下人”，只要能买一张船票，敢赌自己不会在去往美国的路上因为饥饿、风浪或传染病等死掉，那么到了美国，他很快就可以过上比欧洲好得多的生活。

还有一个方面可以证明当时美国社会的普遍富裕程度，那就是人口数量。今天生活在大城市里的年轻人都非常清楚，穷是阻碍生育的最大理由。那么反过来，如果一个地方的人，不但生得多，而且普遍吃得还不错，自然可以证明社会的普遍富裕。

独立战争之前，美国的家庭就以孩子众多著称。在国父里面，富兰克林有16个兄弟姐妹，杰斐逊有9个，华盛顿也有9个。1800年，美国人口大概是531万，1810年增长到724万，1820年则是964万。也就是说，二十年差不多翻了一倍。这其中大概80%是自然增长。当时一位美国国会议员说：“我邀请你去西部走走，访问我们的一间小木屋，数一数里面的人。你会发现，一个18岁的强壮结实的小伙子，领着他的妻子，刚刚开始为独立生活而奋斗。打那以后，30年过去，你再去访问那里吧，你会发现，在同一个家庭里，不是2个人，而是22个人。这就是我所说的‘美国乘法表’。”[5]

除了自然生育之外，推动美国人口增长的另一大动力是移民。19世纪并不存在护照和签证制度，只要你敢于冒险去往新世界，就可以拥有新生活。1830年以前，移民对美国人口增长的贡献相对小一些，但1830年以后，数字开始快速增长。1831—1835年，平均每年有5万欧洲人移民美国；1836—1840年，增长到约7万；1841—1845年，大概是8.6万人。1845—1850年，由于北欧的饥荒，总共有140万人移民到美国，随后到1857年，又有220万人移民到美国。

经济结构上，南北战争之前的美国基本上还是一个农业国家，即便是这时，它的内在也是机械化的——当时的欧洲农业与之相比，完全不可同日而语。

从经济学上看，这个并不难解释。尽管美国人口增加飞快，移民高速增长，但跟空旷的土地相比，人口还是太稀少了，劳动力根本不够用。所以，一旦欧洲的工业革命开始取得巨大进步，达比的钢铁公司开始生产高质量铸铁，美国农民们就会把大笔钱花在钢铁工具和农用机械上。

1800 年以前,美国农民能够用的工具跟中国农民也没什么不同，都是手工劳动工具为主，用一些犁、耧、锄、铲、叉、耙之类。但自此以后，美国农业开始快速走向工业化，而此时的中国正值嘉庆皇帝在位。

1819 年，杰斯罗 · 伍德（Jethro Wood）发明了由标准化部件组装成的铁犁，自此，铁犁开始大规模工业化生产。1855 年以后，仅马萨诸塞州每年就可以生产 15 万套铁犁。

1833—1834 年前后，奥贝德 · 赫西（Obed Hussey）和塞勒斯 · 麦考米克（Cyrus McCormick）先后独立发明了收割机。紧接着，两个人展开了一场“公开商战”：在各个地方进行收割比赛，来证明谁的收割机更好用。比赛一路打到了伦敦和巴黎的国际博览会上，虽然互有胜负，但最后还是麦考米克的收割机在商业上更成功。1855 年，美国收割机的效率已经是欧洲收割机的三倍。

1820 年，干活能抵 10 个人的马力草耙出现了；1830 年，播撒麦种的高速播种机出现了；1840 年，玉米播种机出现了……1860 年的人口普查报告说，通过“改进犁”的使用，马的劳动量节省了三分之一……收割机在割与耙的时候节省了超过三分之一的劳动量……打谷机比老的手工链枷节省了三分之二，马力耙和马力干草叉节省了处理干草的一半劳动力。

麦考米克的收割机

换句话说，南北战争爆发前，美国已经成为人类历史上最早、最大规模将农业这个古老行当机械化的国家。农民通过高效开垦土地、种植经济作物而变得更加富裕，从而为之后美国的大规模工业化奠定了基础。

我之所以花费这些篇幅来讲述美国的家底，是为了说明南北战争后美国高速工业化奇迹的来源。

南北战争结束后，美国开始了一个大规模经济扩张和高速发展的新时代、一个热火朝天的投机和激烈竞争的时代。大量的移民和西部大开发促进了市场的快速发展。比较而言，美国 19 世纪最后的三十五年，跟中国改革开放后的三十五年一样，是两个国家各自历史上绝无仅有的时代。商业的魅力像磁铁一样把年轻人的能量、野心和智慧都吸引在一起，所有人都为赚钱而拼命，想方设法发明新技术、开发新产品。

但是，早期技术无法避免有这样那样的不完善，总是会出现各种各样的问题。这个时候，研发新产品的工厂就必须先挣到一部分钱，才能投入后期的技术改进。因此，对于一个国家抓住产业革命的机遇来说，有富裕的普通人，有规模巨大的市场，有允许试错的充分财力，就非常非常重要。

我曾在很多地方反复引用过一个亲身经历：大约七八年前，还是智能硬件产业方兴未艾的时候，中国的从业者们发现了一个“200元”定律：定价在200元以下的产品，销量会显著高于定价200元以上的产品，也就是说，200元是一个明显的分界线。这很可能意味着，以中国消费者的平均消费水平，他们可以容忍一个价格在200元以下的产品还不太好用，“只是个时髦的玩具”，但是对200元以上的产品，他们就要追求性价比了。

同样的规律在美国智能硬件行业中也有出现，但美国市场的这条分界线却是300美元左右。那么两相对比，200元人民币和300美元给制造业留出的成本和利润空间，分别可以支持何种创新呢？

在此，我们又遇到了“漏斗—喇叭”模型在宏观规模上的体现。前面已经讲过，从行业的微观角度讲，石油产业的兴起最初是因为它在照明领域的巨大作用，但是，为什么人们愿意购买煤油灯而不是蜡烛？为什么人们愿意为街上长明的路灯买单？答案首先就在于“藏富于民”。这不仅仅有道德意义，而且有巨大的经济现实意义。一个民众普遍富裕的消费市场是创新的最好土壤。

总之，在19世纪下半叶，第二次工业革命创新的浪潮袭来之际，美国出现大量产业创新，而且那些新发明家建立的新企业也成为后来的世界巨头，这并不是偶然，而是殖民地巨量财富带来的结果。当然，这些财富的积累满布着鲜血，但它客观上也的确为美国的产业霸主地位奠定了地基。

产业雄起的大陆

尽管有如此雄厚的家底，美国真正在技术和产业的前沿完全超越欧洲，还是要等到 20 世纪的头三十年。

有两个因素促成了这一巨大的转变。

第一个因素是第一次世界大战阻碍了欧洲处在时代前沿的大批现代工业企业的发展，迫使它们迁移到北美，也令北美本土的企业后来居上。

例如，我们前面介绍过，第一次世界大战结束后，战胜国对战败国德国的要求极其苛刻。大量工厂被拆迁，设备被移走，产品被直接掠夺。我们之前提到过的克虏伯钢铁工厂就是其中之一。在英国的监督下，克虏伯于埃森的工厂大部分被拆除，产能减半，工业设备运往法国作为战争赔款。1923 年，法军士兵在埃森克虏伯工厂开枪射杀 13 名工人，引发报复行动。克虏伯为工人举行了葬礼，结果被捕入狱。

克虏伯只是一个极端例子，还有其他许多企业面临类似的困境。第一次世界大战期间，德国企业不仅由于遭到英国的封锁而被逐出海外市场，而且这些企业在海外工厂和机构中的直接投资和专利都被胜利方剥夺。德国企业被迫做出的选择之一是前往海外，例如去北美。1928 年，德国数家化工企业联合组成的巨头 I.G. 法本在美国建立了子公司通用苯胺与胶片公司（GAF），结果仅用了一年就成为领跑市场的竞争者。但是，欧洲企业的这种举措也刺激了美国产业的快速崛起。例如，1930 年美国杜邦公司就收购了德国无机化学品领域的领导者迪高莎公司（Degussa）在美国的子公司——罗斯勒和汉斯兰切公司（Roessler & Haaslacher）。

当然，除了德国公司之外，其他欧洲公司也面临类似的困境。两次世界大战使得欧洲第一流商人、工程师和科学家前往北美，不得不说是促成北美在20世纪占据领军地位的一大因素。这正验证了我们之前讲过的一个道理：以地缘政治手腕追求产缘政治目标的努力大多容易失败，以产缘政治手腕追求地缘政治目标的努力更容易成功。

第二个因素1920年代开始在美国出现的大规模流水线生产。它的技术条件是生产工具的电气化，思想条件是泰勒管理制度，实践中的最成功应用则是亨利·福特的汽车生产线。这些故事，我们前文中已经多有介绍，在此不再赘述。我想指出的是，美国本土这种产业力量的积蓄，正是美国足以在第二次世界大战中发挥独一无二领导作用的根本实力所在。

美国发挥领导作用的最主要方式首先是战争援助。1940年，第二次世界大战已经全面爆发，但美国还没有被卷入这场战争。美国人民享受孤悬海外的优势，并没有下定决心跟英国和苏联站在一起对抗纳粹德国。

但是，在向美国民众宣讲的“炉边谈话”（Fireside chats）中，富兰克林·罗斯福提出了“民主军火库”的概念。他针对当时在欧洲愈演愈烈的战火发布演说，告诉美国人，不要相信大西洋和太平洋足够宽广，欧洲的战火就烧不过来。如果轴心国控制了欧亚大陆，他们就能把半个地球军事化。

因此，罗斯福认为，美国人民需要站在轴心国的对立面，支持英国，具体办法就是向交战国提供飞机、坦克、枪炮和货轮等：“这将使他们能够为他们的自由和我们的安全而战。我们必须尽快、充分地把这些武器提供给他们，这样我们和我们的孩子才能免于其他人不得不忍受的战争与苦难。”[6]

在罗斯福的号召下，美国的各大企业响应政治动员，进入战时体制。它们迅速在东海岸组建起大量工厂，招募新工人，以高度发达的流水线生产和精密的科学管理，在短时间内制造出了巨额军事装备。在 1940—1944 年间，排名前十的军火生产企业包括通用汽车（GM）、柯蒂斯-莱特（Curtiss Wright）、福特汽车、康维尔飞机（Convair）、道格拉斯飞机（Douglas）、联合飞机（Unitied Aircraft）、伯利恒钢铁（Bethlehem Steel Corp）、克莱斯勒（Chrysler）、通用电气（GE）和洛克希德（Lockheed Corporation）[7]。这些企业原先都是各行业顶尖的私营企业，但在战时动员下，很快转变为开足马力的军火商。

美国的战争机器一旦开动，就立刻压倒了轴心国的生产能力。美国参战伊始，因遭受日本偷袭珍珠港的重创，只剩下三艘一线参战的航空母舰，但两年内，航空母舰的数目便猛增到 50。美国海军的飞机数量从 1941 年的 3638 架上升到 1944 年的 30,070 架，潜艇数量从 1941 年的 11 艘增加到 1944 年的 77 艘，登陆艇数量从 1941 年的 123 艘猛增到 1945 年的 54,206 艘。巅峰时期，福特的工厂能够以 58 分钟的速度生产一架轰炸机。

有了美国的参与，盟军的规模和人数优势得到彻底发挥，纳粹德国和日本再无回天之力。就算日本军人再怎样以“大和魂”为动力逼迫前线士兵拼命，血肉之躯也无法抗衡机械化军队。

驯化欧洲

从时间顺序上来讲，美国以自己的产业优势介入旧大陆的地缘政治博弈，最早是对苏联，其次就是对欧洲。

第二次世界大战以轴心国的战败而结束。然而，战争的结束正是政治博弈的开始。最重要的是，地缘政治的逻辑开始让位于产缘政治的逻辑。

这就要说到美国对战败国的处理和对战胜国的援助了。

我们前面讲过，第一次世界大战结束之后，战胜国曾经想以《凡尔赛和约》将德国整个去工业化。对此，凯恩斯斥为“一场欺骗”。

同样的，第二次世界大战结束之后，以美国为首的战胜国，需要对同一个问题做出决断：如何处理德国？

从美国民间的表现来看，美国人的“反德”情绪是相当严重的。在伍德罗·威尔逊担任总统的“一战”期间，美国人就以各种爱国法案为理由，对德意志血统的移民施用私刑，甚至非法囚禁，待遇几乎要直追对黑人的歧视。到“二战”时，美国国内的“反德”情绪已经相当浓厚。这种情绪的代表，反映到战后处理方案的选择上，就是所谓的“摩根索计划”（Morgenthau Plan）。

“摩根索计划”是由美国财政部部长小亨利·摩根索提出的，但实际起草人其实是他的主要顾问、苏联间谍哈里·怀特。因此，有人认为，怀特起草该计划的主要目的之一是为苏联的地缘政治利益服务，彻底削弱德国。

该计划的主要内容是把德国肢解为南德和北德，并将其主要工业区萨尔兰鲁尔区和上西里西亚交由盟军占领或割让给邻国，全面解体德国所有重工业，使德国变成一个以农牧业经济为主的国家。

一开始，罗斯福对这个计划表示了一定的支持。但是，罗斯福突然去世后，继任总统杜鲁门对此持有不同看法。

杜鲁门委托美国前总统赫伯特·胡佛前往德国和奥地利考察，以确定当地状况。1947 年 3 月，胡佛将考察结果撰写成报告发布，其主要观点是，美国应恢复德国的工业生产能力，否则，不仅对德国的救济将成为美国的经济负担，而且欧洲的经济复苏也会遥遥无期。胡佛跟凯恩斯一样注意到了人口压力，他说：“除非我们在当地消灭或强迫移出 2500 万人，否则，把德国变成农牧国的想法就是不可能的。”[8]

这些经济考量和美国政府内部日益滋长的反共情绪，共同促成了美国政府最终否决“摩根索计划”，转而支持对德采取宽容策略。这个就是我们后来熟知的“马歇尔计划”。

“马歇尔计划”的正式官方名称是欧洲复兴计划（European Recovery Program），因其主要提出者乔治·马歇尔（George Catlett Marshall）而得名。“马歇尔计划”的主要内容并不复杂：美国出钱，对战后遭破坏的西欧各国予以产业援助，以此抗衡苏联和共产主义势力在欧洲的扩张。

中文史料对“马歇尔计划”的解读主要集中在地缘政治对抗的方面。但实际上，该计划还关系到一个十分重大的命题，即战后德国产业的恢复与重建，及其对西北欧国家和中东欧国家的经济辐射作用。换句话说，“马歇尔计划”一开始就是把产缘政治和地缘政治联系在一起操作的。

我们仔细看一下这个计划的实际起草人，就更能明白它的双重属性。

马歇尔本人是军人出身，在“二战”期间担任美国陆军参谋长，后来的盟军最高司令艾森豪威尔就是他举荐的。但他自己并不具备产业政策和宏观经济学的背景知识，这个计划的主要起草者实际上是马歇尔的助理、后来担任副国务卿的威廉·克莱顿（William Clayton），以及美国国务院内部智库的政策规划总监乔治·凯南（George Kennan）。

威廉·克莱顿本人是个产业家，创立了当时世界上最大的棉花贸易企业安德森和克莱顿公司（Anderson, Clayton and Company），在“一战”期间担任过威尔逊政府的战争工业委员会成员，后来在重建金融公司（Reconstruction Finance Corporation）和进出口银行（EXIM）任职，拥有丰富的产业和金融经验。

乔治·凯南则担任过美国驻莫斯科代表团的副团长，1946 年，他向美国国务院发回了一份数千字的关于战后苏联理论、政策、行

乔治·马歇尔在哈佛大学的演讲中第一次提出“马歇尔计划”

为动机和做法以及美国应采取对策的报告，这就是著名的“长电报”(Long Telegram)。在这封电报，以及他于 1947 年以“X 先生”的笔名在《外交季刊》上发表的《X 来鸿》(后名为《苏联行为的根源》)中，凯南提出了闻名于世的“遏制战略”，构成“冷战”期间美国对苏长期战略的指导核心。

威廉·克莱顿和乔治·凯南这两个人一文一武，一个精通产业，一个精通地缘政治，加在一起，恰好是一套完整的产缘政治方案。

在明面上看，“马歇尔计划”当然是美国出钱、建工厂、出技术，换取欧洲的复兴。但是，钱、工厂和技术都不是白出的。这就好比大家合伙做个公司，出钱的人、出厂的人和出技术的人，那都可以做实实在在的股东，而不是像出力的人一样，最多拿个期权。美国人出这些资源，当然要换来股东身份，这也是天经地义的。

那么，这个参股办法具体怎么操作呢？答案就隐藏在“马歇尔计划”的具体机构设置里。这个机构设置方案是布鲁金斯学会（Brookings Institution）出具的，至今，它还是美国排名第一的智库，可见它玩“帝国游戏”的历史有多么源远流长。

在“马歇尔计划”实际操作的四年中，所有资金、技术和产业援助的总价值达 140 亿美元，其中第一年（1948 年）就达到了 50 亿。当年美国的 GDP 是 2580 亿美元，如果按照援助金额占 GDP 的比例来换算，这笔钱差不多相当于 2020 年的 11,000 亿美元，第一年给出去相当于 4000 亿美元。

这样一笔钱完全可以用四个字来形容：富可敌国。现实中，不管是谁手握这笔钱，他的权力都相当于一个中等国家的财政部部长了。更何况，这笔援助里还有一些技术是花钱也不一定能买来的。因此，参股的办法首先是安排权力。

对此，布鲁金斯学会的建议是，为了花好这笔钱，美国需要成立一个全新的独立机构，即后来的经济合作局（ECA）。

对内，ECA 在程序上可以向现有政府部门汇报，但实际上不受国务院限制，而是对总统本人直接负责。为了掌握 ECA 的情况，总统要单独成立一个顾问委员会，听取报告并咨询相关专家。

对外，ECA 的负责人享有决策和执行合一的权力，对计划落地所牵涉的进出口、仓储、转运和财务等技术问题，享有决定权；有牵涉相关外交工作的，负责人要跟国务卿直接沟通，若双方有意见分歧，应该由总统决定；可以对被援助国派驻专员代表，排名仅次于美国派驻该国的一般代表团团长，而专员代表之上还有一位总代表，级别相当于大使，负责召集各位专员代表，处理多边事务谈判。

用中国人比较熟悉的话说，ECA 的负责人相当于“钦差大臣”，受总统委托专权处理内外一切事物。他实际要对其负责的人只有一个，那就是总统。因而可以说，美国当时所能动用的一切外交资源，实际上都可以拿来为他实现工作目的所用。

从最直接的结果看，“马歇尔计划”的成就是辉煌的。1948—1952 年是欧洲历史上增长最快的时期。工业生产增长了 35%，农业生产超过战前水平。欧洲的收入水平持续提升，一直延续到 1970 年，比 1950 年代提高了近 20%。

但是，比起数字而言，“马歇尔计划”更重要的影响，是政治和社会结构上的。

我们前文介绍过，正是在 20 世纪初，美国建立了现代行政机构原则。用现在的话来说，现代行政机构的基本理念其实就是建立在科学原理管理之上的“算法治理”，要求培养大量公务员，用私营企业以 KPI 要求员工的方式要求他们，让他们在体系指导下完成一系列任务，包括制定产业政策、拆解垄断企业、促进经济增长和设立国有基金等。

20 世纪初期“进步主义”的代表人物之一沃尔特·李普曼（Walter Lippmann），于 1914 年出版了《放任与驾驭》（*Drift and Mastery*）。在这部书中，李普曼认为，技术进步和工业发展已经让世界发生了根本的变化，旧的民主制度已经无法解决社会问题，因为它放任民众，缺乏纪律；真正的解决之道，在于理性规划和科学治理，提倡用科学实验的方式来寻找最有效的商业模式。由此，我们可以看出，这个时代的“算法治理”理念，其实是与 19 世纪资本主义的黄金年代流行的“小政府”理念背道而驰的。

在 20 世纪初，美国是这一理念的先行者，而德国和苏联则是不同程度上的效仿者。当然，这两个效仿者因为根基比较弱，实际效果都没有美国深入。相对而言，英国、法国、奥地利和西班牙等更老牌的资本主义国家，反而离这种现代政府结构的要求更远，效率也更差。

但“马歇尔计划”的出台和施行，大规模地改造了这些国家的政府体制和经济结构。

以法国为例，1946 年起，当时还在做法国临时政府主席的戴高乐就成立了总计划委员会（Commissariat général du Plan)。委员会的主席，就是后来呼吁成立欧洲煤钢联营、被誉为“欧洲之父”的让·莫奈（Jean Monnet)。

总计划委员会的第一个计划就是现代化改造，其为法国设立了四大目标：(1）发展国家生产和外贸；(2）提高生产力；(3）保证人力充分就业；(4）提高生活水平。这个委员会的工作就是跟“马歇尔计划”紧密配合的。最初它选定了六个关键部门：煤炭、钢铁、电力、铁路运输、水泥和农业机械，并且还把其中三个产业——煤炭、电力和铁路运输——国有化了。后来，委员会又增加了石油、化工、化肥、合成肥、合成纤维和造船等部门。

这基本上就是弗里德里希·李斯特式产业政策的制定思路了。当然，法国人给它取了个稍微好听点的名字，叫“指示性计划”，就像日本的“窗口指导”一样，好跟德国的国家资本主义模式和苏联的计划经济模式区分开来。

委员会动用的主要资金就来自“马歇尔计划”，然后它会从美国进口原材料和机械，在本国市场上以法郎出售。这就等于法国政府接管了大量在和平时期由私人公司承担和主导的外贸事务。换句话说，委员会从“钦差大臣”那里拿到了足够丰富的资金资源，因而能够主导经贸安排。从 1948 年到 1952 年，“马歇尔计划”的资金援助占到法国所有投资的 20%，其利润额度恰好能让法国政府的某些项目赚到钱（例如对大产能轧钢厂的投资)，其道理跟中国运用产业政策补贴光伏或电动车企业，以让它们能够有利润空间，从而实现技术积累是一样的。

在这个过程中，美国的大规模生产方式、消费主义和娱乐文化都深刻地渗透进了法国社会。

1949 年夏天，一支由 16 名法国商人、工程师和工人组成的团队抵达美国，开始为期六周的重型电气设备制造厂参观。这是“马歇尔计划”的一个部分，实际就是产业培训。

这些人对美国工厂的产能和普通人的富裕程度印象深刻——法国与之差距之大让人近乎绝望。他们看到，福特一家工厂的停车位的面积之大，有如“巨大的湖泊”，虽然只有 130 名员工，却有 75 辆私人汽车。当时底特律的汽车工人要买一辆斯图贝克（Studebaker）汽车只要花 9 个月的工资，而法国工人买一辆同级别的雪铁龙则要花两年半的工资。美国人告诉他们，两国生活水平的差距源于生产力，也就是落实流水线生产和泰勒式科学管理方法到什么级别的差距。

负责“马歇尔计划”的官员用这些例子震撼并说服法国人，应该用美式生产方式取代旧世界传统和落后的经济习惯。[9]他们非常希望通过工业增长和提升收入水平来改造法国的经济和社会结构。这其中有很大一部分原因是意识形态上的竞争。1950 年代，朝鲜战争已经爆发，欧洲的共产主义运动此起彼伏。美国的打算是要遏制工人运动在欧洲的影响力。他们认为，亨利 · 福特发明出的那套消费主义模式是最好的办法。所以，他们一方面要给法国提供更多资金，另一方面要求法国的企业和社会更快向美式消费主义转型。当时“马歇尔计划”的执行机构 ECA 的助理副署长理查德 · 毕塞尔（Richard Bissell）这样推销他们的计划：

> 可口可乐和好莱坞电影也许是浅薄文明的两大产物，但是美式机器化、美式劳资关系和美式管理与工程学则在哪里都受到尊

> 重。我们希望一部分欧洲机构和企业能够尝试更高生产力、更高工资和更高利润的哲学……如果他们这样做，就可以至少在一些地方克服限制主义，这种模式也就可以得到传播……不需要花费很高成本，就可以提升产量。但是我们要深刻改变社会态度，适应20世纪中叶这个时代。[10]

就美国人对这种模式的鼓吹，法国人持一半肯定一半否定的态度。

法国的一些企业家和工程师是肯定美国经验的。他们认为，法国的设备和技术不见得比美国人落后多少，但是管理技巧和思维确实比美国人落后。法国人认为管理是依靠经验、个人素养和社交关系的，而美国人则认为管理是一种技术，即如何有效地调动下属的积极性，形成活泼、高效、有利于工作的氛围，而这个技术本身是可以培训的。此外，美国人在注重消费者需求方面和营销方面的技巧，也值得学习。

但法国的共产党和工会则反对美国模式，抗议“马歇尔计划”实施的种种方案。他们无法忍受美国企业对工会的打压态度，认为工资的提升并不能取代工会斗争的重要性。而且，工人也没有感受到，在法国总计划委员会主导下的产业政策带来了福利提升。相反，政府越是干涉其中，就越是倾向于支持资本家的利益，压制工人争取权利。他们认为，美国资本主义正是法国政府的帮凶。

还有一些文化人士质疑并反思：美国式的生活模式，是否就是自己想要的模式？把人生的全部精力用来追求利益，追求高增长，这合适吗？物质享受应该是社会最高级的优先事项吗？

然而，**“马歇尔计划”的实质并不是经济援助，而是产缘政治**。虽然这种政治相比纯粹以硬实力运作的地缘政治温情脉脉了许多，但政治就是政治，不容文化探讨。对此，美国人的反应是开始运用“特殊手段”从内部拆解左派运动。

美国中央情报局获得了整个“马歇尔计划”资金的5%（约6.85亿美元，分六年给完），用途是资助海外秘密行动，包括支持工会、报纸、学生团体、艺术家和知识分子，以宣传美国模式的优点。[11]其中，最大的一笔捐给了1950年成立的“文化自由大会”（Congress for Cultural Freedom），该组织的宗旨是反对苏联模式，成员包括一批20世纪最优秀的知识分子，比如卡尔·雅斯贝尔斯、约翰·杜威、詹姆斯·博纳姆、雷蒙德·阿隆和西德尼·胡克等。他们中有很多是左翼知识分子，但是现在都站在了美国的一边。

尽管法国人对美国模式有着这样那样的疑问，但是在产业力量与政治手腕的强力配合下，曾经是欧洲文明中心的法国，在“二战”之后毫无疑问地接受了美国的改造。从1950年代，法国开始冲向消费社会，接纳了美式消费主义的大部分产品、习俗和价值观。法国工人也开始像美国工人一样拥有家用汽车，致力于追求富足，满足于涨工资而非搞运动。法国的中产也变得更像美国的中产，更喜欢去超市而不是传统的小店（家乐福就是1959年在法国创立的），喜欢住在郊区而不是像以前那样住在巴黎或马赛的市中心。

法国曾经是欧洲最激进思想的策源地，是各地知识分子、革命家与政客聚集的中心。“马歇尔计划”之前，法国既有非常坚定的保守主义者，也有非常激烈的左翼人士、共产主义者和戴高乐主义者。在法国，有为数不少的人把美国视为资本主义帝国的代表，威胁着法国的文化身份，代表了意识形态的终结。这种想法甚至在1960年代还引发了大规模的运动。但是，1968年以后，左翼思想运动彻底衰落，而随之衰落的，还有法国的反美主义文化。

可以这么说，消费主义对左翼批判思潮的“消融”，效果非常显著；与战前相比，法国在很大程度上被“驯化”了。

当然，法国只是被“改造”和“驯化”的诸多欧洲国家的代表；

尽管这种“改造”和“驯化”整体上来讲是温和的，是共赢的，有利于社会中大量普通人提升其收入水平和生活条件，但变化的确就是变化。

在很多中国读者的心目中，西欧各国和美国都是发达国家，似乎相差不大。但真实情况是，考 90 分的和考 100 分的优等生，他们自己很清楚，这 10 分的差距，也是质的差距。此外，也不要忘记，在“二战”后的 1950—1960 年代的这个节骨眼上，美国的生产力可以达到欧洲的 1.5—2 倍，是日本的 4—5 倍。

一个不争的事实是，美国先以这种产业优势向西方阵营输出政治秩序，然后造就了战后世界政治的基本框架。

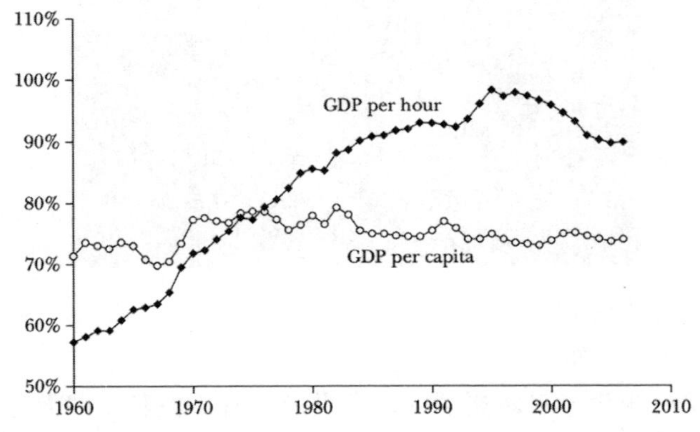

1960 年代以来欧盟 15 国在人均 GDP 和每小时生产 GDP 方面占美国的份额 [12]

“天下武功出少林。”放在武侠小说中，这句话给人的感觉也许是武林泰山北斗的地位，但在现实历史中，则更多是令人绝望的实力差距、冷冰冰的政治手腕和无意顾及弱者意志的政治安排。就美国战后实施的“马歇尔计划”对欧洲产业和政治结构的改造过程和结果看，我认为，这句话也适合用来描述美欧战后的产缘政治关系。

捭阖东亚

讲完了欧洲的故事，让我们转过来看看亚洲。

在亚洲扮演与欧洲类似角色的国家，是日本。只不过有关日本的产缘政治故事可能需要回溯到更早的年代，也就是第二次世界大战之前。

这段故事中有一个绕不过去的关键人物，他的名字叫岸信介。

青年时期的岸信介（右二）

岸信介出生于日本典型的政治世家，哥哥佐藤一郎做过日本帝国海军的中将，弟弟佐藤荣作跟他一样当过首相，他的外孙则是日本前任首相安倍晋三。也因此，其家族有“一门三首相”之称。

岸信介大学时期就读于东京帝国大学法学部。当时就读这一专业的，毕业后多半会选择进入内政部从事政治，但岸信介却对经济与产业更感兴趣。他先是进入商工省（1949 年后改名为“通产省”），并于 1926—1927 年周游世界，研究美国、德国和苏联等工业化先进国的政策。他对泰勒式管理、苏联五年计划、德国工业卡特尔政策以及德国工程师在经济体系中的崇高地位很感兴趣，归国后，以这些见闻为蓝本，推动了日本政府内部“革新官僚”群体的形成。

日籍历史学家三村珍妮斯（Janis Mimura）把“革新官僚”归结为这样一个群体：他们的理论，借鉴融合了美国新政、苏联计划经济和纳粹德国的许多内容，并在其中杂糅了大日本帝国主义；其意识形态有三个基本面向，分别是公私融合、资管分离和日本优先。三村说，可以把这三个因素的结合称之为一种“技术法西斯主义”（techno-fascism）。他们的目的是建立一个“管理国家”（managerial state），政府有权直接管理政治和经济的方方面面，可以取消一切自由放任的成分，将整个国家经济迅速转化为一种全面战时经济。他们希望建立一个由创新力十足的、负责的、最终不需要上级强制就能自动将“管理国家”体制运营起来的公民组成的“新文明形态”。[13]

“革新官僚”一方面拥抱西方科学技术，另一方面拒绝建立在私有财产权和企业自治原则基础上的自由资本主义。他们相信，在国家指导下科学、合理地运用这些技术，能够打造比西方自由社会更强大的文明。他们用来实验自己想法的土壤，是1931年“九一八事变”以后，日本关东军扶植溥仪成立的伪满洲国。岸信介因为在日本国内鼓吹模仿苏联、德国等国的政策，以“理性指导”为原则消除造成浪费的资本主义竞争，契合军方的理念。于是，1935年岸信介被任命为伪满洲国工业发展部副部长。1936年，他以苏联为蓝本，起草了伪满洲国第一个五年计划。

日本人视伪满洲国为支持自己帝国野心的傀儡政权，视生活在这片土地上的中国人为奴隶，以及为日本帝国主义燃烧殆尽的炉渣。由于日本全面掌握伪满洲国的各种工业原材料、产业投资和技术开发渠道，岸信介得以制订了一项政策，严格控制当地的工资水平，将工人的工资降低到低于“劳动力再生产”的红线基准。

凡在高中课本上学过马克思主义政治经济学的朋友都知道，“劳动力再生产”这个概念看着很学术，但它的具体内容实在是活生生的生活本身，是工人用工资让自己和妻儿吃饱饭，有衣穿，有房住。但是，在一切生产资料都被日本掌控的前提下，岸信介完全可以制定不给予劳动力任何福利的政策，甚至连合理的工资本身都扣留。工人在企业的工作，实质上变成了与付出完全不相称的强迫劳动，等同于“奴工”。

1937 年，日本全面入侵中国。为了配合战时体制，岸信介签署了一项法令，要求在伪满洲国和日本侵占的其他中国领土上都采取奴工制，不惜一切发展工业，以此为日本和私人投资者带来可观利润。从 1938 年到 1945 年，每年约有一百万左右的中国人被掳到伪满洲国的工厂里做奴工，其中多数不堪严苛的劳动条件而被摧残致死。以抚顺煤矿为例，其每年雇佣的矿工约有 4 万人，而因为工作条件恶劣和生活水平低下致死的工人就有 2.5 万人。[14] 因为在伪满洲国立下的这些“汗马功劳”，岸信介得到了“满洲的妖怪”和“昭和的妖怪”这样的称号。

当时，除了岸信介以外，还有一批核心“革新官僚”在伪满洲国受到系统训练后，回到日本国内，成为昭和时代日本“国家资本主义”的主要推动力量。其中最出名的五个人被称为“二 Ki 三 Suke”，意思是两个姓名以 Ki（キ）结尾的人和三个姓名以 Suke（スケ）结尾的人。他们分别是东条英机，任关东军参谋长兼宪兵总长，后来做了内阁总理大臣；星野直树，伪满洲国国务卿，后来在东条内阁做官房长官；鲇川义介，伪满洲重工业开发有限公司总裁，是日产集团（Nissan）的创始人；岸信介，在伪满洲国总务厅做次长；松冈洋右，满铁总裁，后来做了外务大臣。

1939 年，岸信介返回日本，打算在日本也建立严苛的“国防国家”体制。1941 年，岸信介担任东条英机内阁的商业大臣，换句话说，岸信介就是日本战时经济体制的主要负责人之一。

但是，1943 年以后，非常清楚日本产业实力的岸信介认为，日本不可能赢得第二次世界大战。于是，他开始主动与东条英机切割。1944 年，东条英机因为塞班海战的惨败被迫重组内阁，而岸信介选择在此刻背叛了东条英机，宣布不再担任商务与产业相关的官僚。也因此，东条内阁彻底被推翻。

1945 年日本战败前夕，岸信介成立了一个名叫“护国同志会”的新政党。这是一个反对东条英机“翼赞政治会”的政党，但除此之外，岸信介还有一个潜在的政治目的，这就是在摆脱财阀的前提下重组日本政局。考虑到美国在战后的确采取了拆分财阀的改革，岸信介的政治敏锐程度可以说是十分惊人，的确是“多智而近妖”。

1945 年 8 月日本投降以后，岸信介以涉嫌甲级战犯的身份被关在日本巢鸭监狱。但是，美国内部的对日政策群体看到了岸信介在统管伪满洲国经济期间反对苏联的一些活动。结合岸信介推翻东条英机的政治投机，他们认为岸信介是一个可以与美国合作、建立日本亲美体制的政治家。于是，这些人组织了一个游说机构，向美国政府说情，其中包括美国驻日本大使约瑟夫 · 格鲁（Joseph Grew）这样的关键人物，而约瑟夫 · 格鲁正是松冈洋右的好朋友。

在他们的游说下，岸信介没有经过审判就被释放了出来，并重新参与到日本政局中。1952 年，《旧金山和约》（Treaty of Peace with Japan）生效，盟军对日本的占领结束，包括岸信介在内的前政权成员的公职禁令亦被解除。岸信介随即组建了“日本再建联盟”，后来被吸收到吉田茂领导的自由党阵营中。1955 年，日本的两个保守党派系（自由党和民主党）结合组成日本自由民主党，岸信介出任自民党干事长。此后，自民党在日本实现一党长期执政，仅在 1993—1996 年和 2009—2012 年短暂失去过政权。这也就是战后日本“五五体制”的形成。

这里要岔开一笔：很多朋友对日本的政治体制是有误解的。明治维新后，以明治天皇为首的日本决策层试图建立的并不是类似于英国的君主立宪制度，而是类似于普鲁士或德意志帝国的制度。也就是说，日本虽然制定了宪法，但是宪法的真实目的并不是要限制天皇的权力，而是要更好地实现天皇独裁的权力。

明治时代“立宪国家”理论的御用学者有贺长雄（伊藤博文的亲信）曾经解释说，当由个人开创公司时，公司所有权归属一人所有，事务也由该人负责。但公司发展壮大后，经营者的家事与公司事务自然分开，公司事务也不能由经营者个人独断，而是要由公司章程规定的机构进行处理，但这并不改变公司的所有权，立宪也是这个道理。[15]

因此，明治维新之后，就权力的集中程度而言，其实是日本有史以来最为集权、天皇对社会管控最为严密的时代。与其说这是类似于英国的君主立宪制改革，倒不如说是类似于秦始皇一统天下之后，彻底打垮六国贵族分封传统的社会变革。只不过，因为这场变革是与产业发展同时发生的，所以在维新后数十年间，日本相应地形成了特别的财阀集团。

明治维新前与幕府保持密切关系的商人，在明治维新后重新与维新政府建立起纽带，因而在工业化初期赢得先发优势，最终形成具有垄断效应的寡头家族，就是财阀。日本战前有四大财阀，分别是三井、三菱、住友和安田。“二战”开始时，这四家财阀控制了日本 30% 以上的采矿、化学和金属工业，50% 以上的机械设备市场和外贸船队，以及 70% 以上的金融机构。它们事实上是天皇与军国主义集团控制产业与经济的白手套。

美国占领日本之后，财阀被强制拆解，日本再也无法回到过去的社会。

其实，在美国原先的计划中，他们的打算是用“一战”后对德国的处理态度，来对待“二战”后失败的日本。

1945 年 12 月 18 日，杜鲁门总统特派的鲍莱调查团提交的《日本赔偿计划书》（Reparations from Japan）就明言：

> 过去日本工业的发展，带有极其浓厚的扩充军备的色彩，即使在遭到战祸的今天，仍然拥有超过维持其平时国民经济所需要的很大的过剩设备。[16]

因此，报告建议，能容许日本在赔偿结束后拥有的生产能力，应当是1926—1930年的水平；后在杜鲁门指示陆军部和国务院制定的具体操作细则中，被修正为1930—1934年间平均工业水平的生产能力。[17]

但是，朝鲜战争爆发后，这个原定的计划就被改变了。美国不再追求遏制日本，转而将日本当作战时产能的基地。就这样，以岸信介为代表的日本政治决策层找到了用武之地。他们一边尽快恢复日本曾经采取过的，以政府力量指导产业迅速发展的策略，成为美国军事供应链的一部分，一边在外交上尽可能向美国靠拢，以求解绑美国对日本的更多控制。

因此，"五五体制"的实质，其实是美国改造日本和日本迎合改造的同时保留原有产业经验的一种混合：在社会层面上，美国拆解了财阀，要求日本实现地方意义上的民主选举，以改造日本的政治社会结构；在产业层面上，岸信介混合美苏德经验搞出的产业政策模式重新发挥作用，对日本战后重建起到了积极影响；在外交层面上，岸信介积极向美国靠拢，尤其是1957年当选首相后，以自身政治生涯为代价通过的《日美新安保条约》基本框定了战后日本的地缘政治战略方向。日本自民党之所以能够长期执政，就是因为它能够长期坚持上述的三个方面，因而既能迎合美国的地缘政治安排，又能以现代产业的消费主义安抚民众的诉求。

这里还有一个很重要的因素，就是中国扮演的角色。

朝鲜战争结束后，美国开始重新审视中国从军事到工业各个方面的实力和影响力。例如，在白宫解密的档案中有一系列美国情报机构对“大跃进”和“人民公社”的研究和讨论。其中，在1959年2月10日的一篇报告中，美国人是这样认为的：

> 我们的初步判断是，1958年实际发生了生产的显著增长。在农业中，这种增长至少达到10%，甚至有可能高达20%。钢铁、煤炭和机床等某些行业的工业产值可能是1957年的近两倍。尽管某些增加的产出质量可能很差，并且用处有限。但几乎可以肯定的是，今年总产量将再次大幅增长。
>
> ……
>
> 如果这些计划惨遭失败，那么在亚洲，共产主义就会被抹黑，而中国共产党影响其他亚洲国家政府的能力也会降低。但是，只要这些计划没有重大失败，该政权就仍有能力对邻国施加沉重压力。如果这些计划获得成功，那么对共产主义中国的恐惧将在南亚和东南亚增加，届时会很难阻止像柬埔寨和泰国这样的小邻国顺从中国的要求。
>
> ……
>
> 中国第一个五年计划的目标已经普遍实现或者超额完成，国民生产总值以平均每年约7—8%的速度增长，农村集体化的速度也很显著。北京在共产主义阵营中的特殊地位和重要作用都得到了承认，中国在亚洲的地位大大加强。[18]

很明显，美国在分析中国产业能力的时候，始终将其与自己的地缘政治战略布局结合在一起。

同一时期，美国对日本的看法当然也会围绕这一点来展开。

1951年5月，美国就未来的美日经济关系发表了“麦卡特声明”。该声明特别提出：

> 美国政府相信，为了扩大东南亚的原料生产和工业生产力，需要最大限度地充分利用日本的工业生产力。对于日本存在这样一个有魅力的机会，即向东南亚及其他正从事军需生产的诸国供应特殊的生产资料及消费资料。

6 月，美国向日本提出《美日经济合作计划》，明确了在以美国为核心的西方阵营确立的共同防务体制中，日本与东南亚应当发挥的作用，包括：(1) 消费品生产；(2) 特需物资生产；(3) 输出到东南亚的生产资料与消费品生产。这是为了当“现在正尽全力从事军需生产的国家不能自给”的时候，“把日本的工业力量最大限度地用于增加东南亚的原料生产和增强其工业力量”。[19]

1954 年，美国国家安全委员会的《美国远东政策考察报告》(NSC5429 号文件) 提出，“支持、鼓励建立一个包括菲律宾、日本、韩国等在内的西太平洋集体防务体系，并使之最终与东南亚安全体系及澳新美条约组织联系起来”。文件同时提到，要“基于自立和互助之上，最大限度地促使亚洲自由国家迅速建立一个包括日本和尽可能多国家在内的经济集团”。[20]

这也就意味着，作为战胜国的美国，为了“冷战”时代的意识形态斗争，正式“解绑”了日本，并协助日本与战后的东南亚世界斡旋，发挥日本对东南亚地区的产业影响力。

尽管如此，鉴于日本在“二战”中对东南亚国家的血腥侵略与屠杀，许多东南亚国民仍然不能原谅日本的所作所为。那么，该如何打开局面呢？在这里，“昭和的妖怪”岸信介再度发挥了作用。

还在伪满洲国任职期间，岸信介就有丰富的从事“黑金”政治的经验。重返政坛后，岸信介以续签《美日安保条约》为饵，从美国中央情报局那里换取了另外渠道的“黑金”支持。这就是美国对日外交中的秘密运作项目之一“M基金”。“M基金”来自“二战”结束后美军控制日本期间掌管的军用物资和资源部门，其还掌管有稀有金属和钻石矿产。战争结束后，在CIA的主导下，“M基金”通过吉田茂领导的保守派以及跟岸信介建立起个人关系的企业家，比如曾在伪满洲国从事矿产业的商人木下茂等，将黑钱洗成白钱，流回岸信介手中。所以，有人把这笔钱称为“地下的马歇尔计划”。[21]

1950年代初期，岸信介再度扮演了“背叛者”的角色，只是这次背叛的对象换成了战后日本首任首相吉田茂。吉田茂的确主张对东南亚国家尽快展开赔偿，恢复正常关系，但是岸信介抢先一步，以个人名义与缅甸、泰国、菲律宾、印尼和柬埔寨展开谈判。

而且，他还提出了“以工代赈”的赔偿方案。“赔偿外交”的原意，是日本应该对“二战”期间受其侵略的国家实施经济赔偿，但岸信介却提出了“巧妙”的替代方案：战争结束之后，日本也是一个穷国，没有多余的资金和财物，怎么办呢？那就用劳务和产品进行赔偿吧！简单说就是，日本欠东南亚国家的赔偿款，以东南亚国家将原材料发给日本，日本再将加工后的产品返还给这些国家的方式进行赔偿。政府会拨出专门款项，支持从事这些业务的日本企业。当然，其中还有美国的经济援助款。这等于说，日本政府花着银行和美国援助的款项，买了日本企业的产品，再把它们赔给东南亚国家。在这个过程中，日本的工业生产能力也就得以恢复。

岸信介为推行这个计划，提出了成立由日本主导的“亚洲开发基金”（ADF）方案，也就是，由日本在东南亚展开投资，推动当地发展，配合美国的“冷战”外交。1957年，岸信介走访了印度、巴基斯坦、缅甸、泰国、斯里兰卡、南越、柬埔寨、老挝、马来西亚、印度尼西亚、菲律宾、澳大利亚和新西兰等国家和地区，邀请其加入ADF。但是，这些国家和地区中的大多数都曾被日本侵略过，对这个方案不感兴趣，甚至认为这是“大东亚共荣圈”的再现。

为了尽快推动自己版本的“赔偿外交”，岸信介再度动用了“黑金”资源。这方面最典型的例子是：1958 年 2 月，印度尼西亚总统苏加诺访问日本，但当时由于日本政界内斗，东京警方以这是私人访问为由，拒绝提供安保。为了确保苏加诺成行，岸信介让一位黑帮大佬儿玉誉士夫组织了安保力量。儿玉誉士夫早年曾追随黑龙会参与右翼青年组织，后来前往伪满洲国，与岸信介结识，并在日本侵华期间在上海组织成立臭名昭著的“儿玉机关”，为日本帝国海军航空部队采购物资。

在苏加诺访问日本期间，岸信介与他谈成了日本对印尼展开赔偿外交的协议。简单说，这份协议的内容就是用船舶代替金钱作为对印尼的赔偿。同年 4 月，岸信介要求印尼接受由木下生产的船只作为赔偿。木下贸易公司此前从未生产过船只，其中选的唯一原因就是其创始人木下茂是岸信介的密友。在岸信介任首相期间，东南亚各国的赔偿合同基本都交给了跟他在伪满洲国期间关系密切的商人。

“昭和的妖怪”不择手段的“黑金”外交，让日本在地缘政治上赢得了突破。尽管自己下台了，他却成功地把日本跟美国捆绑在了一起，同时也跟美国的东南亚地缘政治安排捆绑在了一起。在 1961 年的一份文件中，美国情报部门发布了如下观点：

> 我们认为日本是我们在东亚的主要盟友，我们的第二大世界贸易伙伴，重要的美国前沿军事设施的提供者，南亚和东南亚经济发展的技术、技能与资本来源。日本作为发展中的日益强大的政治、经济乃至军事大国，对遏制中国的崛起有重要的作用。
>
> ……
>
> 随着日本试图在我们的帮助下，在亚洲事务中发挥更积极的作用，美国和欧洲的经贸政策必须响应日本的市场需求，而且国

防联系也必须尽可能少地侵犯日本的敏感问题。

……

美国对日政策的长期目标是使日本发展成为与美国和自由世界利益协调一致的亚洲主要力量中心。短期内（1962—1964 年）可以实际实现的目标包括：

……

在增加贸易和加强经济政策协调的基础上，与美国和其他非共产主义国家，特别是发达国家建立更紧密的联系。

日本对非共产主义亚洲经济增长的贡献日益增加。

日本在国际上的作用扩大，特别是在亚洲和非洲国家中。[22]

在这个基础上，日本精英进一步给"产缘政治"发明出更多的理论，以论证和辩护从经贸上带领东南亚国家取得产业发展的合理性。

熟悉发展经济学的朋友一定听过一个理论："雁行模式"（Flying Geese Paradigm）或称"雁阵模式"。这个理论最早是由日本经济学家赤松要提出来的。它说的是，当日本某一产业发展成熟后，生产要素也会随之变化，从而使得这些产品在日本的竞争力转弱，相关产业就会转移到制度较为开放、有条件承接产业转移的亚洲其他国家。

很多朋友可能下意识地认为，这个理论是战后日本经济学家总结出来用以解释"亚洲四小龙"和中国大陆的崛起的。但其实不是这样。这个理论是赤松要早在 1930 年代就提出来的。对照这个时间点，很显然，这是为日本的所谓"大东亚共荣圈"辩护的理论。

赤松要提出这个理论后，其实并没有很受重视。尤其是日本战败后，类似的声音在国际学界也不受欢迎。那么，这个理论后来又是怎样成为显学的呢？这要多亏他的学生小岛清。小岛清在 1960 年代到美国访学，其中一个重点机构就是布鲁金斯学会。如果还记得布鲁金斯学会在“马歇尔计划”中发挥的关键作用，就可以想象，“雁行理论”是很对他们的胃口的。归国后，小岛清鼓励恩师将自己的理论重新整理，即1962年以英文发表的《发展中国家经济增长的历史模式》（“a Historical Pattern of Economic Growth in Developing Countries”），这篇文章立刻得到了国际学界的广泛回应。“雁行模式”遂成为显学。许多人认为，它成功解释了战后东亚与东南亚经济发展的奇迹。

1968年，美国情报机构这样评判日本：

> 日本将在未来5—10年内继续将其基本利益与美国和自由世界的利益联系起来。特别是，它可能会进行重要的外交努力，以加强与主要贸易伙伴（美国、加拿大和澳大利亚）的友好关系。这些经济联系和政治目标越来越相似，引起了日本对发展由先进的太平洋国家组成的非正式团体的兴趣。
>
> ……
>
> 日本虽然无法获得美国和苏联的超级大国地位，但它在世界事务中的重要性至少要和其自身经济水平相当的那些国家，如英国、法国和西德等一样重要，并将在亚洲发挥重要作用。它的经济重要性，以及位处太平洋西岸（与中国和东亚其他地区隔海相望的地理位置）和它日益增长的，必须遏制并与共产主义中国展开竞争的自觉性，将会推动它扮演更积极的角色。[23]

我当然承认，产业和经济发展有自己的内在规律，日本战后的经济奇迹和“雁行模式”的正确性也并不是完全要以地缘政治上的谋略布局来解释，但是，如果否认和忽视地缘政治考量在其中扮演的关键因素以及对经济崛起引发的政治走向的改变，那也是不周延的。

日本和东亚的故事充分地说明了，要理解当下这个世界，我们必须采取“产缘政治”的观察视角，将看似是两条平行线的事件联系到一起，才能更接近这个世界背后的真实结构。

养活第三世界

讲完了苏联、欧洲和日本，最后再来聊聊美国的另外一个付出努力的对象：发展中国家。

美国在发展中国家的产缘政治安排，有一个非常具体的抓手：粮食安全。这个故事我们在《技术与文明》中讲过，它与本书一再提起的凯恩斯的关系也十分密切。

在《和约的经济后果》中，凯恩斯曾有这样一个诊断：欧洲文明的危机源于人口爆炸。德国、奥匈帝国和俄国的总人口在1914年就达到了2.68亿，这样密集增长的庞大人口会造就大量展开激烈竞争的无产阶级，一旦他们忍耐不住，就要从资本家手中夺取更多产品，其结果就是比第一次世界大战更激烈的战乱和动荡。这就是战胜国不能太过削弱德国的原因之一。

希特勒的上台和“二战”的爆发，一定程度上证明了凯恩斯的正确。从1920年代到1940年代，他的理论已经被很多人接受。

比如，美国有位叫沃伦·汤普森（Warren S.Thompson）的人口统计学者，在1929年和1946年写过两本书，分别是《世界人口的危险地带》（*Danger Spots in World Population*）和《太平洋地区的人口与和平》（*Population and Peace in the Pacific*）。在第一本书中，他认为西太平洋、印度洋和欧洲—意大利中部已经接近人口爆炸的边缘，必会出现大规模危机和战乱；在第二本书中，他进一步把人口过剩、资源枯竭和威胁和平联系到一起，认为战后东亚的和平依赖于美国对中国和日本的人口对自然资源所产生的压力的认识。由于在战前的预言基本得到了应验，他在第二本书中对东亚的研究很大程度上影响了美国的对外战略。

受“二战”和意识形态对抗影响，美国很多最顶尖的学者和决策层发展了凯恩斯的分析，提出了所谓“人口—国家安全理论”。这一理论认为，人口过剩会引发资源枯竭和饥荒，从而导致政治动荡和叛乱；而在这种政治动荡中，主张土地改革、均分财富的社会主义政党会赢得支持，如果它们上台，将会对美国利益造成重大威胁，进而引发战争。因此，美国为了自身的利益，应当把问题消灭在萌芽状态，向发展中国家输出农业生产技术，以遏制共产主义的传播。[24]

在这一思想的指导下，在发展中国家提倡“绿色革命”，推广新品种农作物、化肥和灌溉技术，以遏制共产主义革命，就成为战后美国外交战略的重要组成部分。

前面提到过，美国农业部不仅在发现和推广新小麦品种方面走在世界前列，在外交方面也当仁不让，扮演了人才输出的重要角色，而具体扮演沟通渠道重要角色的，则是洛克菲勒基金会。

美国政府实际上一直避免对人口统计和人口政策表现出过多的兴趣，因为总统不想让自己看起来仿佛对计划生育这类社会主义政策有兴趣。不过，同样的事由民间组织推动，就没有人好说什么了。洛克菲勒基金会的创始理事约翰·洛克菲勒三世(John D.Rockefeller Ⅲ）就很重视人口增长的研究与控制，在“二战”爆发前，基金会已经开始大量支持人口控制和优生学研究。

“二战”期间，洛克菲勒基金会和“人口—国家安全理论”得到了一个很好的应用机会。这个机会发生在墨西哥。

墨西哥这片土地曾属于印第安人，但被西班牙殖民后的一百多年中，印第安人的数量从 700 万—2500 万降到大约 100 万。19 世纪初，墨西哥宣布从西班牙治下独立，但独立运动实际上是墨西哥白人对西班牙母国的反抗，广大民众依然生活在悲惨压迫中。19 世纪末迪亚斯(Porfirio Diaz)政府统治期间，1% 的人控制着 90% 的土地，8000 个庄园瓜分了墨西哥土地总面积的 3/5，90% 的人口无立锥之地。

墨西哥的确是一个非常符合“人口—国家安全理论”的地方，此地的饥荒和社会不公极有可能成为孕育共产主义政党的土壤，实际上，当时左翼共产主义党在墨西哥十分活跃，来自军方的卡德纳斯（Lázaro Cárdenas）甚至为托洛茨基提供了庇护。罗斯福不愿意看到墨西哥变成社会主义国家，因此愿意继续与卡德纳斯沟通，保持合作关系。

1943 年，应卡马乔（Manuel Avila Camacho）总统的请求，洛克菲勒基金会正式参与到对墨西哥的农业援助中。这场援助计划就是后来被称为“绿色革命”的起点，它包含小麦育种、灌溉工程修建和现代农业种植技术的传播。

单从农业增产的角度来看，墨西哥“绿色革命”至少在前期是成功的。1943 年，墨西哥还需要进口一半以上的小麦，而到了 1963 年，墨西哥已经成为小麦净出口国。相应地，其人口也经历了爆炸式增长：1940 年，墨西哥有 1976 万人口，到 1965 年，已经增长到 4534 万，增长近三倍，同时预期寿命也由 39 岁增长到 60 岁。

熟悉国际共产主义运动史的朋友大都知道，墨西哥曾经是共产主义运动的一个中心。当年托洛茨基在苏联政治斗争中落败后，就到了墨西哥，准备组织第四国际，继续开展运动。1930 年代，墨西哥共产主义运动可以说是如火如荼。

但是，在美国输出“绿色革命”以后，墨西哥共产党的注册党员数神奇地在 1946 年达到顶峰以后持续下降，直到 1990 年解体，再也没有达到过曾经的高度。我们虽然不能说这两者之间存在明确

1937 年，托洛茨基与妻子抵达墨西哥

无误的因果关联，但要说其中没有任何相关性，那也是不太让人相信的。

“绿色革命”在墨西哥成功之后，美国原想继续在中国推广，但是蒋介石政权的迅速垮台打乱了他们的计划。1950 年代初，印度变成了“绿色革命”的另一个试验场。

彼时，印度刚刚赢得独立不久，且从某种程度上讲，印度独立运动的背后也有粮食和人口问题的阴影。数据显示，英国在印度统治的最后二十五年，粮食生产率平均每年增加 0.03%，但人口却平均每年增加 1.12%，背后是普遍存在的粮食短缺、饥荒和由营养不良引发的疾病流行。

尼赫鲁后来在《印度的发现》（*The Discovery of India*）中写道，孟加拉饥荒是印度决心脱离英国统治的根本，印度需要独立的粮食政策：

> 饥荒之恐怖、可怕、惊人，简直不可言表。在马拉巴尔、比杰伊布尔、奥里萨邦，总之，在富庶、肥沃的孟加拉省，天天都有数千的男人、女人和孩子因为粮食不足而死亡。他们在加尔各答的宫殿前匍匐死去，他们的尸体躺在孟加拉无数村庄的泥屋里，覆盖着孟加拉农村地区的道路和田野，到处都有人奄奄一息，濒临死亡，且还在战斗中互相残杀。通常一种迅速的死亡，经常是勇敢的死亡，为了某种事业的死亡……但是，在这里死亡没有什么目的，没有理由，是慢慢溜进来的一种恐怖之物，没有什么东西可以解救，生命沉没、消退为死亡，死亡从萎缩的眼睛和身体里向外窥探，而生命还要弥留片刻。[25]

在印度独立初期，尼赫鲁本人其实更倾向于苏联模式。他的理想是把印度建设成为一个具有社会主义民主体制的世俗平等国家。

独立后，印度很快开始了第一个五年计划，希望通过各种计划增加粮食产量，解决饥荒，这也就是所谓的“多产粮食计划”。但是，这个计划遇到了挫折，其所带来的粮食增产还没有进口增加得快。因此，到 1949 年，印度政府已经开始转向更加务实的方向，跟美国政府谈判，以矿物购买小麦。

同一年，中国国民党政府垮台，中国共产党赢得了解放战争的胜利。美国政府认为必须防止印度成为下一个中国，因此加大了对印度的优惠条件和援助力度。同时，印度也寻求美国的廉价粮食，以满足劳动阶层的需要，双方就此一拍即合。

1951 年，福特基金会主席保罗 · 霍夫曼（Paul G.Hoffman）通过尼赫鲁总理的妹妹牵线拜访印度，很快就跟印度政府签署了一项协议，拨款 222.5 万美元（大约相当于现在的 2.8 亿美元）用于发展印度农业，建设农村社区。1952 年，美印两国政府通过了一项新的大规模协议，双方总共拨款 1.36 亿美元来支持福特基金会的社区发展计划。1956 年，洛克菲勒基金会签署协议，同意帮助印度政府建立相应的农业科研机构，发展全新的农业耕作和育种方法。

1961 年，在墨西哥绿色革命中取得巨大成功的研究员诺曼 · 布劳格（Norman Borlaug）被邀请到印度，主持相应的育种研究计划。由于1960年代与巴基斯坦的战争所造成的压力以及干旱的影响，印度政府对绿色革命的重视程度空前提升。印度很快引入 IR8 型半矮株水稻，亩产量是传统水稻的十倍。到 1970 年代，印度粮食自给率得到了很大提高，诺曼 · 布劳格也因为在绿色革命中的突出贡献，赢得了诺贝尔和平奖。

但是，我们应当看到，“绿色革命”中蕴含的政治因素，使得它不可能完全解决当地社会存在的问题。

在墨西哥和印度，饥荒只是表面现象。真正的问题是社会制度的高度不平等，寡头集团不仅攫取了大量财富，还控制了政治权力，而民众则缺乏足够的机会得到资金、技术和教育资源来改善自己的处境。

美国的“绿色革命”援助最主要的目的是防止左翼政党在这些地区获得胜利。如果这些地区的寡头政权采取亲美政策，满足美国的利益，那么，当地社会制度是否取得真正变革、贫富差距是否改善、投资环境是否变好，坦白讲，美国对此的兴趣并没有特别大。这恰恰助长了部分发展中国家政治寡头化的倾向。

比如，墨西哥在 1940—1960 年代经济发展相对迅速，但之后就遭遇到了困境：单有农业技术的发展，却无社会和政治制度的革新与配合，工业化不可能顺利开展，“绿色革命”带来的增长动力也会消耗殆尽。

墨西哥的社会改革并不彻底，之前与跨国资本和庄园主联系紧密的农场主，立刻利用外部资金和技术进行扩张，挤压国内小农场主的生存空间，同时继续从事跨国农业贸易，把粮食卖给国际买主。

而陶醉于高速增长、长期执政的墨西哥革命制度党内部贪腐盛行，皇亲国戚把持石油工业等重要部门，制造业迟迟未能发展起来，整个墨西哥又回到了农产品和资源外向型经济的老路。

墨西哥的左翼政党本来或许是有机会突破的，但因为已经被美国和墨西哥执政党的产缘政治安排联手绞杀，也就彻底失去了登上舞台的资格。

印度的问题也与此类似：由于缺乏相应的社会结构改造，印度社会高度不平等，大量农民的耕作技术依然无法得到改进，使得他们的劳动成果更容易被跨国公司剥夺。比如，很多印度农民购买孟山都 BT 棉花种子，是因为相信这种棉花本身的基因可以杀灭害虫，但事实上，他们发现自己需要购买更昂贵的配套农药和灌溉系统。其结果便是，绿色革命初期取得的经济增长红利很快被耗尽，印度农村又回到了高度不平等的危机四伏状态。

墨西哥和印度只是“二战”后绿色革命浪潮中比较有代表性的两个国家，实际上，当时美国的绿色革命计划涉及的国家还有很多，其中甚至包括战后遭受严重粮食危机的英国、1960 年代巴列维控制下的伊朗，以及巴西、印度尼西亚、非洲和南美的很多发展中国家。

从结果来看，尽管绿色革命在实施初期的确带来了粮食的迅速增长和经济发展，但它也往往助长了这些国家执政者的权势，从而延缓了本应进行的社会结构改革。高度不平等的社会似乎总有这样一种趋势，权势阶层把增长红利中的大部分攫为己有，而广大中下层从技术进步中偶然看到的一丝机会也很快从手中流逝，阶级跃迁的大门迅速关闭，一点点社会流动的希望之光也随即消散。

而且，如果发展中国家在短期内获得了大量的粮食供给，人口突然增加，但又不能发展出匹配的产业能力和社会制度来吸收多余的人口，那么这个国家反而会面临更大的社会危机。

在一些受到绿色革命辐射，但是本国并无政治上的投资价值，美国没有兴趣像对日本或墨西哥那样投入更多资源建设其产业、巩固其社会制度的不发达国家，可能会面临现代版本的“马尔萨斯陷阱”产生的巨大灾难。

这里面最突出的例子，是非洲的卢旺达。

“二战”后，非洲的发展中国家相对于发达国家出现了更快的人口增长。这主要有四个方面的原因：一是化肥、育种和灌溉技术的普及；二是初级的现代医疗技术的普及，其中主要是妇产科技术、疫苗和抗生素药品的普及，大大提升了初生婴儿的存活率，降低了死亡率；三是初级教育的普及，让孩童们脱离了容易被家长制主导婚配的社会环境；四是发展中国家相对缺乏发达国家已臻成熟的人口控制技术手段与社会机制。从 1950 年开始计算，到 1990 年，非洲的人口膨胀速度大约相当于西欧的 9 倍。

以上所提及的那些初步现代化设施，在非洲国家大多都是依靠国际援助才得以建立，建设速度低，发展水平差。到 20 世纪末，还有几乎一半非洲成年人是文盲，传染性和寄生性疾病的发病率非常高，2/3 以上的艾滋病病毒感染者生活在非洲。这就是那些快速降生却得不到妥善安置的人口所面临的悲惨处境。

卢旺达在 1890—1918 年是德国殖民地，1918—1962 年为比利时殖民地。由于殖民者认为当地的图西族肤色较浅、鼻梁较高，属于高等人种，所以长久以来支持人数较少的图西族统治人数较多的胡图族。殖民地独立之后，胡图族开始报复图西族，实施种族歧视政策，国家媒体甚至把图西族人视为国家的敌人。1994 年，卢旺达总统与布隆迪总统所乘的飞机被击落，两位胡图族总统均遇难。胡图族认为这是图西族游击队所为，因而对图西族展开报复性屠杀。

据估计，从 1994 年 4 月 6 日到 7 月初的百余天，约有 50 万—100 万人被屠杀，200 万人流离失所。7 月后，图西族创立的卢旺达爱国阵线从乌干达反攻进入卢旺达，击败胡图人政府，这才结束屠杀。然而，仍有 200 万胡图族人因为担心受到报复而逃往邻国。

这场种族屠杀的影响到此尚未结束。被卢旺达爱国阵线驱吓跑的胡图族人中，有不少逃到邻国扎伊尔后，组织民兵部队，对卢旺达进行跨界袭击。这些袭击实际上得到了当时扎伊尔的总统、号称“非洲暴君”的蒙博托的支持。

蒙博托一直仇视卢旺达人，试图支持胡图族人重夺卢旺达政权。同时，卢旺达爱国阵线则开始支持扎伊尔当地的图西族，煽动当地反叛力量。由于蒙博托在位期间高度腐败，倒行逆施，不得人心，叛乱很快升级为全国革命。最终，在卢旺达等邻国的支持下，叛军领袖卡比拉于 1997 年攻入扎伊尔首都金沙萨，推翻蒙博托的统治，改国名为刚果民主共和国，也即刚果（金）。动乱中，有大约 10 万—20 万胡图族人遭到屠杀。此役名为第一次刚果战争，又称“非洲的第一次世界大战”。

然而，卡比拉得势之后，很快就想把卢旺达人甩开。1998 年，他要求所有卢旺达和乌干达军队离开。卢旺达很快再度支持刚果（金）的少数部族发动叛乱，作为回应，卡比拉煽动胡图人再度对图西人展开报复。

第二次刚果战争随即爆发。卢旺达和卡比拉都找来了各自的盟友：乌干达一直站在卢旺达一边，而卡比拉则争取到了南部非洲共同体成员的支持，比如纳米比亚、津巴布韦和安哥拉。南非总统曼德拉曾经推动过双方和谈，但双方打打停停，混乱持续了很长时间，直到卡比拉于 2001 年被刺杀。之后，卡比拉之子约瑟夫 · 卡比拉继任总统，此人在西方学习多年，擅长外交斡旋，最终在联合国特派部队的帮助下实现和谈。这场战争持续了四年，战争引发的饥荒、疾病与动荡造成大约 350 万—440 万平民伤亡。

我个人认为，种族仇怨和屠杀背后的真正源头，如凯恩斯分析的那样，是人口危机。

卢旺达总面积不过26000平方公里，人口却从1934年的160万增加到1989年的710万。到2012年,卢旺达总人口达到1170万，每平方公里平均生活着408位居民，是非洲人口密度最高的国家之一。刚果（金）陆地面积234.5万平方公里，是世界第11大国，但是境内多雨林和高原，人口多集中于刚果河口流域，其中光首都金沙萨就聚集了超过全国1/10的人口。刚果（金）的总人口在1950年还是1218万，到1995年则增加到4407万，2010年更是达到6597万。

这样的人口爆炸，十分符合“人口—国家安全理论”中的风险模型：人口虽暴增，经济却停留在原始农业阶段，没有相应的教育水平和制造业把这些人口吸纳到就业岗位上去，仅是人口压力和土地争夺，就足以造成胡图族和图西族的互相仇杀。

卢旺达和刚果（金）的人口悲剧，从某种程度上讲是畸形现代化的产物。在“冷战”背景下,扎伊尔时代的蒙博托以反共为由，从美国那里获得大量支持，这些支持足够让他在首都建立基本的现代化设施，农业、医院和学校机构。但是腐败的非洲暴君政府还是把大量援助物资中饱私囊，并没有将其投入全国范围内的工业建设。

其结果是，初步现代化造成全国范围内人口激增，但是这些新生儿都是缺乏劳动技能、无法融入现代社会的“过剩人口”。原始丛林中的部落无法容纳这些新增长的人口，从而引发激烈的土地争夺，大批的人口不得不逃往首都，至少首都还有联合国维和部队和西方观察员维持基本治安，有人道主义救援组织提供物资，他们还可以借此勉强维持生活。

但是，他们中的大多数人依然无法真正成为现代社会中的成员，无法参与哪怕是最基本的工业生产，只能聚集在贫民窟。很容易想象，这批未受教育的人自然是暴力和种族屠杀最好的土壤，一旦稍受政权和媒体的煽动和蛊惑，他们就会把毁灭性的怒火撒到异族头上去。[26]

卢旺达大屠杀期间，美国因为没有及时介入，遭到了国际社会的批评。这正是国际社会对“国际警察”矛盾心理的折射。

但是，与此同时，又有这样一个“阴谋论”式的猜想，这便是，美国人很可能反而从这个事件中受到了某种启示：如果他们有条件先以一定程度的经济和技术援助促进某不发达国家的人口增长，继而又停止这种资源投入，那么这个国家或地区就可能成为周边的地缘政治炸弹。尽管目前并没有确凿的证据能够证明美国人的这种意图，但如果数十年后解密的文档中暴露出这类计划，应该也不会让人感到惊讶。

兴亡苏联

最后，我们来讲一下美国在“冷战”中最大的对手：苏联。

从地缘政治的角度来看，美苏你来我往，好不热闹。然而从产缘政治的角度看，苏联从来不是美国的对手，因为它的产业体系基本是美国“抚养”出来的。

这又是一个很容易被忽略的历史隐秘线索。苏联在建国之初，就对美国的流水线生产方式、泰勒式科学管理和工业文明的成就十分感兴趣。比如，弗拉基米尔 · 列宁本人就希望苏联的集体生产就搞泰勒式管理，可能的话，在这个基础上再增加一些工人享有的民主权利。毕竟，在泰勒式管理中，工人也有权利给监工提出效率方面的意见。据说，列宁临终前还在看一部福特汽车厂生产线的纪录片。

但是到了约瑟夫 · 斯大林时代，对这种西方管理经验，苏联是怀有意识形态上的敌视的，官方希望提倡的是“斯塔汉诺夫经验”。

阿列克谢·斯塔汉诺夫（Alexey Grigoryevich Stakhanov）是一名煤矿工人，他所在的煤矿发起了“社会主义生产竞赛”，也就是看谁产得多，谁就能赢得荣誉。1935 年 8 月 31 日，斯塔汉诺夫创造了 6 小时内开采 102 吨煤的记录，超过普通采煤定额十三倍。很快，斯塔汉诺夫被当作典型向全国报道，苏联的汽车、制鞋、纺织、机床、木材、铁路和农业都开始学习这种先进经验，涌现出一大批劳动模范。

据苏联官方的数据，斯塔汉诺夫模式在第二个五年计划期间极大地提高了劳动生产率，但是到 1950 年代后，它的作用趋近了天花板。毕竟，热情这个东西不可能是无限的，福特激励工人的办法还包括提高工资，但是苏联国有企业很难实现这一点。在赫鲁晓夫时代，斯塔汉诺夫经验被说成斯大林时代的一种宣传策略。到 1980 年代，《共青团真理报》更是说，这是把两个助手的工作量都算到了斯塔汉诺夫一个人头上：在 1935 年 8 月 31 日，是鲍里先科和谢戈廖夫两个青年矿工“帮助”斯塔汉诺夫打破采煤纪录，但如果开采的煤被一分为三，就不会震惊世界了，所以只得勾去两个“帮助”斯塔汉诺夫的矿工的名字。[27]

既然苏联式土生土长的工业经验效果不佳，那么苏联在“二战”前的数个五年计划中取得的成就是从哪里来的呢？《悄悄的自杀：美国对莫斯科的军事援助》（*National Suicide：Military Aid to the Soviet Union*）的作者、历史学家安东尼·萨顿（Anthony Sutton）认为，其实还是从美国来的。

1920 年代，苏联驻美国和英国的贸易代表叫索尔·布朗（Saul Bron），出生于乌克兰敖德萨，后来加入了社会主义运动。1922 年，布朗在苏联最高国民经济会议（VSNKh）任职，是当时苏联十分急需的精通经贸的人才。据说当年斯大林要米高扬（Anastas

Ivanovich Mikoyan）担任外贸委员时，米高扬不知道自己能否胜任，斯大林安慰他说，我会派索尔 · 布朗协助你，“这个人去哪个部门，哪个部门就会繁荣昌盛”。

1927 年，布朗被任命为纽约阿姆托格贸易公司（Amtorg）董事长。当时苏联和美国还没有建交，阿姆托格在形式上是一家私人公司，实质上扮演着苏联准大使馆和贸易代表团的角色，类似中华人民共和国建国后贸促会（CCPIT）在中日之间扮演的角色。

1928 年 10 月 9 日，布朗与通用电气公司签订了两份合同，邀请通用电气在苏联设厂。

1929 年 5 月 24 日，布朗与福特汽车公司谈判达成了一份价值 3000 万美元的合同，福特汽车在高尔基（今下诺夫哥罗德）附近建造了第一家苏联汽车厂（即高尔基厂，GAZ，1990 年代俄罗斯最好的汽车生产厂）。

1929 年 5 月 8 日，布朗与美国阿尔伯特 · 卡恩公司（Albert Kahn）签订合同，在斯大林格勒（今伏尔加格勒）建立苏联第一家拖拉机厂，由美国工程师监督，于六个月内安装完毕，配备了来自 80 多家美国工程公司和德国公司的设备。这家工厂在第二次世界大战期间最著名的产品，就是立下赫赫战功的 T-34 坦克，号称“二战”战场上设计最好的坦克之一。

卡恩公司对苏联重工业和军工业体系的参与是全方位的。1929—1932 年间，卡恩公司在莫斯科国家设计和建设局（Gosproektstroi）培训了 4000 多名苏联建筑师和工程师，设计了 500 多家工厂。可以说，美国的流水线工业生产经验就是通过这样的渠道在苏联全面扩散的。

除了以上案例之外，布朗还动员了其他很多美国公司参与对苏联的投资设厂，比如，雨果 · 库珀公司（Hugh Cooper）参与了第聂伯河大坝的建设，亚瑟 · 麦基公司（Arthur McKee）参与了马格尼托

苏美双方达成协议后的合影
左起：时任 VSNKh 副主席瓦列里·梅兹劳克、亨利·福特、索尔·布朗

哥尔斯克冶金厂的设计建造，弗雷恩工程公司（Freyn Engineering）参与了新库兹涅茨克冶金厂的建造。

此外，他还邀请帝国化学工业公司（Imperial Chemical Industries, Ltd.）和维克斯（Vickers）集团等英国公司参与对苏投资。

安东尼·萨顿认为，美国企业对苏联的投资和援助是一种短视的逐利行为，因为这些工厂壮大了苏联的军事工业力量，最终成为美国自己的敌人。这正应了列宁说过的那句话：把绳子抛给资本家，

以美国印第安纳州加里工厂为蓝本的马格尼托哥尔斯克钢铁厂

他们就会给自己的脖子套绞索。

当然，对于萨顿的这种观点，也有三种不同的声音。

第一种是说，美国在20世纪初投资和援建苏联，是因为美国政府内部有很多共产主义的信徒，对苏联的这种全新模式和社会实验充满了同情。

第二种是说，美国对苏联的投资主要为追求合理的利润回报，同时也有助于美国渡过20世纪初的大萧条。当然，对这种观点有很多反对意见，因为主导引进外资的索尔·布朗在1937年的“大清洗”中被逮捕，1938年被处决，大批受美国培训的苏联员工也受到牵连，美国投资的工厂也被苏联国有化。所以，整体来看，美国人做的肯定是亏本买卖。

第三种则颇有“阴谋论”的色彩。比如，俄国学者卡米尔·加列夫（Kamir Galeev）就认为，美国工程师在援建苏联工厂时，可能埋下了许多瓶颈和限制，以确保苏联军工产业只有在接受美国援助时才能充分发挥作用。他举的例子是石油科技。在第二次世界大战期间，虽然苏联控制了巴库油田，但是无法成功生产含辛烷量高的航空燃料，这导致能够实现燃料自给自足的先进军机数量只占总战斗机数量的 4%。[28]

今天，因为缺乏足够的历史证据，我们无法确知美国人当年到底是怀着怎样的想法投资援建苏联的，不过，既然苏联已不复存在，讨论这个问题的必要性也已经不大了。我们之所以要讲这段故事，是想说，对于技术和产业而言，传播链条其实是相对明确固定的，没有什么突如其来的进步，也没有什么天上掉馅饼的奇迹。古人不可能一天建成罗马，苏联也不可能一天建成社会主义。产业经验的传播其来有自，否定这一点，那便是无视产业发展的客观规律。

第二次世界大战期间，美国对苏联也进行了倾力援助。

战争初期，因为希特勒撕毁协议突然对苏联发动猛攻，致使苏联遭受了惨重的损失。为此，美国立刻向苏联提供了大量军备援助和战时生产设备的援助，这才让苏军在战场上站稳了脚跟。苏联战时生产的铁路设备中，92.7% 是由租借公司提供的，包括 1,911 辆机车头和 11,225 节车厢。苏联红军约 1/3 的卡车是由美国制造的。苏联空军通过租借法案接受了 18,200 架飞机，约占苏联战时飞机的 30%。此外，红军还从西方那里接受了 7,000 辆坦克。[29]

虽然苏联后来自己生产了其余 90% 的战争装备，然而，第一，如果这些援助不及时，苏联就无法守住后方的军工供应链，也无法阻挡德国获得关键的石油供给；第二，苏联的生产能力，如前所述，也是在 20 世纪初期美国的投资援建之下建立起来的。

在 1943 年 12 月德黑兰会议期间，斯大林曾诚恳地说，美国是机器之国，如果没有《租借法案》提供的那些设备，我们就会输掉这场战争。赫鲁晓夫也回忆说，斯大林很强调《租借法案》的重要作用：“他直截了当地说，如果美国没有帮助我们，我们不会打赢这场战争。”[30]

当然，如果仅仅是从美国输入了产业经验，那也不是什么问题，毕竟美国避开了第一次世界大战的地缘政治风险，而且资金和技术都聚集在美国。事实上，第二次工业革命的关键科技产业都是在美国孵化的，谁从美国输入技术都不丢人。

但关键问题在于，我们在本书中已无数次讲过，在现代产业条件下，技术发展要遵循“漏斗—喇叭”模型，只有通过了大规模商业化和产业化检验的技术，才有可能实现快速突破，成为关键性技术。没有繁荣的商业实践，技术只会萎缩。

这正是苏联真正的先天不足之处：技术的商业化漏斗不健全。

如果一项技术路径是已经明确被研发出来的，那么苏联这种“集中力量办大事”的体制，的确可以实现快速追赶。这是没有问题的，因为资源集中调度，人员集中调度，肯定有利于解决一个已知问题。但是，科技的前沿成果，本质上是探索未知世界，而探索未知世界，最常遇到的一个问题其实是失败。即使由国家来集中力量，它也难以负担“失败”的成本。

仔细想一想，国家的本质在某种意义上其实是服务行业，它的主要目的是用税收来供给不赚钱的公共服务领域，比如教育、国防和医疗等。最后匀下来给到科研领域的资源其实并不算多。这个资源论总量，可能比企业等社会部门能够投入的资源少得多。企业是扎扎实实地通过科研进步赚钱的，在它力所能及的范围里，它的确可以多花一部分钱用来试错。所以，尽管单个企业无法跟国家能够动员的资源相比，但是**就整个社会来说，民间资本和社会资源的加总，恐怕远大于国家能够动员的资源**。

用现在大家都很关注的芯片产业来举例，从 2017 年开始，中国政府成立了专门用于芯片研发领域的补贴基金，计划在数年之内投入 1000 亿人民币，合大概 188 亿美元。但是，台积电一家一年花在建晶圆厂上的钱就是 340 亿美元。这还只是一家企业的力量。企业有专攻，国家却要面面俱到，因此在大范围看起来是优势的资源，集中到小的领域反而会成为劣势。许多技术研发的前沿工作，实际上还是要交给活跃的民间企业来承担。

苏联的致命问题就在这里：僵化的计划经济体制让它缺少商业化的力量，即便它能够研发出先进的技术，也难以产业化，更遑论引导技术进步的潮流。

我经常举的一个例子就是苏联的通信技术。我们现在熟悉的移动通信技术（例如 5G），实际上是由第二次世界大战期间得到广泛应用的战时通信系统转变过来的。在这项技术的起步阶段，苏联事实上并不落后于西方。

很多人讲起移动电话的历史，都会把时间追溯到 1973 年，摩托罗拉工程师马丁 · 库帕（Martin Cooper）在曼哈顿街头用重达一公斤的 Dyna-TAC 实验通话。但事实上，早在 1957 年，苏联工程师列昂尼德 · 库普里扬诺维奇已经开始就移动电话设备和通信系统展开实验。

1958 年，库普里扬诺维奇将自己的移动电话重量从 3 公斤改良至 500 克（含电池重量），外形精简至两个香烟盒大小，可向城市里的任何地方拨打，也可以与固话网络通话。到 1960 年代中期，库普里扬诺维奇的移动电话已能够在 200 公里范围内有效工作。

1958 年，苏联开始研制世界上第一套全自动移动电话通信系统"阿尔泰"（Алтай）。1959 年，该系统在布鲁塞尔世博会上获得金奖。随后，沃罗涅日通信科学研究所研制出了该系统的话机，莫斯科国立特种工程设计院负责开发了天线系统。1963 年，"阿尔泰"系统在莫斯科进行了区域测试，并改进了用户舒适度方面的问题：增加话筒，以符合人们的使用习惯；以按键替代拨号盘，方便人们在汽车上拨打电话。当然，这套技术与今天手机使用的通信网络还有很

库普里扬诺维奇试验移动电话设备

大区别，因为蜂窝系统在当时还没有出现，按照通信技术的时间断代，“阿尔泰”系统可以说是0G时代的技术。当然，欧美的早期移动电话实际上也是同类型的技术。所以，苏联并没有输在起跑线上。

既然如此，为什么今天俄罗斯的手机产品基本不值一提呢？原因就在于，苏联孱弱的商品经济使得这项技术很难实现产业化，很难实现规模效应，技术无法有效变现，改进效率自然也就很低下。

库普里扬诺维奇对自己的发明估过价，每部单价约为300—400苏联卢布。在当时，这样一笔钱可以买到一台优质电视或一辆摩托车。如此昂贵的价格，即使是对条件较好的苏联家庭，也算是一大笔开销，自然无法普及。相对应的，虽然美国早期商务移动电话的价格也很昂贵，大约为3500—4000美元，但是我们前文曾反复讲过，一项技术早期必然处在“尴尬期”，它需要先在一个小市场中取得商业成功，才有可能通过大规模商业化降低成本，实现普遍的技术革命，美国因为商业的繁荣具备这样的小市场，但是苏联没有。

“阿尔泰”系统开发出来后，最大的作用是在体制内，主要服务于官僚系统的上传下达。这种应用场景是不考虑普通人需求的，而且长期没有变化，苏联的科学家和工程师也就没有条件赚到钱，自然也就不存在围绕这项技术进行商业化的各种微创新。长此以往，苏联在这个领域的技术发展全然萎缩，“阿尔泰”这套系统自然也就被遗忘了。

“阿尔泰”系统只是一个缩影，在苏联历史上，还有千千万万个类似的技术应用。这就是为什么苏联曾涌现出许许多多的天才，但就 20 世纪的产业技术而言，这些天才们的贡献有限。贫瘠的土壤上存活下来的只能是苔藓，而不会是红杉。

从纯粹的技术条件上来讲，如果只有以上两个不利因素，那么苏联还可保持一个封闭系统，不对外开放，以经济利益为代价换取政权长期存在。但是，苏联本身还有一个特点，那就是，它的版图实在过大，以至于被卷入各种地缘政治冲突的可能性太大。

事实上，在我看来，**它正是被美国的产缘政治和地缘政治双管齐下的博弈手段给肢解的**。

这要从 1980 年代的一场产缘政治博弈说起。

早在 19 世纪末，俄罗斯帝国控制下的巴库油田就是欧洲少数的大油田之一，也是在中东和拉美油田开发以前，全世界除了美国油田之外，少数的石油供应区域之一。石油和天然气资源在空间分布上经常是一体的，俄罗斯国土广袤，石油和天然气资源非常丰富，相关的开采产业也有一定的积累。因此，石油和天然气类的能源产业，一直以来都是苏联的支柱产业。

1928—1973 年间，苏联的经济增长速度其实是快于美国和西欧的，但这主要是因为苏联基础薄弱。1964—1973 年间，苏联的人均产出约为西欧的一半，略高于美国的三分之一。但是 1973 年以后，苏联的经济趋于停滞，农业无法养活城市人口，新技术尤其是计算机领域无法满足产业发展，而不得不盗版西方的设计，这一切都令苏联进入了停滞时代。

到了苏联的第十个五年计划期间（1976—1980），颓势已经比较明显了。苏联决策层试图实现的增长目标是 6.1%，但是这个目标最终没有实现。出于改善经济状况、引进技术等原因，苏联希望用能源政治作为抓手，跟西欧改善关系，赚取外汇，获取关键技术。为此，苏联与联邦德国和法国研讨，决定修建一条通往西伯利亚的油气管道，用出售天然气的方式换取所需资源。这也就是著名的西西伯利亚管道（West-Siberian Pipeline，与通向东亚的管道相区别）。

1978 年，西西伯利亚管道一经由苏联提议，便得到了联邦德国的赞同。1981 年 7 月，由德意志银行牵头的联邦德国财团同意为这条管道的基建设施提供 34 亿马克的贷款。随后，法兰西银行和日本进出口银行（JEXIM）也加入了进来。来自欧洲和日本的各种管道供应商虎视眈眈，都想要抢夺这块大蛋糕——预计，欧洲公司将可以从设备费用中赚取 70 亿—100 亿美元，同时还将给欧洲制造商提供数以万计的工作岗位。[31]

但是，熟谙产缘政治重要性和能源政治化威力的美国对此表示坚决反对。美国对这条管道的初步评估是，它将使苏联的天然气出口能力增加三倍，使其上游的天然气总产量增加 40%。[32] 这样，欧洲势必会对苏联形成能源依赖。

1981 年 12 月，美国总统里根宣布对这条管道牵涉到的相关技术和公司实施制裁。任何包含美国设备和技术的产品，都不得出口苏联以用于这条管道的修建。1982 年 6 月 18 日，美国把这些制裁手段扩展到了欧洲相关公司头上。对此，欧洲国家愤怒异常。法国外长宣布："1982 年 6 月 18 日很可能预示着大西洋联盟向终结迈出了第一步……美国刚刚宣布了对欧洲盟友发动一场经济战。"[33]

与今日不同，当时的欧洲几乎是一条心站在捍卫这条管道的立场上。欧共体 (European Community) 外长说，美国把制裁延伸到欧洲公司头上是非法的，并发出了正式的抗议照会。西欧各国政府也认为，欧洲公司和苏联之间已经签署的合同必须要履行。最后，在欧洲的一致抗议下，美国收回了决策，但是不允许这条管道使用美国技术。里根的原话说的是："好吧，他们可以有他们该死的管道，但是不能有美国的设备，也不能有美国的技术。"[34]

美国没有通过外交手段达成阻止这条管道的政治目的，但是美国动用了其他手段。

有一个没有完全证实，但可信度很高的说法，来自曾担任美国国防部副部长的托马斯 · 里德（Thomas Reed）——在劳伦斯利佛莫尔国家实验室工作期间，他曾担任过罗纳德 · 里根的顾问。据里德透露，苏联一位名为弗拉基米尔 · 维特洛夫（Vladimir Vetrov）的克格勃官员，于 1981 年，向法国情报局发送了一份工业间谍活动的文件集合，列出了苏联情报部门最渴求的技术。西方情报界给维特洛夫的代号，叫"告别"；他提供的四千多份情报，则叫"告别档案"。

美国中央情报局（CIA）在拿到了"告别"的情报后，决定反其道而行之。他们故意让苏联间谍获取了许多技术情报，包括隐形飞机、战斗机、太空防御系统，甚至是 NASA 废弃的航天飞机。但是，他们篡改了相应的技术细节，其中就有跟西西伯利亚管道相关的一些技术。

为了在西西伯利亚管道项目中实现有关阀门、压缩机和存储设施的自动化操作，苏联需要相应的数控软件。在美国对苏联采取制裁之后，克格勃向一家加拿大软件供应商派出人员，试图获得所需

弗拉基米尔·维特洛夫

的代码。CIA 根据“告别”的情报获得了这项信息，然后在数控软件内加入特洛伊木马，可以在特定情况下重设天然气管道的泵速和阀门，让管道里的压力强度暴增，堪称软件炸弹。结果，1982 年 6 月，苏联西西伯利亚天然气管道发生了巨大的爆炸，威力相当于 3000 吨 TNT 炸药，当量是美国在广岛所投原子弹的 1/4。这次爆炸使管道陷入瘫痪，长期不能修复，苏联经济因此遭受重创。[35]

事故发生后不久，苏联情报部门通过其他渠道了解了“告别”叛变的消息，于 1985 年将其处死。然而，“告别”泄露的情报震惊了苏联最高决策层，他们不由得开始担心，如果苏联从西方获取的其他技术也有木马怎么办？如果这些有木马的技术控制了苏联关涉国家安全的技术怎么办？无奈之下，苏联一方面下令追查并停用各种从西方引进的技术，另一方面则试图转变思维，推动改革，重新获得研发先进技术、追赶西方前沿的能力。这正是米哈伊尔·戈尔巴乔夫上台后，推动新思维改革的背景之一。

然而，苏联在产缘政治方面试图做出的努力，同时又被地缘政治危机打断了。

这还要从里根打击苏联的另外一个举措说起。这个举措跟阿富汗政治有关。在1973—1978年间，阿富汗共和国被穆罕默德·达乌德·汗（Mohammed Daoud Khan）控制。此人是前任阿富汗国王的表兄弟，一名激进的普什图主义者[36]和残酷的独裁者，同时试图在西方和苏联之间获得平衡。1978年，达乌德·汗镇压阿富汗共产党的行为激起了反抗，被塔拉基（Nur Muhammad Taraki）领导的阿富汗人民民主党（共产主义政党）发动军事政变推翻，并改国名为阿富汗民主共和国。

塔拉基上台执政后，奉行极端亲俄政策，并因此与二号人物哈菲佐拉·阿明（Hafizullah Amin）发生矛盾，被阿明于1979年发动政变推翻。阿明上台后，虽然仍高唱“阿富汗与苏联牢不可破的友好、兄弟般的关系”——因为阿富汗在经济和军事上仍需要苏联的援助，但阿明始终反对苏联对阿富汗的控制，并认为阿富汗穆斯林游击队发动的武装叛乱与苏联控制阿富汗有密切的关联。苏联开始觉得阿明是个沉重的负担，而且还怀疑他跟美国与中国勾结，直接触犯了苏联在阿利益。1979年12月，苏联出兵攻入阿明宫，杀死了阿明。阿富汗战争爆发。

苏联的举动可以说正中美国下怀。1979年3月，CIA就向美国国家安全委员会提交了关于阿富汗的秘密行动方案。美国国防部代表沃尔特·斯洛科姆（Walter B. Slocombe）解释说：“如果苏联决定袭击这个焦油娃娃，我们完全有兴趣确保他们被卡住。”[37]“焦油娃娃”是美国传统童话里面的一个故事，说的是狡猾的狐狸把一些黏糊糊的焦油做成一个人的样子，管它叫“焦油娃娃”。狐狸把焦油娃娃放在大路上，让它坐在那里，然后自己躲到矮树林里，看接下来会有什么花样。没等多久，兔子就蹦蹦跳跳地过来了，一眼就看到了焦油娃娃，跟它打了好几次招呼，结果焦油娃娃一声不吭。兔子忍无可忍，握紧拳头往后一退，一拳打在焦油娃娃的脸上。结果，兔子的拳头就被焦油牢牢粘住，没法拔出来了。因为这个故事在欧洲也不甚流行，所以后来欧洲的"冷战"学者把美国利用阿富汗拖垮苏联的计划称为"捕熊陷阱"。

从 1979 年始，美国启动代号为"旋风计划"的行动，为阿富汗圣战分子提供资金和武器。他们以巴基斯坦为渠道，给阿富汗提供了大量可以抵抗苏联重装备部队的武器，其中就有后来名闻天下的毒刺导弹。阿富汗多山地，信仰坚定的普什图圣战分子肩扛毒刺，在山岭间穿来穿去，而苏联那些笨重的坦克根本无法及时发现他们，往往成为弹下亡魂。苏联的飞机如果靠近侦察，也有可能被击落。

"旋风计划"前后持续了十年，总共花了 30 亿美元。多年以后，当年的美国总统国家安全顾问兹比格涅夫·布热津斯基说漏了嘴："当时我们没有明摆着和苏联人对着干，但是我们不断增加他们进行干预的可能性，引导他们进入阿富汗战争，这是一个秘密行动，代号旋风计划，就是要将苏联卷进来。"[38] 美国的武器援助让巴基斯坦卡拉奇成为武器流通最泛滥的地方之一，给后来的阿富汗带来了巨大的动乱和破坏。但是，就战略效果而言，美国完全达到了自己的目的。苏联及其阿富汗傀儡政权在当地陷入了九年的血腥作战。苏军巅峰时期有 10 万部队驻扎在阿富汗，15,000 人阵亡，54,000 人负伤，450 架飞行器被击落，近两千辆坦克、步兵战车和火炮被击毁。

到 1988 年，苏联再也承受不起如此巨大的消耗，被迫撤军。这时恰逢戈尔巴乔夫新思维改革期间，苏联的电视台和报纸纷纷报道这场巨大的灾难。人们看到士兵灰头土脸地回到家乡，没有带回任何胜利的消息，不由得对决策层大感失望。这场战争成了压垮苏联的一根稻草。

西伯利亚油气管道和阿富汗战争这两条线索，一条是产缘政治，一条是地缘政治，但都可以汇集到罗纳德·里根及其决策层这里。在我看来，里根这套双管齐下的策略是20世纪极其经典的战略博弈实践，投入甚小而回报极高。它之所以如此有效，根本原因是这两条线索精准地击中了苏联的弱点：**产缘政治能力有限，地缘政治防线过长**。双线联动，最后的结果正如我们所见。

讲到这里，就不得不提及2022年初爆发的俄乌冲突。因为从产缘政治的角度，这场冲突的逻辑实在与1980年代的十分类似。

从产缘政治的角度出发，对俄罗斯和欧洲最稳定的战略方案，正是在俄欧之间，尤其是俄德之间建立起稳定的产业关系联盟，进而催生一个政治联盟，类似法德之间的煤钢共同体与欧盟的关系。如果欧洲能够实现这一战略目的，那么它可以迎来更长历史周期内的地缘政治稳定与经济发展红利期。然而，自1980年代以来，俄欧之间的两次努力都被美国中断了：第一次是西伯利亚油气管道和阿富汗战争，第二次就是俄乌冲突。“北溪二号”油气管道，正好是“西西伯利亚管道”的完美对应；而俄罗斯占领的乌克兰顿巴斯地区和克里米亚地区，在北约于2017年介入对乌军的装备补给和军队训练以后，正好是阿富汗的完美对应。

实际上，美国在俄乌冲突中的实际操盘者之一，正是拜登政府的国务卿安东尼·布林肯。他早在1987年就出版过一本书，书名就叫《盟友内战》（*Ally Versus Ally:America, Europe, and the Siberian Pipeline Crisis*），内容正好就是1980年代有关西西伯利亚管道的美欧博弈。我认为这一切不是偶然。它也再度证明了“产缘政治”的解释力。

地缘政治与产缘政治

由于19世纪以来的民族主义思潮，民族国家被诸多历史学家、政治理论家和时评渲染为人类社会最强大的政治组织，它在理论上垄断合法的最高暴力行使权。它垄断了一切。它规划金融体系、制定货币政策、发展产业、推动经济、组织军事……它好像是一头无所不能的利维坦。

然而任何组织都不可能无所不能，任何组织也只不过是复杂社会千头万绪中的一条线索。国家的本质是汲取资源、贯彻意志，当它这样做的时候，它需要钱，需要人，需要纪律，需要物质力量，没有这些的时候，它就什么都不是。

人类社会不是生活在理论家想象世界中的真空球形鸡。国家要收税，要派出税务官员，翻过具体的山岭，跨越具体的河流，来到某个真实存在的村庄，得到当地人的理解，完成任务。在古典时代，税务官员可能乘马匹沿着驰道和驿站奔走，驰道就是国家意志的具体空间延展。在现代社会，税务官员乘铁路飞驰，铁路沿线就是国家意志的具体空间延展。收税如此，其他一切琐碎、细微然而却构成一个国家政权内90%文官工作内容的任务也都是如此。

所以，国家本质上是一个追求收支平衡的服务型机构，这里的“收支平衡”要义在于，处于垄断地位的暴力集团不能对自发社会的商贸活动造成过分的干扰甚至侵犯，只有如此，社会才有足够的商业盈余与技术进步供养强大的暴力集团。这就是为什么国家组织依托商贸（在中世纪）和产业（在工业革命以后）存在，而不是相反。

俗语云，大河有水小河满，大河无水小河干。人民，只有千千万万的人，因其追求物质利益和美满生活的动力自发地投入到生产中，聚沙成塔而催生的产业，才是真正浩浩荡荡、奔流不息的大河。换句话说，国家才是需要大河滋养的小河。

因此，对于主权国家来说，在工业时代，有两个根本性原则是它得以运营的基础。

第一条原则是，主权国家对内成功履行职责、贯彻意志，必须依赖产业力量。

第二条原则是，主权国家对外成功落地国际战略，在政治博弈中居上风，必须依赖产业力量。

从这两条原则出发而进行的政治思考，便是产缘政治。

就第一条原则而言，我认为实在是有太多朋友，甚至受过政治学专业训练的朋友，都过分看重了政体这个单一要素在国内政治中的地位。但是，我认为，好政体是好政治的必要不充分条件。诚然，缺少人民主权、权力制衡、法治和立宪的政治不可能是好政治，但具备了这些政体要素的政治也未见得就一定好。究其原因，国家需要强大的力量来做正确的事情，才能成功履行国家的职责。好政体能确保的，是国家不去做那些道德上错误的事情，却不能承诺国家拥有合适的力量来做正确的事情。

谁来令国家有正确的力量？在工业革命之后，这个答案十分明确：产业。产业能力令国家有能力架桥修路、铺设铁轨、收集信息、承办邮政、保障通信、开办学校、建立医院、银行和警察局，从而提供健康、安全、法治、信息化、金融服务和其他许许多多公共物品，令社会得以有效运营。也正是对国家抱着这种期待，数以亿万计的人才肯服从于国家的权威，允许其调度社会资源。

这正是一种隐形的社会契约，我将其称之为**“产业合法性”**。政治学中的“合法性”指的是政府要统治人民，需要经过人民的同意。这既是一个技术问题，也是一个理论问题。技术的一面在于，任何政府所能雇佣的公职人员都只有极少数，如何使极少数人能够以最低的成本管理大多数人？基本前提当然是要经过大多数人的同意，而理论的一面在于，人民为什么同意？

过去的答案往往集中于人民的政治表态，即通过选举程序完成的意志表达和合法性确认。翻译成白话，就是说，人民既然投了票，当然就意味着统治得到了人民的同意。但是，从产业的角度，我认为还存在着另外一种未必通过投票确认，却隐含在人心之中的合法性理论，那就是个体劳动与社会回报之间的关系。

自人类文明诞生以来，有一条基本的正义原则几乎得到了所有社会的一致认可。这条原则就是：我们的付出，应当得到与之相匹配的回报。努力应当有收获，不劳动者不应当得食，这是人人皆可接受的原则。遗憾的是，太多社会因为无法实现这一基本原则，引来起义领袖振臂一呼，天下皆反。历史上充斥了太多这样的故事。

在现代社会，最能够体现这一原则的就是产业活动。更准确地说，是制造业。金融、法律、医疗……这些行业，地位甚高，收入甚丰，然而其职位终究太少；餐饮、旅游、住宿、剃头、修脚……这些行业，人数虽多，但劳碌终日服侍他人，并不是维系尊严的好方式。相比较而言，制造业却大体能够为人提供长期的稳定工作，并凭借技术赢得尊严（社会地位），因而也是隐藏在我们内心深处的基本正义原则的最好捍卫者。也因此，我将其称之为“产业合法性”。

一部文学作品中描述了这样一个细节，说是一位姓金的医生千辛万苦渡过图们江，爬到中国东北的一个村落，推开一扇没有上锁的铁门，看到一个小金属碗里装着一些吃的。凑近一看，那是满满一碗白米饭，还混着一些肉。金医生已经记不清楚自己上一次看见白米饭是什么时候的事情了。她想不明白，这样一碗可贵的白米饭为什么要放在地上。直到她听见狗叫的时候，一切就都明白了。

就在前一刻，她依然愿意相信自己的国家是世界上最好的地方，只不过是暂时遇到了一些困难。就在前一刻，她依然相信她珍爱一生的信仰是正确的，就在推开这扇门之前，她也曾希望中国的农村会和她的国家一样的穷。但门开了，地上的狗食让她面对了一个不能否认，但又饱含巨大痛苦的事实：狗吃的都比她好。

在我看来，这个故事解释了不同社会在吸引力上的巨大落差：原因**并不是抽象的制度，而是具体的生活**。更明确地说，是不同社会提供必需产品能力上的差别。

比起选票合法性，这个解释更简单，也更震撼人心。当然，我的意思并不是说选票合法性是无用的、虚伪的，选票意味着允许产业社会的一般平民有力量制衡主权国家的强大暴力，复杂工业社会因而能够不受打扰地扩大生产、供给繁荣。但与此同时，选票当然也有可能令民粹上台，令意识形态和道德诉求扰乱产业，摧毁供应链，削弱产业合法性。

无论如何，要令国家强大，关键是产业！

就第二条原则而言，很多跟我一样进入国际关系学院的，在大学一年级就会听到一系列现实主义大师的名字，比如汉斯·摩根索，比如约翰·米尔斯海默。我至今仍然记得第一次读到米尔斯海默《大国政治的悲剧》（*The Tragedy of Great Power Politics*）时，其简洁的模型和精准的比喻一下子击中了我：大国犹如台球，只是型号不同而已；国家的最低目标是保卫自己的安全，最高目标是攫取霸权，就是这样简单的规则推动着国家之间展开复杂的博弈，构成国际政治的复杂游戏。

在当时的我看来，米尔斯海默的理论犹如牛顿定律，以极为简单的规则勾勒出复杂社会的运行规律，什么时候我也能讲出这样精简而优美的道理？

十几年过去，如今我终于可以有信心说一句，汉斯·摩根索和约翰·米尔斯海默都错了。当然，在理论界，深刻的错误常常比肤浅的正确有价值得多，但错误就是错误。

本质上，现实主义的国际关系理论是从前工业时代的暴力逻辑出发而总结出来的。有许多暴力集团把这套理论奉为圭臬，这是事实。然而他们忽略的一点在于：**他们赖以维护自己的暴力能力，本质上来自于产业**（不管是军工产业还是民用科技），而全球产业链构成的是相互连接在一起的复杂社会（即便是军工产业，也有大量供应链来自民间企业），因此，一旦暴力集团运用现实主义的国际关系理论争取霸权或维护安全，它也同时扰乱了复杂的供应链，那么，他们很可能是搬起石头砸自己的脚。

这也是为什么现实主义理论看起来十分深刻，但全球秩序却仍然有可能向着一体化和协作的方向行进。不是主权国家政府愿意如此，这是产业链复杂分工的必然要求。换句话说，是强大的国际产业协作使得政府在解决一系列问题上显得如此强大，一旦产业协作消失，国家也会顿时变得弱小。从而，在古代社会的零增长逻辑下，暴力集团之间是你死我活的零和游戏；而在现代社会的正增长逻辑下，产业集团之间有可能实现互惠合作，并逼迫国家坐下来谈，而不是兵戎相见。

本书之所以不厌其烦地对工业革命以来国际社会发生的诸多大博弈做这样的梳理，主要是想说明白一个简单的道理：自工业革命以后，以地缘政治思维追求产缘政治利益者亡，以产缘政治思维追求地缘政治利益者兴。

简单说来，就是用侵略、攻占和吞并领土手段获得核心矿产资源、企业、技术和市场的，多半会亡。因为当你采取暴力手段，你要征服的对手跟你讲的就不再是互相协作的产业逻辑，而是你死我活的生存逻辑。只有一开始就怀着挣钱的目的跟对方打交道，谈入股、合并、收购，才有可能把你的逻辑延伸到对方的世界中，如有可能，甚至还会以产业的方式照料与支配它的世界。

如果说在第一次世界大战的年代，产缘政治还有服务于地缘政治的一面，那么到第二次世界大战的年代，毫无疑问就是产缘政治主导地缘政治了。造成这一局面的根本原因是技术进步。毕竟，决定地缘政治的根本是军事力量，而决定军事力量斗争的根本是最先进的军事武器。20 世纪出现的情形是，应用了下一代技术的军事武器会对上一代军事武器形成巨大的杀伤力碾压，例如空军打击之于地面装甲部队的优势，精确制导导弹之于传统炮兵的优势，有着更先进芯片的单兵作战导弹之于钢铁洪流的优势。技术迭代又依赖于雄厚的产业基础。今天美军的最先进战机，相比过去的一大特点就是控制飞机各种操控软件的代码比原先多了数千万甚至上亿行，而如果没有信息产业的深厚积累与人才支撑，这断无可能。

很多人讨论过"不对称战争"的话题，确实不假，如果一支部队在当地有深厚、稳固的民意支持，且擅长采取游击战的形式将自己掩藏在民众中，的确是有可能对一个先进国家的军队造成沉重打击。然而，我们能够想象塔利班在本土击败美军，却无法想象阿富汗的技术与产业可以超过美国。两者之间的差距近乎绝对，这是业已由资源禀赋、产业发展阶段和资本积累决定的事情。所以，"不对称战争"本质上是一种同情心泛滥的表现，没有人会真正希望，自己的尊严必须寄托在时刻要转化为游击队员而与帝国军队的士兵同归于尽的命运上。

因此，技术越是进步，产缘政治的作用就越是高过地缘政治。一条产业链能够跨越高山大河，一系列技术专利壁垒的防护作用远超地势上的悬崖峭壁，一个掌握核心技术人才的公司的作用甚至超过一支军队。丢掉了产缘政治支持的国家，即便能在一时的战争中得利，最终也会因财政与技术上的萎缩丢掉自己的所得。此谓："骤战而骤胜，国之不祥。"

以上两条原则，正是我想通过"产缘政治"传达的现代社会治理的不二法门。

注释

1 https://founders.archives.gov/documents/Hamilton/01-10-02-0001-0007. 下引同。

2 https://founders.archives.gov/documents/Hamilton/01-10-02-0001-0007.

3 Douglas A. Irwin, The Aftermath of Hamilton's "Report on Manufactures" NBER Working Paper No. 9943, August 2003.

4 保罗 · 约翰逊 :《美国人的故事》，秦传安译，中信出版社，2019 年，第 51—54 页。

5 保罗 · 约翰逊，同前，第 412 页。

6 https://en.wikisource.org/wiki/Roosevelt%27s_Fireside_Chat,_29_December_1940.

7 当时还尚未与马丁 · 玛丽埃塔公司合并成立洛马（LMT）。

8 https://web.archive.org/web/20080414103548/http://www.un.org/Pubs/chronicle/2008/webarticles/080103_marshallplan.html.

9 Richard F. Kuisel, *Seducing the French: The Dilemma of Americanization*, University of California Press, 1993, ch. 4.

10 Richard F. Kuisel，ch.4.

11 Richard F. Kuisel,，ch. 6.

12 B.Van Ark, M.O'Mahony, M. P. Timmer, "The productivity gap between Europe and the United States: Trends and causes" , *Journal of Economic Perspectives*, 22(1), pp. 25-44.

13 Janis Mimura, *Planning for Empire: Reform Bureaucrats and the Japanese Wartime State*, Cornell University Press, 2011, pp. 4-9.

14 Eri Hotta, *Pan-Asianism and Japan's War, 1931–1945*,Palgrave Macmillan, 2007, p.125.

15 泷井一博:《伊藤博文》，张晓明、魏敏、周娜译，江苏人民出版社，2021 年，第 189 页。

16 转引自田野《战后日本赔偿外交研究，1945—1977》，2010 年，吉林大学博士学位论文。

17 转引自田野，同前。

18 https://history.state.gov/historicaldocuments/frus1958-60v19/d258.

19 田野，同前。

20 https://history.state.gov/historicaldocuments/frus1952-54v12p1/d312.

21 Richard Samuels, "Kishi and Corruption: An Anatomy of the 1955 System" , Japan Policy Research Institute, 2001.

22 https://history.state.gov/historicaldocuments/frus1961-63v22/d354.

23 https://history.state.gov/historicaldocuments/frus1964-68v29p2/d111.

24 以上参见约翰·H. 帕金斯《地缘政治与绿色革命》，王兆飞、郭晓兵等译，华夏出版社，2001 年，第 161—168 页。

25 转引自约翰 · H. 帕金斯，同前，第 218 页。

26 以上亦可详阅张笑宇《技术与文明》，第 296—304 页。

27 https://www.nytimes.com/1985/08/31/world/in-soviet-eager-beaver-s-legend-works-overtime.html.

28 参见 https://twitter.com/kamilkazani/status/1505247886908424195。加列夫本人承认，这种想法缺乏足够的证据支持。

29 https://en.wikipedia.org/wiki/Lend-Lease.

30 https://www.rferl.org/a/did-us-lend-lease-aid-tip-the-balance-in-soviet-fight-against-nazi-germany/30599486.html.

31 Antony J. Blinken, *Ally Versus Ally: America, Europe, and the Siberian Pipeline Crisis*, Praeger, 1987, p.4.

32 https://www.kjis.org/journal/view.html?uid=175&vmd=Full&.

33 Antony J. Blinken，p.3.

34 https://web.archive.org/web/20110719170642/http://www.renewamerica.com/columns/vernon/070423.

35 Thomas Reed, *At the Abyss: An Insider's History of the Cold War*, Presidio Press, ch.17.

36 普什图人是阿富汗境内的主体民族，同时在巴基斯坦内有广泛分布。普什图主义者一般支持巴基斯坦境内的普什图居住区与阿富汗合并，建立新的普什图人国家。

37 John Bernell White, *The Strategic Mind of Zbigniew Brzezinski: How A Native Pole Used Afghanistan To Protect His Homeland*, pp.7-8, 12, 29, 45-46, 80-83, 97.

38 https://networks.h-net.org/node/28443/discussions/6244681/h-diplo-article-review-966-tobin-%E2%80%9C-myth-%E2%80%98afghan-trap%E2%80%99-zbigniew.

结语　我们的时代与未来

本书已经通过以上三个部分，讲述了三个理解工业时代的思维模型:“漏斗—喇叭”、三流循环和产缘政治。我认为,有了这三个模型，我们就更有可能精准定位我们当下的时代究竟处在何种历史进程，以及未来可能的演变方向究竟为何了。

定位我们的时代

先说结论。

从“三流循环”的角度讲,现在是一个未能出现能量流革命突破，因此在社会变化的整体进步上远不如前两次工业革命的时代。

从“漏斗—喇叭”模型的角度讲，现在是一个被金融革命催熟，因此在有限领域取得技术突破，但这些突破还不能有效解决更多社会问题的时代。

从“产缘政治”的角度讲，现在是一个许多国家被地缘政治目标诱惑，因此产生诸多社会撕裂，从而有可能引发“复杂社会崩溃”的时代。

我们先从能量流开始说起。

前文中我们已经介绍过，如果用“控制的能量水平”为指标来划分历史，那么智人文明大致上可以划分为五个阶段：生物能、畜力、水能和风能、化石能源以及原子能。

今天我们处在第五个阶段的早期，也就是开始使用原子能的阶段。但是，在这个早期阶段，原子能尚未表现出相比之前的化石能源带来的数量级式的效率提升。

时至今日，我们目前讨论的新能源产业，基本都集中于同一种应用场景：发电。无论是氢能、风能、太阳能、潮汐能，抑或核能，它们的产业化形式都是建造不同技术原理的电站。但是，发电机的原理同法拉第时代相比并没有根本区别：到目前为止，除了利用太阳能发电的光伏系统是以光能直接转化为电能以外[1]，其余主流的发电方法，本质上都是法拉第式发电机，也就是将动能转化为电能：线圈在磁铁的两极之间转动，从而产生感应电流。

如果不是利用水、风或潮汐这种能够直接驱动线圈转动的方式来发电，而是用其他能源来发电（例如火电站或核电站），无论原始能源为何，发电手段采取的一定都是汽轮机，也就是用膨胀蒸汽产生动压推动涡轮机的叶片，从而产生电能。这在业界有一个形象的称呼：烧开水。换句话说，截至目前，无论怎样新的能源，我们利用它的最主要形式就是发电，而发电的最主要办法就是烧开水。火电站用燃烧煤、石油或天然气的方式烧开水，而核电站则是利用核反应堆堆芯的热量烧开水，但万变不离其宗。

烧开水就意味着，所有这类发电手段的能效，实际上被蒸汽—动能—电能的固定转化过程限定了一个天花板，并没有质的变化。当然，即便如此，技术进步仍然可以提升人类利用能量的级别。这就像瓦特刚刚改良蒸汽机的时代，一台蒸汽机能提供的动力只有一马力，但一百年后，战列舰上的一台蒸汽机动力可以达到数百马力。然而，无论怎样，蒸汽机就是蒸汽机，这些所有的改进，还都不是真正意义上的颠覆式改进。

人类在步入原子能时代之后，并没有获得可以大幅提升经济效率的新能源技术，而只是多了一种用来发电的手段。今天的核电站使用铀的同位素（U-235 或 U-238）裂变产生的能量来发电。铀在地球上并不算是一种十分稀缺的资源，但是与煤炭、石油或天然气的易得性相比，还是相形见绌。

核电站的燃料成本并不算高，相比化石能源还是有不少优势。但是，核电站先期建设成本需要数十亿美元的投入，远远高于火电站，而且核电站一旦出现事故，危害极大。这些都使得核电在目前还不是一种有典型成本优势的能源。除非核聚变技术在商业化上取得显著突破，否则，我们还不能说现在已经出现了“能量流”的颠覆式革命。因此，在我看来，当前实际上仍是第二次产业革命的延续。

由能量革命的停滞进而引发的一个问题，就是经济增长的停滞。

经济史学界有一个共识，就是在所谓的“第三次产业革命”周期内，经济增长的速度实际上是大幅放缓的。有人把这总结为一个很经典也很有趣的问题：计算机在哪里？（Where is the computer?）

这乍听起来很奇怪。计算机现在到处都是，在办公室里，在家里，在汽车里，在很多很多的场景里都有它的身影。但是，经济学家这里真正想要问的是，计算机的确走入了我们生活的方方面面，但是为什么它没有明显地体现在经济发展的统计数据里？为什么它没有明显改善经济活动的创新速度，甚至反而伴随着经济活动方方面面步伐的放缓？为什么计算机行业至今占 GDP 的份额仍然如此之小，以至于无法弥补其他方面的放缓？

当然，我们不能否认计算机行业本身取得的明显技术进步。1976 年，西摩·克雷（Seymour Cray）发明了克雷 1 号系统，这是人类第一台超级计算机，创下了计算机运算速度的世界纪录。克雷把这款系统以 880 万美元（相当于 2015 年的 3700 万美元）卖给了阿拉莫斯实验室（LANL）。

但是，如果生活在 2015 年，买了一台 3000 元人民币左右的联想笔记本电脑，你将会得到怎样的技术性能呢？这台电脑的内存是克雷 1 号的 750 倍，每秒运算速度是克雷 1 号的 1000 倍。但它的价格，大概只有克雷 1 号的十万分之一。克雷 1 号的运算能力，在 1976 年值 880 万美元，在 2015 年大概就只值 1 美元不到。

这背后的巨大技术进步，正是由所谓"摩尔定律"（Moore's Law）带来的：每 18—24 个月，一片芯片中包含的晶体管数量就增加几乎一倍。摩尔定律不是什么物理规律，而是建立在行业从业者经验基础上的观察。结果，经验观察变成了行业标准，芯片开发商按照这样的速度来设计新产品，制造商也按照这样的节奏安排生产。

但是，计算机性能的提升，到底对我们的经济活动——尤其是生产活动——有着多大的推动作用呢？

自计算机进入快速普及以来，无论企业、工厂、政府部门，还是个人家庭环境，都越来越多地开始使用这台机器。但绝大多数的情况是，对我们而言，只是用电子办公代替了纸面办公而已。换句话说，原先在纸上书写并打印的材料，现在变成了电子化材料。银行对账单、电话账单和保险单原先是打印出来的，现在变成了电子化的。但是，材料的内容缩减了多少？办事的流程缩短了多少？这些便利条件又在多大程度上转变成了生产效率的提升？

至少从数字来看，这是很有疑问的。到 2014 年，包括互联网和电话的连接费用在内，企业与家庭在 IT 技术硬件和软件方面的总支出加起来，只占经济总量的 7%。

我们前面讲过，以全要素生产率的年均增长率来看，美国历史上进步最快的时期是 1920—1970 年。这五十年内得到扩散的主要是第二次工业革命的应用，也就是包括电气化和内燃机扩散产生的大量产品。但是，第三次科技革命对全要素生产率增长的推动只维持了十年，也就是1994—2004年，而且提升效率完全无法与1920—1970年相比。

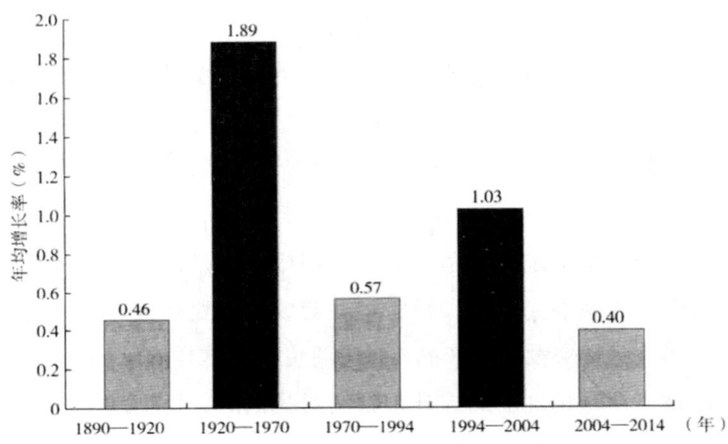

1890—2014年全要素生产率的年均增长率[2]

自克雷1号到今天，近五十年来计算机运算能力的提升，其实主要体现在显示器性能以及图像美观和界面便利程度的提升。简单地说，摩尔定律带来的技术进步，主要是让我们的屏幕效果更酷炫，游戏画面更绚烂，游戏运行速度更流畅而已。但是，这些进步带来的“生产力效率的提升”，跟我们对“第三次科技革命”的期望，恐怕无法相提并论。

当然，我们应该承认，娱乐也是人类正常的需求，能够改进游戏玩家的体验，也算是一种福利。但是，这种福利不是能够用客观的、科学的数字来衡量的。我们能说，一个在虚拟世界中玩建造模拟城市的孩子，就一定比一个在现实世界中用树枝和泥巴搭房子的孩子得到的快乐更多吗？我们能说一个喜欢Vtuber的人得到的快乐就一定比喜欢听收音机里唱太平歌词和京韵大鼓的人得到的快乐高级吗？如果不能的话，如何衡量GPU、图形学和中央处理器带来的产出和进步呢？

所谓“信息技术革命”，看似渗透进了我们生活的方方面面，但其实只是在我们的生活里增添了一样必不可少的产品，再通过这个产品提供的形形色色的服务改变了我们的认知而已。仔细想一想，我们个人消费支出的许多类别，其实完全不受信息和通信技术革命的影响。比如，一日三餐的食物，服装和鞋子，汽车、家具、日用品和家用电器，房租、医疗保健、教育和个人护理，美黑和美甲……它们被笔记本电脑和智能手机改变了吗？

实际上，从生产效率的角度看，计算机真正带来的生产力的提升，主要来自电子化带来的“目录革命”。计算机诞生之前，诸如汽车零部件经销商、五金商店和零售商店等有着大量商品清单的商家，需要制作庞大的装订目录，而且还要每天插入更换页。但电子化且联网之后，这些商家与客户之间互通信息的成本就下降了很多。这正是1994—2004年间计算机革命带动生产力上涨的直接原因。[3]

但是，计算机给生产力带来的直接变革也就仅限于此。这就无怪乎经济学家罗伯特·索洛（Robert M.Solow）会以这样的妙语予以总结：

> 我们随处可见计算机时代，但就是在生产率的统计数据中看不到。[4]

其实仔细想一想，我们也可以明白其中的关窍。想想看，当人类发明电报和电话之后，这些技术对当时通信效率的提升，其实远大于计算机和互联网对当前通信效率的提升。在电报和电话发明之前，人们还使用信使来传递消息，从旧大陆到新大陆，一封信要在海上飘几个月，然而通信电缆可以把这个时间缩短到几分钟。计算机和互联网有这样巨大的提升效果吗？显然没有。此外，电报和电话更不是第二次工业革命的全部，第二次工业革命还有其他大量全新的发明。

那么，我们凭什么把计算机和互联网当作所谓“第三次工业革命”的全部呢？我们之所以习惯于使用“第三次工业革命”这个术语，是因为其他人，包括比我们更权威、更有钱、更懂技术的人也在使用。也因此，我们会容易忽略掉人类社会结构和政治制度已经积累上百年的弊病，满怀信心地认为，在“发展”面前，这些很快就可以不再是问题。

但仔细看一看过去两百年来的产业发展史，我们就会明白，真正称得上“工业革命”的，至少到目前为止，还只有前两次。第三次工业革命并不是一定不会到来，但目前还只是初露曙光，未曾展现自己颠覆性的力量。在人类真正取得核聚变的技术突破或登上火星之前，我们不能不谨慎地判断：一个社会受技术创新和产业进步而取得最快增长、各阶层对经济前景有最强烈共识、创造力和活力受到最大激发的年代，就是前两次工业革命成果快速扩大的年代。

地缘政治与石油供给

沿着能量流的线索回溯历史，我认为应该把“大增长年代”终结的时间点定于 1970 年代。

这要从一场战争说起，它就是 1973 年的第四次中东战争，或称“赎罪日战争”。

第四次中东战争的导火索，是以色列在第三次中东战争中获得了原属埃及的加沙地带和西奈半岛、原属约旦的约旦河西岸和原属叙利亚的戈兰高地。为了夺回失地，埃及和叙利亚决定于犹太民族“赎罪日”，也就是 1973 年 10 月 6 日这天发动战争。这一天以色列全国处于放假状态，虔诚的犹太教信徒会实行禁食，避免使用武器、电子器材、引擎和通信设施等。理论上讲，这是以色列一年中战备最脆弱的一天。

实际上，以色列情报部门在开战前已经获得相关情报。但是，他们面临极大的两难抉择：以色列国土面积狭小，必须采取先发制人的攻击才能够避免国土沦丧。然而，在第三次中东战争中，以色列是侵略国，占领他国领土是既定事实，如果再次先发攻击，就无法在国际上站得住脚，可能会失去至关重要的，尤其是来自美国的援助。最终，以色列时任总理果尔达 · 梅厄（Golda Meir）决定不先发制人，以此换取获得援助的可能性。

战争爆发后，埃及军队很快就击穿了以色列在西奈半岛设置的防线，叙利亚也在戈兰高地形成 9 : 1 的兵力优势，以色列伤亡惨重，其中最为致命的，是大量军火武器，包括零部件和弹药在内的损失。如果得不到补充，以色列可能会很快亡国。

10 月 9 日，梅厄总理开始向国际社会呼吁援助。但是开战前，阿拉伯国家主导的 OAPEC 集团已经事先警告西方，一旦阿以开战，倘若西方援助以色列，OAPEC 集团将会对西方实行石油封锁和禁运。因此，欧洲国家全部拒绝了以色列的请求。

只有美国回应了以色列的请求。10 月 14 日，美国总统尼克松决定不能再继续耽搁了，下令美国空军“把所有能飞的玩意儿都飞到以色列”，这就是著名的“五分钱救援行动”（Operation Nickel Grass）。很快，大量军火弹药通过葡萄牙的中转基地飞往以色列，运往前线。由于开战头几天以色列就损失了大量战斗机，因此以色列向美国新买了 36 架 F-4 幽灵战机后，美军干脆把飞机换涂以色列空军的标志，由美国飞行员直接开往以色列，并马上投入战场。

“五分钱救援行动”救了以色列一命，最终促使双方达成停火协议。以色列虽然承受了比例极高的人员伤亡，但迅速稳固了防线，并在得到援助后的两周内进行了反攻，甚至威胁到了进攻国的首都。此役过后，阿拉伯国家认识到，只要有西方的支援，自己就无法在军事上击败以色列。

这让阿拉伯国家十分愤怒，遂经由 OAPEC 和 OPEC 对西方发起石油制裁。

这里需要简单介绍一下这两个组织。OPEC，全称为“石油输出国组织”（Organization of the Petroleum Exporting Countries），成立于 1960 年，总部位于维也纳。OAPEC，全称为“阿拉伯石油输出国组织”（Organization of Arab Petroleum Exporting Countries），比 OPEC 多的那个“A”就是“阿拉伯”的意思，成立于 1968 年，顾名思义，就是限定在阿拉伯国家内的石油输出国组织。

我们前面讲过，在标准石油公司被美国反垄断法解体后，由此拆分出来的五个石油巨头与 20 世纪初欧洲的两大石油公司（英波石油公司和荷兰皇家–壳牌石油公司）一道组成了“石油七姐妹”。1973 年之前，这七家总部和控制者均具备强烈的盎格鲁–撒克逊文化背景的公司控制了全世界 85% 的石油储量。[5]

这些跨国石油巨头当年是与中东或拉美的独裁者协议拿下油田的，但数十年过去，时移世易，有些独裁者被推翻，有些老去，有些国家实现了正常的政府更替。这些新上任的独裁者，抑或民选政府，看到自己出产的能源变成跨国巨头口袋中白花花的银子，而自己的国民却囊中羞涩，无论出于政治或道义上的理由，自然会表达不满。这就是 OPEC 成立的背景。

1967 年第三次中东战争爆发后，伊拉克、科威特、阿尔及利亚、巴林和叙利亚等阿拉伯国家发起了针对美英的石油禁运，抗议其对以色列的支持。但是，这场禁运实施得并不彻底，很多石油公司实际采取的做法是先把石油运到欧洲国家，再转运到英美。这样一来，石油“武器”实际上没有生效。为此，OPEC 中的阿拉伯产油国发起了一个范围更小、更集中的组织，也就是 OAPEC，成员全部由阿拉伯国家组成。

因此，OAPEC 与“石油七姐妹”的对抗，可以看作是一场阿拉伯文化与盎格鲁–撒克逊文化的“文明–产缘冲突”。

1973 年第四次中东战争之后，愤怒的阿拉伯国家决定通过 OAPEC 向欧美真正传递自己的政治决心，实施严格的禁运。这场禁运的发起者是沙特阿拉伯第三任国王费萨尔（Faisal bin Abdelaziz Al Saud）。沙特本来是阿拉伯国家中最亲美的，也是最反对石油武器化的国家之一，为什么这次却要带头制裁西方呢？原因是沙特本来为阿以和谈斡旋很多，希望以色列做出更多让步，然而美国却给以色列几乎无上限的援助，让埃及和叙利亚输得很惨，也让费萨尔大感丢了面子。一怒之下，他于 1973 年 10 月 19 日决定对美国实施全面禁运。

历史的转折经常是在如此戏剧性的场景下发生；普通人以为的那个平和、理性和规律的世界，只是一种想象而已。因为，极少数掌控了关键流的人可以随时颠覆这个世界，尽管颠覆后的结果也未必尽如其预期。

阿拉伯国家主导的石油禁运，一共分两个部分。一部分是影响整个市场滚雪球式的产量限制，也就是产量开始削减后，每月额外削减 5%。另一部分是针对某些国家全面禁止石油出口。一开始只是针对实质上援助了以色列的美国和荷兰，后来扩大到葡萄牙、南非和罗德西亚。1973 年 10 月，阿拉伯国家的石油总量为每日 2080 万桶，到了 12 月，就只有 1580 万桶了，每日市场供应量减少了 500 万桶。[6]

除石油禁运之外，各个石油生产国政府还在稳步推进另外一项措施，那就是石油企业的国有化。简单说，就是用强制命令或赎买的方式，夺回“石油七姐妹”控制的当地油田份额，并变为国有。

20 世纪上半叶，只有两个国家搞了石油国有化，第一个是苏联，收回了巴库油田的外企所有权，第二个是墨西哥，收回了洛克菲勒家族对墨西哥石油的所有权。到 20 世纪下半叶，伊朗、玻利维亚、伊拉克、埃及、缅甸、阿根廷、印尼和秘鲁先后实现了石油国有化。在这些国家中，只有墨西哥和伊朗在国有化时是重要的出口国，而且其中还有很多环节受到外国公司控制。

石油产出国真正对整个石油行业环节实现国有化，是在 1970 年代以后。第一个这样做的国家是阿尔及利亚，起点是 1971 年的德黑兰协议。同年，利比亚也将英国石油公司的产业国有化了。第四次中东战争的结果则把整个阿拉伯世界的石油生产国动员了起来。1974 年，先是利比亚将油田之外的其他外国公司国有化，随后是伊拉克，再然后是沙特阿拉伯。到 1976 年，几乎所有亚非拉和中东地区的生产商都被国有化了。

这样，“石油七姐妹”对全球油气的控制权快速下降，到今天，在全球的石油和天然气储量中，只有 7% 位于允许国际私营公司自由支配的国家，65% 掌握在石油出产国的国企手中。跨国巨头以资本手段控制全球能量流的时代，就此一去不复返。

石油禁运和石油国有化政策对美国主导的西方世界造成了巨大冲击。

美国长期是世界重要产油国之一，自“二战”以来，美国石油的额外生产力是整个西方能源安全的基本底线。但是，美国石油的开采能力差不多到 1960 年代达到巅峰，到 1970 年代则已经开始下降。阿拉伯世界组织的这次石油禁运，从经济上看，确实给西方以沉重打击。在禁运开始前，每桶石油的价格基本都在 5 美元以下，有时只有 3 美元多一点。但是禁运开始两个月后，OPEC 的石油价格就上涨到了 11.65 美元。1973 年 12 月，伊朗国家石油公司的石油拍卖价达到了每桶 17 美元。

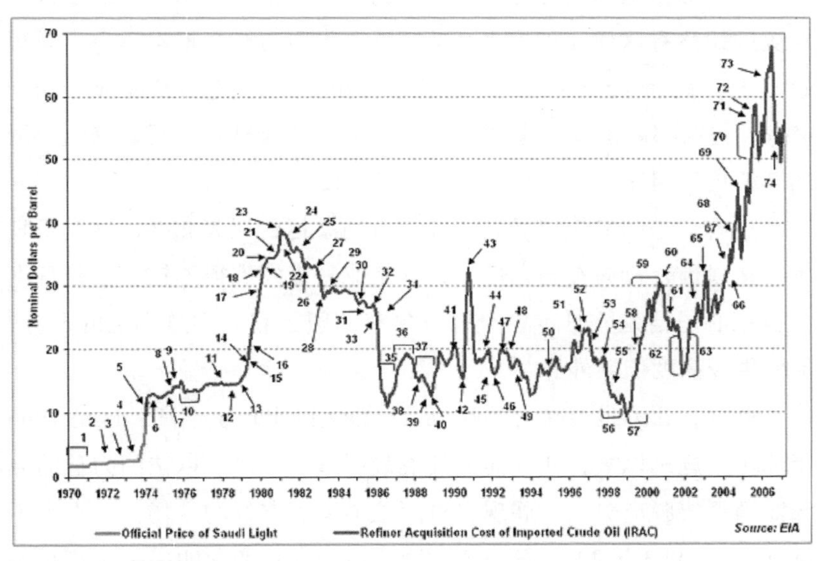

禁运后的石油价格走势[7]

这场石油禁运在实质上永远结束了低油价时代。

石油不仅是驱动汽车的必要生活用品，也是现代化工业所需要的重要原材料和驱动各种机器所需要的燃料。前文所述的当时刚刚上任的联邦德国经济部部长感到最惊讶的是，石油短缺之后，他需要首先解决的告急电竟然是来自制糖工业的。当时制糖业正处于季节性高潮，如果没有燃油供应，机器开不起来，生产作业就要全部停止，食糖也得在各种管道里晶化。他不得不做出优先给制糖业提供充足燃油分配的批示。这再次证明了我们在本书中反复强调过的两件事：**其一，现代社会结构是由庞大而复杂的分工体系支撑起来的，很多时候连一国政府都不能真正明白，这台机器的某个部件失灵会造成什么影响；其二，能量流在这套系统中扮演了关键性的枢纽角色，遏制住能量流动，就能让整个体系瞬间熄火**。

石油禁运在美国引发了巨大的社会冲击。当时的美国老百姓对美国始终有这样一种信念：美国资源无限富饶，根本不会出现短缺状况。然而 1973 年 10 月之后的几个月内，汽油零售价上涨了 40%。当联邦能源局颁布“石油供应临时节减措施”后，汽油短缺的现象更为明显，加油站外排起了车流长龙。

还有一个国家也感受到了此次石油禁运的巨大震撼，这就是日本。在岸信介投向美国之后，日本工业一直发展得不错，但是日本人自己心里清楚，日本本身只有狭窄的国土和人均量不足的资源，能源供应高度依赖外界。

此外，西方世界在对外政策上也跟美国出现了偏离。这是 1956 年苏伊士危机以来，西方同盟裂痕最严重的一次。以法国为首的欧洲盟国很快脱离美国，展现出对阿拉伯国家友好的立场。日本也不例外，在 1973 年 11 月发表了赞同阿拉伯立场的声明——这是日本战后首次在外交政策上跟美国产生重大分歧。作为回报，阿拉伯石油输出国免除了 12 月份对日本供应量的削减。

但是，政治是关乎意志的对抗。没有一个经历过几次世界大战博弈的国家是傻白甜，所有西方国家都知道，让步只是一时举措，根本问题在于不能受制于人。

所以，石油禁运后，西方阵营从整体上做出了三个层面的应对。

第一个层面是“开源”，也就是确保目前的石油在各国之间实现更合理的分配，同时寻找其他的石油进口来源。

在第四次中东战争之前，受到阿拉伯国家警告的西方工业国政府就已经开始讨论石油禁运的分摊配额计划，简单说就是，没有被禁运的国家要匀出一些石油给禁运国。在禁运发生之前，计划制定者吵吵嚷嚷，迟迟不能行动，原因自然是谁都觉得自己的国家最重要。但是禁运实际发生后，这些国家感到形势严峻，反而团结起来，制定了配额计划。

除了合理分配之外，西方国家还在北海、阿拉斯加和其他处在西方影响范围内的地区加大了石油勘探力度，以获取更多石油资源。

第二个层面是“节流”。石油危机爆发后，主要西方国家开始实施各种手段以控制能源消耗，促进节能减排技术的开发，降低对石油的依赖程度。

禁运之初，这些国家的反应举措显得兵荒马乱，颇有令人哑然失笑之感。比如，日本通产省马上发布了一个声明，对总部大楼里的电梯和空调的使用加以限制。为了减少使用空调的频率，日本人推广了一种独创发明：半袖西装。虽然有时任首相大平正芳亲自推广，这种衣服依然没能流行起来。[8]

法国政府也出台了咄咄逼人的节能政策，切入点也是空调。检查员会对银行、百货公司和办公室等搞突然袭击，如果温度低于 20 摄氏度，就要对大楼的行政管理部门施以罚款。此外，法国还取缔了任何“鼓励”能源消费的广告。这个法令听起来特别可笑：一个制造商可以登广告说他的取暖器比其他取暖器更有效，但他不可以说电暖气是最好的取暖方式，因为这鼓励了能源消费。当时法国节能局的官员会在上班路上收听电台广告，如果听到哪个广告是鼓励能源消费的，那这个广告午餐前就会被从电台撤下来。

美国也出台了很多政策。1974 年，美国通过紧急公路节能法将全国最高限速定为 89 公里 / 小时。1975 年，美国制定了战略石油储备计划，还通过了《能源政策和节约法案》，要求提高汽车和轻型卡车消耗汽油产出动力的性价比标准。1978 年，美国制定了《国家能源法》。

这一系列法律后来给美国汽车产业造成了意想不到的影响。1970 年代以前，美国人喜爱块头大、油耗高、动力强的大型汽车，但受到石油危机的影响，日本汽车厂商生产的紧凑型低油耗小汽车开始受到广泛欢迎，这严重打击了美国本土的汽车产业，而由此引发的一系列连锁反应，更是令底特律破产汽车厂的蓝领工人在 2016 年把选票投给了特朗普，点燃了我们近年来目睹的反全球化高潮。

当然，这场石油危机的另一方面，是引发了人们对可再生能源和核能的关注。乙醇汽油、太阳能热水器和核能发电等一系列新兴技术都是受此次危机刺激产生的。稍后我们会讲到这方面的故事。

以上这两个层面的应对举措，一定程度上降低了西方世界对阿拉伯石油的依赖程度。尽管低成本、高增长的工业繁荣时代一去不复返了，但是阿拉伯国家给西方世界带来的冲击和压力，最终也还是被消化了。不管是欧洲国家还是日本，没有一个国家按照阿拉伯世界要求的那样拒绝承认以色列，更不用说美国了。

当然，这背后的真正原因，很可能是第三个层面的应对举措，也就是地缘政治博弈起到了作用。

石油：武器抑或商品？

我们前面反复强调过，要想在产缘政治博弈中获胜，就得避免遭受地缘政治危机。如果产业发展被战争或政治动荡中断，那么即使巧妇也得面对无米之炊，而这恰恰就是中东石油生产国的困局。

1973 年的石油危机给一些中东国家的领袖带来了前所未有的信心。伊朗末代国王穆罕默德·巴列维被高油价带来的喜悦冲昏了头脑，就想借助这波油价上涨解决伊朗日益严重的经济危机，恢复波斯帝国的往日荣光。1970 年代的伊朗毫无疑问处在黄金时代，所有人都在享受经济增长带来的高速发展。当时伊朗的时代精神，可以归结为两个字：速度。用伊朗王后的话说："我丈夫生平最大的嗜好有三：飙飞机、飙车、飙游艇——速度！"

巴列维把他对速度的激情运用于整个国家。他说，伊朗将成为世界上第五大工业国，将成为新的西德、第二个日本。他吹嘘说："伊朗将是世界上不能等闲视之的国家之一，人们梦想的一切都可以在这里实现。"他认为，自己获得了平视美国的资格。他对美国大使说："工业大国可以用政治和经济压力的手段干坏事而逃之夭夭的时代已经一去不复返了。我要你知道，伊朗国王不会在油价问题上屈服外国的压力。"[9] 在其执政期间，伊朗的人均收入增长到整个国家历史上的最高水平，武装部队开支也位居世界第五。

但是，在巴列维沾沾自喜的同时，伊朗社会正在积蓄深刻的危机。我们前面说过，石油产出国面临一个共同的问题，即"资源诅咒"。这些国家不必花费大量时间去研发技术和培训工程师，只需要用强制力控制一个油井，招募一些工人，就可以坐享巨额收入。与此同时，贫富差距严重，道德规矩被破坏，整个社会人心浮动，这些都为革命埋下了火种。

我们前面讲过，许多中东产油国的上层集团以激进的伊斯兰教意识形态驾驭底层人民，反过来更巩固了少数人在当地的统治，增强了他们与欧美谈判的筹码。但是，他们忽略了一点：不可轻易操纵民粹的力量，因为民粹总有一天会把他们撕成碎片。

伊朗的问题正在于此：伊朗国王鼓吹民族自尊心，但是真正将伊朗文明与西方文明对立起来的关键文化因素之一，正是伊斯兰教；而伊朗国王利用石油收入建立的现代经济，在伊斯兰教（当地是什叶派）看来正是世俗化的表现，是对宗教秩序的冲击。当这些批评与老百姓对贫富差距的仇恨结合在一起之后，底层教众反而站在了上层集团的对立面。

1978 年，伊朗爆发了规模空前的政治动荡，巴列维的军队开枪打死了数十名抗议者，结果引发了更大的怒火。国王被迫大赦各种反对派领袖，其中就有后来夺取了政权的鲁霍拉·霍梅尼。

霍梅尼从 1960 年代就开始抨击伊朗政府的腐败和对传媒的打压，逐渐成为反对派领袖，1963 年，因支持反对国王的示威被捕，8 月获释，1964 年又因抨击国王和政府给美国军事顾问外交特权而被逐出国。

在流亡期间，他同美国和法国政府取得了联系。通过联络反对派领袖对威权国家施压，甚至在出现危机的时刻推动当地政权的更迭，本就是美国惯用的国际政治权术。这与当年大英帝国通过阿拉伯革命肢解奥斯曼帝国的手腕是一脉相承的。霍梅尼本人也极识时务，对美国态度相当友好，有什么诉求一概先答应下来。因此，1979 年巴列维国王倒台流亡国外后，霍梅尼借美法两国之力回到了伊朗，成功掌控了权力。至于掌权之后再行反美，那就是另一回事了。

伊朗爆发的革命，既打破了巴列维想做“世界第五强国”的美梦，也引爆了整个中东产油国世界的危机。这是因为，伊朗的伊斯兰教派主要属于什叶派，是整个伊斯兰世界的少数派，且与逊尼派之间有着由来已久的敌对关系。

在巴列维统治时期，威权政府的统治能够有效压制国内什叶派信仰，从而不至于引发教派冲突。但是，霍梅尼本身就是什叶派宗教领袖，上台之后岂有不搞宗教战争之理？很快，霍梅尼就号召什叶派信徒团结起来，实现更广泛的伊斯兰革命。其中一个关键，就是推翻在伊拉克的复兴党政府，也就是萨达姆主导的政府。

1979 年，萨达姆发表讲话，赞扬霍梅尼领导的伊朗革命，呼吁在互不干涉内政的基础上建立两国友谊。对此，霍梅尼的反应却是拒绝提议，呼吁在伊拉克实施伊斯兰革命，由什叶派掌权。萨达姆大为震惊，决定趁伊朗新政府内部搞军官清洗的时机发动战争，这就是始于 1980 年、终于 1988 年的两伊战争。前后八年，有 50 万人在战争中丧生，经济负担达 1 万亿美元。1970 年代因受益于石油危机而赚到大量钱财的两个国家，被战争搞得经济疲敝，民不聊生，“世界第五”的豪言壮语完全被当作一个笑话，遗忘在了历史的角落。

中东产油国把石油当作政治武器，忽略了产缘政治博弈的基础出发点：**产缘政治本质上必须依赖商业化渠道发挥作用，因为只有在商业世界中才存在着稳定的依赖关系**。如果你把产缘优势当作武器来使用，或者用这种方式来直接增强自己的军事力量，那么结果就是，他人一定会因为安全理由而停止对你的依赖。毕竟，在“硬力量”的层级划分中，**暴力永远比金钱更底层**。

伊朗和伊拉克的战争深刻地教育了另外一个国家：沙特阿拉伯。在中东产油国里，沙特是最亲美的国家之一，即使费萨尔是第一个挑起石油禁运的，但怒火发泄过后，他十分清醒地于 1974 年 3 月中止了石油禁运。

费萨尔有位叫艾哈迈德·亚马尼（Ahmed Zaki Yamani）的心腹，长期担任沙特石油部长和 OPEC 部长，是 1973 年石油禁运中的关键角色，也是基辛格在中东实施“穿梭外交”的主要对手和合作伙伴。基辛格曾经这样评价这个人：

> 我觉得他聪明过人而且知识渊博，他能就社会学和心理学等许多学科发表精辟透彻的见解。他的警觉的眼睛和一小撮山羊胡子使他看上去像一个自命不凡的年轻绅士，他把石油政策当游戏，但不真正有意带来预示大动乱的信息，之所以特别如此是因为他

1975 年基辛格与亚马尼会面

提出这种信息时，声音柔和，带着过分谦虚的笑容，和他行动的含义并不相称。[10]

正是亚马尼坚决执行了费萨尔发起的石油战争；但是，他同时也不愿意看到油价过分抬升。他非常清楚中东产油国的性格与命运：一旦这个地区的独裁政权拿到巨额财富，他们就会忍不住把财富转化为军力，燃起战火。考虑到后来发生的两伊战争，亚马尼的这个洞察相当有远见。

1970 年代中叶，亚马尼反对油价过分抬升，而美国也不愿意咄咄逼人地强迫油价下降，毕竟沙特阿拉伯是美国在中东最稳定的地缘政治支点之一，如果美国动用政治手段过分压迫沙特或伊朗，这些国家就可能丧失政治稳定。基辛格后来解释说：

即使对立即降低油价来说，这样的代价也是太大。如果你推翻了沙特阿拉伯的现行体制，让卡扎菲接管，或者如果你打破伊朗能够抵制外来压力的形象，你就开展了可能挫败你经济目标的政治趋势。[11]

这句话完美地揭示了美国在中东的平衡术，同时也为亚马尼和基辛格这两个“国师”寻找到了妥协的可能。既然伊朗国王丧失了理智，那么沙特就成为美国可以妥协的对象了。1975 年前后，两人开始合作，试图建立一种机制，以稳定石油价格，让石油回归到单纯的商品，剥离其武器属性。

亚马尼的长远之虑得到了验证。由于伊朗革命和两伊战争的爆发，整个世界都在寻找石油的替代来源。1980 年代早期，北海油田、阿拉斯加油田和墨西哥油田得到了大规模开发。1982 年，非 OPEC 国家的石油产量超过了 OPEC 国家。1983 年，单是北海油田的英国部分的产油量，就超过了阿尔及利亚、利比亚和尼日利亚三国的总和。

这正是 OPEC 和 OAPEC 国家把石油当作价格战武器的恶果。1983年，亚马尼发表了一篇文章，主题是OPEC危机的起因，在其中，他这么说：

请原谅我做一个比较。这次危机的经历很像一名孕妇的经历……危机开始时，很像正常的怀孕给人带来激情和欢乐。在这个时候，OPEC 的其他成员国不顾我们的警告，希望我们把油价提得更高。此外，每一个成员国取得大量的财政收入，匆匆开展发展工程，似乎这种财政收入会源源而来，并会永远不断地增加……我们陶醉于欢乐，虚度了这段时光……但是，对世界市场来说，我们的价格太高了。[12]

既然 OPEC 不可能形成一个统一的、真正的强力组织，那么最好的方案就是退而求其次，让石油回归商品属性，保住经济利益。沙特就是这个策略的坚定奉行者，这也是为什么它会在一众中东国家中笑到了今天。

在亚马尼的审慎操作和灵巧态度下，OPEC 并没有变成一个石油生产国的卡特尔。今天，它的总部依然设在奥地利的维也纳，1982 年时只有 39 个雇佣员工，还不如一家小企业大。它对石油输出国的影响力，就像《小王子》中那个国王一样：国王为了证明自己有权力，每天派官员计算太阳落山的时间，然后对国民发布命令，宣称自己将要命令太阳在几点钟落山。OPEC 也是一样，它把石油产出国自己做的决定集中发布一遍，就好像是它在做出这些决定一样。这个机构如今已经成为沙特的一个“白手套”：当沙特王室要抬高油价损害欧美消费者利益时，他们就会说这是 OPEC 的决定，以降低美国对沙特的敌意。[13]

西方世界与产油国的这场产缘政治博弈，最终以这样的方式画上了妥协的句号。这不失为一种共存方案。

回过头来点评这段产缘政治博弈的影响，我认为必须同时看到两个方面：

一方面，它基本终结了 20 世纪以来完全由美国主导的“三流循环”，也为第二次工业革命带来的“大增长”画上了句号。石油价格从 3 美元涨上去后，就再也没有回到那个低价时代。就此，西方建立在廉价能源基础上的工业大发展时代结束了，技术创新带来的经济长期增长的时代也差不多结束了。

我们无法想象，如果这样的时代能延续下去，我们是不是还会看到跟人造卫星上天和阿波罗登月同等级别的巨大科技成就，而不是像今天这样，放眼望去，所谓的科技成就只是给脸书点赞，给朋友圈点赞，转发短视频。

另一方面，它是对长期被边缘化和被剥夺的中东地区民众的一次巨大补偿。尽管 1970 年代之后，中东国家依然存在着形形色色的不公，但整体而言，这是当地民众第一次真正在自己政权的带领下，将自己国土上出产的石油收回，并有可能分享石油产业带来的相关福利。只不过，这距人类第一次在这里钻探出石油，已经过去了半个多世纪。

增长的极限

1968 年，意大利产业家奥雷利奥 · 佩奇（Aurelio Peccei）和苏格兰科学家亚历山大·金（Alexander King）共同成立了一个叫“罗马俱乐部”（Club of Rome）的组织。

罗马俱乐部一开始真的只是一个俱乐部，两位创始人和他的朋友们起初是想要讨论一些务虚的问题，简单说来，就是“人类的困境”是什么，哪些问题是有可能毁灭人类的真正大问题。奥雷利奥 · 佩奇经历过“二战”，亚历山大 · 金则担任过英国政府的科学顾问，两人都有很高的视野，因此对这些话题很有共鸣。经历过一段时间的讨论和研究，罗马俱乐部在 1972 年发布了一项研究报告，题目就叫《增长的极限》（*The Limits to Growth*）。

《增长的极限》用当时刚刚兴起的计算机技术设置了一个模型，用来模拟人类社会的经济增长。这个模型背后的核心思想其实还是马尔萨斯陷阱的变体。它把人类社会简化成五个变量：人口、粮食生产、工业化、污染和不可再生自然资源的消耗，并且假设这五个变量都以指数速度增长。但是，技术增加资源的能力则只是线性增长。如此推演，人类社会大约会在 21 世纪中后期面临全面崩溃。

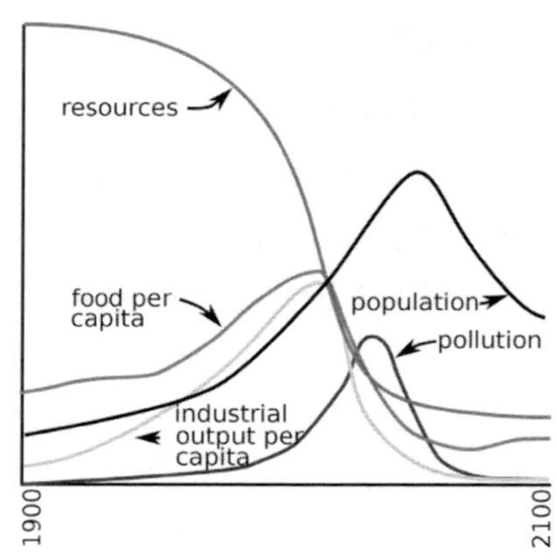

《增长的极限》推导的演化趋势 [14]

这篇报告得出的基本结论如下：

1．如果目前世界人口、工业化、污染、粮食生产和资源枯竭的增长趋势保持不变，那么地球上的增长将在未来一百年内达到极限。随之而来的最可能的结果将是人口和工业能力的突然与无法控制的下降。

2．改变这些增长趋势并建立一个可持续的生态和经济环境是有可能的，但也有条件。可以设计全球均衡状态，使地球上每个人的基本物质需求得到满足，每个人都有平等的机会实现个人的潜能。

3．如果世界人民决定为第二个结果而不是第一个结果而努力，他们越早开始努力实现它，成功的机会就越大。[15]

这篇报告立意甚高，持论甚正，但类似的观点我们在历史上曾反复读到过，屡见不鲜：人类追求无止境的财富和物欲，终将自取灭亡；唯一解决之道是从现在行动起来，净化心灵，克服物欲。换句话说，这份报告本质上不过是用一个并不甚精准的模型把这个历史上反复出现的劝诫复述了一遍而已。

但是，无论报告本身的质量如何，它的发布，实在是赶上了一个好的不能再好的时机。一年之后，第四次中东战争爆发，石油危机来临，西方世界感受到了能源涨价的切肤之痛，而这篇报告则因为切合了当时的公众心理而声名大噪，一时洛阳纸贵。罗马俱乐部也因之声名鹊起，吸引了全球大量政要精英、企业家和知识分子的参与。曾经加入过该俱乐部的会员包括日本作家池田大作、诺贝尔经济学奖得主约瑟夫·斯蒂格里茨（Joseph E.Stiglitz）、苏联领导人戈尔巴乔夫和捷克共和国第一任总统哈维尔等。

当石油危机的阴影笼罩在全球工业国的头上时，罗马俱乐部的末世预言恰好就成了一盏明灯、一个方向、一个充满道德感的奋斗目标。这篇报告里提出的"生态可持续""资源可持续""增长可持续"等道德原则，跟西方主要国家为了摆脱对石油依赖而推动的节能减排技术和新能源技术结合起来，构成了环保政治的一体两面：上限与下限，理想与现实，道德与权术。

其实，格雷塔·桑伯格（Greta Thunberg）这样的激进分子在前台呼吁的背后，是各国政治家们在桌子底下的产缘政治算计。这也是我个人对于 1970 年代以后我们身处的这个时代的能量流变革的观察：**与煤炭和石油时代不同，清洁能量流的变革一开始并不是由商业，而是由政治驱动的**。

它声称要追求一个道德目标，但背后实质上存在着一个产缘政治博弈目标。这就是为什么半个多世纪以来，新能源技术进展的新闻时有报道，但成果却寥寥。如果没有严格的环保法律限制或碳交易机制的鼓励，新能源的效率和经济回报完全无法与化石能源相匹敌。这其中的根本原因，就是新能源技术尚未带来效率的巨大提升。

当然，从 20 世纪下半叶到今天，我们也不能说能量流的形式完全没有发生变化。至少，在交通动力方面，我们看到了另外一种可能性，这就是以特斯拉为代表的电动汽车。

我们前面讲过，1880 年代，人类已经发明了电动汽车。在

1890—1900年代的二十年里，电动车已经实现了商用，而且优点和问题跟今天的电动车都是相似的：优点在于安静、速度快、不用换挡，缺点则在于续航。电动汽车与蒸汽机汽车一起被内燃机汽车淘汰，是亨利·福特使用流水线生产大规模制造福特汽车之后的事情。

电动汽车在1990年代以后的复兴，跟电池技术的进步有关。电池是一种通过化学反应存储和释放电荷的容器，它的电力必会因化学反应的终结而耗尽。早期电池经历了铅酸电池、锰极电池、锌碳电池和镍铁电池等几代技术的演进，直到锂离子电池出现以后，才取得了产业化的巨大突破。

锂离子电池与电动车产业之间的关系，以及相关产业规模，是当下唯一能跟早期石油产业发展相类比的产业领域。但是，锂离子电池毕竟不是最底层的能源创新。实际上，它在汽车行业的广泛应用，有赖于电力能源的大规模开发和供电网络的进一步普及。如果我们设想的未来是一个充满智能电动车的社会，那么，这个社会对电力的需求可能会比现在高一个数量级。考虑到目前人类发电的主要能源来源依旧是化石（截至2019年，煤炭占到全球总发电量的36.7%，天然气占23.5%，石油占2.8%，加起来总共是63%的比重），这是否会提高我们对化石能源的需求，从而背离清洁能源的总体方向？

第二个问题是生产新能源汽车所需消耗的矿产。许多人忽略了这个问题：由于生产新能源汽车需要的电机、电线和充电桩都要大规模消耗铜，新能源汽车首先会对铜矿产生大量需求。纯电动汽车单车平均含铜量为83千克，插电式混动汽车为60千克，混动汽车则有40千克，快充充电桩单个平均含铜量60—70千克，慢充充电桩则有4—8千克。[16] 传统燃油车耗铜量则只有20千克。这也就是说，即便不计算充电桩，纯电车的耗铜量也是燃油车的4倍。

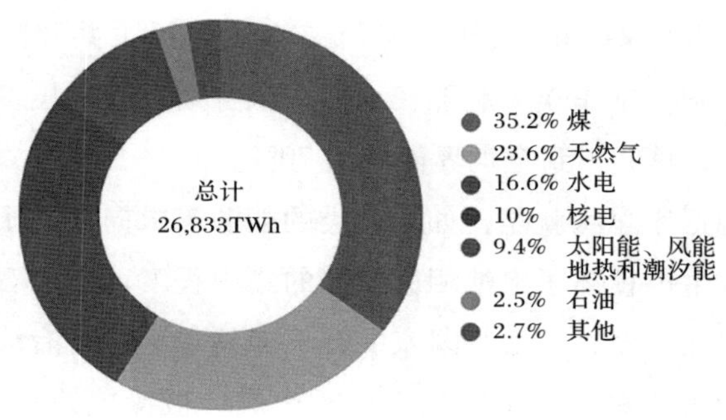

全球发电资源占比[17]

当前的电动车和混动车中，锂电池是主流的动力电池。锂离子电池主要含有锂、钴、镍、锰、石墨等矿产，电池负极材料主要为石墨，正极材料主要有镍钴铝、镍钴锰、磷酸铁锂等等。根据目前各国对新能源汽车发展所制定的产业政策计划表估算，到 2035 年，新能源汽车行业对锂、钴、镍的需求将分别增长至 2018 年的 16 倍、4 倍和 2.4 倍，分别达到 420 万吨、52 万吨和 520 万吨。[18] 即便不考虑这些矿产有很大一部分分布在政治不稳定的发展中国家，海运航路路线也可能因为地缘政治风险被打破，单单考虑矿产开采能力，在十余年的时间里将主要开采矿产翻四倍以上，这也是一件人类社会从来没有完成的任务。

第三个问题则是地缘政治风险。欧洲本来是碳政治和清洁能源的大力倡导者，但在俄乌战争爆发后，考虑到对俄的石油和天然气依赖问题，有关欧洲国家纷纷在考虑暂缓甚至搁置清洁能源转型的计划。这无非是说，出于道德目的的能源转型相比安全来说，是脆弱和不重要的。

而且，即便是转向和拥抱新能源，也会出现新的地缘政治问题。制造锂离子电池所需的几种关键矿产分别是锂、钴和镍，其中，全球已探明锂矿资源总储量的一半以上位于南美盐湖区的周边国家[19]，全球钴矿产量则有 66%（2020 年）来自刚果民主共和国，全球镍矿储量前六则分别是澳大利亚、巴西、俄罗斯、新喀里多尼亚、古巴和菲律宾，总共占到全世界储量的 70%。

用一句话来总结就是，如果人类的能源需求向锂离子电池动力切换，那么生产锂离子电池相关矿产的集中程度，较之石油的集中程度不遑多让。而且，这些国家中有不少其本身的政治结构就相对脆弱，因而很容易在帝国的权术游戏中成为被操控的对象。那么，围绕它们是否会产生类似于石油政治那样波澜壮阔又波诡云谲的产缘政治博弈？

我们只能说，这一切还尚未完成！

股东革命

现在，我们来讨论一下石油危机以来“资本流”的变化。

这个话题很重要，因为在所谓的“第三次产业革命”中，正是由于能量利用技术没有取得真正突破，生产力没有得到颠覆性的提升，技术进步无法反映在经济增长上，人类才不得不改变了统计金钱的方式，依靠数字游戏来强行催动技术进步。

让我们来仔细梳理一下这里面的逻辑。

在 OAPEC 发动“石油价格战”之后，石油价格在几个月内从 3 美元一桶瞬间飙升至 15—17 美元一桶。即便后来有了基辛格和亚马尼共同努力打造的石油商品化体系，但石油的价格再也没有回到那个廉价的时代。当然，我们也可以站在中东国家的立场上说，这标志着西方世界凭借其先发优势建立的对中东能源的压价权一去不复返了，中东国家在世界财富的分配中，正在回到它的合理位置。

但是，石油毕竟是现代工业的能量来源，也是化学用品的原材料。所以，石油价格的提升，也就意味着制造业成本的上升。由此造成的自然而然的后果就是，1970 年代以后，西方世界的经济大环境普遍是增长速度慢、通货膨胀高和利润低。当然，我们不排除在逆境中仍有一些领域是受益的，比如日本的汽车制造业和电子消费品制造业，但整体来讲，对于大多数企业来说，这是一个艰难年代。

1976 年，吉米 · 卡特当选美国总统，面对普遍的滞涨和衰退，他寻求运用凯恩斯的办法来刺激经济。1977 年第一季度，经济增长率尽管达到 5.5%，但是通货膨胀率也迅速上升（1978 年是 11.3%，1979 年是 12%）。实际上，1978—1980 年卡特总统任期内发生的螺旋上升的通货膨胀，完全是一场金融危机。这是他连任竞选失败的一个重要原因。

金融危机期间，美联储试图通过提升利率来解决通胀问题，但这反而导致股票市场崩盘。1969—1979 年成了 20 世纪美股市场表现最差的十年。1979 年 8 月，《商业周刊》杂志封面甚至刊登了一篇文章，标题就叫“股票已死”。

缩紧银根的办法也没有奏效。1980 年，美联储根据《1969 年信贷控制法》开始实行信贷管制，要求银行对大额短期存单、欧洲美元借款和其他一些负债实施 8% 的准备金率要求，而银行则把这部分成本转嫁给了借款人。最后，美国的实际 GNP 在 1980 年第二季度下降了 10%，但通货膨胀率仍维持在 14% 左右。[20]

在这种情况下，企业家该怎么办？有一个人的意见发挥了关键作用，这便是 1981 年走马上任通用电气董事长兼 CEO 的杰克 · 韦尔奇（Jack Welch）。

杰克 · 韦尔奇声称自己是经济学家米尔顿 · 弗里德曼（Milton Friedman）的信徒。1970 年，弗里德曼在《纽约时报》发表了一篇文章，题目就叫《弗里德曼学说：商业的社会责任就是追求利润》

(“A Friedman Doctrine: The Social Responsibility of Businuess Is to Increase Its Profits”)。如其标题所述，这篇文章说的是，企业没有必要讲什么社会责任，只需要对它的股东负责，让他们赚到钱，就是在尽最大的社会责任。

1981 年 8 月 12 日，杰克 · 韦尔奇发表题为《在缓慢增长的经济中取得快速增长》(*Growing Fast in a Slow-Growth Economy*)的演讲，被视为“股东价值论”或“股东革命”(Shareholder's Revolution) 的开端。韦尔奇说，企业应该追求的唯一目标就是为股东取得利润，所以它们应该出售表现不佳的公司，积极削减成本，努力让自己的利润增长高于全球经济增长。

韦尔奇的策略在通用电气取得了成功。在他任职期间，通用电气的市值从 130 亿美元上升到 4000 亿美元（增长 30 倍），利润也增长了 10 倍。当杰克 · 韦尔奇从 CEO 的位子上退下来时，他收到了 4.17 亿美元的遣散费。这在当时是一笔空前高额的遣散费。

但是，股东革命对整个资本主义经济运作体系产生的系统性影响，就没有那么简单了。

在杰克 · 韦尔奇的示范下，1980 年代美国最大的一批企业都以“股东价值论”为理论武器，纷纷实施了财务重组，且均以“能将股东价值最大化”作为唯一的奋斗目标，而评价他们是否实现了这个目标的最主要标准，就是看公司股票的价格有没有得到提升。

但是，1980 年代的金融业，早已不再是荷兰证券交易所或者英格兰银行的那个年代了，各种用于合并、杠杆、回购的金融工具早就被开发出来，供持有巨额金钱的人玩资本游戏。为了满足这些游戏的要求和抬高股票价值，企业管理者们关心的不是改进管理水准，研发新技术，提升生产效率，而是在自己企业占主导地位的核心业务上进行投资（通常是通过合并），同时通过回购本公司的股票来减少供给，从而取得抬价的效果。此外，他们还会通过举债来迫使经理人削减成本。

其实，这在资本主义世界里也是一个令老派企业家们很不舒服的做法。的确，金融工具的基础是信任，金融行业的发达，某种程度上可以看作信任水平发达的表现。但是，信任的支柱仍然应当还原到“为世界创造实质财富”这个出发点上。若非如此，就可能存在着对信任的滥用。就好比你作为一片土地的领主，而我是你的佃户，出于信任，你允许我在租种的土地上建造相关设施来提升产出，你本来以为我会建造磨坊或者铁匠铺，结果我却造了一个比你的城堡还要豪华的夜总会来吸引各处游手好闲的消费者。

研究金融史的学者赫希（Hirsch）称，在 1980 年代因股东革命引发的合并浪潮中，人们会把“恶意收购”当作“一个正常的事件，而不是离经叛道的革新”。当时的从业者纷纷引用弗里德曼的理论，用各种华丽的辞藻来粉饰恶意收购。但是，这与合理收购是有着本质区别的。合理收购的理论强调的是，不同行业的商业周期是不一样的，因此为了对冲风险，企业应该持有具有不同资产增长率和利润率的多元化的投资组合。1980 年代的恶意收购的核心目标只有一个：做大股票估值，方便管理层套现。[21]

所以，股东革命根本不是什么管理革新，也不是什么信任提升，它本质上是一场关于公司治理的权力斗争。在这场斗争中，更关注行业周期和产业规律的实业家是一派，更关注个人利益的经理人则是另一派。在企业史学者萨缪尔·那佛（Samuel Knafo）和萨希尔·杜塔（Sahil Jai Dutta）看来，前者代表的是传统企业，后者代表的则是用金融手段发起持续收购浪潮的新集团。企业集团通过金融手段可以创造一个看似良性的循环：发行更多股票，收购更多资产，而这些不断扩大的资产则成为股票估值的基础。[22] 但是，哪种企业能真的保证这种循环中间环节不出现问题、不引发断裂呢？

股东革命之所以对美国的影响最深、冲击最大，主要还是因为金融市场过于发达。不仅如此,它同时也推动了美国经济整体的“金融立国化”。其中一个最重要的具体表现，是金融衍生品市场的快速扩张。

金融衍生品是指一种基于基础金融工具的金融合约，其价值取决于一种或多种基础资产或指数，合约的基本种类包括远期合约、期货、掉期（Swap,又称“互换”）和期权。简单说，金融衍生品就是金融产品的金融产品。如果把金融产品当作一种函数，那么金融衍生品就是它的导数。

金融衍生品的诞生可以追溯到日本德川幕府时期。当时，日本的大米基本都要运往大阪，该地也就因此成为大米的集散地和交易中心。但是，米价的波动可能是很大的：春荒时有可能狂飙，秋收时有可能狂跌。为了规避这种风险，米商和农民会事先约定，在未来某个时间，用某一个固定的价格交易一定数量的大米。比如，现在的大米价格是一石一两白银，米商和农民就可以事先约定，三个月后，用一两二钱的价格从农民手里收购一石大米。双方交易的大米，实质上就是“期货”，也就是大米交易的衍生品。当时大阪的小镇堂岛，甚至还发行米票，规定交易大米的等级、重量、交割时间和地点等。这种米票是可以用来交易的，围绕它形成的“期货市场”，也就是衍生品交易的市场。[23]

时间来到20世纪下半叶。就在第四次中东战争的同一年（1973年），芝加哥期权交易所（CBOE）开始运营。当时的美国贸易委员会认为，商品期货的交易原则同样可以应用到证券期权交易，所以就准许了交易所的设立。交易所开张第一天，交易量只有900多手期权合约;但是十年后的1983年,每日交易量已经达到50万张合约。

金融衍生品规模的急剧扩大，正是由“股东革命”带来的公司治理转型推动的。理论上，“股东价值论”的逻辑应该是公司的良好业务表现撑起了高估值，从而给股东带来回报，但在实际操作中，却变成了公司用金融手段实现高估值，反过来验证经济金融化的正确性。

这场金钱游戏很快就变得不受控制。仅仅数十年间，资本主义市场的性质就被金融衍生品悄然改变了。**在产业时代，市场是关于实体财富的交换；但是在“金融立国”的年代，市场已经演变成金融衍生品不断创新和运转的场所。**1986—1991 年间，全球交易所市场（Exchange Trade）与场外交易市场（Over The Counter，OTC）交易额年均增长率分别为 36% 和 40%。到 2005 年，全球 OTC 名义的合约本金总计达到 270 万亿美元，而 2006 年全球经济总量只有 50 万亿美元。[24]彼时离 2008 年全球金融危机爆发只有三年。

2008 年因美国雷曼兄弟（LEHMAN BROTHERS）破产引发的全球股市大崩盘，实质上就是金融衍生品的泡沫破灭的后果。这场风暴的导火索是“次级房屋按揭贷款”转化成“刺激抵押债务证券”（Collateral Debt Obligations，CDO），也就是把老百姓买房的贷款变成金融衍生品，再行炒作赚钱。2006 年，美国 GDP 总值是 13 万亿美元，CDO 市场规模却高达 28 万亿美元。CDO 市场泡沫的破灭，导致美股在 2008 年底和 2009 年初暴跌，并进一步引发连锁反应，导致冰岛三大银行全部倒闭，催化希腊赤字和欧洲债务危机的浮现，造成全球经济损失超过 2 万亿美元，位列最严重的五次金融危机之一。

金融危机爆发以后，欧美各国政府纷纷出手援助遭到冲击的银行业和相关企业。仅在 2008 年 10 月，英国政府就用 250 亿英镑购买了艾比银行、巴克莱银行、HBOS、汇丰、Lloyds TSB、全国房产协会、苏格兰皇家银行集团和渣打银行，再用 250 亿英镑为其他金融机构纾困。美国国会则为援救大银行通过了总计 7000 亿美元的纾困计划。[25]这看起来很诡异，资本主义国家纷纷打破资本主义信条，采取政府直接纾困的方式救市。但之所以会觉得诡异，其实是因为**用资本主义–社会主义二分法看待世界的方式已经失灵**。资本流的急剧变化，已使得金融机构尾大不掉，为了维系经济体的正常运作，除了纾困，别无他法。

2008 年金融危机与 2009 年欧债危机的深刻影响一直持续到今天。产缘政治以三流循环为脉络进行传导，资本流出现的问题，自然会先以产缘政治，再以地缘政治危机的形式表现出来。

例如，2011 年席卷阿拉伯世界的革命与动荡。从产缘政治的角度，这是因为埃及、突尼斯和利比亚等大量中东–北非国家，没有自足的工业能力和产业链，在产缘政治关系上高度依赖欧美世界，这样危机一来，拥有相对完整产业链的欧美国家可能只是打个喷嚏，但是虚弱多病的国家就要进 ICU。不少中东国家受危机传导，失业频发，民众不满大大加剧了，最终以革命和政权更迭的形式表现了出来。结果，这些国家原有的威权政治倒台后，被威权政治压制的宗教势力重新抬头，形成更激进的政治力量。这正是后来出现 ISIS 等极端组织的根本原因。

再如，欧债危机爆发以后，东欧同样出现了产缘政治传导的地缘政治波动。在部分转型不成功的东欧国家（例如乌克兰），反倒是苏联解体后拥抱西方的部分企业在危机后出现问题，而原先面向苏联（后来是俄罗斯）的能源产业与重工业部门的表现相对较好，结果这部分产业集中的地带就会形成亲俄的政治势力（比如乌克兰东部的顿巴斯地区），引发后转型国家的国家撕裂。由此造成的地缘政治冲突，在 2014 年和 2022 年先后引爆了两场战争。

类似的例子还有很多，我们这里就不再详细列举了。总而言之，产缘政治危机传导为地缘政治冲突，是产业革命时代以后愈加明显的一条历史演化规律，也是在当今时代引发动荡与战争的重要根源。

但是，人类在多大程度上吸取了过去的教训呢？——很难说。数据显示，2020 年三季度美国金融衍生品存量合约名义金额是

1785.79 万亿美元，而美国 2020 年的 GDP 大约是 21 万亿美元。[26] 当然，比起 2008 年来说，能让我们聊以自慰的是，如此之大的衍生品主要集中在场内产品，场外产品的比重降低了，也就是说，政府对相关产品的监管更为严厉了。不过，金融端过分膨胀，以至于改变了市场经济的性质这个基本的趋势和方向没有改变。未来仍有非常明显的不确定性。

不过，我们倒还可以在另外一个领域看到金融革命的作用，这就是信息技术领域。信息技术、互联网概念和资本的绑定，也是 1980 年代以后，美国经济金融化之后的产物。

信息技术产业最早是以半导体产业为起点的，而半导体产业又是以化学工业为起点的，也就是说，半导体产业最早被人视作传统产业。

如前文所述，晶体管和集成电路制造的先驱是著名的仙童半导体公司，其创始人是从肖克利半导体实验室离开的"八叛将"。肖克利半导体实验室是大名鼎鼎的"硅谷"的起源，它成立于 1955 年，最初由贝克曼仪器公司资助，而贝克曼生产的正是 PH 计、氧气分析仪、离心机和电位计等一系列产品。

1950 年代也是风投行业的起点。风投行业很早就关注过化工产业相关领域，而化工产业的创新有"瀑布效应"，某个领域的一个新发现，不知道会在哪里大放异彩，而这正是风险投资喜欢的对象。不过，当时风投行业的盈利模式还不是追求单独上市，而是被大型工业公司收购，跟爱迪生那个年代的独立实验室的盈利模式类似。

半导体产业化后，很快找到了大量的应用市场。1960 年代末，美国资本市场掀起了一股"电子"热，凡是名字带有"电子"的公司一上市就被热捧。比如，1968 年上市的美国电子数据系统公司（EDS），市盈率达到 150 倍。比如，美国风投始祖美国研发公司（ARDC）1957 年以 7 万美元投资 DEC 公司，等到 1968 年该公司上市时，ARDC 持有的股份价值 3.55 亿美元，一把赚了几万倍。这更是刺激了风投的批量出现，而且把越来越多的资源聚焦在信息技术领域，支持了新一批半导体、电子和计算机企业，其中就有英特尔。[27]

1980 年代美国经济的金融化，又大大助长了这种趋势。风投行业的哲学逻辑是追求指数型增长。一个形象比喻是，风投只会投资预期 3 年成长 100 倍（只是某种经营指标，而非利润）但成功率只有 25% 的项目，而不会投资预期 3 年成长 3 倍（即便是最实在的净利润指标）且成功率达 80% 的项目。[28] 这种思维方式，正是"股东革命"以后大家一起玩资本游戏训练出来的。

信息技术行业，尤其互联网行业，是最适合满足这个指标的领域。因为信息产品的一大特点是"扩张的边际成本近似于零"。什么意思呢？你造一台汽车服务一个客户，造另一台汽车服务另一个客户，你每多造一台车，就要多付出一台车的成本。但是，你做一个网页或者做一个 APP，服务一个客户跟服务一百个客户的制作成本是一样的。[29] 这就是为什么像 Facebook 这样服务三十几亿用户的产品，微信这样服务十几亿用户的产品，核心研发团队基本只有千人规模。这也正符合了金融行业创造某个经营指标，然后以此为依据建立估值模型的资本游戏逻辑。

1995 年网景公司（Netscape）的上市正是这一逻辑的典型体现。网景只是一个网页浏览器，并没有提供什么收费服务。但是当时的做市商摩根士丹利（MS）创造性地发明了"用点击率估值"的办法。网景发行价对应估值 7 亿美元，第一天收市时 29 亿美元，1998 年被美国在线用换股形式收购时，估值达 100 亿美元。[30] 从此之后，互联网公司上市的首要标准就是点击率和用户数，而不是盈利。金融机构可以用各种复杂的数学模型和行业内的"神圣语言"（或"黑话"）来解释为什么它这么值钱是合理的，而只要大家接受这套解释，资本游戏就可以继续玩得转。

但是，这种游戏会自然造成一种“聚合竞争”的垄断效应。对2000年初的中文互联网世界还有印象的网友会记得，当时的互联网世界当真说得上五花八门，百花齐放。不知哪个角落的论坛里，都可能会产出极其小众但也极其专业的内容。但是资本游戏不鼓励这样的做法。资本游戏鼓励的是聚合，是流量，是规模。曾经花样繁多的论坛和网络社区被少数几个最大的平台取代，而这些平台（甚至它们内部）的内容，千篇一律，无甚可观。

究其原因，人们在网络平台上分享自己的见解，更多不是出于功利，而是乐于寻找和发现志同道合的朋友，获得他们的认同。这是根植于人类社群生活的一种天性：每个族群、部落或村镇都会自然而然形成这样的社区，你在这个社区受到尊重，往往不是因为你的地位极高，或者财富极多，而是因为社区的人知道你也关心社区，因此熟悉你，认可你，亲近你。在社区内部，无论是写帖子还是做视频都是免费的，这正如父母在家庭中为子女付出，村落里的壮年在遇到盗匪时会挺身而出，人类组织经常并不纯然是功利导向的。

一旦这个过程被功利导向改变，分享者的心意就会发生变化。如果写帖子或做视频的目的，是获取金钱或流量，那么每个人心中就都会假设：这里面存在某种学问，我应该去学习那些最成功的人，从而总结出某个模板来创作内容。只是人们恰恰忘了，其实在没有功利心的自由创作年代，仅仅因为喜欢，你也会去学习别人帖子的用语如何出彩，视频镜头的剪辑如何凌厉。然而一旦接受了功利的规训，人们大都会普遍默认，或许照着某一套模式去做是最保险的。结果就是，人们在微信公众号里读到的文章，甚至连格式和笑点都是千篇一律的；人们在知乎上看到的回答，只要看了一个最高赞的，就几乎不用再看其他内容了，因为大都是同义反复。其背后的根源正在于此。

这就是隐藏在当前信息产业背后的问题。一个仅凭一片孤舟身处汪洋大海中的人，尽管四周都是水，也会因为缺水而渴死。一个身处信息世界中的人，如果接触的绝大多数信息并无营养，他也会是一个与世隔绝的人。当信息的逻辑被金融的功利性逻辑完全取代，这种事自然就会发生。

有一段时间，中文互联网上曾有人提出这样一个问题：互联网是否走了一条弯路？我认为，或许应该这样来说，真正走弯路的并不是互联网技术本身，反而是金融力量。用产缘政治的框架分析，**这是 1980 年代资金流的基本逻辑出现问题之后，进而导致“漏斗—喇叭”模型也被扭曲的产物**。我们无法责怪技术从业者的逐利天性，真正应该反思的是这种丝毫不受平衡和控制的、创造大量衍生品和泡沫的、最终扭曲人类社群基本价值天性的力量。

继续增长的出路：全球化

以计算机和互联网为代表的“第三次产业革命”，对 1970 年代以来全球增长的贡献实际上相当有限。因此，我们有必要关注一下另外一个趋势，这就是所谓的“产业扩散”。

产业扩散的起点，实际上也与“股东革命”有关。如果说金融化是实现“股东价值”的一条腿，那么它的另一条腿就是“供应链管理”。

供应链管理（Supply Chain Management）是由迈克尔·波特（Michael E.Porter）在 1985 年提出的企业经营策略，其基本内涵是以相应的信息系统管理技术，将从原料材料采购直到销售给最终客户的全部企业活动集成在一个无缝接续的流程中。

这些术语看起来很高大上，但其实翻译过来就一个意思：把企业所生产产品的环节分拆开，放在各自更有竞争力优势的区域来完成。例如，一台汽车，外形设计交给意大利，发动机在美国，车架交给德国，轮胎在东南亚生产，组装放在中国。这样，企业的整体生产成本，事实上可以因充分发挥不同区位的竞争优势（如工程师密集或劳动力廉价等）而大大下降。

1970 年代以来，恰好又有三个技术进步推动了这一趋势。

第一个是计算机与互联网，这里我们就不再赘述了。第二个是集装箱技术，即以集装箱（container）来实现铁路与海运系统联动的大规模运输技术。

集装箱技术对航运的改变是巨大的。在集装箱出现以前，谷物或煤炭等大宗商品只能以散装方式运输，占据空间很大，且只能一次一件地装载、绑扎、解绑和卸下。但是，将货物分组到集装箱中，可以一次性装载体积为 28—85 立方米的货物，或重量为 2.9 万公斤以下的货物。集装箱化显著提高了传统散杂货的运输效率，运输时间可减少 84%，成本可降低 35%。[31]

集装箱技术的雏形在 18 世纪已经出现。[32]1931 年，第一艘集装箱船下水。现代集装箱船的第一次成功商业化运营出现在 1955 年，发起人是美国商人马尔可 · 麦克林（Malcom McLean）。他于 1955 年购买了小型泛大西洋轮船公司，并对其船只进行了改装，以便用大型统一金属容器运送货物。第一艘下水的集装箱船名为 Ideal X，首次航行便在纽瓦克（新泽西州）和休斯敦（得克萨斯州）之间运送了 58 个金属集装箱。

但是，集装箱船的大规模运用要等到 1970 年代以后，其主要推动力是集装箱的标准化。1950—1970 年代，集装箱的尺寸和角件并不统一，仅在美国就有几十个互不兼容的集装箱系统。从 1968 年起，国际标准化组织（ISO）建议全球运输企业在集装箱领域达成标准化。从 1968 年到 1970 年，先后有四个协议（ISO668、R-790、

R-1161、R-1897）定义了集装箱的术语、尺寸、等级、识别标记、角件和最小内部尺寸等，集装箱运输最终得以标准化。此外，1970年代美国还放宽了州际商务委员会（ICC）对航运的监管，并引入双层铁路运输（集装箱在铁路车厢上堆放两层高度），集装箱运输得到了巨大发展。

集装箱化大大降低了国际贸易的费用并提高了速度，尤其是消费品和商品。它还极大地改变了全球港口城市的特征。在高度机械化的集装箱转运之前，需要由20—22名码头工人组成的船员将单个货物装入船舱。集装箱化后，港口设施已经不再需要大量的码头工人。同时，支持集装箱化所需的港口设施也发生了变化。一个影响是一些港口的衰落和其他港口的崛起。在旧金山港，以前用于装卸的码头已无用武之地，而且几乎没有空间建造存储和分类集装箱所需的巨大货场，结果，旧金山港基本上不再是主要的商业港口，邻近的奥克兰港就此成为美国西海岸的第二大港。曼哈顿和新泽西港口之间的关系也发生了类似的命运转变。在欧洲，英国的伦敦港和利物浦港的重要性也下降了，费利克斯托港和荷兰的鹿特丹港则成为主要港口。

总体而言，集装箱化使得无法接收深吃水船舶交通的水道内陆港口减少，海港则愈发重要。深海港口旁边，大都建造了巨大的集装箱码头，以代替以前处理散装货物的码头仓库。使用多式联运集装箱，货物的包装、拆包和分拣工作可以在远离登船点的地方完成，比如农村内陆城镇的巨大仓库——那里的土地和劳动力比海滨城市要便宜得多。仓库工作地点的这种根本性转变，为世界各地港口城市的中央商务区腾出了宝贵的土地，滨海产业园区的建设遂成为一种普遍潮流。

第三个则是航空技术。“二战”遗留下来的大量军用飞机被改装为民用航空设施，用以大规模运送人员和货物，这使得商业航空得到迅速发展。

1948 年和 1952 年，喷气式飞机第一次成功穿越大西洋，全球化的距离障碍开始消失。第一架飞行的商用喷气式客机是英国德·哈维兰飞机公司的彗星，1952 年由英国国营航空公司引入民用服务。1956 年 9 月 15 日，苏联的 Aeroflot 凭借图波列夫设计的 Tu-104 成为世界上第一家持续定期运营喷气式飞机服务的航空公司。1969 年，波音公司推出了波音 747 和 Aérospatiale-BAC 协和式（Concorde）超音速客机，其中波音 747 是有史以来最大的商用客机，一次最多可搭载 853 名乘客。1975 年，Aeroflot 开始运营其第一架超音速客机 Tu-144。1976 年，英国航空公司和法国航空公司开始提供协和飞机穿越大西洋的超音速服务。几年前，SR-71“黑鸟”创造了 2 小时内穿越大西洋的记录，协和飞机紧随其后。这一系列的技术进步，开辟了喷气式飞机的大规模运输时代。

以上这些技术进步对产供链全球化的推动，有两点值得我们关注：

一是它们从空间上造成了产业在全球的扩散。这一点很好理解，无论是计算机科学的普及、集装箱的大规模运用，还是航空技术的发展，本质上都便利了企业的全球布局、制造工厂在全球范围内的开设以及生产知识在全球范围内的普及。

二是它们进一步维护了发达国家在产业价值链上的优势地位。这个效应长期被人们忽略了，但它事实上非常重要。例如，随着计算机和网络技术的发展，原先需要高级工程师和先进技术工人现场指导的环节，现在可以远程指导；原先需要在当地布局研发中心，现在可以在发达国家远程办公。再如，随着集装箱的发展，远洋运输的成本进一步下降，这在客观上导致许多发展中国家建立独立自主的关键重化工产业部门的成本，远大于向已有的跨国公司购买工业产品的成本。这自然会阻碍发展中国家在全球价值链的向上攀升。

这就是全球化的真相：产业转移的目的并不是让利，而是更好地利用发展中国家廉价的制造业成本。在这个过程中，发达国家的企业依然在价值链中占据着绝对有利的地位。而且，发展中国家制造的廉价商品，是在技术创新对经济增长的贡献相对停滞后，发达国家民众依然觉得生活幸福指数上升的一个重要原因。

因此，在我看来，**1970 年代是工业社会 200 年来发生最大转变的时代**。在此之前，工业社会发展的主要动力来自技术进步带来的生产效率提升。其实，就算不去看最明显的指标——TFP 的变化，我们也能凭经验感受到这一点。

如果一个欧洲人出生在 1830 年，那么到 1900 年，技术进步给他带来的变化会有多么天翻地覆呢？

在他的童年，主要交通方式——马车——与数千年来的传统社会并无区别。但到他的晚年，铁路和列车已经普及，内燃机汽车和电动汽车甚至也已经开始上路。童年时，他与远方的联系依赖书信，且要靠旅人和驿站给他捎来；晚年时，他已经可以用上便捷的跨洋电报，而且无线电报已经出现。少年时，他见到的高大建筑还几乎都是教堂；晚年时，他已经看到摩天大楼。以及，他的生活日用品已经变得钢铁化，他还能够坐蒸汽轮船完成环球旅行，可以在万国博览会上看到来自非洲大陆和南美雨林深处的奇异展品。

再想一下，如果一个美国人出生在 1920 年，那么到 1970 年，他都会经历什么？

电话和电视的发明，内燃机汽车在工薪阶层的普及，飞机从发明到普及为普通人可以承受的交通工具，国家可以制造顷刻间杀死数亿人的核弹或生物武器，人类登上月球。再往后，他还将目睹个人计算机以及因特网的诞生与普及。

很显然，在前两次工业革命的开端和末尾，人们感受到的是两个全然不同的世界。然而，如果一个欧洲人或美国人出生在 1970 年，到今天他又会感受到多大程度的变化呢？

他不会见识到太多童年时没见识过的东西，能够经历的最大变化也不过是互联网的便捷化，尤其是智能手机的诞生和移动互联网的普及，屏幕从不可交互变成可交互操作，仅此而已。

这就是所谓的“第三次科技革命”给普通人带来的直观感受层面的变化；放在前两次科技革命年代看，最多也就相当于从书信升级到电报或从电报升级到电话的变化。但两相比较，前两次科技革命在通信之外，还有蒸汽动力、铁路运输、内燃机、航空航天等其他领域的革命性变化，然而“第三次科技革命”在通信领域之外就乏善可陈了。

科技进步的速度未必那么快，人口增长的速度却是指数级的。1800 年，全球人口大约是 10 亿，到 1900 年差不多增长到 19 亿。随后的 70 年，全球人口增长到 38 亿，差不多翻了一番。2022 年 11 月 15 日，联合国宣布，全球人口达到 80 亿。

快速增长的人口会消耗大量的食品和能源，也会要求大量的工作岗位。在前两次工业革命带来的“大增长年代”，这些需求还能够被技术进步消化掉，然而，1970 年代以来，人口增加的速度不但没有任何放缓，而且技术进步消化人口增长带来的需求的能力，还被自动化技术给抵消了。

因此，在我看来，1970 年代以来的全球化，对发达国家来说更像是一种无奈之举。建立在技术快速进步和廉价能源基础上的发展模式已经无以为继，大型企业必须依赖全球化才能生存和发展。有研究表明，全球化的受益方是华尔街、跨国企业家和发展中国家的劳动者，受损方则是发达国家的中产阶级与底层。

根据皮尤研究中心（Pew Research Center）2015 年发布的研究，美国中产阶级家庭收入占美国家庭总收入的比重，已从 1970 年的 62% 大幅降至 2014 年的 43%，而同期富裕家庭收入占比，则从 29% 飙升到 49%。[33]

这就是典型的“复杂社会”造就的问题，虽然同在一个国家，但不同群体之间的悲欢并不相通。同时，这也是我们在理解接下来的这个世界时要明白的一个问题：在过去的半个世纪里，绝大多数国家的绝大多数普通人并没有中国人这样幸运，能够在全球化时代经历像我们这样天翻地覆的变化。因此，他们对捍卫全球化并没有那么强烈的兴趣，反倒更容易滋长去全球化的浪潮。支持特朗普的那些人，就是最典型的。

只是，也很少有人会去想这样一个问题：一旦全球化被撕裂，自己就一定能过上好生活吗？毕竟并没有多少人会去仔细盘点各种产业链之间“你中有我，我中有你”的错综复杂的关系。

这就是复杂社会的最大悲哀。

中国参与全球化

以全球化替代技术进步，使之成为企业利润增长的最大驱动力的受益方，并不是只有发达国家一边。对发展中国家来说，承接产业转移，参与国际分工，也是一笔合算的买卖。就如前文所述，自绿色革命开启第三世界国家人口大增长以后，人口就成了许多国家的负担。

中国就是最为典型的案例。在全面改革开放之前，中国的决策层最为关切的就是人民吃饭的问题。

在《技术与文明》中我们曾讲过这个例子。1980 年代，中国决策层也曾就工业化的路线选择发生过争论。1987 年，国家计委经济研究所的王建先生在新华社内部刊物《动态清样》发表了一篇名为《走国际大循环经济发展战略的可能性及其要求》的文章，其中，他把这个选择概括为“工业结构高级化与农村劳动力转移争夺资金的矛盾”。

这个争论的具体语境是这样的：当时中国的农业产业相当落后，同时国家又没有钱，那么有限的预算，到底是花在重工业上搞产业升级，让中国也能像西方国家那样搞机器化、现代化的农业生产，还是该引进轻工业生产技术，满足广大人民的消费需求，提升他们的幸福指数？

这是个两难局面。对此，王建分析说，面对困局，中国有这样几种选择：“一是优先发展农业、轻工业，补上农村劳动力转移这一课。但是国内市场有限，消费水平低下，而且仍处于高积累率的阶段；二是走借外债的道路，但是以中国人口规模和人均外债水平计算，外债余额要达到一万亿美元左右，出口能力与还债规模难以适应；三是发展机电产品出口，通过国际交换为重工业自身积累资金，但机电产品基本属于发达国家之间的产业内贸易，落后国家难以涉足。”因此，综合分析各种利弊后，他认为，最切实的方案是走第四条道路，也就是以发展劳动密集型产业为主，切入“国际大循环”，为工业发展创汇的同时，解决劳动力转移问题。

总结而言，这篇文章的逻辑是：

第一，就一个发展中国家来说，一上来就集中资源走赶超路线是有问题的，像“亚洲四小龙”那样走比较优势战略，发挥本国资源禀赋的比较优势，承接国际产业转移，循序渐进发展经济才是对的。所以中国要想富强，第一步还是要老老实实用廉价劳动力成本走“两头在外”的外贸道路。

第二，中国是大国，不像韩国等规模有限，纯靠外向型经济解决不了城乡二元结构带来的诸多问题，因此做外贸不单纯是为了赚钱，而是为了反哺和调整国内的产业结构秩序，使其能够按照健康、有效的顺序升级。按照这个设想，中国应该走“劳动密集型产业—

资金密集型产业—附加值高的重加工业—农业”的发展顺序，这是因为，要解决农民问题，归根结底要靠现代农业，而现代农业的强大，归根结底又要靠重工业的强大。

第三，通过发展外向型经济，将农村劳动力转移到沿海城市之后，实际上可以把一大批农民变成市民，这些人拥有相当的消费力后，自然会对工业产品产生极旺盛的需求，而如此巨大的需求会激活国内制造业市场，并沿生产链惠及上游企业。在这个相对中长期的历史进程中，市场自发力量形成的资金和国家的宏观引导如能恰当配合，就可以同时比较好地解决产业升级和城乡二元结构问题。

这篇文章后来得到了当时决策层的批示，深刻地影响了改革开放的基本路线。它的写作立意其实隐含说明了一个问题：中国的人口太多，底子太薄，就连基本的吃饭问题，也要靠参与外循环和国际分工来解决。

1980年代的美国和中国，作为全球最大的发达国家和发展中国家的代表，就这样因各自需求的耦合，在产缘政治的运作上联手了：一方通过供应链管理解决了原材料成本上升带来的巨大通胀问题，一方通过参与外循环和国际分工解决了内部稳定问题。这构成了近四十年来的全球化时代的基础。在这个联盟中，受益最大的是华尔街和跨国企业的精英，以及享受了工业化与城市化红利的普通中国人。

对中国来说，参与国际产业分工还有一个好处。尽管美国想要把中国牢牢钉在价值链的低端，但是只要国际贸易让中国老百姓兜里的钱变多了，伟大的“漏斗–喇叭”就会发生作用。中国本土培养的技术人才、工程师和企业家会在正增长红利中得到锻炼，他们的经验和技能也会积累和沉淀下来。当他们从跨国企业中离开，转而创办本土企业时，中国就有机会成为技术创新的下一片热土。

客观来说，为这片热土贡献最大力量的，正是改革开放以来数量庞大的民营企业。这并不是说国有企业不好或不重要，在中国，国有企业从来都是掌控核心技术和关系国计民生的核心产业的重要力量。但是，它们的数量和规模毕竟有限，发展思路也是以求稳为主，并不适合完成“全产业链无限细分覆盖”这个任务。[34]中国制造业的“全产业链无限细分覆盖”能力背后，有一个无名英雄群体，他们就是那些难以计数的民营企业家。如果不是这些民营企业家的拼搏干劲与灵活嗅觉，在加入WTO之后，谁能第一时间获知在对外加工贸易中有那么多的挣钱机会？谁又能深入到供应链的每一个环节，连一片玻璃、一根螺丝钉都能做到细致的专业化分工生产？能完成这个任务的，只有活力被自由市场竞争激发出来的民营企业。

对民营企业家来说，WTO协议很关键，由于民营企业利润率不高，所以它们对关税非常敏感，因此只有在中国加入WTO且在诸多领域取得贸易优惠待遇之后，民间活力才有可能被全盘激发出来。这些源自草根的民营企业主精明灵活、吃苦耐劳，很多常人难以想象的生意，他们都肯去做。例如，全世界的假发有一半是河南许昌人生产的，全世界的小提琴有三分之一是江苏泰兴黄桥镇生产的，全世界的酒店用品有40%是扬州杭集镇生产的，全世界25%的泳衣是辽宁葫芦岛兴城生产的……类似这样一个县级市或小镇掌控全球某个产品产能的例子，在中国比比皆是，中山的灯具、福安的电机、周宁的钢贸、四平的换热器……

这些不为人知的巨大产能，正是中国制造业竞争活力的真相；这些“无孔不入”的民营企业家，正是中国制造业的脊梁。

中国抓住了机会，借助21世纪以来中国民营企业的卓越贡献，王建当年所设想的这条“8”字循环，其规模与力量已经发生翻天覆地的变化。中国沿海加工厂也已不再是一个个简单的贸易作坊，而是从中孕育出了众多的上市公司和跨国集团，而这些具体的工厂的加总，就是抽象的“世界工厂”。这一“世界工厂”所发挥的循环轴心作用，也不再仅是连接劳动力循环与产品循环，它还成了沿海经济带城市化的坚实支柱：一方面引导海外资本与技术落地，参与全球上层资本循环；另一方面购买全球能源与原材料产品，参与乃至主导全球产业循环。

这是一个升级版的巨大“8”字循环，为了与单一的“国内—国际”大循环相区别，可暂称其为“双循环”。在双循环结构中，全球资本、产品、技术的有效循环，生产要素的有效分配与利用，以及利润率的保证，归根结底都依赖于中国制造业的“枢纽”地位。那么，我们该如何理解“双循环”对中国的重要意义？

若从“产缘政治”出发，我认为，中国在全球大国政治竞争中真正的权力来源，就是中国制造的枢纽地位。

我们可以用具体例子来说明：2018 年，非洲市场一共卖出了 2.15 亿台手机，这其中近 50% 来自中国深圳一家叫传音手机的公司，如果非洲的通信运营商或者如 M-Pesa 的移动支付商想跟手机终端合作，他们当然要来找市场份额最大的传音，这属于产品循环的一部分，也很好理解。那么资本和技术循环呢？现在，传音需要向自己的供应商采购零配件、算法和芯片，生产这些零配件的公司有些在中国，有些在国外，而其中的中国公司为了加工精密零配件，很可能也需要向瑞士、德国和日本的精密数控机床公司，例如宝美、哈默、巨浪和丰田工机等采购生产线。尽管机床的核心技术掌握在这些瑞、德、日公司手里，但传音的中国采购商的采购订单数量大、价值高，维护稳定，自然也会成为他们的优等客户。此外，智能手机上的软件服务商，诸如 Facebook、Instagram 和 WhatsApp 等，它们在非洲的业务增长，也必须以智能手机出货量的增长为基础。这些软件公司又会向美国的其他小软件公司采购诸如人脸识别和指纹验证等相关算法，继续养活硅谷及其他地方的程序员。如此一来，从技术到硬件再到服务的全球循环才得以完成。这里需要强调的是，这个生产链条里并没有谁决定谁的关系，因为即便是掌握核心技术的上游产业链参与者或服务提供者，也顶多不过获取一些议价权而已，更做不到随意卡住下游企业的脖子。但是，如果没有传音手机，上下游产业链的规模就会严重受限，所牵涉的商业运作机制就会发生巨大变化。反过来，具备“全产业链无限细分覆盖”能力的中国，就是全世界最适合诞生传音手机这类工业产品的地方。

不仅如此，由中国世界工厂效应进一步积累的巨量资金投入城市化之后，其引发的巨大消费市场增长，反过来会刺激欧美资本与技术的成功应用。比如，移动支付、共享出行和 O2O 服务的核心技术与商业模式基本都是在发达国家诞生的，但其最大规模和最成功的商业应用却基本都发生在中国，而这与中国的城市化集群程度有很大关联。以 O2O 领域的代表美团外卖来说，它脱胎于美国公司 Groupon 的商业模式，但市值和增长速度远胜 Groupon，原因就在于中国的都市带人口过分集中、办公区就餐环境过分拥挤，同时又有大量低成本劳动力聚集，因此既有大量的消费者可以支撑外卖业务的销售，又有大量的外卖员可以保证外卖业务的质量。这些条件恰恰是 Groupon 在美国市场所不能具备的。同样的道理，中国一些移动互联网巨头的成功，如阿里巴巴、腾讯、抖音集团，其增长速度和用户规模都是与中国的城市化水平和基建条件分不开的。

在中国努力成长为世界制造业枢纽地带的同时，欧美不少发达国家却在经历产业空心化。从某种程度上讲，这确实是中国制造业对欧美制造业的挤出效应。但是，纵观过去三十年历史，这个效应并不主要是由中国政府的引导或补贴造成的，它基本上是由中国庞大的人口规模和市场体量与自由竞争原则相结合造成的。很多人诟病中国企业对劳动者权利保护不足，从业者福利低下，然而造成这一局面的根本原因，主要还是中国庞大的人口规模造成的劳动力市场过剩，试想，如果你在就业市场上的竞争对手为了得到工作总是愿意自愿加班，那你除了也自愿加班之外，很少有别的选择。毕竟，中国一个国家的人口比欧盟和北美自由贸易区的人口加起来还多 50%。

就这样，在自由市场竞争条件下，“8”字国际大循环扩张为全球双循环体系，而在这个过程中，担纲了双循环枢纽地位的中国制造业规模，不仅随之扩张，而且地位也随之提升。这一良性发展，又为中国创造了基于发展机会的公平环境。

中国的成长受益于全球化形成的复杂工业社会，这是我们讨论中国问题与命运的一个出发点。

复杂社会会崩溃吗？

中国过去四十年的高速增长，也是前两次工业革命成果扩散的结果，与美国 1920—1970 年间的高速增长周期相当。

与此同时，中国的人口正在迅速老龄化。预计 60 岁及以上人口所占比例将由 2010 年的 12% 升至 2050 年的 33%，中国将成为全球老龄化程度最高的国家。这一趋势的形成源于两大因素的共同作用：不断提高的平均预期寿命以及生育率的不断下降。

1975 年至 2005 年间中国有利的人口结构使总抚养比率（定义为儿童和老人人数与劳动年龄人口之比）下降约 50%。劳动年龄人口实现了翻倍，从 1978 年的 4 亿增至 2005 年的 8 亿，产生了巨大的人口红利，相当于每年为 GDP 增长率贡献两个百分点。但是劳动年龄人口在 2011 年触及 9.4 亿峰值后，一直在下降。今天，快速老龄化使已延续半个多世纪的抚养比率下滑趋势出现了逆转，而且劳动力市场短缺造成劳动密集型产业平均工资水平的不断上升，也会削弱中国的国际竞争力。[35]

虽然在生产领域，自动化在一定程度上能弥补老龄化造成的劳动力不足这一缺陷，但老龄化的根本问题并不在于生产的不足，而在于消费的不足。自动化技术不仅于此无补，反而更有可能恶化这一处境。1970 年代以来，欧洲多数国家相继出现老龄化问题，对宏观经济造成的后果就是储蓄有余而投资不足。老龄化国家的投资不足和非老龄化国家的消费过剩，实际上是造成欧债危机和欧元区危机，以及发达国家长期经济停滞的重要原因之一。[36] 接下来，中国也将进入这一阶段。尤其是消费市场的萎缩，正在对中国企业的竞争力造成巨大压力。

在这些共同因素的作用下，决策层对未来的战略判断，即中国的经济走向将呈“L”型走势[37]，可以说是极其深刻、正确且富有勇气的。但这并不意味着“东方不亮西方亮”，或者“东降西升”。中国既然已经成为全球化的“枢纽”，既然已经成为“世界工厂”，怎么可能设想世界工厂的老龄化不对整个世界产生巨大影响？换句话说，既然中国经济的腾飞是过去四十年全球化的最大推动力，那么中国经济的放缓，很可能也会成为全球化衰落的最大原因之一。

这不是什么天方夜谭的事情。在过去的一二十年间，欧美国家的消费者已经充分享受了因中国制造业的庞大规模优势而带来的廉价消费品，也正因如此，这些国家的经济过去一段时间还可能在低通胀区间运行。如今，中国要求在产业链与价值链的位置上升级，以获取更多的利润解决老龄化带来的问题，也自然是合理的：既然如此，其后果为什么就不能表现为欧美市场消费品价格的上升？难道为了欧美社会的繁荣，东北老工业基地的工人就要承受发不起养老金的代价？

也因此，在人口结构下行周期，世界对于全球化的态度就呈现出一种戏剧化的撕裂：一方面，事实上受惠于中国廉价劳动力的欧美蓝领工人愤怒地抨击他们的资本家把产能放在中国；另一方面，事实上受惠于全球化的中国普通劳动者愤怒地抨击欧美企业在价值链中拿走的部分太多。结果就是，两股情绪都在推动政治力量向着

“去全球化”的方向发展。殊不知，全球化供应链被撕裂以后，承受代价最多的依然是这些群体。

但政治就是这么一个领域。政治家经常是公共情绪的傀儡，而非相反。美国人已经在连续七届的选举中选择了对全球化更不友好的总统，唯有最近一次（特朗普 V.S. 拜登）除外。如果受制于愤怒的公共情绪，全球化进程势必会在最近数十年乃至近十数年走向衰落，而这也将彻底地改变我们的生活。

这正是我在本书一开始就提到过的复杂社会的特点。1970 年代以来，全球化进程把整个人类共同体连接成了一个复杂社会，但与此同时，复杂社会的问题也在于，活在每一个专业领域、每一条供应链、每一小群行业内的公司或每一个小社区组织中的人，并不了解世界其他地方发生了怎样的变化。他们完全有可能从自身的价值观、经验和思维方式出发，要求一个只有利于自己，却看不到其他变量的目标，而最终导向的结果，就是复杂社会链条的土崩瓦解。

在今天这个历史时刻，美国从阿富汗撤军，俄乌战争爆发，埃塞俄比亚和刚果金出现内战，诸如此类，地缘政治的种种突发事件，正在给全球化承担的重负上添加一块又一块的砖头。

这个世界会好吗？谁都没有答案。

关于复杂社会崩溃的可能性，我最常举的一个例子来自两伊战争。

1983 年，两伊战争爆发后，冲突陷入僵局。为打破僵局，伊拉克和伊朗分别向对方的船只发射导弹，企图从经济上扼杀对手。这些导弹击中了大概 300 艘船只，其中有 50 艘丧失了功能，有 12 艘被击沉。虽然与当时全球海运规模相比，这个数字几乎可以忽略不计，但是它差点摧毁全球保险业。“二战”以后，全球保险公司还从来没有经历过对油船的战斗袭击，几乎所有公司都只用最少规模的现金来应对此类危机。结果索赔一发生，保险公司很快就耗尽了营运资金，随之而来的是一连串的保险索赔，比如火灾保险、汽车保险、抵押保险、健康保险……而且，大多数保险公司都与债券公司相关联。

紧急时刻，里根政府做出的三条决策挽救了这个行业。这三条决策是：(1) 美国军舰亲自护送波斯湾出发的非伊朗货船；(2) 将所有这类货船重新注册为美国货船；(3) 为这类货船提供一揽子主权赔偿担保。[38]这正是从军力和航线方面扼住“产品流”从而维系全球秩序的表现，也从侧面证明了“三流循环”**模型的运作方式：在正常时刻，你看不到它有什么用，但到了紧急时刻，它就是左右命运的胜负手。**

随着美国在全球范围内相对地位的衰落，以及它逐渐收缩到西半球，尤其是美洲地区的宏观战略，旧大陆爆发此类风险的概率恐怕是越来越大了。

就拿 2022 年爆发的俄乌战争来说，不管最后的胜负如何，一个不可否认的事实是，莫斯科的军队和装备在战争中遭受了很大的损失，以至于在俄罗斯长长的边境线上，那些原来因其军事威慑力而被压住的一系列冲突，现在又开始蠢蠢欲动。

讲述这片区域的形势时，我特别喜欢引用的是西亚和中亚地区民族分布与国家边境线之间的对比关系图。这张地图最主要的作用就是告诉我们：在这片区域，民族分布和国境线几乎没什么关系。

仔细看看，我们就会意识到这些民族分布对当地国家来说是一件多么可怕的事：伊朗的阿塞拜疆人比阿塞拜疆的阿塞拜疆人要多；巴基斯坦的普什图人比阿富汗的普什图人要多；阿富汗作为一个普什图人为主的国家，还有 40% 以上的非普什图人，包括哈萨克人、吉尔吉斯人、乌兹别克人等，而这些人相互之间是有仇恨的：当年苏联入侵阿富汗时，部队主力就是这些人。此外，土耳其东南、伊拉克东北和伊拉克西北还有一个长期以来一直没有建立政权的民族——库尔德人。简单说来，这片土地的民族关系，比 19 世纪的巴尔干半岛还要复杂得多。

既然如此，为什么这个火药桶还未引发世界大战？其中一个重要原因，是从高加索到波斯高原再到中亚，长期有一个强大得足够有威慑力的北方邻居。在过去的一百多年，它时而名为沙皇俄国，时而名为苏联，时而名为俄罗斯。但不管叫哪个名字，它总是能够震慑大量欧亚民族的蠢蠢欲动者，防止他们发动政变、分裂主义战争或恐怖袭击。然而，这个国家正在因为入侵乌克兰而陷入沉重的军事和财政负担。一旦它的实力被抽空，谁敢保证这片区域不会燃起比巴尔干半岛更惨烈的战火？

另外一个可能会加剧崩溃的因素是人口。

1970 年，全球大概只有 37 亿人口。2022 年，全球人口已经有 80 亿。80 亿人就是 80 亿张嘴，如果没有足够的工作让他们挣到养活自己的面包，他们就会出来抢。

我们在前文已经分析过绿色革命的故事。今天，又有一个国家显然已经陷入类似卢旺达的困境。但是，这个国家的内乱引发的地缘政治后果可能远比卢旺达要复杂，因为它位于欧亚大陆的核心地带，处在大国的夹缝之间。这个国家就是阿富汗。

阿富汗在 1979 年遭受苏联入侵时，总人口大约是 1300 万人。1980 年，美国军方通过巴基斯坦的渠道，向阿富汗抵抗军输送了大批武器装备，助其抵抗苏联。1989 年苏联撤军后，阿富汗陷入内战。1996 年，在美援中得到大量武器的塔利班组织控制了喀布尔，建立了政权。

2001 年，美国入侵阿富汗，将塔利班赶下台，随后开始了大约二十年的美占时期。在此期间，阿富汗经济高度依赖外援：大约 40% 的 GDP 和 75% 的公共支出来自对外援助。研究者估计，这大概是阿富汗的服务业、工业和金融业工作在 1990—2020 年间增加了 50%—100% 的原因。[39]

在这些援助下，阿富汗的人口从 1990 年的 1360 万左右，增长到了 2020 年的 3700 万，接近原来的三倍。但是，美国在 2021 年撤出阿富汗后，不仅相应的援助被大大削减，而且阿富汗政府存放在美国的资产也被冻结。

如今，阿富汗正在面临严重的粮食危机，谁能确保这里不发生类似于卢旺达的惨剧？谁又能确保这些问题不会外溢到周边邻国？更要命的是，一旦擦枪走火，全球化时代的复杂供应链一定会面临巨大危机。

谁都知道，这些地区涵盖了波斯湾，也涵盖了中亚，是世界上最主要的油气出口地区之一。我们已经讲过，以油气为代表的化石能源不仅为内燃机提供燃烧动力，还是塑料、化纤、化肥和药品等一系列产品的原材料。油气供应出问题，也就意味着大量重化工产业出问题，进而对全球供应链造成极大打击。

一旦如此，最大的受害者会是谁呢？在我看来，很不幸，是东亚。因为东亚已经成为全球制造业的中心，其对能源和原材料的需求自然也居于全球之首。然而，东亚地区本身并不是油气富储藏区，对中东油气资源的依赖程度非常高。

关于 2015 年以来亚洲国家对中东原油的依赖程度，中国在这些国家中还算是相对较低的，日本大约 80%—90% 的原油进口依赖中东，韩国在 70%—80% 之间，印度则有 60% 上下。[40] 因此，一旦美国收缩，中东地区出现更大规模的地缘政治动乱，这些国家有能力协作共管中东到东亚的石油运输航线吗？以几个国家间的互信程度来说，恐怕很难。

这正是复杂社会的悲哀的又一体现：明明只有协作才能避免危机，但在危机来临时，大家相互不信任的程度反而在加深。

1970 年代以来的复杂社会，是会得到捍卫，还是会崩溃？

未来的希望

当然，需要补充的是，我并不认为如果当下的全球复杂社会一旦崩溃，就一定会引发世界大战。

我们前文中已经解释过，像“一战”和“二战”那种规模的全面动员战争，其技术基础已经不复存在。“一战”和“二战”期间，工业化国家动员人口的比例差不多是总人口的1/5。比如，第一次世界大战，德意志帝国动员了约1,300万人，第二次世界大战，纳粹德国动员了1,800万人。

从产缘政治的角度，这意味着你要给这么多人提供足够的枪支、弹药、车辆、汽油、食品、住宿和铁路运力。但生产这么多武器和装备，也必然意味着武器装备本身的平均价格高不到哪里去。

然而受技术进步的驱动，当下各国军事装备却是往高精尖的方向发展。例如，美国研发的第五代战机F-35的单机造价大概1亿美元，到现在为止交付了大概700架，最高年产量也只有145架，而“二战”期间的“飞行坦克”伊尔2号，4年内生产了36,000多架，平均每月生产750架。战机如此，坦克、战车和舰艇也是如此。

这个技术演进方向本身就意味着总体战不太可能会复现。倒不如说，未来战争更可能是针对供应链和技术进行打击的“预备战争”，一旦“预备战争”输掉，败方不太可能在真实战场上反转局面。

有人可能会提出核武器和生化武器的风险，不过在我看来，如果我们认同克劳塞维茨“战争是政治延续”这一经典论断，恰恰可以发现这两种武器的悖谬之处。

核武器在政治哲学上是一种防御性而非进攻性武器。这是因为，既然今天的核武器有着“确保互相毁灭”的力量，谁率先使用这种武器都会引发“球灭战争”，那么在具体的政治过程中，任何一个政府的决策层想要做出“使用核武器”的决策，都会承担巨大的压力。

简单说，使用核武器的民族等于宣告了自身的毁灭（引发相互毁灭）。一个民族为什么要毁灭自己呢？答案只有一个，那就是它遭遇到了灭顶之灾，所剩的唯一选择就是发出跟敌人同归于尽的威慑。

至于生化武器和基因武器，由于目前人类还缺少精确控制它们使用范围和打击面的技术，因此这类武器有着极大的政治弱点：有可能造成极大伤害，但战果却十分有限。任何想在战场上使用这类武器的人都可能会承受像蒋介石炸毁花园口堤坝那样的后果：给本民族带来深重灾难，却对对手打击有限。

因此，在我看来，如果复杂社会可能会崩溃，那么崩溃的方式恐怕不会像两次世界大战那样极端，而是表现为在文化和民族断层线上爆发的地区性战争，以及这些战争背后陷入深度撕裂的社会。这些断层线，在汤因比和亨廷顿等人的著作中多有叙述，我们在此就不重复了。

如果复杂社会因地缘政治冲突而陷入相对烈度较低的崩溃，那么重建社会的希望又在何处？

正如我之前说过的，每一次真正工业革命的期望在于引发能量流革命，由能量流革命再触发重大的突破性变革。因此，我对下一波工业革命的期望，也在于此。

真正有可能引发能量革命的技术，自然首推核聚变。2022 年 12 月 14 日，美国加州劳伦斯利佛摩国家实验室（LLNL）的国家点火设施（National Ignition Facility）宣布首次实现核聚变技术的净能量增益，也就是输出能量大于输入能量。这距离科学家们第一次探索这一可能已经过去了 60 年。

人类从第一次发现煤炭到把煤炭应用于驱动蒸汽机，中间相隔了数千年。人类从第一次开采石油到把石油应用于内燃机，中间大概隔了 40 年。因此，60 年的长度不算长也不算短，我们可以期待。但是，目前我们还不知道属于核聚变的蒸汽机或内燃机到底长什么样子，我们也不知道它的产业化形态如何。核物理领域的一个笑话是，人类离核聚变应用永远还有50年。这其实是说，我们至今仍没有把握在一代人的时间内看到它。

除开核聚变之外，还有一个领域可能能够助力人类开拓下一个时代，这就是太空旅行。

1957年，苏联发射了第一颗人造卫星斯普特尼克1号。1958年，苏联宇航员加加林实现了绕地航行，标志着人类正式进入太空时代。但是，载人航天领域到现在并没有产业化（也就是通过获得商业利润而维系自己的运营），真正产业化的领域是通信卫星、卫星电视和卫星导航领域。[41] 除此之外的太空探索，一般与国家间的军事和科技竞争有关，也就是说，它们依然由政府买单。

由政府买单的产业本质上不是产业，而是技术储备，也就是为未来的盈利做准备的前沿产业。我个人认为，未来支撑太空旅行盈利的一个重要方向，很可能是小行星采矿（Asteroid Mining）。

根据宇宙学家的理论，我们的地球和宇宙中漫布的小行星，在构成物质上是一致的。但是地球体积更大，引力更强，40亿年的岁月足以将大量的亲铁元素拉入地心，开采起来十分困难。这些元素包括金、钴、铁、锰、钼、镍、锇、钯、铂、铼、钌和钨等。其中，钴是生产锂离子电池的重要原材料，钼有极强的耐高温特性，镍可以制造电极，锇是最昂贵的贵金属之一，但有可能用于抗癌，钯广泛用于催化剂，铂在电子产品中应用很广。总而言之，它们都是十分稀有但各有价值的工业原材料。

这些元素在地球表面的分布可能十分稀少，但在小行星上就不一样了。很可能，从小行星矿物中提炼这些元素，比从地心获取这些元素的成本低得多。如果是这样，太空中的小行星带很可能就相当于一个巨大的稀土或稀有金属的储藏矿。

小行星采矿很有可能真正帮助太空旅行和火星殖民成为有利可

图的产业，就像淘金、掘银、烟草和棉花种植园让美洲殖民成为有利可图的产业一样。这是因为，火星周围有大量小行星带，从火星发射飞行器再行加工的成本可能要比地球低得多。这样一来，火星有可能成为小行星采矿的一个重要中转站。如果火星殖民真正实现，其历史意义应当比作人类的又一次大航海时代，可能永久地改变地球与太空的物质转化结构，以及改变工业原材料的价格结构。

当然，与核聚变一样，这项技术距我们仍然有相当遥远，或许下一个 50 年才能看到曙光。不过，好处是我们有火箭、载人航天、空间站等技术明确的产业化路径，横亘在面前的只是成本问题。这至少比核聚变技术确定得多。

就目前所知的种种技术而言，我认为只有这两项能够带来新的正增长空间。其余的本质上大都是“维持”技术，也就是在没有大的生产力突破的前提下，令人类当前的社会结构与商业模式不至于引发动荡、分裂或危机。诸如 5G 通信、新能源、转基因、工业互联网、特高压电网、人工智能、量子计算机、元宇宙或加密技术等，都可归为这一类。其中部分技术或有可能帮助一些国家在去全球化和供应链紊乱的时代更好地生存下来，例如自动化制造、特高压电网和加密货币；另外一些技术则只能在资本价格较低的金融扩张阶段取得快速增长，但在去全球化、地缘政治冲突频发和资本价格较高的年代无能为力。或许，它们可能帮助部分人在资本市场中挣到大钱，但是，它们不是那种能够改变社会的技术。

当然，以上的讨论只是一个猜测版本。我们不可高估理性预测未来的能力，技术进步的路径总是出乎我们的预料。尽管我对很多技术持有不甚乐观的态度，但我依然殷切地希望金融和投资机构能够用资本的力量催化它们的进程，给人类社会带来更多希望。

社会科学的研究者往往不能预测未来，但可以提供一个分析和思考框架，帮助我们分析未来可能的趋势。正如本书提出的理解工业革命以来复杂社会的三个基本概念："漏斗—喇叭"模型、三流循环和产缘政治。

谁能够继续保持有活力的、持续增长的繁荣市场，谁就更有可能保持技术优势。

谁能够以政治、军事和经济的综合手段继续掌控能量流、产品流和资本流，或者在这些流内的博弈中取得优势，谁就更有可能在产缘政治博弈中取得优势。

谁能够以产缘政治上的优势避免地缘政治的冲突，甚至赢得地缘政治的胜利，谁就有机会在下一次全球化周期开始时占据上风。

比起理解遥远的过去，理解我们当下的这个时代要更为困难。已逝者与我们的关联已经断裂，我们可以不带感情或利益地客观评价；但是面对在世者，总会因各种各样的羁绊，我们无法做出理性、中立的判断，所谓"不识庐山真面目，只缘身在此山中"。

比起理解我们当下的这个时代，对未来做斩钉截铁的预言更为困难。即便是再通透、清晰、合理的理论解释或计划安排，在适用到现实时也总会遇到两个横亘在前的问题：执行人的私利、情绪和冲动会如何搅动理性计划的逻辑，各色意外、偶然因素与突发事件又会如何干扰历史的车轮。

因此，这反过来对研究者提出的要求是：当试图理解当下和预测未来时，不要把理论模型搞得太复杂。即便是一些看起来很重要的变量，在更重要的变量面前也应该舍弃掉。

本书就是试图对二百年以来的工业革命史做这样的一点理论努力。我几乎是刻意没有提及一般历史书都会提及的许多涉及人类文明演化的重大变量：自由主义、民族主义与社会主义意识形态的出现，法权观念的转变和法治国理念的完善，殖民主义、后殖民主义与平权运动，种族灭绝与世界大战，核威慑与太空竞赛……并不是我认为这些变量不重要，而是一本书能阐释的逻辑空间有限，为此必须忍痛割爱。

本书最终保留了“漏斗—喇叭”模型、三流循环与产缘政治这三个核心概念或者说模型。我认为，比起大国间的政治算计、核武器的爆裂或阿波罗登月，它们更能够涵盖那些真正的变量。

因为我知道，那些在流水线上断掉手指的工人，那些为了寻找客户凌晨起床深夜入睡的小企业主，那些每天加班到十点回家只能见到孩子睡脸的白领，那些为了在大城市打拼而与老婆孩子长期异地分居的销售，才是理解这个社会的真正变量。我们所说的产业时代的那一切科学家、工程师与企业家们要通过的“漏斗”，就是由这些人构成的。正是这些数以亿计的普通人用自己兜里的钱在消费市场上投票，才筛选出那些真正能够解决需求并实现大范围产业化的技术。

因为我知道，战争手段看起来像是终极手段，军事武器看起来有瞬间杀死千万人的威力，但是人世间的博弈，从来不是一战决胜负。每场“决定胜负”的战争出现的结果，只因那些导致结果的变量在此之前已经酝酿了数十年甚至上百年，只是在最后一刻显现出爪牙，并以残酷的事实向世人昭告真正的实力对比而已。坦克、飞机和火炮只是载体，炮弹和导弹才是真正输出火力的武器；决定这些武器火力输出水平的，是化学和材料学，决定它们射击精度的，是芯片和通信；决定化学、材料学、芯片和通信工程专业人才待遇的，又是企业实力和市场规模。

因为我知道，人类本质上仍是一个物种，我们的生存依赖于化肥对农作物供给氮化合物，我们的收入依赖于以物品流形式组织起来的社会生产，我们的繁衍依赖于社会提供的哺育空间和闲暇时间。这一切活动中凡是牵涉到物的，都必然与能量流、物质流和资本流发生关系。小到芯片、手机、计算机，大到原子弹、航天飞机，无非是原子和分子的不同排列组合而已。人类社会的绝大多数活动，就是寻找一系列理由（90%以上的情况是金钱），把诸多最有聪明才智的人安排在大大小小、形形色色的社会组织里面，以服务于这些原子和分子的重新排列组合。

见物理，见人心，见生死。天下大事，无外乎此三端。这就是为什么我认为涵盖产业革命时代的真正重大因素是在这三组概念或模型，而不是其他的理论框架里。我认为，这正是“超级想象”应该做的事情：化繁为简。

概而言之，本书虽然洋洋洒洒几十万字，想说的道理其实非常简单：

尊重“漏斗—喇叭”模型，因为尊重它就是尊重市场的力量，尊重创新的不可预知性，尊重普通人提升自己消费能力和幸福指数的欲望。不要轻易扼杀每一个现在看来可笑至极的产业，因为它可能就是未来孵化出关键技术创新的温床。

尊重人、物和资本的自由流动，因为“三流循环”的要素只有在自由流动和相互依赖时才产生价值，一旦扼杀了它的流动，权力也会随之烟消云散。在产业时代，最忌讳的就是只掌握了能量、商品或资本的某一种在地组织形式，就误以为卡住了别人的脖子。那些曾经以为自己掌控了煤钢的，终究败在煤钢战争上；那些曾经以为自己掌控了石油的，终究败在石油垄断上。

尊重产缘政治，因为地缘政治要利用的技术、武器和为战争手段支出的成本，本质上都来自产缘，或者更本质地说，来自企业。以地缘政治的眼光，一片土地的得失或许重要，但以产缘政治的眼光，社会人心的得失或许更重要，长远的政治考量必须包括和平年代的产业与贸易中的权力关系。

这正是产缘政治的内容。否则，我们就有可能面临复杂社会的崩溃。

放眼二十年后，谁能想象那时候的世界是什么样子？或许有一批人将以对信仰的坚定和对现代文明的拒斥，凭着最原始的繁衍生息之力，征服广袤的欧亚大陆；或许有一批人将秉持曾经大航海时代的勇气，乘坐宇航飞船或太空电梯，前往月球或火星建立殖民地；或许有一批人将以对虚拟世界的极大热情，在元宇宙中设计全新的社会规则；或许真正的未来世界会冲击我们所有人的想象，大国陨落，公司崛起，社区组织形态完全变化。

但其中一定会有不变之规律，只有最具想象力的人才能洞察。

注释

1　太阳能光伏的发电原理是以 P 型半导体与 N 型半导体相结合，光照射到这两种半导体时，产生的电子与空穴生命周期不同，将引发由 N 指向 P 的内建电场，产生电流。目前的光伏系统转换太阳能的效率约在 15% 左右。此外，因其转化而成的电流是直流电，继续转化至连入电网的交流电，还需损耗 10%。再者，光伏发电效率受到光照时间和强度的制约，日夜发电量差别较大，难以满足现代产业所需的稳定电源，只能作为辅助手段使用。

2　罗伯特 · 戈登：《美国经济增长的起落》，张林山、刘现伟、孙凤仪译，中信出版社，2018 年，第 551 页。

3　罗伯特 · 戈登，同前，第 555—556 页。

4　罗伯特 · 戈登，同前，第 554 页。

5　https://web.archive.org/web/20100127022854/http://www.timeslive.co.za/opinion/columnists/article272352.ece.

6　丹尼尔 · 耶金：《石油风云》，政协上海市委员会翻译组译，上海译文出版社，1992 年，第 769 页。

7　https://en.wikipedia.org/wiki/File:Oil_Price_Chronology_1970-2005.gif.

8　https://ja.wikipedia.org/wiki/%E7%9C%81%E3%82%A8%E3%83%8D%E3%83%AB%E3%83%83%E3%82%AF.

9　丹尼尔 · 耶金，同前，第 800—801 页。

10　丹尼尔 · 耶金，同前，第 805 页。

11　丹尼尔 · 耶金，同前，第 807 页。

12　丹尼尔 · 耶金，同前，第 908 页。

13　https://www.theatlantic.com/magazine/archive/1983/03/the-cartel-that-never-was/306495/.

14　https://en.wikipedia.org/wiki/The_Limits_to_Growth#/media/File:Limits-to-growth-figure-35.svg.

15　https://en.wikipedia.org/wiki/The_Limits_to_Growth.

16 邢佳韵、陈其慎、张艳飞、龙涛、郑国栋、王琨：《新能源汽车发展下锂钴镍等矿产资源需求展望》，载《中国矿业》，2019 年 12 月。

17 https://world-nuclear.org/information-library/current-and-future-generation/nuclear-power-in-the-world-today.aspx.

18 邢佳韵、陈其慎、张艳飞、龙涛、郑国栋、王琨，同前。

19 盐湖区，即我们前文讲过的鸟粪战争所争夺的硝酸盐矿产区。该区域周边的玻利维亚已探明锂储量占全球的 25%，阿根廷占 23%，智利占 11%，此区域外的前两大国分别是美国（9%）和澳大利亚（7%）。但是，南美盐湖区的锂矿资源是液态储存，开采难度很大。如果考虑现在开采成本更低的固态矿产，则全球第一锂储大国则是澳大利亚。无论哪种情况，都是与石油生产国相类似的集中分布状况。

20 以上参见杰瑞·马克汉姆《美国金融史》第三卷，李涛、王湑凯译，中国金融出版社，第 80—83 页。

21 转引自尼尔·弗雷格斯坦《市场的结构：21 世纪资本主义的经济社会学》，甄志宏译，上海人民出版社，2008 年，第 145 页。

22 Samuel Knafo & Sahil Jai Dutta,"The Myth of the Shareholder Revolution and the Financialization of the Firm", *Review of International Political Economy*, 27(3), 2020, pp. 476-499.

23 https://www.jpx.co.jp/dojima/zh-cn/index.html.

24 数据来自 Bank for International Settlements。

25 https://en.wikipedia.org/wiki/2007%E2%80%932008_financial_crisis.

26 http://www.xinhuanet.com/money/20210719/51f03b4c4ff141a6a450d5e20dfef6cd/c.html.

27 简练：《资本的真相：互联网时代的资本市场》，中信出版社，2016 年，第 7 页。

28 简练，同前，第 5 页。

29 客户规模扩张带来的主要成本是服务器成本，然而这个成本平摊到每个用户头上，也是几乎可以忽略不计的。

30 简练，同前，第 5 页。

31 https://en.wikipedia.org/wiki/Container_ship.

32 https://en.wikipedia.org/wiki/Intermodal_container.

33 https://www.pewresearch.org/fact-tank/2015/12/14/americas-middle-class-is-shrinking-so-whos-leaving-it/.

34 详见张笑宇《技术与文明》，第 373—377 页。

35 https://www.adb.org/sites/default/files/publication/42697/challenges-opportunities-population-aging-prc-zh.pdf.

36 https://theovershoot.co/p/inequality-interest-rates-aging-and.

37 http://language.chinadaily.com.cn/2016-01/13/content_23071304.htm.

38 Peter Zeihan, *The End of the World is just the Beginning:Mapping the Collapse of Globalization*, Harper Business, 2022.

39 https://www.csis.org/analysis/reshaping-us-aid-afghanistan-challenge-lasting-progress.

40 https://www.reuters.com/article/asia-mideast-oil-factbox-idINKBN1Z71VW.

41 例如 Star-Link。